Entscheidungen des Reichsgerichts in Strafsachen

Entscheidungen

des

Reichsgerichts.

Herausgegeben

von

den Mitgliedern des Gerichtshofes
und der Reichsanwaltschaft.

Fortgeführt für die Zeit von Mai 1944 bis März 1945
von Werner Schubert

Entscheidungen in Strafsachen.

Achtundsiebzigster Band.

W DE G
RECHT

De Gruyter Recht · Berlin

Entscheidungen

des

Reichsgerichts

in

Strafsachen.

Achtundsiebzigster Band.

De Gruyter Recht · Berlin

ISBN 978-3-89949-494-5

Bibliografische Information der Deutschen Nationalbibliothek

Die Deutsche Nationalbibliothek verzeichnet diese Publikation in der Deutschen Nationalbibliografie; detaillierte bibliografische Daten sind im Internet über http://dnb.d-nb.de abrufbar.

Datenkonvertierung/Satz: Werksatz Schmidt & Schulz, 06773 Gräfenhainichen
Druck und Bindung: Hubert & Co., Göttingen
Printed in Germany

Inhalt

Einleitung

1944/45 sind die „Entscheidungen des Reichsgerichts in Strafsachen" (RGSt) kriegsbedingt unvollendet geblieben[1]. Mit dem Band RGSt 78 wird die von den Mitgliedern des Reichsgerichts und der Reichsanwaltschaft bis zum Band 77 betreute Urteilssammlung zu Ende geführt mit den Urteilen und Beschlüssen, welche die einzelnen Senate mit dem Vermerk: „Wird abgedruckt!" versehen haben[2].

Die Mehrzahl der Urteile stammt aus der nach Senaten geordneten „Sammlung sämtlicher Erkenntnisse des Reichsgerichts" in der Bibliothek des Bundesgerichtshofs[3]. Weitere Urteile mit dem genannten Vermerk konnten aufgefunden werden in der losen, sehr unvollständigen Urteilssammlung im Bundesarchiv Berlin (Abt. Hoppegarten)[4] und in den überlieferten Prozeßakten (ebenfalls im Bundesarchiv Berlin)[5].

Ein Teil der hier abgedruckten Urteile ist entweder vollständig oder gekürzt oder nur im Leitsatz bereits im „Deutschen Recht" 1944 und 1945 wiedergegeben worden[6]. Die dort abgedruckten, hier unter den Nrn. 6, 16 und 74 wiedergegebenen Entscheidungen bzw. Leitsätze konnten im Original nicht aufgefunden werden. Die Entscheidungen werden vollständig wiedergegeben, auch soweit sie den Vermerk tragen: „Wird nur teilweise abgedruckt!", da über die beabsichtigten Kürzungen keine Unterlagen vorliegen. Anders als die Zivil-

[1] RGSt geht bis S. 443 (in einigen Bibliotheksexemplaren fehlt allerdings die letzte Lieferung). Es dürfte noch eine Teillieferung für Bd. 78 gedruckt, aber nicht mehr ausgeliefert worden sein. Hinweise finden sich auf den Umschlägen der Revisionsakten im Bundesarchiv Berlin, R 3002.

[2] Mit abgedruckt werden auch die Entscheidungen, die nicht den Vermerk „Wird abgedruckt!" tragen, für die sich jedoch ein Abdrucksvermerk auf dem Umschlag der jeweiligen Revisionsakte (z.T. unter Hinweis auf RGSt) findet (Urteile unter Nr. 12, 29, 32 [RGSt 78, 116], 31 [RGSt 78, 118] und 26 [RGSt 78, 127]. Ferner wird unter Nr. 5 noch wiedergegeben ein Urteil vom 9. 6. 1944, das „zur Veröffentlichung nicht zugelassen" war.

[3] Die Entscheidungssammlung reicht für den 1. Senat bis zum 16. 3. 1945, für den 2. Senat bis zum 19. 3. 1945 und für den 3./4. Senat bis zum 8. 3. 1945. Weitere Entscheidungen bis April 1945 weisen die Prozesslisten der einzelnen Senate im BA Berlin, R 3002 nach.

[4] BA Berlin, R 3002.

[5] BA Berlin, R 3002.

[6] Nachweise von *D. Bahrenfuss,* in: *W. Schubert/H. P. Glöckner,* Nachschlagewerk des Reichsgerichts zum Strafrecht, Bd. 3, Goldbach 1997, S. 709 ff.

senate hatten die Strafsenate die leitsatzartige Frageform mit RGSt 76 (1943) bereits aufgegeben und positiv gefasste Leitsätze aufgestellt. Der Herausgeber hat für die im „Deutschen Recht“ ganz oder teilweise abgedruckten Entscheidungen die dort mitgeteilten Leitsätze übernommen, andernfalls die jeweiligen Leitsätze selbst formuliert. Hingewiesen sei darauf, daß ein Großteil der im „Deutschen Recht“ wiedergegebenen Leitsätze auf den Formulierungen des Nachschlagewerks des Reichsgerichts[7] beruht, für die ausweislich der überlieferten Revisionsakten die Senate bis zuletzt die Eintragung vorbereitet haben. Auch der Herausgeber hat in einigen Fällen diese Leitsätze für den Urteilsabdruck herangezogen.

Die Sammlung RGSt enthält anders als RGZ keine Inhaltsverzeichnisse, sondern nur am Ende der jeweiligen Bände eine „Zusammenstellung der Entscheidungen nach der Zeitfolge“. Der Herausgeber hat diese weggelassen und statt dessen ein Inhaltsverzeichnis angefertigt, das die Entscheidungen in ihrer chronologischen Reihenfolge unter kurzer Kennzeichnung ihres Inhalts aufführt. Beibehalten wurde das Sachverzeichnis und ein – allerdings verkürztes – Gesetzesregister.

Abschließend sei noch auf die Biographie der meist bis Kriegsende amtierenden Senatspräsidenten und auf zwei Reichsgerichtsräte hingewiesen, die öfter ihren Präsidenten vertreten haben.

I. Strafsenat

Dessen Vorsitzender war *Erich Fritz Theodor Schultze* (geb. 27.6.1880 in Groß Wanzleben/Magdeburg als Sohn eines Landwirts; Todesdatum nicht bekannt). Staatsexamina 1904 und 1910. Promotion in Leipzig 1910 über das Thema: „Die Voraussetzungen des kaufmännischen Zurückbehaltungsrechts“. 1910 Gerichtsassessor, 1914 Landrichter in Beuthen, 1922 Direktor am LG Berlin I und Amtsgerichtsrat in Berlin-Mitte. 1931/32 Lehrbeauftragter an der Universität Berlin (Strafrechtsübungen). 1933 RG-Rat, 1.7.1937 Senatspräsident. Mitglied der NSDAP ab 1.5.1933. – *Quellen:* BA Berlin, R 3001, Nr. 901.

Verschiedentlich hat den Vorsitzenden vertreten: *Erhard Ziegler* (geb. 19.4.1886 in Nürnberg als Sohn eines Kaufmanns; Todesdatum nicht bekannt). Juristische Staatsprüfungen 1908 und 1911. 1912 Promotion in Erlangen über: „Der Postscheck in Deutschland und in der Schweiz“. 1912 als Rechtspraktikant bei der Staatsanwaltschaft München I, als „Hilfsarbeiter“ beim Staatsministerium der Justiz in München und beim Nachschlagewerk des Reichsgerichts in Leipzig tätig. 1914 III. Staatsanwalt beim LG München; 1918 Amtsrichter beim AG München; 1919 II. Staatsanwalt beim Justizministerium; 1925 Oberregie-

[7] Zum strafrechtliche Nachschlagewerk *Schubert/Glöckner,* aaO. (Anm. 6), Bd. 1, 1995, S. VII ff.

rungsrat im Justizministerium; 1926 Staatsanwalt beim OLG München; 1930 Rat am OLG München. 1932 Reichsgerichtsrat. – Mitarbeit am Leipziger StGB-Kommentar (Berlin 1944). – *Quellen:* Bundesarchiv Berlin, R 3001, Nr. 1100.

II. Strafsenat

Otto Gustav Eduard Müller (geb. 21. 9. 1878 in Berlinchen/Neumark (heute: Barlinek) als Sohn eines Stadtkämmerers; Todesdatum nicht bekannt). 1900 und 1906 Staatsexamina. 1906 Gerichtsassessor, 1909 Amtsrichter in Labiau; 1918 Landrichter beim LG Königsberg; 1921 OLG-Rat in Königsberg; 1931 RG-Rat, 1938 Senatspräsident. Mitglied der NSDAP seit 1. 5. 1937. – *Quellen:* Bundesarchiv Berlin, R 3001, Nr. 634.

III. Strafsenat

Erwin (Konrad Eduard) Bumke (geb. 7. 7. 1874 in Stolp/Pommern als Sohn eines Arztes; gest. 20. 4. 1945 in Leipzig, Selbstmord). Studium in Freiburg, Leipzig, München, Berlin und Greifswald; hier Promotion über: „Hat die erfüllte Resolutivbedingung dingliche Kraft?" (1896). 1905 Landrichter in Essen; 1907 kommissarischer Hilfsarbeiter im Reichsjustizamt; dort 1909 Geh. Regierungsrat und Vortragender Rat; 1912 Oberregierungsrat. 1920 Ministerialdirektor im Reichsjustizministerium (Leiter der Strafrechtsabteilung; hier maßgeblich an den StGB-Entwürfen der Weimarer Zeit beteiligt). 1929 Präsident des Reichsgerichts (auch Vorsitzender des Staatsgerichtshofs für das Deutsche Reich). Mitglied der DNVP, später der NSDAP. – *Quellen: Dieter Kolbe:* Reichsgerichtspräsident Dr. Erwin Bumke. Studien zum Niedergang des Reichsgerichts und der deutschen Rechtspflege, Karlsruhe 1975; Personalakte im Bundesarchiv Berlin, R 3002, Nr. 177.

Vorsitz in der Vertretung durch *Friedrich Wilhelm Konrad Hartung* (geb. 4. 4. 1884 in Bad Homburg; gest. 14. 5. 1973). Studium der Rechtswissenschaften in Marburg und Leipzig. 1907 und 1912 Staatsexamina. Dez. 1912 Gerichtsassessor; 1913/14 Hilfsreferent im Reichspostministerium, 1915 Amtsrichter beim AG Frankfurt/M.; 1919/20 Syndikus beim Wohnungsamt Frankfurt/M.; 1920 Hilfsreferent im Reichsjustizministerium, 1921 Oberjustizrat im preuß. Justizministerium, 1923 Ministerialrat (Referent für Straf- und Strafprozeßrecht); Verfasser der preußischen Schiedsordnung von 1924; maßgebliche Mitarbeit am EG-StGB-Entwurf von 1930. 1930 Dr. h.c. der Universität Münster; 1929–1945 RG-Rat. 1929 Mitglied der DNVP; 1. 5. 1937 Mitglied der NSDAP. 1946 Dozent a. d. Universität Marburg; zugleich Rat am Obersten Gerichtshof für die Britische Zone. – *Werke:* Bei *W. Schubert,* Quellen zur Reform des Straf- und Strafprozessrechts, III. Abt., Bd. 2, 1, 1991, S. XXII f. – *Quellen: F. Hartung,* Jurist unter vier Reichen, 1955; *Dallinger,* NJW 1959, S. 618; *E. Schmidt-Leichner,* NJW 1973, S. 1171 f.

IV. u. V. Strafsenat

Friedrich Döbig (geb. 5.3.1887 in Nördlingen als Sohn eines Schuhmachermeisters; Todesdatum nicht bekannt). 1911 und 1920 Staatsexamina. 1920 III. Staatsanwalt in Augsburg; 1922 Staatsanwalt im bayr. Staatsministerium der Justiz; 1923 Amtsrichter ebd.; 1925 Staatsanwalt ebd.; 1927 Oberamtsrichter am AG Sonthofen; 1929 LG-Rat im bayr. Justizministerium; 1930 Oberregierungsrat im bayr. Justizministerium; 1933 Ministerialrat im bayr. Justizministerium; 1935 OLG-Rat in Nürnberg; 1.7.1935 Generalstaatsanwalt ebd.; 1937 OLG-Präsident in Nürnberg. 1.7.1943 Senatspräsident am RG. – Mitglied der NSDAP ab 1.5.1937. – *Quellen:* BA Berlin, R 3002, Nr. 165, 166.

1. § 63 StGB.

Wenn ein Strafantrag, der nur einen von mehreren Mittätern nennt, zu der Zeit gestellt worden war, als noch die Unteilbarkeit des Strafantrages galt, so ist sein Sinn aus der damaligen Lage heraus zu bestimmen. Sollte er sich auf alle Beteiligten erstrecken, dann behält er diese Wirkung ungeachtet der späteren Streichung des § 63 StGB.

I. Strafsenat. Urt. v. 19. Mai 1944 (1 D 88/1944).

I. Landgericht Würzburg.

In der Strafsache gegen den Zündholzfabrikanten F. W. in Pflaumheim und gegen den Kaufmann H. W. in Aschaffenburg wegen übler Nachrede hat das Reichsgericht, 1. Strafsenat, in der Sitzung vom 19. Mai 1944, an der teilgenommen haben als Richter: der Senatspräsident Dr. Schultze und die Reichsgerichtsräte Dr. Ziegler, Rensch, Rusche, Guth, als Beamter der Staatsanwaltschaft: der Reichsanwalt Richter, auf die Revisionen der Angeklagten nach mündlicher Verhandlung für Recht erkannt:

Die Revisionen der Angeklagten gegen das Urteil des Landgerichts Würzburg vom 4. Februar 1944 werden verworfen; jedem Angeklagten werden die Kosten seines Rechtsmittels auferlegt. – Von Rechts wegen

Gründe

I. Die Revision gibt selbst zu, daß die Äußerungen, die der Verurteilung der Angeklagten zugrunde liegen, objektiv beleidigend sind, d. h., wie das Landgericht annimmt, eine üble Nachrede enthalten. Die Revision meint nur, daß das Landgericht den Angeklagten den Schutz des § 193 StGB hätte zubilligen sollen. Dazu führt das Urteil an: Die Äußerungen seien weit über das hinausgegangen, was zur Interessenwahrung geboten gewesen sei. Es hätte zur Wahrnehmung der Interessen der Angeklagten nicht der Verletzung der Ehre von Richtern und Staatsanwälten bedurft. Die Art der Interessenwahrung verstoße gegen das gesunde Volksempfinden. Das sei den Angeklagten auch bekannt gewesen. Sie hätten die Mittel gekannt, die ihnen die Rechtsordnung gebe, um Entscheidungen, durch die sie sich beschwert fühlten, nachprüfen zu lassen.

Nach diesen Ausführungen geht das Landgericht davon aus, daß die Angeklagten die Äußerung gebraucht haben, um berechtigte Interessen wahrzunehmen, daß sie aber das Maß, das dabei einzuhalten ist, überschritten haben und daß ihnen das auch bekannt gewesen ist. Unter diesen Umständen hat das Landgericht mit diesen Feststellungen das Vorhandensein der Beleidigung im Sinne des § 193 StGB hinreichend dargetan. Wer weiß, daß er beleidigt und daß er das erlaubte Maß der Interessenwahrung überschreitet, kann mindestens nach dem hier festgestellten Sachverhalt kein anderes Ziel haben, als zu beleidigen. Das Landgericht hat also den § 193 StGB in rechtlich einwandfreier Weise auf den Sachverhalt angewendet. Das Urteil läßt auch nicht erkennen, daß das Landgericht die Äußerungen außerhalb ihres Zusammenhangs betrachtet hätte. Das Landgericht hat zwar nicht den Wortlauf der Schreiben der Angeklagten angeführt; was es aber über den Inhalt der Schriften angibt, reicht aus, um den Zusammenhang zu verstehen und um die rechtliche Auffassung des Landgerichts von der Überschreitung der Grenzen zu rechtfertigen, die der Wahrnehmung berechtigter Interessen gezogen sind.

Die Mittäterschaft des Angeklagten H. W. hat das Landgericht ausreichend dargetan. Seine Feststellungen lassen erkennen, daß W. bei der Abfassung der Schreiben beleidigenden Inhalts mitgewirkt und daß er die Tat als eigene gewollt hat.

In verfahrensrechtlicher Beziehung hat das Landgericht den Antrag mit Recht abgewiesen, daß ein „höherer Jurist als Sachverständiger über die Frage geladen wird, ob die Beleidigungen zu Recht bestehen oder nicht". In verfahrensrechtlicher Beziehung rügt die Revision ferner noch, daß das Landgericht nicht auf Grund des Gutachtens des Sachverständigen geprüft habe, inwiefern nach der subjektiven Seite die beiden Angeklagten die Absicht hatten zu beleidigen. Wie bereits ausgeführt wurde, hat sich das Landgericht mit der subjektiven Seite der Beleidigung befaßt und hierzu besondere Ausführungen im Rahmen des § 193 StGB gemacht. Darüber hinaus hat aber das Landgericht unter VI) des Urteils noch besonders geprüft, ob die von dem Sachverständigen festgestellte starre (sture) Art der Angeklagten, an einer subjektiven Einstellung festzuhalten, noch im Bereich des Normalpsychologischen liegt. Das Landgericht hat die Frage ausdrücklich bejaht; es hat also verneint, daß dieses starre Festhalten die Zurechnungsfähigkeit der Angeklagten ausschließe oder wesentlich beeinträchtige. Im übrigen konnte das Landgericht die Frage, ob sich die Angeklagten der Überschreitung der zulässigen Grenzen der Interessenwahrung bewußt waren, ohne Zuziehung eines Sachverständigen beantworten.

Unabhängig von dem Vorbringen der Revision ist das Urteil auch im übrigen auf seine Rechtsbeständigkeit nachgeprüft worden. Es ist kein Rechtsfehler aufgedeckt worden, der Anlaß zu seiner Abänderung geben könnte.

II. Die Revision bezweifelt weiter, daß ein rechtsgültiger Strafantrag in der Richtung gegen den Angeklagten H. W. vorliegt. Die von dem Generalstaatsanwalt und dem Landgerichtspräsidenten gestellten Strafanträge vom 23. Februar

1942 und vom 12. März 1942 richten sich ihrem Wortlaut nach allerdings nur gegen den Angeklagten F. W., der allein die beiden der Verurteilung zugrunde liegenden Schreiben unterzeichnet hat. Der Landgerichtspräsident hat seinen Strafantrag noch im Laufe des Verfahrens auf H. W. ausgedehnt. Daß dieser Ausdehnungsantrag vom 13. Januar 1943 noch innerhalb der im § 61 S. 2 StGB vorgesehene Frist gestellt worden ist, hat das Landgericht festgestellt; auch der Senat, der insoweit die tatsächlichen Unterlagen von sich aus nachzuprüfen hat, kann zu keinem anderen Ergebnis kommen. Es liegt also ein rechtzeitiger und rechtsgültiger Strafantrag auch in der Richtung gegen H. W. vor. Seine Verurteilung wegen Beleidigung der *Richter* kann daher schon aus diesem Grunde hinsichtlich des Strafantrages keinem Bedenken unterliegen.

Darüber hinaus ist folgendes zu sagen: Zur Zeit der Stellung der Strafanträge des Generalstaatsanwalts und des Landgerichtspräsidenten, also im Februar und März 1942, galt noch die Regel des früheren § 63 StGB von der Unteilbarkeit des Strafantrags. Die Antragsteller hatten also zur damaligen Zeit keinen Anlaß, durch besondere Erklärung kund zu tun, daß sich ihre Strafanträge auch auf andere Personen erstrecken sollten, falls sich im Laufe des Verfahrens ergeben würde, daß mehrere an der Straftat des F. W. beteiligt sind. Aus dieser Rechts- und Sachlage heraus ist der Sinn der Strafanträge des Generalstaatsanwalts und des Landgerichtspräsidenten zu erforschen. Sie wollten, daß wegen der beleidigenden Äußerungen in den von F. W. unterzeichneten Schreiben strafrechtlich eingeschritten werde; die Kundgabe dieses Willens war nicht ihre persönliche Angelegenheit; sie hielten das vielmehr als im dienstlichen Interesse gelegen. Von diesem Standpunkt aus konnten sie keinen Grund haben, das Strafverfahren auf den ihnen bekannten Täter zu beschränken; das dienstliche Interesse gebot vielmehr, gegen jeden vorzugehen, der bei dem Zustandekommen der Äußerungen mitgewirkt hatte. Die Strafanträge sind in diesem Sinne auch zu verstehen; sie beziehen sich auf jeden Teilnehmer an der Straftat.

Der Senat gelangt also im Wege der Auslegung der Erklärungen, die die Strafanträge enthalten, zu der Feststellung, daß sich die Erklärungen gegen die *beiden* Angeklagten richten. Die *Auslegungsgrundsätze* sind durch die Angleichungsverordnung vom 29. Mai 1943 (RGBl. I S. 329), durch deren Art. 3 der § 63 StGB mit Wirkung vom 15. Juni 1943 an gestrichen worden ist, nicht berührt worden. Der Sinn der Erklärungen ist demnach vor und nach der Gesetzesänderung derselbe. Hätten die Antragsteller *nach* der Gesetzesänderung und *nach* Kenntnis von der Beteiligung des H. W. gewollt, daß dieser *nicht* verfolgt werden sollte, so hätten sie diesen Willen durch teilweise Zurücknahme ihrer Strafanträge zum Ausdruck bringen müssen; § 194 StGB. Eine solche Zurücknahme gegen den einen von mehreren an einer Straftat Beteiligten ist seit dem Inkrafttreten der Angleichungsverordnung möglich; vgl. hierüber ebenfalls den

Art. 3 der Angleichungsverordnung, durch den auch der frühere Absatz 2 des § 64 StGB gestrichen worden ist, der bisher der teilweisen Zurücknahme des Strafantrag entgegenstand. Deshalb, weil lediglich auf Grund der Auslegung der Erklärungen der Antragsteller gefolgert wird, daß ihre Anträge gegen die sämtlichen Beteiligten an der Straftat gerichtet sind, kann es auch nicht darauf ankommen, ob der Strafantrag grundsätzlich eine sachlich-rechtliche Voraussetzung der Strafbarkeit bildet und ob nicht deshalb der § 2 a StGB auf die hier erörterte Gesetzesänderung Anwendung zu finden hat, oder ob der Strafantrag grundsätzlich eine verfahrensrechtliche Voraussetzung der Strafbarkeit bildet und, wie RGSt. Bd. 77 S. 181, 183 annimmt, ob nicht deshalb der Grundsatz zu gelten hat, daß Änderungen des Verfahrensrechtes sofort in Wirksamkeit zu treten haben.

---

2. § 3 RJGG; § 1 VolksschädlVO.

1. War der Jugendliche reif genug, einzusehen, daß seine Tat der Rechtsordnung widerspricht, war er auch reif genug, nach dieser Einsicht zu handeln, dann ist er für die Tat so, wie sie bewiesen ist, strafrechtlich verantwortlich. Bei Vorliegen dieser Reife kann nicht die Verantwortlichkeit auf den gesetzlichen Tatbestand beschränkt werden, für den die Einsichtsfähigkeit gegeben war.

2. Gebäude, die bei einem Luftangriff zerstört und darum von den Bewohnern geräumt wurden, sind dem „freigemachten Gebiet" oder den „freiwillig geräumten Gebäuden oder Räumen" i. S. des § 1 VolksschädlVO dann gleichzustellen, wenn die Räumung die Schutzlosigkeit der zurückgelassenen Habe zur Folge hat.

V. Strafsenat. Urt. v. 23. Mai 1944 (5 D 27/1944).

I. Landgericht Berlin.

In der Strafsache gegen H. K., geboren am 18. Juli 1927 in Berlin-Treptow, ledig, wegen Verbrechens nach § 1 VolksschädlVO hat das Reichsgericht, 5. Strafsenat, in der Sitzung vom 23. Mai 1944 auf Grund der Verhandlung vom 28. März 1944, an der teilgenommen haben als Richter: der Senatspräsident Döbig und die Reichsgerichtsräte Dr. Iber, Dr. Zeidler, Sponsel und Dr. Kauer, als Beamter der Staatsanwaltschaft: der Reichsgerichtsrat Grahn, auf die Revision der Staatsanwaltschaft nach mündlicher Verhandlung für Recht erkannt:

Das Urteil des Landgerichts Berlin vom 12. Oktober 1943 wird samt den ihm zugrunde liegenden Feststellungen aufgehoben.

Die Sache wird zu neuer Verhandlung und Entscheidung an die Jugendkammer beim Landgericht Berlin zurückverwiesen. – Von Rechts wegen

Gründe

Der am 18. Juli 1927 geborene Angeklagte war am 2. März 1943 nach einem Fliegerangriff auf Berlin mit anderen Angehörigen des HJ-Bannes 61 an der Schadensstelle, Kottbuser Damm 5, zu dem Zwecke eingesetzt, dort bei den Aufräumungsarbeiten in bombengeschädigten Häusern behilflich zu sein. Beim Heraustragen von Möbeln nahm der Angeklagte folgende Gegenstände, die auf den Fußböden mehrerer Wohnungen herumlagen, in der Absicht an sich, sie sich zuzueignen:

1 Eichenkrückstock,
1 Offizierskrätzchen,
1 Tüte Bohnenkaffee mit etwa 1/2 Pfund,
1 Paar Lederhalbsohlen
1 Fußballblase,
3 Stabtaschenlampen und 3 Batterien,
1 Stück Rasier- und 1 Stück Waschseife,
1 Schachtel Schuhcreme,
1 Schlüsselbehälter,
1 Handgelenkriemen,
1 Paar Damenhandschuhe,
1 Leica-Fotoapparat im Futteral,
89 Pf.-Kupfermünzen in 1 und 2 Pf.-Stücken.

Beim Verlassen der Schadensstelle hatte der Angeklagte das Offizierskrätzchen aufgesetzt, den Eichenstock trug er in der Hand, die übrigen Gegenstände hatte er in seinen Hosentaschen verstaut. In diesem Aufzug wurde er von dem Hauptstammführer zur Rede gestellt.

Nach den Feststellungen des Urteils hat der Angeklagte gewußt, daß er nicht stehlen dürfe, er war sich aber des Unterschiedes zwischen Plünderung und Diebstahl nicht bewußt.

Das Erstgericht hat den Angeklagten des Vergehens des Diebstahls nach § 242 RStGB schuldig erkannt und ihn zu einem Monat Jugendarrest verurteilt. Die von der Anklage begehrte Beurteilung der Tat als Plünderung im Sinne des § 1 VolksschädlVO hat das Erstgericht abgelehnt und zur Begründung ausgeführt, der Angeklagte sei allerdings insoferne fähig gewesen, das Ungesetzliche seiner Tat einzusehen, als er gewußt habe, daß er nicht stehlen dürfe, „es habe ihm aber auf Grund seiner Entwicklung und der besonderen Abartigkeit, die ihn von Jugendlichen seines Alters unterscheide, die Einsichtsfähigkeit als Plünderer zu handeln, gefehlt", „die Plünderung, deren objektiver Tatbestand zwar zutreffen würde, sei darum subjektiv zu verneinen."

Die Revision der Staatsanwaltschaft wendet sich dagegen, daß das Erstgericht den Angeklagten nicht des Verbrechens der Plünderung nach § 1 VolksschädlVO schuldig erkannt hat.

Sie hat Erfolg.

I. Die Begründung des Erstgerichts zeigt eine rechtsirrige Auffassung über den § 3 des JGG vom 16. Februar 1923, das zur Zeit der Entscheidung galt. Die Rechtsansicht des Erstgerichts kann auch bei Überprüfung auf der Grundlage des seit 1. Januar 1944 geltenden Reichsjugendgerichtsgesetzes nicht gebilligt werden. Das Reichsgericht hat seiner Entscheidung gemäß § 354 a StPO das Reichsjugendgerichtsgesetz zugrunde zu legen, weil dieses Gesetz gemäß § 1 der JugendstrafrechtsVO vom 6. November 1943 (RGBl. I S. 635) auch auf Taten anzuwenden ist, die vor seinem Inkrafttreten begangen worden sind.

Nach § 3 RJGG ist ein Jugendlicher strafrechtlich verantwortlich, wenn er zur Zeit der Tat nach seiner sittlichen und geistigen Entwicklung reif genug ist, das *Unrecht* der Tat einzusehen und nach dieser Einsicht zu handeln. § 3 des JGG vom 16. Februar 1923 forderte als Voraussetzung der strafrechtlichen Verantwortlichkeit Jugendlicher die Fähigkeit, das *Ungesetzliche* der Tat einzusehen und den Willen dieser Einsicht gemäß zu bestimmen. Die Fähigkeit, das *Unrecht* der Tat einzusehen, ist schon dann anzunehmen, wenn der Täter erkennen kann, daß seine Handlung dem Sinn und Zweck der Rechtsordnung zuwiderläuft. Weder das Jugendgerichtsgesetz vom 16. Februar 1923 noch das Reichsjugendgerichtsgesetz fordert die Fähigkeit, zu erkennen, daß die Tat auch strafbar ist, geschweige denn die Fähigkeit, die Unterordnung der Tat unter ein bestimmtes Strafgesetz zu erkennen. Für die Zurechnung eines straferhöhenden Umstandes kann demgemäß auch nicht die Fähigkeit gefordert werden, einzusehen, daß die Tat wegen eines bei ihr vorliegenden Umstandes mit einer höheren Strafe belegt werde, als wenn dieser Umstand nicht vorliegen würde. Wendet sich das Gesetz mit besonderer Strenge gegen bestimmte durch erhöhte Schädlichkeit oder Gefährlichkeit ausgezeichnete Gestaltungen der Tat, so hat der jugendliche Täter die mit der strengeren Strafe bedrohte Tat auch dann zu verantworten, wenn ihm die Fähigkeit gefehlt hätte, zu erkennen, daß die Tat wegen ihrer besonderen Gestaltung besonders verwerflich sei oder einer erhöhten Strafdrohung unterliege, wenn er nur reif genug war, das *Unrecht* der Tat einzusehen und nach dieser Einsicht zu handeln.

Es wäre nicht recht verständlich, wollte man einerseits für die Verantwortlichkeit des Jugendlichen die Fähigkeit zur Einsicht in die Strafbarkeit nicht fordern, andererseits für die Unterwerfung unter eine strengere Strafdrohung das Erfordernis aufstellen, daß der Täter fähig war, sich Gedanken darüber zu machen, daß die Tat wegen ihrer besonderen Gestaltung mit strengerer Strafe bedroht sei.

Daß aber die Fähigkeit, die Tat als strafbare Handlung zu erkennen, nicht Voraussetzung der Verantwortlichkeit ist, ergibt sich unzweifelhaft aus dem Wortlaut sowohl des § 3 JGG vom 16. Februar 1923 als auch des § 3 RJGG im Zusammenhalt mit dem Vorläufer dieser Gesetzesbestimmung, den durch das Jugendgerichtsgesetz vom 16. Februar 1923 aufgehobenen §§ 56, 57 StGB. Für die Verantwortlichkeit des Jugendlichen forderten die §§ 56, 57 StGB die „zur Erkenntnis *der Strafbarkeit* erforderliche Einsicht", § 3 JGG vom 16. Februar 1923 nur mehr die Fähigkeit, „das *Ungesetzliche* der Tat einzusehen", § 3 RJGG gar nur mehr die Reife „das *Unrecht* der Tat einzusehen". Das „Unrecht" ist im Verhältnis zu dem „Ungesetzlichen", dieses im Verhältnis zur „Strafbarkeit" der weitere Begriff. Die Vergleichung dieser Gesetzesstellen läßt somit erkennen, daß der Gesetzgeber den Schutzrahmen, soweit es sich um die Einsichtsfähigkeit handelt, einengen und die Verantwortlichkeit des Jugendlichen unabhängig von der Fähigkeit zu Erwägungen über die Strafbarkeit und den strafrechtlichen Charakter der Tat und über den Grad ihrer Strafwürdigkeit gestalten wollte.

War der Jugendliche nur reif genug, einzusehen, daß die Tat dem Sinn und Zweck der Rechtsordnung widerspricht, daß sie mit einem friedlichen und geordneten Zusammenleben der Menschen unverträglich sei und daher vom Rechte nicht geduldet werden könne, und war er auch reif genug, nach dieser Einsicht zu handeln, dann ist die vom Gesetze aufgestellte Bedingung der strafrechtlichen Verantwortlichkeit erfüllt und es verhält sich mit der Anwendung des Strafgesetzes auf die Tat nicht anders als bei den Handlungen völlig strafmündiger zurechnungsfähiger Personen. Der Jugendliche hat für die Tat in der Gestalt, wie sie bewiesen ist, einzustehen.

Nur diese Auslegung entspricht dem Wortlaut des § 3 RJGG, der die volle strafrechtliche Verantwortlichkeit für die Tat anordnet, *wenn* die geschilderte Reife gegeben ist, aber nicht vorsieht, daß bei Vorliegen dieser Reife die Verantwortlichkeit auf jenen gesetzlichen Tatbestand beschränkt werde, für den die Einsichtsfähigkeit gegeben war. Wäre letzteres der Sinn des Gesetzes, dann wäre wohl statt des Wortes „wenn" das Wort „soweit" gewählt worden.

Da der Angeklagte gewußt hat, daß seine Tat, die er als Stehlen auffaßte, vom Gesetze verboten sei, hatte er die Einsicht, sowohl in das *Ungesetzliche* als auch in das *Unrecht* seiner Tat und daher um so mehr die für diese Einsicht erforderliche Reife. Er hat daher, vorausgesetzt, daß er auch reif genug war, nach dieser Einsicht zu handeln, eine den Tatbestand des § 1 VolksschädlVO erfüllende Handlung als dieses Verbrechen zu verantworten, und zwar auch dann, wenn er nicht reif genug gewesen wäre einzusehen, daß seine Handlung als Plündern zu beurteilen sei und als solches einer erhöhten Strafdrohung unterliege.

II. Die tatsächlichen Feststellungen des Urteils reichen für die Entscheidung nicht aus, ob sich der Angeklagte des Verbrechens nach § 1 VolksschädlVO schuldig gemacht hat. Es muß daher das Urteil aufgehoben und die Wiederholung des Verfahrens angeordnet werden.

1. Zur Frage der Verantwortlichkeit.

Wie bereits erwähnt, genügt die Feststellung, daß der Jugendliche fähig war, das Unrecht der Tat einzusehen, zur Bejahung der Verantwortlichkeit noch nicht. Es muß vielmehr die Feststellung hinzukommen, daß er auch die Fähigkeit besessen hat, nach dieser Einsicht zu handeln. Mangelte es an der letzteren Fähigkeit, dann hätte der Angeklagte weder Diebstahl noch Plünderung zu verantworten, auch wenn er das Unrechtmäßige des Stehlens eingesehen hat.

Das angefochtene Urteil läßt jegliche Feststellung in der angedeuteten Richtung vermissen.

2. Zum Tatbestande nach § 1 VolksschädlVO.

a) Werden Gebäude, die bei einem Luftangriff zerstört wurden, von den Bewohnern geräumt, so sind solche Gebäude „dem frei gemachten Gebiet" oder den „freiwillig geräumten Gebäuden oder Räumen" im Sinne des § 1 VolksschädlingsVO gleichzustellen, vorausgesetzt, daß die Räumung die Schutzlosigkeit der in den Gebäuden zurückgelassenen Habe zur Folge hat. Haben die Besitzer die Beaufsichtigung ihrer Habe nicht aufgegeben oder haben andere Hausbewohner oder die öffentlichen Ordnungsorgane, insbesondere die Polizei, den Schutz der in den geräumten Gebäuden zurückgelassenen Habe übernommen, dann kommt das Verbrechen der Plünderung nicht in Frage. Daß die Schutzmaßnahmen der Eigentümer oder anderer Hausbewohner oder der öffentlichen Ordnungsorgane im einzelnen Falle nicht voll wirksam waren, macht die Vorschrift des § 1 VolksschädlVO nicht anwendbar. Der Zweck dieser Gesetzesbestimmung ist es eben, den fehlenden Sicherheitsschutz durch eine außerordentliche Strafdrohung zu ersetzen (Urteil des Besonderen Strafsenats des RG vom 19. März 1942 RGBStS 2/42, Urteil des RG vom 20. August 1942 2 C 14/42, Beschluß des RG vom 16. September 1943 3 C 259/43). Für den inneren Tatbestand ist in dieser Richtung erforderlich, daß der Täter erkennt oder doch zumindest mit der Möglichkeit rechnet und sie in Kauf nimmt, es handle sich um ein infolge feindlicher Einwirkung von den Bewohnern geräumtes Gebäude und die darin zurückgelassene Habe sei schutzlos im Sinne obiger Ausführungen.

Das angefochtene Urteil trifft zu diesen Fragen keine Feststellung.

b) Für die Verurteilung als Plünderer nach § 1 VolksschädlVO ist erforderlich, daß der Täter die Wesensart eines Volksschädlings hat. Dies ergibt sich schon aus der Überschrift der Verordnung. Es besteht kein Grund, von diesem Erfordernis bei dem Verbrechen nach § 1 VolksschädlVO abzusehen.

Richtig ist allerdings, daß dann, wenn die in § 1 VolksschädlVO angeführten Merkmale festgestellt sind, schon wegen Verübung dieser Tat allein die

Volksschädlingseigenschaft fast immer zu bejahen sein wird, auch wenn der Täter im übrigen keine Verbrecherpersönlichkeit ist. Denn aus der Verwirklichung des Tatbestandes des besonders gemeinen Verbrechens nach § 1 VolksschädlVO wird sich in der Regel ergeben, daß der Täter schon durch diese Tat allein eine Einstellung gegenüber der vom Kriege betroffenen Volksgemeinschaft an den Tag gelegt hat, die zeigt, daß er ihr feindlich gegenübersteht, die Kriegsverhältnisse selbstsüchtig ausnutzt und als Volksschädling anzusehen ist. Das schließt aber nicht aus, daß ganz *ausnahmsweise* besondere Umstände die Verneinung der Volksschädlingseigenschaft rechtfertigen können.

Die Betrachtung der Persönlichkeit des Täters, wie sie sich auch sonst in der Gemeinschaft gibt, das Maß seiner geistigen und sittlichen Reife, die Entstehung des Tatentschlusses, die Tatmotive, die Art der Ausführung der Tat, das Verhalten nach der Tat können ausnahmsweise auch bei Verwirklichung des sonstigen Tatbestandes des § 1 VolksschädlVO zu dem Spruche führen, daß der Täter dieses Verbrechen mangels der Volksschädlingseigenschaft nicht zu verantworten hat. Jugendliches Alter schließt an sich die Bejahung der Volksschädlingseigenschaft nicht aus. Doch werden bei einem jugendlichen Täter naturgemäß die Persönlichkeit und die Umstände, unter denen er die Tat begangen hat, besonders sorgfältig zu würdigen sein (RGSt. Bd. 75 S. 202).

Ein besonderer Tätertyp des Plünderers ist, wie das Reichsgericht in dem Urteil vom 20. August 1942 2 C 14/42 ausgesprochen hat, neben der Verwirklichung der Merkmale des § 1 VolksschädlVO nicht zu fordern. Es genügt die Wesensart eines Volksschädlings.

Das Erstgericht wird somit gegebenenfalls die Frage der Volksschädlingseigenschaft zu prüfen haben. Für diese Prüfung wird das kriminalbiologische Gutachten wertvolle Anhaltspunkte liefern.

3. Zur Frage des Verbrechens nach § 2 VolksschädlVO.

Bei Ablehnung eines Schuldspruchs nach § 1 VolksschädlVO wird sich unter Umständen die Prüfung aus dem Gesichtspunkte des § 2 oder des § 4 VolksschädlVO als notwendig erweisen. Ein Schuldspruch nach § 1 VolksschädlVO würde eine Verurteilung nach § 2 oder § 4 VolksschädlVO ausschließen.

4. Zur Frage der Ahndung der Straftat.

Das Gericht hat die Tat zwar als an sich schwer bezeichnet, aber doch das Zuchtmittel des Jugendarrestes für ausreichend gehalten und von der Verhängung einer Strafe abgesehen. Bestimmend war hierbei, daß der Jugendliche sich bisher zufriedenstellend geführt hat und jetzt Einsicht und Reue zeigt und daß ein Rückfall nicht zu erwarten ist.

Das Erstgericht hat hier die Rücksicht auf die Belange des Angeklagten in einseitiger Weise dem Bedürfnis der Volksgemeinschaft nach Schutz und Sühne vorangestellt. Wie die Rechtsprechung des Reichsgerichts schon für die Zeit der

Geltung der Verordnung zur Ergänzung des Jugendstrafrechts vom 4. Oktober 1940 RGBl. I S. 1336 in wiederholten Entscheidungen betont hat, ist der Schutz der Volksgemeinschaft ein so wichtiger, den Belangen des einzelnen Angeklagten voranzustellender Zweck der Strafrechtspflege, daß er auch im Strafverfahren gegen einen Jugendlichen beachtet werden muß (RGSt. Bd. 77 S. 102, *105*). Schon vor dem Inkrafttreten des Reichsjugendgerichtsgesetzes mußte sich also der Richter bei Entscheidung der Frage, ob Strafe zu verhängen oder Jugendarrest auszusprechen sei, von dem Gedanken leiten lassen, daß der Übeltat ihre gerechte Sühne werden muß und daß der Volksgemeinschaft der notwendige Schutz zuteil werden muß. Genügte Jugendarrest für die Erreichung dieser Zwecke nicht, dann war Strafe zu verhängen.

Das Reichsjugendgerichtsgesetz bringt nunmehr diesen Gedanken deutlich zum Ausdruck, indem es im § 4 Abs. 2 bestimmt, daß Strafe, also Jugendgefängnis, zu verhängen sei, wenn das Bedürfnis der Volksgemeinschaft nach Schutz und Sühne wegen der Größe der Schuld oder wegen der schädlichen Neigungen des Jugendlichen, die in der Tat hervorgetreten sind, eine Strafe fordert.

Das Gericht wird dem gemäß im erneuten Verfahren auch dann, wenn es wieder nur zu einem Schuldspruch wegen Diebstahls gelangen sollte, bei der Frage der Ahndung auf die besondere Schwere der Tat Bedacht nehmen müssen. Der Angeklagte hat seinen Einsatz, dessen Zweck es war, Volksgenossen, die durch feindlichen Angriff schwer getroffen waren, in ihrer Not beizustehen und deren Habe zu retten, dazu mißbraucht, Bergungsgut sich anzueignen. Das Gericht wird besonders sorgfältig zu prüfen haben, ob angesichts dieser Schwere der Tat die Ahndung nur mit einem Zuchtmittel dem Bedürfnis der Volksgemeinschaft nach Schutz und Sühne gerecht wird.

Die Entscheidung entspricht dem Antrage des Oberreichsanwaltes.

---

3. § 170 d StGB.

„Gewissenlos“ ist ein Verhalten, wenn es gemessen am gesunden Volksempfinden eine Rücksichtnahme auf Hemmungen sittlicher Art in hohem Maße vermissen läßt.

I. Strafsenat. Urt. v. 26. Mai 1944 (1 D 45/1944).

I. Landgericht M.-Gladbach.

In der Strafsache gegen die Ehefrau M. J., geb. D. in M.-Gladbach, wegen fahrlässiger Tötung u. a. hat das Reichsgericht, 1. Strafsenat, in der Sitzung vom 26. Mai 1944, an der teilgenommen haben als Richter: der Senatspräsident Dr. Schultze und die Reichsgerichtsräte Dr. Ziegler, Rensch, Dr. Rohde und

Guth, als Beamter der Staatsanwaltschaft: der Reichsanwalt Richter, auf die Revisionen der Angeklagten nach mündlicher Verhandlung für Recht erkannt:

Das Urteil des Landgerichts in M.-Gladbach vom 11. Januar 1944 wird mit den ihm zugrunde liegenden Feststellungen aufgehoben. Die Sache wird zu neuer Verhandlung und Entscheidung an die Vorinstanz, und zwar an das Landgericht in Krefeld, zurückverwiesen. Von Rechts wegen

Gründe

I. Das Landgericht hat die Angeklagte wegen gewissenloser und gröblicher Vernachlässigung ihrer Fürsorge- und Erziehungspflichten gegenüber ihren Kleinkindern, von denen ein Kleinkind durch gleichzeitige Fahrlässigkeit der Angeklagten zu Tode gekommen sei, zu einem Jahr Gefängnis verurteilt.

Folgender Sachverhalt liegt der Verurteilung zugrunde: Die 34jährige Angeklagte ist verheiratet und Mutter von fünf Kindern, von denen eine Tochter im Februar 1943 an Diphterie verstorben ist. – Ihr Ehemann ist Wehrmachtangehöriger. Die Angeklagte wohnt mit den Eltern und der Schwester ihres Mannes in demselben Grundstück, aber in getrennten Wohnungen. Als sie Ende Oktober 1943 erfuhr, daß ihr Ehemann nach Rußland ausrücken müsse, entschloß sie sich, ihn in seinem entfernt gelegenen Standort zu besuchen, um von ihm Abschied zu nehmen. Ihre vierjährige Tochter Ursula nahm sie mit. Die Kinder Katharina (14 Jahre alt), Annemarie (7 Jahre alt) und Gisela (10 Monate alt) ließ sie daheim, nachdem ihre verheiratete Schwester ihr versprochen hatte, nachts bei den Kindern zu bleiben und zu diesem Zwecke abends „schon vor Alarm" in der Wohnung zu sein. Auf die Verwandten ihres Ehemannes konnte sie bei der Betreuung der zurückbleibenden Kinder nicht rechnen. Tagsüber blieben infolgedessen die beiden Kleinkinder Annemarie und Gisela im wesentlichen nur unter der Obhut der vierzehnjährigen Katharina.

Die Angeklagte reiste am 3. November 1943 ab und blieb bei ihrem Ehemann bis zum 22. November 1943. Gegen Mitte November wurde sie durch einen Brief ihrer Schwiegermutter dahin verständigt, bei den Kindern sei alles in Ordnung, sie könne noch einige Zeit fortbleiben und sich erholen.

Am 22. November 1943 ereignete sich der Unglücksfall, dem die siebenjährige Annemarie zum Opfer fiel. Katharina J. verließ die elterliche Wohnung, um einzukaufen, und ließ die beiden kleinen Schwestern allein zurück. Annemarie machte sich an der im Kinderschlafzimmer auf einem Kanonenofen stehenden elektrischen Heiz- und Kochplatte zu schaffen, schloß sie an die Leitung an und kam den aufglühenden Drähten der Kochplatte mit ihren Kleidern zu nahe. Die Kleider fingen Feuer. Das Kind erlitt, ehe Hilfe herbeikam, so schwere Verbrennungen, daß es alsbald verstarb.

Das Landgericht würdigt diesen Sachverhalt in rechtlicher Beziehung wie folgt.

Die Angeklagte habe ihre Fürsorge- und Erziehungspflichten in gröblicher Weise vernachlässigt, indem sie für die Zeit ihrer Abwesenheit die beiden kleinen Kinder Annemarie und Gisela ohne geeignete Hilfe und ausreichende Wartung gelassen habe. Die vierzehnjährige Katharina sei nur nachts von ihrer Tante überwacht worden; sie sei selbst noch ein Kind und wäre deshalb den Einwirkungen von Fliegerangriffen gegenüber hilflos gewesen. Mit Fliegerangriffen aber sei bei Tage und zur Nachtzeit nahezu stündlich zu rechnen gewesen; die Angeklagte habe auch in gewissenloser Weise gehandelt, wenn man berücksichtige, daß im Jahre 1942 das dann im Februar 1943 an Diphterie gestorbene Kind sich in Abwesenheit der Angeklagten erheblich verbrüht gehabt habe, und wenn man ferner erwäge, daß die Angeklagte sich ohne zwingenden Grund, mithin ihrem persönlichen Vergnügen zuliebe, entfernt habe. Demnach habe die Angeklagte sich nach dem § 170 d StGB schuldig gemacht. In Tateinheit damit habe sie eine fahrlässige Tötung i.S. des § 222 StGB begangen. Sie hätte die gefahrdrohende elektrische Kochplatte so verwahren müssen, daß es der siebenjährigen Annemarie nicht möglich gewesen wäre, sich damit zu befassen. Mit einem Mißbrauch der offen dastehenden Platte und dessen Folgen habe sie besonders mit Rücksicht auf die Länge ihrer Abwesenheit und das jugendliche Alter der Kinder rechnen müssen.

II. Die Verfahrensrüge greift nicht durch.

Nach der Sitzungsniederschrift hat der Verteidiger beantragt, „ein elektrofachmännisches Gutachten darüber einzuholen, daß normalerweise eine Inbrandsetzung von Kleidungsstücken durch ein elektrisches Kochöfchen nicht zu erwarten sei“. Das Landgericht hat daraufhin beschlossen und verkündet: Die Entscheidung über den Beweisantrag bleibt vorbehalten, hat aber ausweislich der Sitzungsniederschrift hierzu in der Hauptverhandlung keinen weiteren Beschluß erlassen. In den Gründen des angefochtenen Urteils ist sodann der Beweissatz als wahr unterstellt (UA. S. 9 unten) und die Wahrunterstellung auch eingehalten worden. Die Revision rügt, der Beweisantrag hätte nicht abgelehnt werden dürfen.

Da es sich nicht um einen nur hilfsweise gestellten Beweisantrag handelte, hätte das Landgericht gemäß dem § 245 Abs. 3 StPO die Ablehnung durch einen Gerichtsbeschluß bekanntgeben müssen, der zu begründen und vor dem Erlaß des Urteils zu verkünden gewesen wäre. Dieser Verfahrensverstoß ist indessen nicht gerügt worden (§ 344 Abs. 2 Satz 2 StPO).

Die Ablehnung selbst unter gleichzeitiger Wahrunterstellung dessen, was bewiesen werden sollte, ist verfahrensrechtlich nicht zu beanstanden.

III. In sachlichrechtlicher Beziehung hält das angefochtene Urteil der Nachprüfung nicht stand.

1. Insoweit als die Revision von den tatsächlichen Feststellungen des angefochtenen Urteile abweicht oder neue Tatsachen vorträgt, kann sie damit zwar im gegenwärtigen Rechtszuge nicht gehört werden; § 337 Abs. 1 StPO. Dasselbe gilt auch, soweit sie die Beweiswürdigung des Tatrichters bekämpft; §§ 261, 337 Abs. 1 StPO.

2. Soweit sie jedoch zur Verurteilung aus dem § 170 d StGB Einwendungen gegen die Annahme des Landgerichts vorbringt, die Angeklagte habe in gewissenloser Weise gehandelt, kann ihr der Erfolg nicht versagt werden.

Das Landgericht hat den festgestellten Sachverhalt nach der *äußeren* Tatseite rechtlich einwandfrei gewürdigt. Danach hat die Angeklagte das körperliche Wohl ihrer beiden Kinder, nämlich der siebenjährigen Annemarie und der zehn Monate alten Gisela, dadurch gefährdet, daß sie sie beinahe drei Wochen lang ohne ausreichende Wartung gelassen hat. Die Annahme des Landgerichts, daß eine *gröbliche* Vernachlässigung der Fürsorgepflicht gegeben ist, kann wegen der besonderen Umstände des Falles, namentlich mit Rücksicht auf die Länge der Abwesenheit der Angeklagten, nicht beanstandet werden. Auch den Begriff der Gefährdung hat das Landgericht nicht verkannt, vielmehr beachtet, daß unter Gefährdung die Herbeiführung eines Zustandes zu verstehen ist, in dem nach den obwaltenden Umständen des Einzelfalles die Möglichkeit eines Schadens naheliegt; ebenso das nicht veröffentlichte Urteil des Reichsgerichts 4 D 12/44 vom 25. Februar 1944.

Dagegen ist die innere Tatseite eines Vergehens gegen den § 170 d StGB in dem angefochtenen Urteil nicht ausreichend nachgewiesen. Als Schuldform verlangt die Vorschrift den Vorsatz, also das Wissen und Wollen aller Tatbestandsmerkmale, darüber hinaus aber noch als eine Besonderheit, daß der Erziehungspflichtige in gewissen*loser* Weise gehandelt habe. Als gewissen*los* kann ein Verhalten nur dann bezeichnet werden, wenn es gemessen am gesunden Volksempfinden eine Rücksichtnahme auf Hemmungen sittlicher Art in hohem Maße vermissen läßt. Das Landgericht meint, die Angeklagte habe gewissenlos gehandelt, indem sie trotz drohender Luftangriffe ihre Kinder für längere Zeit ohne ausreichende Wartung allein gelassen habe, obwohl im Jahre 1942 eines ihrer Kinder während ihrer Abwesenheit sich erheblich verbrüht gehabt habe und obwohl sie ohne zwingenden Grund, mithin ihrem persönlichen Vergnügen zuliebe, sich entfernt habe (UA. S. 7, 8). Es übersieht dabei, daß die Angeklagte sich zu der Reise erst dann entschlossen hat, als ihre Schwester zugesagt hatte, sie wolle abends „schon vor Alarm" in der Wohnung sein und nachts dableiben (UA. S. 4). Hieraus ergibt sich bereits, daß die Angeklagte nicht allen Gewissensregungen, namentlich in Hinsicht auf drohende Luftangriffe, unzugänglich gewesen ist. Das kann auch nicht daraus entnommen werden, daß sie „ohne zwingenden Grund" die Reise unternommen hat. Ein sittlich anerkennenswerter Grund zur Reise war die Abschiednahme von dem Ehemann, der vor seiner Versetzung an die Ostfront stand. Weshalb die Angeklagte ihre Aufenthalt in Königsberg so lange ausgedehnt hat, ist nicht festgestellt worden; möglicherweise hat sich die Abfahrt des Truppenteils verzögert. Jedenfalls ist dem bisher festgestellten Sachverhalt auch sonst nicht zu entnehmen, daß die Angeklagte „ihrem persönlichen Vergnügen zuliebe" die Reise unternommen hätte. Wie es dazu gekommen ist, daß die später an Diphterie verstorbene Tochter Elsbeth im Jahre 1942 sich verbrüht hat, ist vom Landgericht bisher nicht dargelegt worden (UA. S. 2). Gewiß mußte ein solcher Vorgang die Angeklagte zu besonderer Sorgfalt bei der Überwachung ihrer Kinder mahnen; inwiefern er aber als Beweisanzeichen für eine gewissenlose Gesinnung der Angeklagten dienen könnte, ist in dem angefochtenen Urteil nicht nachgewiesen.

IV Wegen des unter III 2 dargelegten Mangels muß das angefochtene Urteil aufgehoben werden.

Für die neue Verhandlung wird auf folgendes hingewiesen:

1. Der gesamte Sachverhalt ist in tatsächlicher und rechtlicher Beziehung erneut zu prüfen.

2. Gegen die Annahmen von Tateinheit zwischen dem Vergehen gegen die §§ 170 d und 222 StGB bestehen keine Bedenken, da der § 222 keine schwerere Strafe androht als der § 170 d. Es darf dann aber nicht von „Subsidiarität" des § 170 d gegenüber dem § 222 gesprochen werden (UA. S. 10).

3. Die Verurteilung aus dem § 222 StGB unterliegt nach den Ausführungen des angefochtenen Urteils dem Bedenken, ob die Voraussehbarkeit einwandfrei nachgewiesen ist. Das Landgericht stützt sich insofern nur auf die Einlassung der Angeklagten, daß sie die Kochplatte vor ihrer Abreise hätte wegstellen müssen, um einer Gefährdung ihrer Kinder durch Inbetriebnahme dieser Platte vorzubeugen (UA. S. 6,10). Es fehlt aber an einer ausdrücklichen Feststellung dahin, daß sie die Gefährlichkeit der Platte schon früher erkannt hatte. Die Einlassung kann daher möglicherweise nur der Ausdruck nachträglicher Vorwürfe sein, die die Angeklagte sich *nach* dem Unfall gemacht hat, und könnte solchenfalls nicht ohne weiteres als Beweisanzeichen für das Vorhandensein der Vorhersehbarkeit herangezogen werden. Eine Inaugenscheineinnahme der Kochplatte wird sich daher nicht umgehen lassen. Der Hergang des Unfalls selbst wird sich dann voraussichtlich besser aufklären lassen, als es bisher geschehen ist, und es werden auch zur inneren Tatseite sicherere Feststellungen möglich werden.

4. Es erscheint angezeigt, die Sache an ein anderes Landgericht zurückzuverweisen; § 354 Abs. 2 Halbsatz 2 StPO.

4. § 1 KWVO.
Gefährdung des lebenswichtigen Bedarfs der Bevölkerung kann auch vorliegen, wenn der Täter die zurückgehaltenen Waren zuvor aus dem Protektorat in das Reich eingeführt hat.

IV. Strafsenat. Urt. v. 26. Mai 1944 (4 D 105/1944).

I. Landgericht Paderborn.

In der Strafsache gegen den Gefreiten G. W. in der Genesenenkompanie Fla. Ers. Batl. (Not.) 46 in Paderborn wegen Zuwiderhandlung gegen die KriegswirtschaftsVO hat das Reichsgericht, 4. Strafsenat, in der Sitzung vom 26. Mai 1944, an der teilgenommen haben als Richter: der Senatspräsident Müller und die Reichsgerichtsräte Dr. Schwarz, Kamecke, Dr. Schäfer und Dr. Pawelka, als Beamter der Staatsanwaltschaft: der Reichsgerichtsrat Dr. Dörffler, auf die Revision des Angeklagten nach mündlicher Verhandlung für Recht erkannt:

Die Revision gegen das Urteil des Landgerichts in Paderborn vom 3. März 1944 wird verworfen. Dem Beschwerdeführer werden die Kosten des Rechtsmittels auferlegt. – Von Rechts wegen

Gründe

Nach der Feststellung des Landgerichts hat der Angeklagte im Jahre 1943 im Protektorat für etwa 7.000 RM Waren eingekauft und sie in einem gemieteten Raum in Paderborn aufbewahrt, soweit sie nicht auf dem Beförderungswege durch Fliegerangriffe vernichtet wurden. Einen geringen Teil der Waren – für etwa 700 RM – verkaufte er an Kameraden oder Bekannte, die übrigen wollte er für die Zeit nach dem Kriege als „Existenzgrundlage“ aufbewahren. Durch die Wareneinkäufe wollte er sein Geld, das er auf einem Sparkonto gehabt hatte, wertbeständig anlegen. Es handelte sich in der Hauptsache nicht um zwangsbewirtschaftete Güter, aber um Mangelware, die zum lebenswichtigen Bedarf der Bevölkerung gehörte, beispielsweise Kämme, Handtaschen, Brieftaschen, Reisekoffer und Kurzwaren. Das Landgericht hat die Handlungsweise des Angeklagten als Zuwiderhandlung gegen § 1 der KWVO angesehen, da er die Mangelwaren durch Horten dem allgemeinen Wirtschaftskreislauf entzogen und somit die Bedarfsdeckung der Bevölkerung erheblich gefährdet habe. Er hat auch, wie im Urteil weiterhin ausgeführt ist, böswillig gehandelt, denn er wußte, daß die von ihm zurückgelegten Sachen im allgemeinen Warenverkehr sehr verknappt und kaum zu haben waren, „hamsterte“ sie aber gleichwohl aus Eigensucht.

Die Revision bemängelt an dem Urteil zunächst, daß die Strafkammer es versäumt habe, zu prüfen, welche der zulässigerweise im Protektorat aufgekauften Waren im Reichsgebiet zwangsbewirtschaftet seien. Der Verteidiger führt hierzu aus, der Angeklagte habe nur, wenn er in Ausübung eines Gewerbes über die Waren verfügen wollte, dem zuständigen Wirtschaftsamt das Warenlager angeben müssen und alsdann nur gegen Empfang von Bezugsberechtigungen darüber verfügen dürfen, für private Verfügungen seien die Waren dagegen bezugsberechtigungsfrei geblieben. Die Aufbewahrung der Waren bis nach dem Kriege stelle eine private Verfügung dar, die nicht gegen die VerbrauchsregelungsstrafVO verstoße. Die KriegswirtschaftsVO finde ebensowenig Anwendung, da es sich um Waren handele, die vor dem Aufkauf durch den Angeklagten im Reichsgebiet nicht vorhanden gewesen seien, folgeweise niemals zum lebenswichtigen Bedarf der Bevölkerung gehört hätten. Insbesondere entfalle nach Lage des Falles die Annahme der Böswilligkeit.

Diese Ausführungen des Verteidigers liegen neben der Sache. Das Landgericht hat als richtig unterstellt, daß die vom Angeklagten aus dem Protektorat nach dem Reich geschafften Waren nicht zwangsbewirtschaftet waren. Es handelte sich aber um Mangelware, vorwiegend um Erzeugnisse, die wegen der Vordringlichkeit der Rüstungsarbeiten im Kriege nur in geringerer Menge oder überhaupt nicht hergestellt werden. Die hiermit zusammenhängende Warenverknappung muß als notwendige Folgeerscheinung des Krieges in Kauf genommen werden. Sie darf aber nicht durch den Eigennutz einzelner verschärft werden; die selbstsüchtig einen größeren Vorrat von Mangelwaren aufhäufen, um ihn erst nach dem Kriegsende gewinnbringend zu verkaufen und die Ersparnisse vermeintlich auf diese Weise wertbeständig zu erhalten. Ein derartiges Verhalten verstößt sowohl gegen den im Vorspruch zur Kriegswirtschaftsverordnung niedergelegten Grundgedanken, demzufolge es selbstverständliche Pflicht jedes Volksgenossen in der Heimat ist, alle seine Kräfte und Mittel Volk und Reich zur Verfügung zu stellen und dadurch die Fortführung eines geregelten Wirtschaftslebens zu gewährleisten, als auch gegen die ausdrückliche Bestimmung des § 1 KWVO, die mit empfindlichsten Strafen denjenigen bedroht, der Rohstoffe oder Erzeugnisse, die zum lebenswichtigen Bedarf der Bevölkerung gehören, vernichtet, beiseite schafft oder zurückhält und dadurch die Deckung dieses Bedarfs böswillig gefährdet. Die Merkmale dieser Straftat sind im angefochtenen Urteil rechtlich einwandfrei nachgewiesen. Auf welche Weise der Angeklagte in den Besitz der Mangelware gelangt ist, hat für die Anwendbarkeit des § 1 KWVO keine Bedeutung, ebensowenig setzt diese voraus, daß die Gegenstände bezugsbeschränkt sind. Es liegt auf der Hand, daß die Handlungsweise des Angeklagten eine unbefugte Verzögerung des wirtschaftlichen Umlaufs, ein Zurückhalten der Waren darstellte. Würde das Beispiel des Angeklagten Schule machen, so würde sich daraus die notwendige Folge ergeben, daß die bisher nur verknappten Waren vollständig aus dem Handel verschwinden würden. Es ist ein Trugschluß, wenn der Verteidiger meint, von einer Bedarfsgefährdung könne hier nicht gesprochen werden, weil die vom Angeklagten im

Protektorat aufgekauften Waren ohne ihn auch der Bedarfsdeckung im Reich entzogen gewesen wären; denn auch die im Protektorat vorhandenen Warenvorräte konnten, wie gerade der vorliegende Fall zeigt, zur Bedarfsdeckung im Inlande herangezogen werden. Was endlich die Böswilligkeit anlangt, so ergeben sich auch gegen deren Begründung im angefochtenen Urteil keine Bedenken. Die Umstände, welche die Tat des Angeklagten als minder schwer erscheinen lassen, sind in den Strafzumessungsgründen berücksichtigt, im übrigen nicht nachzuprüfen. Für die Annahme, daß die Strafkammer den durch Feindeinwirkung verlorengegangenen Teil der Waren nicht von der Straftat ausgenommen habe, bieten die Urteilsgründe keinen Anhalt. Die Revision ist daher zu verwerfen.

---

5. § 4 der VO zur Ergänzung der Strafvorschriften zum Schutz der Wehrkraft des deutschen Volkes vom 25.11.1939 (RGBl. I 2319).

Zur Strafbarkeit des geschlechtlichen Umgangs mit einem beurlaubten, noch nicht entlassenen Kriegsgefangenen.

I. Strafsenat. Urt. v. 9. Juni 1944 (1 D 69/1944).

I. Landgericht Mannheim.

In der Strafsache gegen Frau Th. Gr. geborene L. in Mannheim-Rheinau, zur Zeit in Untersuchungshaft in der Untersuchungshaftanstalt in Mannheim, wegen verbotenen Umgangs mit Kriegsgefangenen, hat das Reichsgericht, 1. Strafsenat, in der Sitzung vom 9. Juni 1944, an der teilgenommen haben als Richter: der Reichsgerichtsrat Dr. Ziegler als Vorsitzender, die Reichsgerichtsräte Rensch, Dr. Rohde, Rusche und Guth, als Beamter der Staatsanwaltschaft: der Reichsanwalt Richter, auf die Revision der Angeklagten nach mündlicher Verhandlung für Recht erkannt:

Das Urteil des Landgerichts in Mannheim vom 26. Januar 1944 wird, soweit es die Angeklagte Gr. Betrifft, mit den ihm zugrunde liegenden Feststellungen aufgehoben.

In diesem Umfang wird die Sache zu neuer Verhandlung und Entscheidung an die Vorinstanz zurückverwiesen. – Von Rechts wegen

Gründe

I. Die Verfahrensrüge.

Die Revision rügt eine Verletzung des § 266 StPO; sie meint damit aber, wie ihre Ausführungen zu diesem Punkt erkennen lassen, einen Verstoß gegen den § 264 StPO. Sie behauptet, das Landgericht habe eine nicht unter Anklage stehende Tat zum Gegenstande der Aburteilung gemacht, indem es der Beschwerdeführerin vorgeworfen habe, daß sie in der Zeit vor dem 22. August 1943 nicht nur dem französischen Kriegsgefangenen G., sondern auch anderen Kriegsgefangenen zugelacht und sie gegrüßt habe.

Die Rüge geht fehl. Nach dem § 264 StPO ist Gegenstand der Urteilsfindung die in der Anklage bezeichnete Tat, wie sie sich nach dem Ergebnis der Verhandlung darstellt. In der Anklage war der Beschwerdeführerin allerdings nur ein unerlaubter Umgang mit dem französischen Kriegsgefangenen G. G. zur Last gelegt. Stellte sich indessen in der Hauptversammlung heraus – wie nach den Feststellungen im angefochtenen Urteil angenommen werden muß –, daß sie vor dem 22. August 1943 nicht nur G., sondern auch anderen Kriegsgefangenen zugelacht und sie gegrüßt hat, so war das derselbe, wenn auch in erweitertem Umfang festgestellte geschichtliche Vorgang wie der in der Anklage gekennzeichnete und das Landgericht war nach dem § 264 StPO nicht nur berechtigt, sondern auch verpflichtet, das Verhalten der Beschwerdeführerin den anderen Kriegsgefangenen gegenüber mit zum Gegenstande der Aburteilung zu machen.

II. Die Sachbeschwerde.

1. Soweit das Landgericht in dem festgestellten Verhalten der Beschwerdeführerin gegenüber G. und anderen Kriegsgefangenen in der Zeit vor dem 22. August 1943 einen verbotenen Umgang mit Kriegsgefangenen im Sinne des § 4 der VO zur Ergänzung der Strafvorschriften zum Schutz der Wehrkraft des Deutschen Volkes vom 25. November 1939 in Verbindung mit dem § 1 der VO über den Umgang mit Kriegsgefangenen vom 11. Mai 1940 gefunden hat, ist kein Rechtsirrtum ersichtlich. Auch das Grüßen, insbesondere in Verbindung mit dem Zulachen, ist entgegen den Ausführungen der Revision durch den § 1 der VO vom 11. Mai 1940 untersagt.

2. Das Landgericht hat ausgeführt (UA. S. 7), auch in das Zivilarbeitsverhältnis beurlaubte Kriegsgefangene seien und blieben Kriegsgefangene im Sinne des § 4 der VO vom 25. November 1939; ein verbotener Umgang mit ihnen unterliege daher nach wie vor den Strafbestimmungen des § 4. Demgegenüber vertritt die Revision den Standpunkt, daß beurlaubte Kriegsgefangene mindestens für die Dauer ihrer Beurlaubung keine Gefangenen mehr seien und daß daher ein Umgang mit ihnen schlechthin nicht verboten und strafbar sei.

Es kann dahinstehen, welche der beiden Meinungen etwa grundsätzlich als richtig anzuerkennen ist. Für den vorliegenden Fall ist der Ansicht des Landgerichts insoweit beizutreten, als es sich um *geschlechtliche* Beziehungen zwischen einem beurlaubten französischen Kriegsgefangenen und einer deutschen Frau handelt. Insoweit besteht der Befehl über das Verbot des Umgangs mit deutschen Frauen auch für die aus der Kriegsgefangenschaft beurlaubten Franzosen weiter; die Rechtswirkungen der Kriegsgefangenschaft bleiben also jedenfalls in dieser beschränkten Hinsicht aufrechterhalten. Daher bleiben insoweit auch die Pflicht des Beurlaubten zum Gehorsam, seine Unterwerfung unter den § 92 MStGB und die Zuständigkeit der Wehrmachtgerichte für die Untersuchung und Aburteilung dieser Straftat durch die Beurlaubung unberührt.

Entsprechend ist gegen die beteiligte deutsche Frau der § 4 der VO vom 25. November 1939 mit der Einschränkung weiterhin anwendbar, daß *geschlechtliche* Beziehungen zwischen ihr und dem beurlaubten Franzosen in Frage stehen. Voraussetzung für eine Verurteilung ist jedoch die Kenntnis der Beschuldigten, daß es sich um einen nur beurlaubten Kriegsgefangenen, nicht um einen aus der Kriegsgefangenschaft entlassenen Zivilarbeiter handelt. Insoweit würde auch der bedingte Vorsatz genügen.

3. Das Landgericht hat in dem angefochtenen Urteil festgestellt (UA. S. 7), daß es *nach* der Beurlaubung des französischen Kriegsgefangenen G. zwischen ihm und der Beschwerdeführerin mindestens zweimal zum Beischlaf gekommen ist.

Hinsichtlich des inneren Tatbestandes hat das Landgericht auf Grund früherer Einlassungen der Beschwerdeführerin die Überzeugung gewonnen (UA. S. 8), daß die Beschwerdeführerin vom 22. August 1943 ab nicht im klaren darüber gewesen ist, ob G. nur beurlaubt oder entlassen sei. Es hat deshalb festgestellt, daß sie mit bedingtem Vorsatz den Geschlechtsverkehr mit G. ausgeübt habe. Dazu hat es ausgeführt, die Beschwerdeführerin habe es für möglich gehalten, daß der Kriegsgefangene nicht entlassen, sondern nur beurlaubt, daß ein Umgang mit ihm dann aber verboten und strafbar sei; diesen von ihr von vornherein als möglich erkannten Erfolg habe sie gebilligt und in Kauf genommen, weil sie den Geschlechtsverkehr mit G. unter allen Umständen erstrebt habe.

Die Annahme des bedingten Vorsatzes findet entgegen der Meinung des Landgerichts in den früheren Einlassungen der Beschwerdeführerin indessen keine ausreichende Stütze. Nach den Feststellungen im angefochtenen Urteil hat die Beschwerdeführerin bei ihrer zweiten Vernehmung durch den Kriminalsekretär Bischof am 15. November 1943 und bei ihrer Vernehmung durch den Amtsrichter am 3. Dezember 1943 erklärt, sie habe geglaubt, daß G. am 22. August 1943 nicht beurlaubt, sondern entlassen und damit Zivilperson geworden sei, und daß in diesem Zeitpunkt irgendein Verkehr mit ihm nicht mehr verboten und strafbar sei. Dagegen hat sie im Widerspruch zu diesen Erklärungen bei ihrer ersten Vernehmung durch Bischof am 15. November 1943 angegeben, sie wisse, daß auch ein Verkehr mit *entlassenen* Kriegsgefangenen verboten sei, und hat dem Amtsrichter auf die Eröffnung des Haftbefehls am 3. Dezember 1943 erklärt, sie fühle sich nicht unschuldig, sie stehe für ihre Fehler ein; sie wisse, daß sie Strafe verdient habe.

Von diesen Einlassungen ist die bei der ersten Vernehmung durch den Kriminalbeamten rechtlich unzutreffend, denn ein Verkehr mit entlassenen Kriegsgefangenen ist nicht verboten. Damit wird auch das Schuldbekenntnis gegenüber dem Amtsrichter entwertet, denn es läßt sich nicht ausschließen, daß es auf der unrichtigen Auffassung beruht, auch der Verkehr mit entlassenen Kriegsgefangenen sei verboten. Dadurch aber wird der Überzeugung des Landgerichts, daß die Beschwerdeführerin vom 22. August 1943 ab nicht klar darüber gewesen sei, ob G. nur beurlaubt oder aber entlassen sei, die Grundlage entzogen und die Richtigkeit der Annahme des bedingten Vorsatzes in Frage gestellt. Wegen dieser Mangelhaftigkeit der Feststellung zum inneren Tatbestand muß das angefochtene Urteil, soweit es die Beschwerdeführerin betrifft, aufgehoben werden.

III. In der neuen Verhandlung wird der innere Tatbestand mit besonderer Sorgfalt zu prüfen sein. Dabei wird vom tatrichterlichen Standpunkt aus auch die Frage erörtert werden müssen, ob die Überlegungen, die der bedingte Vorsatz voraussetzt, bei der gegebenen Sachlage der Beschwerdeführerin überhaupt zuzutrauen sind. Daß das Landgericht wegen der Besonderheit des Falles trotz der Feststellung geschlechtlichen Verkehrs von der Annahme eines schweren Falles abgesehen hat, ist nicht zu beanstanden.

---

6. § 6 RJGG.

Liegen seine Voraussetzungen vor, so muß der Jugendrichter auf Jugendgefängnis von unbestimmter Dauer erkennen. Es steht nicht in seinem Ermessen, hiervon abzusehen und Jugendgefängnis von bestimmter Dauer zu verhängen, weil der Jugendliche vielleicht durch strenge Zucht wieder auf den rechten Weg gebracht werden könne.

V. Strafsenat. Urt. v. 13. Juni 1944 (5 C 134/1944, 5 StS 43/1944).

Der Jugendrichter hat den Angeklagten wegen Diebstahls eines Koffers zu 10 Monaten Jugendgefängnis verurteilt.

Nach der Annahme des Jugendrichters weisen der seit Jahren beobachtete Hang des Angeklagten zur Unredlichkeit, seine Haltlosigkeit und seine zahlreichen Diebstähle darauf hin, daß seine Triebhaftigkeit in krankhafter Weise ausgeprägt ist. Jedoch ist nach der Ansicht des Jugendrichters zu berücksichtigen, daß die bisher versagte Erfüllung seines Wunsches, freiwillig in die Wehrmacht einzutreten, den Angeklagten aus einem gewissen Trotz in seinen Entschlüssen zu Unredlichkeiten erheblich bestärkt haben könne. Der Jugendrichter glaubt davon absehen zu dürfen, Jugendgefängnis von *unbestimmter* Dauer zu verhängen, weil dem Angeklagten Gelegenheit gegeben werden müsse, sich nach Verbüßung der erkannten Strafe bei der Wehrmacht zu bewähren.

Diesen Erwägungen kann nicht beigetreten werden. Liegen die Voraussetzungen des § 6 RJGG vor, so muß der Richter auch auf Jugendgefängnis von unbestimmter Dauer erkennen. Es steht nicht in seinem Ermessen, in einem solchen Falle von der im § 6 a.a.O. vorgesehenen Strafart deshalb abzusehen, weil der Jugendliche *vielleicht* durch die strenge Zucht bei der Wehrmacht wieder auf den rechten Weg gebracht werden könne. Dies schon deshalb nicht, weil es möglich ist, daß der Jugendliche aus gesundheitlichen Gründen vorzeitig aus der Wehrmacht wieder ausscheidet, ohne daß der Wehrdienst seine erzieherische Wirkung auf ihn hat ausüben können. Es bedarf jedoch dann, wenn der Richter sich von dem Wehrdienst eine hinreichende Wirkung in dem angegebenen Sinne verspricht, besonders eingehender Prüfung, ob sich nicht voraussehen läßt, welche *bestimmte* Strafdauer erforderlich ist, um den Strafzweck im Hinblick auf die schädlichen Neigungen des Jugendlichen, die in seiner Tat hervorgetreten sind, zu erreichen. In dieser Beziehung leidet das Urteil auch insofern an einer Unklarheit, als es die Möglichkeit einräumt, daß ein gewisser Trotz den Angeklagten zu seinen Unredlichkeiten veranlaßt habe, ohne sich darüber auszusprechen, ob schädliche Neigungen überwiegend die Triebfeder seines Handelns gewesen sind.

Nach dem Bilde, das das angefochtene Urteil von der Persönlichkeit des Jugendlichen bietet, scheint die Verurteilung zu Jugendgefängnis von *unbestimmter* Dauer geboten zu sein. Darauf deutet auch die Beurteilung hin, die der Direktor des Provinzialerziehungsheimes gegeben hat. Er kennzeichnet den Jugendlichen als einen haltlosen, triebhaften, zu asozialen Handlungen neigenden Psychopathen.

---

7. § 37 ZustVO.; Art. 7 § 1 VereinfVO vom 13. Aug. 1942 (RGBl. I, 508).
1. Zulässigkeit der Nichtigkeitsbeschwerde gegen einen Beschluß, durch den eine Berufung nicht zugelassen wird.

2. Die Prüfung, ob eine Berufung zugelassen wird, muß sich auch auf die Frage erstrecken, ob etwa das Urteil zum Nachteil des Beschwerdeführers abzuändern ist.

II. Strafsenat. Urt. v. 15. Juni 1944 (2 C 48/1944).

I. Amtsgericht Berlin.

In der Strafsache gegen den Holzhändler W. R. A. S. in Berlin-Charlottenburg, wegen Betruges, hat das Reichsgericht, 2. Strafsenat, in der Sitzung vom 15. Juni 1944, an der teilgenommen haben als Richter: der Reichsgerichtsrat Dr. Hoffmann als Vorsitzender und die Reichsgerichtsräte Stumpf, Rusche,

Dr. Rittweger, Dr. Warnecke, als Beamter der Staatsanwaltschaft: der Reichsanwalt Dr. Nagel, auf die Nichtigkeitsbeschwerde des Oberreichsanwalts nach mündlicher Verhandlung für Recht erkannt.

Die Nichtigkeitsbeschwerde wird verworfen. Die Kosten verbleiben der Reichskasse. – Von Rechts wegen.

Gründe

Der Angeklagte hat sich im Jahre 1943 mehreren Siedlern gegenüber verpflichtet, ihnen Wohnlauben zu errichten. Er hat ihnen vorgetäuscht, die Baustoffe seien bereits vorhanden, er könne die Lauben in wenigen Wochen herstellen. Dadurch hat er die Siedler bestimmt, ihm Anzahlungen von je 300 RM, in einem Falle von 400 RM, zu leisten. Die Lauben sind nicht ausgeführt worden. Der Angeklagte hat nach der Überzeugung des Amtsgerichts von vornherein nicht den Willen zur Erfüllung der Verträge gehabt, jedenfalls aber – wie er wußte – nicht die Möglichkeit, die Lauben in den kurzen Fristen zu erstellen, die er in den Verträgen zugesagt hatte. Es kam ihm nach der Überzeugung des Gerichts nur auf die Erlangung der Anzahlungen an. Danach hat er nichts mehr von sich hören lassen und auch die Mahnungen der Besteller und schließlich ihr Verlangen der Zurückgabe der Anzahlungen nicht beachtet. Das Amtsgericht hat den Angeklagten wegen fortgesetzten Betruges zu einer Strafe von 6 Monaten Gefängnis verurteilt, die im Urteilssatz irrig als „Gesamtstrafe" bezeichnet ist.

Der Angeklagte hat gegen dieses Urteil Berufung eingelegt. Die Staatsanwaltschaft, für die die Rechtsmittelfrist bereits abgelaufen war, hat beantragt, die Berufung zuzulassen, weil die Anwendung des § 4 VSchVO nicht geprüft und die Strafe jedenfalls nicht ausreichend sei. Der Vorsitzer der Strafkammer des Landgerichts hat die Berufung nicht zugelassen (Art. 7 § 1 der VO zur weiteren Vereinfachung der Strafrechtspflege vom 13. August 1942 RGBl. I S. 508). Er hat dazu bemerkt, die Berufung könne nur aus Billigkeitsgründen zugunsten des Angeklagten zugelassen werden. Zuungunsten des Angeklagten sei die Berufung von der Staatsanwaltschaft einzulegen.

Die Nichtigkeitsbeschwerde erstrebt in erster Linie die Beseitigung des Beschlusses des Vorsitzers der Strafkammer, der nach ihren Darlegungen auf Rechtsirrtum beruht, hilfsweise die Aufhebung des Urteils des Amtsgerichts und die Zurückverweisung der Sache an die Strafkammer des Landgerichts.

Gegen die Zulässigkeit der Nichtigkeitsbeschwerde haben sich keine Bedenken ergeben, auch nicht gegen den ersten Antrag. Der Beschluß über die Zulassung oder Nichtzulassung der Berufung ist unanfechtbar und deshalb formell rechtskräftig. Die Anordnung der Zulassung der Berufung hat nur verfahrensrechtliche Bedeutung. Dem Beschlusse, der die Zulassung versagt, kommt auch materiellrechtliche Wirkung zu, weil er die Rechtskraft des Urteils bewirkt, die durch die Einlegung des Rechtsmittels gehemmt war (§ 316 StPO). Damit sind bei ihm die Anforderungen erfüllt, die die Rechtsprechung an den „rechtskräftigen Beschluß" gestellt hat, gegen den die Nichtigkeitsbeschwerde nach § 37 der ZustVO gegeben ist (RGSt. Bd. 75 S. 121).

Der Vorsitzer der Strafkammer ist bei der Ablehnung der Zulassung davon ausgegangen, daß er nur zu prüfen habe, ob das Urteil des Amtsgerichts zu Ungunsten des Angeklagten unrichtig ist. Diese Auffassung ist rechtsirrig. Die Anordnungen zur Vereinfachung der Strafrechtspflege haben an den Grundsätzen nichts geändert, die der Sicherung des Zwecks und des Zieles des Strafverfahrens dienen. Sie haben entsprechend dem Erlaß des Führers vom 21. März 1942 (RGBl. I S. 139), auf dem die Verordnung zur weiteren Vereinfachung der Strafrechtspflege vom 13. August 1942 (RGBl. I S. 508) beruht, das Strafverfahren nur von Entbehrlichem befreien wollen, soweit es mit dem Zweck des Strafverfahrens noch vereinbar ist. Zweck und Ziel des Strafverfahrens ist das gerechte Urteil. Zu den Grundsätzen, die seine Erreichung sichern sollen, gehört auch die Bestimmung des § 331 StPO, daß auf die Berufung des Angeklagten das Urteil auch zu seinem Nachteil geändert werden kann. Denn darin liegt der Befehl an den Richter, das Urteil zum Nachteil des Beschwerdeführers zu ändern, wenn es die Gerechtigkeit erfordert. Daraus ergibt sich aber auch für den Vorsitzer der Strafkammer, der über die Zulassung des Rechtsmittels zu entscheiden hat, die Pflicht der Prüfung, ob das Urteil auf die Berufung, die nur der Angeklagte eingelegt hat, etwa zu seinem Nachteil geändert werden muß. Der Vorsitzer hat sich anscheinend durch die Fassung „sie (d. h. die Zulassung) wird erteilt, wenn ihre Versagung unbillig wäre", zu seiner abweichenden Auffassung bestimmen lassen. Er hat dabei übersehen, daß nach dem Sinn und Zweck der Anordnung ohne weiteres nahe lag, daß „unbillig" hier im Sinne von ungerecht gebraucht war. Das hat die AV des Reichsjustizministers vom 8. Januar 1943 (DJ 1943 S. 44) klargestellt. Diese Anordnung bindet die Gerichte, denn dem Reichsjustizminister ist in Art. 10 Abs. 2 der VO vom 13. August 1942 die Erlassung der weiteren Bestimmungen zur Durchführung und Ergänzung der VO übertragen worden.

Die Aufhebung des Beschlusses des Vorsitzers wäre aber nur dann geboten, wenn die Entscheidung des Amtsgerichts ungerecht wäre. Zur Prüfung, ob das der Fall ist, war das Urteil heranzuziehen. Die Frage wurde verneint. Der 61 Jahre alte Angeklagte ist bisher nur einmal mit einer Freiheitsstrafe belegt worden (1937: 2 Monate Gefängnis wegen falscher Versicherung an Eides Statt, § 156 StGB). Er war bis Mitte des Jahres 1942 fast völlig erblindet und hat erst danach wieder seine Berufstätigkeit aufnehmen können. Seine Handlungsweise gegenüber den Siedlern ist vom Amtsgericht mit Recht als Betrug gewürdigt worden. Es kann aber nicht übersehen werden, daß die Geschädigten selbst kein Mitleid verdienen. Ihnen war die Errichtung von Wohnlauben nur unter der Bedingung genehmigt worden, daß sie bereits über die Baustoffe verfügten und fremde Arbeitskräfte dazu nicht in Anspruch nahmen. Das haben sie dem Angeklagten verschwiegen, der sich nach seiner Versicherung sonst auf die Verträge mit ihnen nicht eingelassen hätte. Der treibende Teil bei ihrem Abschluß waren die Siedler, die so unter Umgehung der Anordnungen der Behörde sich Wohnlauben beschaffen wollten. Der Schaden, der durch den Angeklagten verursacht worden ist, ist nicht erheblich. bei dieser Sachlage ist schon zweifelhaft, ob eine Ausnützung der durch den Krieg verursachten außergewöhnlichen Verhältnisse im Sinne des § 4 VolksschädlVO angenommen werden könnte. Jedenfalls fehlt aber hinreichender Anhalt darüber, daß der Angeklagte ein Mann von der Wesensart des Volksschädlings ist, dessen Bestrafung aus § 4 VolksschädlVO vom gesunden Volksempfinden verlangt wird. Unter Berücksichtigung der gesamten Sachlage und der Persönlichkeit des Angeklagten war nach der Überzeugung des Senates die Gefängnisstrafe von 6 Monaten ausreichend, mit der das Gericht über den Antrag der Staatsanwaltschaft in der Hauptverhandlung hinausgegangen ist.

Die Nichtigkeitsbeschwerde hat sich danach als unbegründet erwiesen, auch soweit sie sich mit dem Hilfsantrag gegen die Aufhebung des Urteils des Amtsgerichts richtet.

---

8. §§ 2, 59, 257 StGB.

Wer einem flüchtigen Schutzhäftling wissentlich Beistand leistet, um ihn der Schutzhaft zu entziehen, ist in entsprechender Anwendung der Bestimmungen über Strafvereitelung (§ 257 StGB) zu bestrafen. Das gilt auch dann, wenn er nicht weiß, daß der Flüchtige ein Schutzhäftling ist, sondern irrigerweise annimmt, er entziehe sich einer Strafverfolgung.

I. Strafsenat. Urt. v. 16. Juni 1944 (1 D 71/1944).

I. Landgericht Ravensburg.

In der Strafsache gegen

1. den Müllermeister E. S. R., früher in Friedrichshafen-Löwental wohnhaft, jetzt in Friedrichshafen/B.

2. Frau H. O. R., geborene S., früher in Friedrichshafen-Löwental wohnhaft, jetzt in Zollernreute Kreis Ravensburg, wegen Begünstigung hat das Reichsgericht, 1. Strafsenat, in der Sitzung vom 16. Juni 1944, an der teilgenommen haben als Richter: der Reichsgerichtsrat Dr. Ziegler als Vorsitzender und die Reichsgerichtsräte Dr. Hoffmann, Dr. Rohde, Rusche, Guth, als Beamter der Staatsanwaltschaft: der Staatsanwalt Dr. Nüse auf die Revisionen der Angeklagten nach mündlicher Verhandlung für Recht erkannt:

Die Revisionen gegen das Urteil des Landgerichts in Ravensburg vom 4. Januar 1944 werden verworfen; jeder Beschwerdeführer hat die Kosten seines Rechtsmittels zu tragen. – Von Rechts wegen

Gründe

Die Rechtsmittel können keinen Erfolg haben.

I. Das Landgericht hat folgenden Sachverhalt festgestellt. Am Abend des 26. August 1943 flüchteten zwei Schutzhäftlinge von ihrem Arbeitskommando in Friedrichshafen; sie liefen mehrere Kilometer weit und versteckten sich im Heu in der Scheune der Angeklagten. Ihre nassen und stark beschmutzten Häftlingskleider zogen sie aus. Am nächsten Morgen entdeckte die angeklagte Ehefrau die beiden Männer, die bis an den Kopf im Heu eingegraben waren. Der eine Mann, der, wie sie sah, am Oberkörper mit einem Hemd bekleidet war, sagte zu ihr, sie brauche keine Angst zu haben. Auf ihr Befragen gab er weiter an, sie hätten im Luftschiffbau gearbeitet und seien „stiften gegangen". Er fragte sie, ob sie ihnen Kleider verschaffen könne; sie seien bei Nacht in einen Bach geraten, dabei seien ihre eigenen Kleider vollständig verschmutzt und naß geworden. Die angeklagte Ehefrau gab eine ausweichende Antwort. Am Nachmittag brachte sie den beiden Männern, die immer noch im Heu lagen, Brot, etwas Käse und eine Flasche Most. Der erwähnte Mann bat wieder um Kleidung und ferner um eine Schachtel Streichhölzer. Nach Feierabend steckte die angeklagte Ehefrau zwei alte Arbeitshosen, zwei Pullover, zwei Hemden, zwei alte Hüte, Sachen, die ihrem Mann gehörten, in einen Sack. Der angeklagte Ehemann, dem sie schon am Vormittag von den beiden Männern und ihrer Bitte erzählt hatte, war damit einverstanden, daß die Sachen den Männern gegeben wurden. Er wußte nur nicht, daß seine Frau eine Schachtel Streichhölzer beigepackt und in jede Hose noch ein Stück Brot und zwei Reichsmark gesteckt hatte. Die Männer zogen die Sachen an. Der erwähnte Mann bat die angeklagte Ehefrau, ihnen den Weg nach Lindau zu zeigen; sie wollten, wie der Mann ihr erzählte, heim nach Graz bzw. nach Kroatien. Die Beschreibung des Weges durch die angeklagte Ehefrau genügte ihm nicht. Auf Drängen seiner Frau ging der angeklagte Ehemann mit ihr etwa 1 1/2 km weit in der Richtung auf die Hauptstraße nach Lindau, während beide Männer ihnen in einigem Abstand folgten. Ehe die Angeklagten umkehrten, beschrieb die angeklagte Ehefrau in Gegenwart ihres Mannes den beiden Männern den Weg nach Lindau. Seine Häftlingsbekleidung hatte der eine Mann unauffällig unter dem Arm mitgenommen, während der andere sie in den Sack gesteckt hatte, in dem die angeklagte Ehefrau die alten Sachen gebracht hatte. Am nächsten Tage wurden die Häftlinge von der Polizei wieder aufgegriffen.

Auf Grund dieses Sachverhaltes hat das Landgericht die beiden Angeklagten wegen Begünstigung zu je vier Wochen Gefängnis verurteilt. Zur Begründung hat es ausgeführt: Beihilfe zur Selbstbefreiung eines Gefangenen i. S. des

§ 120 StGB scheide aus, weil die Befreiung schon vollendet gewesen sei, als die Männer zu dem Anwesen der Angeklagten gekommen seien, und weil diesen nicht nachzuweisen sei, daß sie erkannt hätten, Gefangene vor sich zu haben. Beide Angeklagte seien sich aber darüber im klaren gewesen, daß beide Männer unbefugt von ihrem Arbeitsplatz durchgegangen und entschlossen gewesen seien, die Arbeit nicht wieder aufzunehmen und in ihre Heimat zurückzukehren. Ihre Flucht vom Arbeitsplatz stelle ein Verhalten dar, das einem Arbeitsvertragsbruch ähnlich sei und das wie eine Zuwiderhandlung gegen die §§ 1, 11 der VO über die Beschränkung des Arbeitsplatzwechsels vom 1. September 1939 – RGBl. I S. 1685 – strafwürdig sei. Nach gesundem Volksempfinden und nach dem Grundgedanken des § 257 StGB verdienten auch die Angeklagten für ihre Handlungsweise Bestrafung.

Gegen dieses Urteil haben die Angeklagten Revision eingelegt.

II. Mit Recht hat das Landgericht Beihilfe zur Selbstbefreiung eines Gefangenen i. S. des § 120 StGB und die unmittelbare Anwendung des § 257 StGB abgelehnt. Es kann sich also nur fragen, ob das Landgericht ohne Rechtsirrtum angenommen hat, daß die Handlungsweise der Angeklagten nach dem Grundgedanken des § 257 StGB und nach gesundem Volksempfinden Bestrafung verdient. Die Anwendung des § 120 StGB im Wege der richterlichen Rechtsschöpfung muß ausscheiden, weil nach den Urteilsfeststellungen die Angeklagten nicht erkannt und nicht damit gerechnet haben, daß die beiden Männer Häftlinge seien, eine tatsächliche Feststellung, die für das Revisionsgericht bindend ist, und weil die Tätigkeit der Angeklagten erst einsetzte, nachdem die beiden Männer aus eigenem Wollen und Tun ihre Freiheit wiedererlangt hatten. Gerade der Umstand, daß die Männer ihre Freiheit bereits erlangt hatten, als die Tätigkeit der Angeklagten einsetzte, legt die Prüfung besonders nahe, ob hier der Grundgedanke des § 257 StGB im Wege der richterlichen Rechtsschöpfung verwertbar ist; denn auch die Beistandleistung des Täters i. S. des § 257 StGB setzt eine abgeschlossene Tätigkeit eines anderen voraus, die mindestens bis zum Versuch gediehen ist.

Die Begünstigung i. S. des § 257 StGB ist ein selbständiges Vergehen, keine Teilnahmehandlung an der Vortat, auf die sie sich bezieht. Nach dem Wortlaut des § 257 StGB muß die Vortat ein Verbrechen oder Vergehen sein. Das Ziel der persönlichen Begünstigung ist, in die staatliche Rechtspflege dadurch rechtswidrig einzugreifen, daß die Verwirklichung eines Strafanspruchs vereitelt wird, der dem Staat aus dem Verbrechen oder dem Vergehen eines anderen erwachsen ist. Nachdem der moderne Staat dazu übergegangen ist, die Öffentlichkeit vor gemeinschaftsfeindlichen Elementen im Verwaltungswege durch Verhängung von Schutzhaft zu schützen, erfordert es der Grundgedanke des § 257 StGB, daß auch der Täter nach diesem Gesetz bestraft wird, der dem Schutzhäftling, nachdem dieser aus der Haft entwichen ist, wissentlich Beistand leistet, um ihn der Fortdauer der Schutzhaft zu entziehen. Denn auch dabei handelt es sich um einen rechtswidrigen Eingriff, der bezweckt, eine Sicherungsmaßnahme des Staates gegen asoziale Elemente zu vereiteln.

Hätte sich das Landgericht in der Lage gesehen, festzustellen, daß die Angeklagten erkannt oder damit gerechnet hätten, in den beiden Männern Schutzhäftlinge vor sich zu haben, so würden auch die inneren Voraussetzungen für eine Bestrafung der Angeklagten in entsprechender Anwendung des § 257 StGB gegeben sein. Nach der Annahme des Landgerichts waren sich aber die Angeklagten im klaren darüber, daß die Männer unbefugt die Arbeit niedergelegt hatten und in ihre Heimat zurückkehren wollten. Wäre diese Vorstellung der Angeklagten richtig gewesen, so hätten die Männer auf Antrag des Leiters des Arbeitsamtes oder auf Verlangen des Reichstreuhänders der Arbeit oder des Sondertreuhänders der Arbeit (§ 1 der 4. DurchführungsVO vom 28. Oktober 1941, RGBl. I S. 664) gemäß dem § 11 der Verordnung vom 1. September 1939, RGBl. I S. 1685, mit Gefängnis und Geldstrafe oder mit einer dieser Strafen bestraft werden können. Tatsächlich lag ein Arbeitsverhältnis im Sinne dieser Bestimmungen nicht vor; denn der Schutzhäftling ist nicht auf Grund eines Arbeitsverhältnisses zur Arbeit verpflichtet, sondern er wird auf Grund staatlichen Zwangs zum Arbeiten angehalten.

Die Angeklagten wären also in entsprechender Anwendung des § 257 StGB strafbar, wenn sie gewußt hätten, daß die Männer Schutzhäftlinge waren, und sie wären unmittelbar aus dem § 257 StGB zu bestrafen, wenn die Männer entsprechend der Annahme der Angeklagten arbeitsvertragsbrüchig gewesen wären. Die Strafbarkeit der Handlungsweise der Angeklagten kann nicht deshalb entfallen, weil der objektive Sachverhalt nicht der Vorstellung der Angeklagten entsprach, obwohl sowohl die objektive Seite wie die subjektive Seite, jede für sich betrachtet, die Grundlage für eine Bestrafung abgibt. Das Verhalten der Angeklagten führte dazu, daß *objektiv* ein Vollstreckungsanspruch des Staates vereitelt wurde, und daß *nach der Vorstellung der Angeklagten* ein Strafanspruch des Staates vereitelt wurde. Dieses Auseinanderfallen zwischen äußerem Sachverhalt und der Vorstellung der Angeklagten kann nach dem hier gegebenen Sachverhalt nicht ihre Straflosigkeit begründen. Nach der Rechsprechung des Reichsgerichts (vgl. RGSt. Bd. 50 S. 218, 221) bleibt der Begünstiger nicht deswegen straflos, weil er angenommen hat, der Begünstigte habe eine andere Straftat begangen, als er tatsächlich begangen hat. Kann, wie gezeigt wurde, die Vereitelung der Vollstreckung der Schutzhaft ebenfalls zur Anwendung des § 257 StGB führen, so muß dem Falle des Irrtums des Täters über die Art der voraufgegangenen Straftat der hier vorliegende Fall gleichgestellt werden, in dem die Täter einen *Strafanspruch* zu vereiteln glaubten, ihre Tat aber in Wirklichkeit die Vereitelung des *Schutzhaftanspruches* betraf.

Nach alledem erfordert der Grundgedanke des § 2 StGB die Bestrafung der Angeklagten, wobei ihrem Irrtum über die Ereignisse keine entscheidende Bedeutung zukommen kann, die ihrer Handlung vorausgegangen sind. Aber auch nach dem gesunden Volksempfinden verdient das Verhalten der Angeklagten Bestrafung; denn sie wollten, wie das Landgericht als erwiesen ansieht, einen Strafanspruch des Staates vereiteln und sie haben tatsächlich einen Vollstreckungsanspruch des Staates vereitelt. Nach gesundem Volksempfinden verdienen entwichene Schutzhäftlinge und vertragsbrüchig gewordene Arbeiter, wenn sie sich in einer solch verdächtigen Lage wie die beiden Männer befinden, keine Unterstützung zur Förderung ihrer Flucht; vielmehr wäre es Pflicht der Angeklagten gewesen, die Polizei auf die verdächtigen Männer hinzuweisen. Die Ablehnung jeder Unterstützung war hier selbstverständliches Gebot, wenn man berücksichtigt, daß sich der Vorfall im Grenzgebiet abspielte, wo jede Unterstützung verdächtiger Elemente besonders große Gefahren für den Staat mit sich bringen kann. Darauf, daß die Angeklagten selbst ihr Verhalten nicht für strafbar, sondern für erlaubt gehalten haben, kann es nicht ankommen; denn für die Frage, ob das gesunde Volksempfinden eine Bestrafung der Handlungsweise der Angeklagten erfordert, kann nicht die Auffassung der unmittelbar beteiligten Personen maßgebend sein.

III. Die Ausführungen der Revisionen können, soweit sie nicht schon im Vorstehenden mitbehandelt worden sind, keine andere rechtliche Beurteilung rechtfertigen. Zum Teil bekämpfen die Revisionen die Schlußfolgerungen des Landgerichts zum inneren Tatbestand. Insoweit können die Revisionen mit ihren abweichenden Anführungen nicht gehört werden, da die Würdigung des Beweisergebnisses allein Sache des Tatrichters ist (§§ 261, 337 StPO). Es bedeutet keinen Rechtsfehler, daß sich das Landgericht nicht besonders mit der Aussage des Auchter auseinandergesetzt hat. Das Landgericht hatte die Aufgabe, mit seinem schriftlichen Urteil seine Entscheidung entsprechend den Vorschriften des § 267 StPO zu begründen. Daß es gegen eine dieser Vorschriften verstoßen hätte, ist nicht gerügt worden. Das Landgericht hat auch das Verteidigungsvorbringen der Angeklagten geprüft, das dahin geht, die angeklagte Ehefrau habe aus Mitleid gehandelt. Es sieht dieses Vorbringen als abwegig und unglaubhaft an. Insoweit ist ein Rechtsfehler nicht erkennbar.

Nach der Rechtsprechung ist die persönliche Begünstigung straflos, wenn die Vortat nur auf Antrag verfolgt werden darf, aber kein Antrag gestellt worden ist (RGSt. Bd. 75 S. 234). Die Revision der angeklagten Ehefrau beruft sich zu Unrecht auf diese Rechtsprechung, weil objektiv gesehen keine Straftat der beiden Männer vorlag, deren Strafverfolgung von der Stellung eines Strafantrages i. S. der § 61 ff. StGB abhängig gewesen wäre.

Die beiden Revisionen irren, wenn sie geltend machen, es könne sich höchstens um einen hier nicht strafbaren untauglichen Versuch handeln. Im vorliegenden Falle steht lediglich ein Irrtum über die tatsächlichen Unterlagen eines Tatbestandsmerkmals des § 257 StGB in Frage, wobei, wie gezeigt wurde, sowohl die vorgestellten als auch die tatsächlich vorhandenen Umstände zur Erfüllung dieses Tatbestandsmerkmales ausreichen. Der Fall ist daher nicht zu vergleichen mit den Fällen, in denen der Täter infolge eines tatsächlichen Irrtums nach seiner Vorstellung die Merkmale einer Straftat zu verwirklichen glaubt, in Wirklichkeit aber die Merkmale einer ganz anderen Straftat verwirklicht.

---

9. §§ 174, 185, 223 StGB.
Zur Abgrenzung harmloser Neckereien gegenüber Handlungen, die als Unzucht, Körperverletzung oder Beleidigung strafbar sind.

I. Strafsenat. Urt. v. 23. Juni 1944 (1 D 116/1944).

I. Landgericht Darmstadt.

In der Strafsache gegen den Reichsbahngehilfen *Karl. R.* in Biebesheim am Rhein, Nebenklägerin E. W. in Biebenheim am Rhein, wegen Verbrechen wider die Sittlichkeit, hat das Reichsgericht, 1. Strafsenat, in der Sitzung vom 23. Juni 1944, an der teilgenommen haben als Richter: der Reichsgerichtsrat Dr. Ziegler als Vorsitzender und die Reichsgerichtsräte Rensch, Dr. Rohde, Rusche, Guth, als Beamter der Staatsanwaltschaft: der Reichsanwalt Richter, auf die Revisionen der Nebenklägerin nach mündlicher Verhandlung für Recht erkannt:

Die Revision gegen das Urteil des Landgerichts in Darmstadt *vom 6. August 1943 wird verworfen; die Kosen des Rechtsmittels fallen der Nebenklägerin zur Last. – Von Rechts wegen*

Gründe

Die Revision der Nebenklägerin kann keinen Erfolg haben. Das Landgericht faßt seine Überzeugung dahin zusammen: Die E. W. reiche als einzige Belastungszeugin nicht aus, um einen bisher unbestraften Mann im Sinne der Anklage – d. h. wegen Verbrechens nach dem § 174 Nr. 1 StGB – oder auch nur wegen Beleidigung zu verurteilen. Das Landgericht will damit sagen, daß es den belastenden Angaben der E.W. keinen Glauben geschenkt hat, soweit sie den Angeklagten über seine eigenen Zugeständnisse hinaus belastet hat. Mit dieser Feststellung, daß es die W. nicht als glaubwürdige Belastungszeugin ansehen könne, hat sich das Landgericht im Rahmen seines richterlichen Ermessens gehalten (§ 261 StPO). Ein Rechtsfehler ist insoweit nicht ersichtlich.

Zu prüfen bleibt aber weiter, ob sich der Angeklagte unter Zugrundelegung seiner eigenen Sachdarstellung einer strafbaren Handlung gegenüber der E. W. schuldig gemacht hat. Nach den Urteilsfeststellungen hat er zugegeben 1. daß er ihr „ab und zu über den Kleidern einen Klaps auf das Gesäß gegeben habe", 2. daß „er sie einmal in Gegenwart seiner Kinder durch einen Stoß an die Schulter aufs Bett geworfen habe". Er macht geltend, daß es sich in all diesen Fällen um Scherz, um Harmlosigkeiten und Späße gehandelt habe; 3. hält er es für möglich, daß er einmal die Brust der W. berührt habe, als er sie im Spaß vom Rücken her gepackt habe; 4. bestreitet er, sie je geküßt zu haben.

Die rechtliche Prüfung dieser Sachdarstellung des Angeklagten führt zu folgender Beurteilung.

Da der Angeklagte bestreitet, die W. geküßt zu haben (Punkt 4 der obigen Aufzählung) entfällt nach der Auffassung des Landgerichts schon deshalb die Möglichkeit, insoweit eine strafbare Handlung festzustellen. Nach der Sachdarstellung des Angeklagten zu 3) fehlt es an dem Vorsatz, so daß schon aus diesem Grunde in der Berührung der Brust, wenn sie erfolgt sein sollte, keine unzüchtige Handlung und keine Beleidigung liegen kann.

Einer eingehenderen Untersuchung bedürfen die Fälle 1) und 2) der Darstellung des Angeklagten; denn nach seiner eigenen Einlassung hat er die „Klapse" auf das Gesäß der W. und den Stoß an ihre Schulter vorsätzlich gegeben. Die Natur der Handlungen als Tätigkeiten, die gegen den Körper der W. gerichtet waren, erfordert es, sie strafrechtlich unter den Gesichtspunkten der unzüchtigen Handlung, der Körperverletzung und der Beleidigung zu betrachten.

a) Unter unzüchtigen Handlungen versteht die Rechtsprechung Handlungen, die das allgemeine Scham- und Sittlichkeitsgefühl in geschlechtlicher Beziehung verletzen und bei denen die Absicht des Täters auf die Erregung oder die Befriedigung der eigenen oder der fremden Geschlechtslust gerichtet ist. Ob das Verhalten des Angeklagten Handlungen enthält, die das gesunde Volksempfinden für sittliche Zucht verletzen, oder ob es nur Zudringlichkeiten und Handgreiflichkeiten leichter Art in sich birgt, die ungehörig sind (vergl. RGUrt. vom 15. Februar 1943, 3 D 526/42 – DR 1943 S. 578), ist eine Frage, die in erster Linie der Tatrichter zu entscheiden hat. Doch kann die Frage hier auf sich beruhen, weil der innere Tatbestand nicht erfüllt ist. Denn ob eine Handlung unzüchtig ist, ist nicht allein nach dem äußeren Tun, sondern vor allem nach Beweggrund und Zweck der Betätigung zu beurteilen. Nach der Annahme des Landgerichts hat der Angeklagte die Handlungen nur aus Spaß und zum Scherz vorgenommen. Dann entfällt die Möglichkeit, sie als unzüchtige Handlungen im Sinne der Rechtsprechung zu kennzeichnen.

b) Ob die Einwirkungen des Angeklagten auf den Körper der W. derartig waren, daß ihr körperliches Wohlbefinden beeinträchtigt worden ist, hat das

Landgericht nicht festgestellt. Aber auch diese Frage kann auf sich beruhen bleiben. Denn selbst wenn die Angriffe des Angeklagten so erheblich gewesen wäre, daß durch sie das körperliche Wohlbefinden der W. beeinträchtigt worden wäre, so wären die Angriffe dann nicht als rechtswidrig zu erachten, wenn sie mit Einwilligung der E. W. erfolgt wären. Da der Angeklagte, wie das Landgericht für nicht widerlegt hält, aus Spaß und zum Scherz gehandelt hat, und da, wie das Landgericht feststellt, die W. selbst zugegeben hat, gern Neckereien mit dem Angeklagten getrieben zu haben, begegnet die ersichtliche Annahme des Landgerichts keinen rechtlichen Bedenken, die W. sei mit derartigen „Klapsen“ und „Stößen“, wie sie der Angeklagte ihr gegeben habe, einverstanden gewesen, zum mindesten habe er ihr Einverständnis damit angenommen. Ihre Einwilligung würde allerdings dann rechtlich bedeutungslos sein, wenn das Verhalten des Angeklagten der W. gegenüber gegen die guten Sitten verstoßen hätte, § 226 StGB. Diese Frage hat das Landgericht offensichtlich verneint. Ein Rechtsfehler ist insoweit nicht erkennbar. Die W. war Pflichtjahrmädchen in einem Haushalt mit mehreren kleineren Kindern. In einem solchen Haushalt sind Neckereien und Handgreiflichkeiten zwischen dem Vater und den Kindern nichts Außergewöhnliches. Daß daran ein Pflichtjahrmädchen beteiligt wird, die selbst noch ein halbes Kind ist, kann nach dem gesunden Volksempfinden nicht beanstandet werden, wenn sich die Handgreiflichkeiten im Rahmen des durch Anstand und Sitte Gebotenen halten. Diese Voraussetzung konnte das Landgericht ohne Rechtsirrtum als erfüllt ansehen; denn auch bei dem Stoß gegen die Schulter, durch den das Mädchen aufs Bett geworfen wurde, waren die Kinder zugegen, so daß das Landgericht auch diesen Stoß als harmlose Neckerei ohne tiefere Bedeutung auffassen durfte.

c) „Klapse“, die ein Mann einem Mädchen, das ungefähr fünfzehn Jahre alt ist, auf das Gesäß über den Kleidern gibt, und ein Stoß gegen die Schulter, mit dem das Mädchen ins Bett geworfen wird, können ihrer Natur nach geeignet sein, das Mädchen in seiner Ehre zu kränken. Der Umstand, daß eine Handlung im Scherz erfolgt ist, schließt nicht unter allen Umständen den Tatbestand der Beleidigung, insbesondere nicht notwendig das Bewußtsein des Täters aus, daß der durch den Scherz Betroffene sich gleichwohl in seiner Ehre gekränkt fühlen könne. Nach der Rechtsprechung muß daher geprüft werden, ob der Täter darauf rechnen konnte, daß der andere den Vorgang als Scherz auffassen werde. Das Landgericht ist ersichtlich dieser Überzeugung gewesen, weil die W. nach ihren eigenen Angaben gern mit dem Angeklagten Neckereien getrieben hat, so daß auch er hat erwarten können, sie werden den scherzhaften Charakter der „Klapse“ und des Stoßes nicht verkennen. Von diesem Standpunkt aus hat das Landgericht mit Recht das Vorliegen von Beleidigungen verneint, weil es den inneren Tatbestand nicht hat feststellen können, der für die Annahme einer Beleidigung erforderlich ist. Derart ist der Fall nicht gelagert, daß das Einverständnis der W. als belanglos angesehen werden mußte, weil ihr wegen ihrer Jugend das Verständnis für den Wert ihrer Ehre fehlte (RGSt. Bd. 60, S. 36).

Mithin ergeben sich gegen die Freisprechung des Angeklagten keine rechtlichen Bedenken, so daß es auf die Frage der Rechtzeitigkeit des Strafantrags nicht ankommen kann.

---

10. §§ 2, 4, 79 RJGG.

1. Nach den Richtlinien zu § 79 RJGG ist von Erziehungsmaßregeln und von der Auferlegung besonderer Pflichten bei jugendlichen Soldaten abzusehen. Solche Maßnahmen eignen sich nicht gegenüber Soldaten, die schon bei der Wehrmacht in ausreichend straffer Zucht stehen. Gegen einen jugendlichen Soldaten kann somit vom allgemeinen Gericht wegen nichtmilitärischer Straftaten nur auf die Strafe des Jugendgefängnisses oder auf die Zuchtmittel des Jugendarrests oder der Verwarnung erkannt werden. Eine Einstellung des Verfahrens nach Einreichung der Anklage ist unter den Voraussetzungen des § 31 RJGG möglich.

2. Zur Anwendung des § 4 Abs. 2 RJGG.

V. Strafsenat. Urt. v. 27. Juni 1944 (5 D 43/1944).

I. Landgericht Wuppertal.

In der Strafsache gegen M. H., geboren am 15. September 1926 in Barmen, ledig, wegen Vergehens nach § 222 StGB hat das Reichsgericht, 5. Strafsenat, in der Sitzung vom 27. Juni 1944, an der teilgenommen haben als Richter: der Senatspräsident Döbig und die Reichsgerichtsräte Dr. Iber, Schoerlin, Dr. Zeidler und Dr. Kauer, als Beamter der Staatsanwaltschaft: der Reichsgerichtsrat Grahn, auf die Revision des Angeklagten nach mündlicher Verhandlung für Recht erkannt:

Das Urteil des Landgerichts Wuppertal vom 3. Februar 1943 wird im Ausspruch über die Strafe aufgehoben.

Zugleich werden die dem Strafausspruch zugrunde liegenden Feststellungen aufgehoben. Die Sache wird im Umfang der Aufhebung zu neuer Verhandlung und Entscheidung an das Erstgericht zurückverwiesen. – Von Rechts wegen

Gründe

Im Urteil ist folgender Sachverhalt festgestellt:

Der am 15. September 1926 geborene Angeklagte M. H. hatte ein lebhaftes Interesse für den Schießsport. Gemeinsam mit dem am 5. November 1925 geborenen R. N., mit dem ihn innige Freundschaft verband, unternahm er Schießübungen mit einem Kleinkalibergewehr und einem Trommelrevolver.

Auch in der Hitlerjugend huldigte er dem Schießsport. N. sollte in kurzem in ein Wehrertüchtigungslager kommen. In der Hitlerjugend versah der Angeklagte Dienst als Scharführer. Sein Freund N. war Hauptscharführer.

Am 26. September 1942 vormittags verreisten die Eltern des Angeklagten. Der Angeklagte und N. verabredeten, daß N. am Abend den Angeklagten zu einem Besuch der „Kirmes“ abholen sollte. Um 17 1/2 Uhr erschien N. in der Wohnung des Angeklagten. N. forderte den Angeklagten auf, die Pistolen herbeizuholen, von denen er bei einer früheren Unterhaltung erzählt hatte. Der Angeklagte nahm zwei Pistolen von einem im Schlafzimmer stehenden Kleiderschrank herunter. Er füllte ein Magazin mit Patronen und beiden gingen dann mit den Pistolen und dem gefüllten Magazin in das anstoßende Eßzimmer. Hier machen die beiden Zielübungen. Schließlich steckte der Angeklagte das gefüllte Magazin in eine der beiden Pistolen.

N., der mittlerweile auf einem Sofa Platz genommen hatte, bat dann den Angeklagten, ihm das Auseinandernehmen der Pistole zu erklären. Der Angeklagte hob nun die mit dem gefüllten Magazin geladene Pistole etwas. Da löste sich ein Schuß. Das Geschoß traf den N. ins rechte Auge. Die Schußverletzung hat zum Tode des N. geführt. N. sank vom Sofa herunter auf den Fußboden. Der Angeklagte riß vorne das Hemd des N. auf, und fühlte mit der Hand nach dem Herzen. Er glaubte es noch schlagen zu hören und ging zum Fernsprechapparat, um einen Arzt herbeizurufen. Ehe er noch eine Verbindung herstellen konnte, merkte er, daß das Gesicht des Neuhaus rot und blau anlief und daß sein Mund offenstand. Er schloß daraus, daß Neuhaus tot sei. „In seiner Angst und in seinem Schrecken über das Unglück, das er angerichtet hatte, entschloß er sich, die Spuren seiner Tat zu verwischen, die Leiche fortzuschaffen und selbst ins Ausland zu fahren.“ Er zog sich fast nackt aus, um seine Kleider nicht mit Blut zu beflecken. Er schaffte die Leiche in das Badezimmer und wischte die Blutspuren, die auf dem Fußboden und den Teppichen entstanden waren, mit essiggetränktem Wasser weg. Dann holte er sein Fahrrad, um mit Hilfe des Fahrrads die Leiche wegzuschaffen. Er trug zu diesem Zwecke die Leiche ins Treppenhaus. Da sie ihm zu schwer wurde, gab er den Plan auf, trug sie wieder zurück ins Badezimmer und legte sie, nachdem er sie in eine Decke eingewickelt hatte, in die Badewanne. Er reinigte hierauf das Badezimmer von Blutspuren und öffnete ein Fenster, weil er besorgte, die Leiche könne Geruch ausströmen. Dann legte er sich ins Bett, konnte aber keinen Schlaf finden. Während der Nacht entschloß er sich, am folgenden Morgen zu seiner Mutter nach Frankfurt am Main zu fahren. Er fuhr auch am nächsten Tag zu seiner Mutter und erzählte ihr den Vorfall.

Das Erstgericht hat angenommen, daß der Angeklagte bei Abgabe des Schusses den N. nicht treffen wollte, daß er aber durch fahrlässiges Verhalten beim Hantieren mit der Pistole den Tod des N. verursacht hat. Ob der Angeklagte, als der Schuß losging, im Begriffe war, die Pistole auseinanderzunehmen, oder ob er eine Zielübung machte, läßt das Urteil dahingestellt. Es meint, daß dies für den Grad der Fahrlässigkeit nicht von wesentlicher Bedeutung sei. Das Erstgericht sieht die Fahrlässigkeit als erheblich an und begründet dies mit dem Hinweis darauf, daß der Angeklagte im Umfang mit Schußwaffen nicht unerfahren war, daß sein Dienst in der Hitlerjugend mit dem Gebrauch von Waffen verbunden war und daß er in der Hitlerjugend eine Führerstellung einnahm.

Das Erstgericht hat den Angeklagten wegen Vergehens der fahrlässigen Tötung nach § 222 StGB zu 6 Monaten Gefängnis verurteilt. Erziehungsmaßregeln hat das Gericht nicht für ausreichend gehalten, um von Strafe abzusehen. Auch die Verhängung von Jugendarrest wurde abgelehnt. Dies wird im Urteil damit begründet, daß Jugendarrest nicht genüge, dem Angeklagten das Gemeinschaftswidrige seines Verhaltens zum Bewußtsein zu bringen, daß eine die Dauer von drei Monaten übersteigende Freiheitsentziehung zur Erreichung des Strafzwecks notwendig sei. Dazu führt das Urteil aus, das Verhalten des Angeklagten lasse keinen günstigen Schluß auf seine charakterliche Veranlagung zu, er sei nach der Tat nur darauf bedacht gewesen, sich selbst vor Entdeckung zu schützen, dabei mit kalter Berechnung zu Werke gegangen und habe hierdurch gezeigt, daß ihm die entsprechende Einsicht hinsichtlich der schweren Folgen der Tat fehle; wie die ungünstigen Schulerfolge zeigen, habe der Angeklagte nicht die Einsicht aufgebracht, daß besonders in der jetzigen Zeit die Jugend alle ihre Kräfte für die Fortbildung aufbieten müsse.

Zur Zeit des Urteils war der Angeklagte Schüler einer Mittelschule. Nach dem Urteil ist er zum aktiven Wehrdienst eingerückt. Der Gerichtsherr hat das Verfahren gemäß § 18 Abs. 1 Nr. 3 KStVO dem allgemeinen Gerichte überwiesen.

Die Revision des Angeklagten läßt den Schuldspruch unangefochten. Sie bekämpft den Strafausspruch mit dem Ziele, die Ahndung mit einem Zuchtmittel oder die bloße Anwendung von Erziehungsmaßregeln zu erreichen. Sie führt insbesondere aus, für die charakterliche Beurteilung des Angeklagten hätten die notwendigen Unterlagen gefehlt. Insbesondere hätte die vom Urteil angeführte beiläufige Äußerung des gerichtsärztlichen Sachverständigen hierfür nicht ausgereicht; die Tat stehe mit den aus dem Verhalten nach der Tat etwa zu schließenden charakterlichen Mängeln nicht im Zusammenhang; es könnten daher derartige Mängel nicht zur Grundlage der Strafbemessung gemacht werden. Es sei irrig, einen höheren Grad der Fahrlässigkeit anzunehmen, zumal die Anregung zu dem Hantieren mit der Pistole von dem älteren N. ausgegangen sei. Die Fahrlässigkeit wäre dann schwerer zu werten, wenn die Pistole im Augenblicke des Schusses in der ausgestreckten Hand zum Zwecke des Zielens gehalten wurde; dies habe aber das Urteil nicht als erwiesen angenommen.

Die Revision hat Erfolg.

Das Reichsgericht hat seiner Entscheidung gemäß § 354 a StPO das Reichsjugendgerichtsgesetz, das am 1. Januar 1944 in Kraft getreten ist, zugrunde zu legen. Denn dieses Gesetz ist gemäß § 1 JstVO vom 6. November 1943 (RGBl. I S. 635) auch auf Taten anzuwenden, die vor seinem Inkrafttreten begangen worden sind.

Auch im Verfahren gegen jugendliche Soldaten, das von einem allgemeinen Gericht wegen nichtmilitärischer Straftaten geführt wird, findet das Reichsjugendgerichtsgesetz *grundsätzlich* in dem Umfange, in dem es bei dem allgemeinen Gericht auch sonst gilt, Anwendung. Denn die Sonderbestimmungen des Art. II der zweiten DurchfVO zum Reichsjugendgerichtsgesetz vom 28. Dezember 1943 (RGBl. I S. 687) gelten nur für die Wehrmachtsgerichte. Das allgemeine Gericht hat aber bei solchen Jugendlichen einige Besonderheiten zu beachten, die in den Richtlinien zum Reichsjugendgerichtsgesetz (AV vom 15. Januar 1944, Sonderveröffentlichung der Deutschen Justiz Nr. 30) zu § 79 dargelegt sind.

Nach § 2 RJGG wird die Straftat eines Jugendlichen mit Strafe oder mit Zuchtmitteln geahndet. Von Strafe und Zuchtmitteln wird abgesehen, wenn Erziehungsmaßregeln oder die Unterbringung in einer Heil- oder Pflegeanstalt die Ahndung durch den Richter entbehrlich machen.

Nach den Richtlinien zu § 79 RJGG ist von Erziehungsmaßregeln und von der Auferlegung besonderer Pflicht bei jugendlichen Soldaten abzusehen. Solche Maßnahmen eignen sich nicht gegenüber Soldaten, die schon bei der Wehrmacht in ausreichend straffer Zucht stehen. Gegen einen jugendlichen Soldaten kann somit vom allgemeinen Gericht wegen nichtmilitärischer Straftaten nur auf die Strafe des Jugendgefängnisses oder auf die Zuchtmittel des Jugendarrests oder der Verwarnung erkannt werden. Eine Einstellung des Verfahrens nach Einreichung der Anklage ist unter den Voraussetzungen des § 31 RJGG möglich.

Nach § 4 Abs. 2 RJGG ist Jugendgefängnis zu verhängen, wenn das Bedürfnis der Volksgemeinschaft nach Schutz und Sühne wegen der Größe der Schuld oder wegen der schädlichen Neigungen des Jugendlichen, die *in* der Tat hervorgetreten sind, eine Strafe fordert.

Die Notwendigkeit der Strafe kann sich also zunächst aus der Größe der Tatschuld ergeben. Bei der Beurteilung der Größe der Tatschuld spielt allerdings die Schwere des verschuldeten Erfolges eine Rolle. Ebenso ist aber auch das Maß des Verschuldens zu berücksichtigen.

Im vorliegenden Falle handelt es sich um eine fahrlässig begangene Straftat. Das Erstgericht nimmt einen höheren Grad von Fahrlässigkeit an. Dabei mißt es dem Umstand, daß der Angeklagte im Hitlerjugend-Dienste mit Schußwaffen zu tun hatte und in der Hitlerjugend eine Führerstellung einnahm, besonderes Gewicht bei. Das Erstgericht hat aber ersichtlich nicht berücksichtigt, daß es sich schließlich doch um die Tat eines nur einige Tage über 16 Jahre alten Jungen handelt, der dem Schießsport mit Eifer ergeben war und in seinem Eifer die Vorsicht vergessen hatte, die beim Umgang mit Schußwaffen geboten ist. Für die Beurteilung des Grades des Verschuldens war es auch nicht bedeutungslos, daß die Anregung zum Hantieren mit der Pistole von dem älteren N. ausging, dessen Führerstellung in der Hitlerjugend zudem höher war als die von dem Angeklagten bekleidete.

Als weiterer Umstand, der das *Strafbedürfnis* der Volksgemeinschaft begründen kann, nennt das Gesetz die schädlichen Neigungen, die *in* der Tat hervorgetreten sind. Darunter sind nur solche schädlichen Neigungen zu verstehen, aus denen die Straftat erwachsen ist (vgl. Richtlinien zum § 6 RJGG). Schädliche Neigungen, die mit der Straftat in keinem inneren Zusammenhange stehen, genügen nicht. Es genügt also nicht, daß sich in dem Verhalten des Jugendlichen nach der Tat irgendwelche schädliche Neigungen offenbaren oder daß die wegen der Straftat gepflogenen Erhebungen des Bestehen irgendwelcher schädlicher Neigungen ergeben, wenn die Tat selbst nicht auf diese schädlichen Neigungen zurückzuführen ist.

Das Erstgericht findet, daß der Angeklagte nach der Tat in kalt berechnender Weise nur an sein eigenes Ich gedacht habe, daß er auch nicht bemüht gewesen sei, alle seine Kräfte für seine Fortbildung aufzubieten und daß sich hieraus ungünstige Schlüsse auf seine charakterliche Veranlagung ergeben. Das Erstgericht erblickt also die schädlichen Neigungen offenbar in großer Ichsucht des Jugendlichen. Möglicherweise wollte das Erstgericht dem Angeklagten auch Gefühlskälte zum Vorwurf machen.

Zunächst sei bemerkt, daß die Grundlagen, auf die das Urteil seinen Ausspruch über die charakterliche Veranlagung stützt, unzureichend sind und daß eine weitere Aufklärung in diesem Punkte geboten und möglich gewesen wäre. Es sei hier nur auf die im Akte vorkommenden Äußerungen des Vaters, des Oberleutnants D., des Oberleutnants H., des Oberleutnants L., der P. H., des Großvaters R. H. verwiesen, die für die charakterliche Beurteilung des Jugendlichen bedeutsam sein können. Derzeit gibt § 28 RJGG Richtlinien für die Ermittlung der seelischen, geistigen und körperlichen Eigenart des Jugendlichen.

Jedenfalls ist nicht erkennbar, inwiefern die fahrlässig begangene Straftat ihre Wurzel in den vom Erstgericht offenbar angenommenen charakterlichen Mängeln der Ichsucht und Gefühlskälte haben soll. Als schädliche Neigung, aus der die Straftat erwachsen ist, könnte unter anderem hier in Betracht kommen, daß der Jugendliche geneigt ist, in seinem Tun und Lassen aus Gleichgültigkeit gegen die körperliche Sicherheit seiner Mitmenschen unvorsichtig zu sein.

Die Feststellungen des Urteils reichen somit für die Entscheidung der Frage nicht aus, ob die Größe der Schuld oder die schädlichen Neigungen, die in der Tat hervorgetreten sind, ein *Strafbedürfnis* der Volksgemeinschaft begründen.

Es ist daher notwendig, das Urteil im Ausspruch über die Strafe aufzuheben.

---

11. § 175 a Nr. 3, § 2 StGB.
Anwendung des § 175 a Nr. 3 StGB auch auf den Fall, daß der Täter durch die Einwirkung auf den Willen eines Jungen erreicht, daß sich der Junge in eine körperliche Lage brachte, die die Ausnutzung seines bewußtlosen Zustandes zu Unzuchtzwecken ermöglichte.

I. Strafsenat. Urt. v. 30. Juni 1944 (1 D 149/1944).

I. Landgericht Bamberg.

In der Strafsache gegen den technischen Angestellten A. P. in Hannover, zur Zeit in Untersuchungshaft im Landgerichtsgefängnis in Bamberg, wegen Sittlichkeitsverbrechen nach den §§ 175 a, 176 StGB, hat das Reichsgericht, 1. Strafsenat, in der Sitzung vom 30. Juni 1944, an der teilgenommen haben als Richter: der Reichsgerichtsrat Dr. Ziegler als Vorsitzender und die Reichsgerichtsräte Rensch, Dr. Rohde, Rusche, Dr. Rittweger, als Beamter der Staatsanwaltschaft: der Reichsanwalt Richter, auf die Revision des Angeklagten nach mündlicher Verhandlung für Recht erkannt:

Das Urteil des Landgerichts in Bamberg vom 23. März 1944 wird im Schuldspruch dahin berichtigt: Der Angeklagte hat mit einem zwölfjährigen Jungen Unzucht getrieben (§§ 176 Abs. 1 Nr. 3, 175 StGB) und einen vierzehnjährigen Jungen zur Unzucht verführt (§ 175 a Nr. 3 StGB in Verbindung mit dem § 2 StGB).
Mit dieser Maßgabe wird die Revision verworfen.
Dem Beschwerdeführer werden die Kosten des Rechtsmittels auferlegt. Von Rechts wegen

Gründe

Nach den Feststellungen des Landgerichts verging sich der Angeklagte am 8. Februar 1944 nachts im Warteraum des Bahnhofsgebäudes in Forchheim, wo er auf einen Anschlußzug wartete, in sittlicher Hinsicht an zwei Hitlerjungen, die sich auf einer dienstlichen Fahrt befanden und ebenfalls auf einen Anschlußzug warten mußten. Er lud die beiden Jungen, die mit ihm in ein Gespräch gekommen waren, ein, sich neben ihm auf der Bank niederzulassen, auf der er Platz genommen hatte, da es dort warm sei. Der zwölfjährige H. R. legte sich darauf neben den Angeklagten, während der vierzehn Jahre alte E. Z. sich zu ihren Füßen niederließ. R., der nicht einschlafen konnte, merkte später, daß der Angeklagte ihm mit der linken Hand den Hosenschlitz öffnete, den Geschlechtsteil herauszog und daran spielte. Aus Angst, der Fremde könne ihm etwas antun, wagte er zunächst nicht, sich gegen das Vorgehen des Angeklagten zu wehren; er stellte sich vielmehr schlafend. Später stand er dann auf, wobei er so tat, als ob er eben erwacht wäre, und verließ den Warteraum. Daraufhin lud der Angeklagte den inzwischen erwachten Z. ein, sich an Stelle des R. neben ihn zu legen, wo es bequemer sei. Z. tat das auch und schlief alsbald ein. Auch ihm nahm der Angeklagte das Glied aus dem Hosenschlitz.

Der Angeklagte hat sich dahin eingelassen, er habe wissentlich weder den einen noch den anderen der beiden Knaben unsittlich berührt; wenn er trotzdem die Jungen berührt haben sollte, so könne das höchstens im Schlaf, im Traum oder im Fieber geschehen sein. Demgegenüber stellt das Landgericht im Anschluß an das Gutachten des ärztlichen Sachverständigen fest, daß die Berührungen vom Angeklagten mit vollem Bewußtsein vorgenommen sind und daß sie, wenn nicht der Erregung fremder, so doch der Erregung und Befriedigung der eigenen Sinnenlust des Angeklagten haben dienen sollen.

Das Landgericht hat den Angeklagten auf Grund dieses Sachverhalts wegen zweier Verbrechen nach dem § 175 a Nr. 3 StGB, im Falle R. in Tateinheit mit einem Verbrechen nach dem § 176 Abs. 1 Nr. 3 StGB verurteilt.

Die Revision des Angeklagten kann außer einer Berichtigung des Schuldspruchs keinen Erfolg haben.

I. Sie wendet sich zum Teil mit Angriffen tatsächlicher Art gegen die Feststellung, daß der Angeklagte mit vollem Bewußtsein gehandelt hat. Insoweit kann ihr Vorbringen vom Revisionsgericht nicht beachtet werden (§§ 261, 337 StPO). Unbegründet ist ihre Rüge, das Landgericht hätte zur Klärung der Frage, ob der Angeklagte im Schlaf auf Grund traumhafter Vorstellungen gehandelt habe, einen Sachverständigen mit besonderer Sachkunde auf diesem Gebiet hören müssen. Das Landgericht hat als Sachverständigen den Medizinalrat Dr. D. vom Staatlichen Gesundheitsamt in Bamberg gehört. Es fehlt an jedem Anhalt dafür, daß diesem die nötige Sachkunde gefehlt haben könnte, so daß die Vernehmung eines weiteren Sachverständigen gemäß dem § 244 Abs. 2 StPO erforderlich gewesen wäre. Überdies gründet sich die Feststellung des Landgerichts, daß der Angeklagte nicht im Schlaf gehandelt haben kann, sondern die Knaben mit vollem Bewußtsein unzüchtig berührt hat, nicht nur auf das Gutachten des Sachverständigen, sondern auch auf andere gewichtige Umstände, die dem Landgericht jeden Zweifel daran genommen haben, daß es sich nicht um unbewußte Berührungen gehandelt haben kann.

II. Das Landgericht nimmt an, der Angeklagte habe die beiden Jungen verführt, mit ihm Unzucht zu treiben oder sich von ihm zur Unzucht mißbrauchen zu lassen. Die Annahme einer Verführung hätte indessen zur Voraussetzung, daß der Angeklagte irgendwie auf den Willen der beiden Jungen eingewirkt hätte, um diese zu der Unzucht, die sie an sich nicht wollten, geneigt zu machen, und daß er dabei die geschlechtliche Unerfahrenheit oder geringere Widerstandsfähigkeit der Jungen ausgenutzt hätte (RGSt. Bd. 70 S. 199). Eine derartige Einwirkung hat aber nicht stattgefunden. Der Angeklagte hat sich vielmehr, ohne daß er vorher irgendeine Einwirkung auf das Vorstellungs- und Gefühlsleben der Jungen vorgenommen hätte, durch die sittliche Hemmungen zerstört und Lustgefühle geweckt werden sollten, in dem einen Falle (Z.) an einem schlafenden Minderjährigen, in dem anderen Fall (R.) an einem Minderjährigen vergangen, der zwar nicht schlief, sich aber als schlafend stellte und den er, wie angenommen werden muß, auch als schlafend ansah. Ein Schlafender kann nun ebensowenig wie ein Willenloser oder bewußtloser Gegenstand einer vollendeten Verführung sein, denn verführt kann nur jemand werden, dessen Wille der Beeinflussung zugänglich ist (RGSt. Bd. 72 S. 50, 52). Infolgedessen kann dem Landgericht, das sich dabei allerdings auf den § 2 StGB beruft, nicht darin beigetreten werden, daß es belanglos sei, ob die beiden Knaben oder auch nur einer von ihnen zur Zeit der Einwirkung des Angeklagten auf ihren Körper geschlafen und sich somit in diesem Zeitpunkt in einem willen- oder bewußtlosen Zustand befunden hätten. Von einer Verführung des älteren Jungen kann danach schon zur äußeren Seite des Tatbestandes keine Rede sein. Dasselbe gilt auch hinsichtlich des jüngeren Knaben. Er hat zwar nicht geschlafen, so daß bei ihm eine Verführung ausführbar gewesen wäre. Aber auch er ist nicht einer Verführung erlegen; er hat sich vielmehr die unzüchtigen Handlungen des Angeklagten nur deshalb gefallen lassen, weil er aus Angst, der Angeklagte könne ihm etwas antun, sich nicht zu wehren wagte, und hat sich deshalb schlafend gestellt. Da der Angeklagte die beiden Knaben für schlafend erachtete, kann auch nicht der Versuch einer Verführung in unmittelbarer Anwendung des § 175 a Nr. 3 StGB in Frage kommen.

Gleichwohl besteht die Verurteilung des Angeklagten wegen Verführung des vierzehnjährigen Jungen auf Grund des § 2 StGB zu Recht. Der Angeklagte hat Z. veranlaßt, sich zu ihm zum Schlafen hinzulegen. Den Urteilsfeststellungen muß entnommen werden, daß er dies getan hat, weil er vorgehabt hat, den Jungen unauffällig und unbemerkt zur Unzucht zu mißbrauchen, sobald er neben ihm eingeschlafen wäre. Der Angeklagte ist also darauf ausgegangen, eine Lage zu schaffen, in der ein seinem unsittlichen Vorhaben etwa entgegenstehender Wille des Jungen ausgeschaltet wäre. Das ist ihm auch voll gelungen. Dieser Fall ist rechtlich nicht anders zu beurteilen wie der in RGSt. Bd. 72 S. 50 behandelte Fall, in dem ein Mann über 21 Jahre eine männliche Person unter 21 Jahren willenlos gemacht hatte, um sie zur Unzucht zu mißbrauchen und in dem es das Reichsgericht für geboten gehalten hat, auf Grund des § 2 StGB die Vorschrift des § 175 a Nr. 3 StGB entsprechend anzuwenden, weil in solchem Falle der Täter ebenso strafwürdig sei, wie wenn er sein Opfer zur Duldung der Unzucht verführt hätte. Zwar hat der Angeklagte in dem jetzt zu entscheidenden Falle den bewußtlosen Zustand des Jungen nicht herbeigeführt; er hat aber durch die Einwirkung auf den Willen des Jungen erreicht, daß sich der Junge in eine körperliche Lage brachte, die die Ausnutzung seines bewußtlosen Zustandes zu Unzuchtszwecken ermöglichte. Das rechtfertigt auch in diesem Fall die entsprechende Anwendung des § 175 a Nr. 3 StGB. Bei einer unmittelbaren Anwendung des § 175 Abs. 1 StGB, die sonst nur in Betracht käme, wäre eine angemessene, d.h. eine dem gesunden Volksempfinden und der Gerechtigkeit entsprechende Verurteilung und Bestrafung, nicht möglich.

In dem anderen Fall hat sich der Angeklagte, wie das Landgericht rechtlich zutreffend annimmt, durch die Vornahme unzüchtiger Handlungen mit dem erst zwölfjährigen Knaben eines Verbrechens nach dem § 176 Abs. 1 Nr. 3 StGB schuldig gemacht. Durch dieselbe Handlung (§ 73 StGB) hat er auch den § 175 Abs. 1 StGB verletzt (RGSt. Bd. 71 S. 246, 247). Eine entsprechende Anwendung auch des § 175 a Nr. 3 kommt in diesem Fall nicht in Betracht, da schon die unmittelbare Anwendung der beiden anderen gesetzlichen Bestimmungen die Erfassung des Unrechtsgehalts der Tat und die angemessene Bestrafung des Angeklagten ermöglicht (RGSt. Bd. 71 S. 390, 391).

Der Schuldspruch kann in diesem Fall vom Revisionsgericht entsprechend berichtigt werden; des besseren Verständnisses wegen ist der Schuldspruch im ganzen oben wiedergegeben.

III. Die Versagung der Zubilligung mildernder Umstände läßt entgegen der Meinung der Revision keinen Rechtsfehler erkennen.

Es kann auch nicht angenommen werden, daß das Landgericht auf eine andere Strafe erkannt hätte, wenn es den Angeklagten im Falle R. richtigerweise nicht wegen eines Verbrechens nach dem § 176 Abs. 1 Nr. 3 StGB, sondern wegen eines Verbrechens nach dem § 175 a Nr. 3 StGB in Tateinheit mit einem Verbrechen nach dem § 176 Abs. 1 Nr. 3 StGB in Tateinheit mit einem Vergehen gegen den § 175 Abs. 1 StGB verurteilt hätte.

Die Revision bleibt daher, abgesehen von der Berichtigung des Schuldspruchs, im Ergebnis ohne Erfolg und ist daher mit dieser Maßgabe zu verwerfen.

---

12. §§ 222, 230 StGB, §§ 9 Abs. 2, 49 StrVerkO.

Der Führer eines Kraftfahrzeuges hat zwar grundsätzlich auch unter den Kriegsverhältnissen seine Fahrgeschwindigkeit so einzurichten, daß er in der Lage ist, das Fahrzeug vor einem Hindernisse, das in der Fahr-

bahn erscheint, innerhalb der Reichweite seiner Scheinwerfer anzuhalten. Das kann aber dann eine Ausnahme erleiden, wenn die Fahrt in Erfüllung einer auf den Kriegsumständen beruhenden Dienstpflicht unter unmittelbarer Feindeinwirkung durchzuführen ist.

III. Strafsenat. Urt. v. 6. Juli 1944 (3 D 179/1944).

I. Landgericht Magdeburg.

In der Strafsache gegen den Lotterieunternehmer F. F. in Magdeburg, wegen fahrlässiger Tötung, hat das Reichsgericht, 3. Strafsenat, in der Sitzung vom 6. Juli 1944, an der teilgenommen haben als Richter: der Reichsgerichtsrat Dr. Hartung als Vorsitzender, die Reichsgerichtsräte Dr. Froelich, Schaefer II, Paul und der Kammergerichtsrat Denzler, als Beamter der Staatsanwaltschaft: der Oberstaatsanwalt Ebel, auf die Revision des Angeklagten nach mündlicher Verhandlung für Recht erkannt:

Das Urteil des Landgerichts in Magdeburg vom 14. März 1944 wird aufgehoben. Der Angeklagte wird freigesprochen; die Kosten des Verfahrens verbleiben der Reichskasse. – Von Rechts wegen

Gründe

Folgendes stellt das Landgericht fest:

Der in Magdeburg ansässige Angeklagte ist mit seinem Personenkraftwagen von der örtlichen Luftschutzleitung dienstverpflichtet, bei Luftalarm die Lotsenstelle in Heyrothsberge (Bez. Magdeburg) zu besetzen. Nach schriftlichem Befehl der NSKK-Standarte hat er sich binnen dreißig Minuten nach Fliegeralarm auf der Lotsenstelle einzufinden.

Am 29. Dezember 1943 gegen 19 Uhr 20 Minuten wurde in Magdeburg Fliegeralarm gegeben. Der Angeklagte begab sich daraufhin aus seinen Geschäftsräumen in seine Wohnung, zog sich um, holte den Kraftwagen aus der in derselben Straße gelegenen Garage und fuhr ab. Es war Neumond und feuchtes Wetter, die Sicht äußerst schlecht. Der Angeklagte fuhr mit abgeblendetem Scheinwerfer, dessen Reichweite etwa 10 m betrug; der Kraftwagen hat keinen Tarnscheinwerfer. Unterwegs – noch auf der Magdeburger Straße – fuhr der Angeklagte auf einen vor ihm herfahrenden Radfahrer auf. Dieser, ein 65jähiger Droschkenbesitzer, der sich ebenfalls auf dem Wege zu seinem Alarmstellplatze befand, benutzte nicht den Radfahrweg rechts der Fahrstraße, sondern deren rechte Seite. Das Fahrrad hatte auf dem hinteren Schutzblech einen Rückstrahler; daß es beleuchtet gewesen wäre, ergibt das angefochtene Urteil nicht. Der Angeklagte hatte zur Zeit des Zusammenstoßes eine Geschwindigkeit von „mindestens“ 40 km/Std. Bereits vor dem Unfall hatte Flakbeschuß eingesetzt.

An den Folgen des Zusammenstoßes ist der Radfahrer gestorben.

Das Landgericht hat den Angeklagten wegen fahrlässiger Tötung und Übertretung der Straßenverkehrsordnung verurteilt; es rechnet dem Angeklagten als Fahrlässigkeit an, daß er schneller gefahren sei, als die Sichtverhältnisse und die Reichweite der Kraftwagenbeleuchtung erlaubt haben. Infolgedessen habe er den Radfahrer überhaupt nicht oder erst so spät gesehen, daß er den Zusammenstoß nicht mehr habe verhindern können.

Das angefochtene Urteil kann nicht bestehen bleiben.

Richtig ist, daß der Kraftfahrer bei Dunkelheit, seine Fahrgeschwindigkeit so einzurichten hat, daß er erforderlichenfalls in der Lage ist, das Fahrzeug vor einem in der Fahrbahn erscheinenden Hindernis innerhalb der Reichweite der Beleuchtung des Fahrzeugs zum Stehen zu bringen. An diesem ursprünglich für Friedensverhältnisse geschaffenen Satz ist auch für die jetzige Kriegszeit mit ihren durch die Verdunklungsvorschriften bewirkten Erschwerungen des Straßenverkehrs festzuhalten. Wer als Kraftfahrer dadurch einen Unfall verursacht, daß er bei Dunkelheit schneller fährt, als hiernach zulässig ist, handelt auch unter den jetzigen Kriegsverhältnissen in aller Regel schuldhaft und hat die Folgen des Unfalles strafrechtlich zu verantworten. Doch können ganz besondere Umstände, die sich aus dem Kriegszustand ergeben, Ausnahmen begründen. Ein solcher Ausnahmefall liegt hier vor.

Bei der Fahrt des Angeklagten hat es sich um eine solche gehandelt, die er auf Grund seiner *Luftschutzdienstpflicht* unter den gegebenen äußeren Verhältnissen ausführen *mußte*. Auch die Fahrzeit war nicht seinem freien Ermessen überlassen; sie wurde durch die Notwendigkeit bestimmt, dem dienstlichen Auftrage pünktlich nachzukommen. zwar mochte der Befehl, sich binnen dreißig Minuten nach Fliegeralarm mit dem Kraftwagen in der auswärtigen Lotsenstelle einzufinden, dem Angeklagten nicht in dem Sinn erteilt sein, daß Verspätungen ohne weiteres die Gefahr für den Angeklagten begründeten, gemaßregelt zu werden. Jedenfalls aber war der Auftrag kriegswichtig und seine rechtzeitige Ausführung für etwa notwendig werdende luftschutzmäßige Maßnahmen bedeutungsvoll. Die Aufgabe, zum Schutze gefährdeter öffentlicher Belange tätig zu werden, verpflichtete den Angeklagten, die auswärtige Lotsenstelle mit der *gebotenen* Beschleunigung zu erreichen. Diese Pflicht wurde im gegebenen Falle dadurch verstärkt, daß es nicht beim Fliegeralarm geblieben war, sondern bereits Flakbeschuß eingesetzt hatte. Nach Grund, Anlaß und äußeren Umständen war die Fahrt des Angeklagten eine Kriegsdienstfahrt, die noch dazu unter unmittelbarer Feindeinwirkung durchzuführen war. Das darf für die Frage, ob der Angeklagte schuldhaft gehandelt hat, nicht außer acht bleiben. Um den Kraftwagen vor einem Hindernis zum Stillstande zu bringen, das erst auf zehn Meter Abstand erkennbar wurde, hätte der Angeklagte mit nur sehr geringer Geschwindigkeit fahren dürfen. Eine langsame Fortbewegung war mit der gebotenen schleunigen Erfüllung des dienstlichen Befehls nicht zu vereinigen.

Es mag dahingestellt bleiben, ob nicht dieser den Angeklagten berechtigte oder sogar verpflichtete, schneller zu fahren, als die Reichweite seiner abgeblendeten Beleuchtung gestattete. Jedenfalls ist es dem Angeklagten nicht als Fahrlässigkeit vorzuwerfen, daß er die schnelle Ausführung des dienstlichen Befehls als seine dringlichste Aufgabe angesehen hat. Dabei ist zu seinen Gunsten die Erregung mit zu berücksichtigen, in die ihn, wie das Landgericht annimmt, der Falkbeschuß versetzt hatte. Seine Fahrweise im übrigen hat den Anforderungen der Rücksichtnahme im Straßenverkehr entsprochen. Er ist nach den Feststellungen des Landgerichtes nicht scharf rechts, sondern mit den linken Rädern auf der äußersten rechten Straßenbahnschiene gefahren, die linken Räder hatten 3,40 m Abstand von der rechten Grenze des Fahrdammes; es blieb also ein gewisser Spielraum für einzelne Menschen. Für Radfahrer war ein besonderer Radweg vorhanden, den sie benutzen mußten (§ 27 StVO). Die Gefahr aber, daß Radfahrer wegen der schlechten Sichtverhältnisse oder aus Gründen der besseren Fortbewegung mit einem nicht erkennbar beleuchteten Fahrrade nicht den Radfahrweg, sondern den Fahrdamm benutzten, brauchte den Angeklagten bei der ihm den gesamten Umständen nach möglichen und zumutbaren Überlegung nicht zu bestimmen, seine Geschwindigkeit auf ein so geringes Maß zu begrenzen, daß die gehörige Ausführung der dienstlichen Aufgabe in Frage gestellt werden konnte.

Unter diesen besonderen Umständen ist die Verurteilung des Angeklagten nicht zu rechtfertigen; er ist vielmehr freizusprechen.

---

13. §§ 223 b, 226 StGB.

1. Der Annahme der Wehrlosigkeit steht nicht entgegen, daß das Opfer andere um Hilfe gerufen hat (§ 223 b StGB).

2. § 226 gilt auch dann, wenn es sich bei der Körperverletzung, die den Tod des Verletzten verursacht hat, um einen Verstoß gegen den § 223 b handelt (vgl. RGSt. Bd. 70, S. 357). Dabei macht auch der Fall keine Ausnahme, daß das Vergehen gegen den § 223 b durch seelisches Quälen begangen wird.

III. Strafsenat. Urt. v. 10. Juli 1944 (3 D 415/1943).

I. Landgericht Dessau.

In der Strafsache gegen die Wirtschafterin Hedwig N., geb. W., aus Schönebeck/Elbe, wegen Körperverletzung mit Todesfolge hat das Reichsgericht, 3. Strafsenat, in der Sitzung vom 10. Juli 1944, an der teilgenommen haben als Richter: der Präsident des Reichsgerichts Dr. Dr. Bumke und die Reichsgerichtsräte Dr. Hartung, Schaefer II, und Paul sowie Kammergerichtsrat Denzler, als Beamter der Staatsanwaltschaft: der Oberstaatsanwalt Ebel, auf die Revision der Angeklagten nach mündlicher Verhandlung für Recht erkannt:

Die Revision gegen das Urteil des Landgerichts in Dessau vom 9. Oktober 1943 wird verworfen. – Der Beschwerdeführerin werden die Kosten des Rechtsmittels auferlegt. – Von Rechts wegen

Gründe

Die Angeklagte N. ist zusammen mit dem Mitangeklagten, dem früheren Kriminalassistenten Sch., schuldig befunden worden, dessen Ehefrau, die wegen Krankheit und Gebrechlichkeit wehrlos war und der Fürsorge und Obhut der beiden Angeklagten unterstand, seelisch gequält und dadurch ihren Tod verursacht zu haben. Beide sind daher auf Grund der §§ 223 b, 226 StGB verurteilt worden und zwar Sch. zu fünf Jahren Zuchthaus und zum Verluste der bürgerlichen Ehrenrechte auf die Dauer von fünf Jahren, die Angeklagte N. zu vier Jahren Gefängnis.

Gegen dieses Urteil hat die Angeklagte N. Revision eingelegt. Sie hat keinen Erfolg. Das angefochtene Urteil stellt folgenden Sachverhalt fest: Die Ehefrau des Sch., mit der er seit 1911 verheiratet war, erkrankte 1938 an Kopfgrippe. Seitdem war sie leidend. Mehrfache klinische Behandlung brachte zwar eine gewisse Besserung; sie blieb aber in ihrer Bewegungsfähigkeit behindert, konnte schwerere hauswirtschaftliche Arbeiten nicht bewältigen und neigte zu Grübeleien oder Mutlosigkeit. Ihre Willenskraft war geschwächt, ihre Fähigkeit, klar zu denken und tief zu empfinden, aber nicht beeinträchtigt.

Im Oktober 1941 lernte Sch., während seine Frau in einer Klinik war, die Angeklagte N. kennen. Diese ließ sich, obwohl auch sie verheiratet war, in ein Verhältnis mit Sch. ein, das bald auch zum Geschlechtsverkehr führte. Im März 1942 trat die N. auf Wunsch des Sch. in dessen Haushalt als Wirtschafterin ein. Ihre Aufgabe sollte auch sein, die Frau Sch. nach deren Rückkehr aus der Klinik zu pflegen und zu warten.

Nach der Heimkehr der Frau Sch. entwickelte sich folgender Zustand: Alle hauswirtschaftlichen Angelegenheiten besprach Sch. mit der N. Frau Sch. wurde dabei ausgeschaltet, obwohl sie zur Leitung des Haushaltes fähig gewesen wäre. Frau N. erhielt das Wirtschaftsgeld; Frau Sch. mußte das Geld, dessen sie bedurfte, von der N. erbitten. Die Mahlzeiten nahmen Sch. und die N. gemeinsam ein; Frau Sch. wurde davon ausgeschlossen. Mitunter richtete die N. das Essen auch nur für sich und Sch. her; Frau Sch. mußte sich dann das Essen selbst bereiten. Gelegentlich unternahmen Sch. und die N. gemeinsam Fahrten mit dem Motorrad; Frau Sch. blieb dann ohne Pflege und Wartung zurück. Der Geschlechtsverkehr der beiden Angeklagten wurde fortgesetzt. Als der Ehemann der N. wegen ihres ehebrecherischen Verhältnisses mit Sch. auf Scheidung klagte, scheuten sich die Angeklagten nicht, die Fragen des Scheidungsprozesses in Gegenwart der Frau Sch. zu besprechen.

Am Abend des 25. Februar 1943 machte Frau Sch. ihrem Leben durch Erhängen ein Ende. Aus einer Reihe von Äußerungen, die sie zuvor zu Bekannten oder Verwandten getan hatte, ergibt sich einwandfrei, daß sie sich zum Selbstmord entschlossen hat, weil ihr das Leben durch das Verhalten ihres Mannes, den sie geliebt hatte, und der N: unerträglich geworden war.

Nach diesem Sachverhalt ist die Angeklagte N. mit Recht auf Grund der §§ 223 b, 226 StGB verurteilt worden.

Daß die Ehefrau Sch. wegen Gebrechlichkeit und Krankheit wehrlos war und der Fürsorgepflicht und der Obhut auch der Angeklagten N. anvertraut war, unterliegt nach den getroffenen Feststellungen keinem Zweifel. Der Annahme der Wehrlosigkeit steht nicht entgegen, daß Frau Sch. andere um Hilfe angerufen hat; dies bestätigt vielmehr nur, daß es ihr an Kraft zu eigener energischer Abwehr gebrach. Unzweifelhaft ist ferner, daß ihr die beiden Angeklagten durch ihr Verhalten schwere seelische Qualen zugefügt haben. Daß sie mit dieser Möglichkeit gerechnet und sie in Kauf genommen haben, stellt das angefochtene Urteil einwandfrei fest. Ob Frau Sch. auf eine Frage der beiden Angeklagten geantwortet hat, die N. könne im Hause bleiben, ist gleichgültig, da Frau Sch. nach ihrem seelischen Zustande gar nicht in der Lage war, sich dem Verbleiben der N. ernstlich zu widersetzen.

Die Frage, ob ein seelisches Quälen für die Anwendung des § 223 b StGB genüge, ist mit dem angefochtenen Urteil nach Sinn, Zweck und Entstehungsgeschichte der Vorschrift zu bejahen.

Dem angefochtenen Urteil ist ferner darin beizupflichten, daß die Vorschrift des § 226 StGB auch dann gilt, wenn es sich bei der Körperverletzung, die den Tod des Verletzten verursacht hat, um einen Verstoß gegen den § 223 b handelt (vgl. dazu RGSt. Bd. 70, S. 357). Dabei macht auch der Fall keine Ausnahme, daß das Vergehen gegen den § 223 b durch *seelisches* Quälen begangen wird. Daß aber der Tod der Frau Sch. durch die Qualen, die ihr die Angeklagten zugefügt haben, *verursacht* worden ist, unterliegt nach den Feststellungen des angefochtenen Urteils keinem Zweifel. An diesem Ursachenzusammenhang ändert es nichts, daß Frau Sch. selbst Hand an sich gelegt hat. (Vgl. dazu RGSt. Bd. 64 S. 316 und S. 370, Bd. 77 S. 18).

Wegen des Verhältnisses, das zwischen den beiden Strafgesetzen besteht, hat sich der Senat bereits in der schon erwähnten Entscheidung RGSt. Bd. 70 S. 357 näher ausgesprochen. Darauf kann hier verwiesen werden. Das Landgericht hat nicht gegen die dort aufgestellten Rechtsgrundsätze verstoßen.

Hiernach ist die Revision zu verwerfen.

14. § 231 Abs. 2 StPO.

Kann der Angekl. wegen eines Selbstmordversuchs an der weiteren Verhandlung nicht teilnehmen, dann steht das einem „Entfernen“ oder „Ausbleiben“ gleich, wenn er sich durch den Selbstmordversuch bewußt und schuldhaft verhandlungsunfähig gemacht hat.

I. Strafsenat. Urt. v. 11. Juli 1944 (1 D 89/1944).

I. Landgericht Kempten

In der Strafsache gegen den Zahnarzt Dr. L. E. in Kempten, wegen Betrugs u. a., hat das Reichsgericht, 1. Strafsenat, in der Sitzung vom 11. Juli 1944, an der teilgenommen haben als Richter: der Reichsgerichtsrat Dr. Ziegler als Vorsitzender und die Reichsgerichtsräte Rensch, Dr. Rohde, Rusche, Dr. Rittweger, als Beamter der Staatsanwaltschaft: der Reichsanwalt Richter, auf die Revisionen des Angeklagten nach mündlicher Verhandlung für Recht erkannt:

Die Revision gegen das Urteil des Landgerichts in Kempten vom 17. Dezember 1943 wird verworfen. Der Angeklagte hat die Kosten des Rechtsmittels zu tragen. – Von Rechts wegen

Gründe

I. Die Revision ist zwar unbeschränkt eingelegt, richtet sich aber nach dem Inhalt der Begründungsschrift nur gegen die Entscheidung über das Verbot der Berufsausübung. Diese Beschränkung ist mit der Maßgabe zulässig, daß der gesamte Strafausspruch einschließlich der Entscheidung nach dem § 42, 1 StGB als angefochten zu gelten hat.

II. Die Verfahrensrügen sind unbegründet.

1. Die Revision rügt gemäß dem § 338 Nr. 5 StPO, die Schlußvorträge und die Urteilsverkündung hätten in Abwesenheit des Angeklagten stattgefunden. Der Angeklagte habe zufolge eines ernstlichen Selbstmordversuchs auf dem Krankenbett gelegen. Ein Antrag, ihn von der Verpflichtung zum Erscheinen in der Hauptverhandlung zu entbinden, sei nicht gestellt und ein dahin gehender Beschluß nicht gefaßt worden. Es sei lediglich die Frage erörtert worden, ob der Angeklagte gesundheitlich in der Lage sein werde, unmittelbar nach der Beweisaufnahme den Schlußvorträgen zu folgen.

In der Tat fand, wie die Sitzungsniederschrift ergibt, die am 17. Dezember 1943 fortgesetzte Hauptverhandlung in Abwesenheit des Angeklagten statt. Die Verhandlung am 26. November 1943 mußte wegen des Selbstmordversuches und der dadurch bedingten Vernehmungsunfähigkeit des Angeklagten auf unbestimmte Zeit unterbrochen werden. Der leitende Arzt des Krankenhauses, in das der Angeklagte verbracht worden war, teilte auf wiederholte

Anfragen mit, daß der Angeklagte zwar außer Lebensgefahr sei, aber in absehbarer Zeit nicht in der Lage sein werde, zur Fortsetzung der Hauptverhandlung zu erscheinen. Infolgedessen sah sich der Vorsitzer, wie seine bei den Akten befindliche dienstliche Äußerung in Übereinstimmung mit der des Sitzungsvertreters der Staatsanwaltschaft ergibt, veranlaßt, Termin zur Fortsetzung der Hauptverhandlung ohne Rücksicht auf die Verhandlungsfähigkeit des Angeklagten auf den 17. Dezember 1943 anzuberaumen. Er ging dabei in Übereinstimmung mit der Staatsanwaltschaft von der Rechtsauffassung aus, daß die Verhandlung in entsprechender Anwendung des § 231 Abs. 2 StPO in Abwesenheit des Angeklagten zu Ende geführt werden könne, weil der Angeklagte durch seinen Selbstmordversuch sein Fernbleiben selbst verschuldet habe, die Beweisaufnahme von einer bedeutungslosen Geringfügigkeit abgesehen, bereits beendet und die Anwesenheit des Angeklagten nach Ansicht der Strafkammer nicht mehr erforderlich sei. Die Sitzungsniederschrift besagt über die Verhandlung vom 17. Dezember 1943, es sei lediglich der Verteidiger des Angeklagten erschienen; der Vorsitzer habe festgestellt, daß der Angeklagte nicht erschienen sei; der Verteidiger habe keinen Antrag gestellt und gegen die Fortsetzung der Hauptverhandlung keinen Einspruch erhoben. Sodann ist, wie die Sitzungsniederschrift des weiteren ergibt, die Beweisaufnahme zu Ende geführt und geschlossen worden, es sind die Schlußvorträge gehalten, und es ist das Urteil verkündet worden.

Zur Entscheidung steht demnach die Frage, ob dem Ausbleiben des Angeklagten i. S. des § 231 Abs. 2 StPO der Fall gleichzustellen ist, daß sich der Angeklagte durch einen ernsthaften Selbstmordversuch unfähig macht, an der Verhandlung teilzunehmen.

Das Urteil des 2. Strafsenats vom 29. November 1934 (RGSt. Bd. 69, S. 18, 21) hat ausgeführt, für den § 231 Abs. 2 StPO sei die Erwägung maßgebend gewesen, „daß es ebenso sehr gegen das Interesse der Strafrechtspflege wie gegen die Rücksicht auf die Würde des Gerichts verstoßen würde, wenn dem Angeklagten die Möglichkeit gewährt wäre, eine begonnene und vielleicht schon dem Abschluß nahe Hauptverhandlung dadurch, daß er sich entferne oder bei ihrer Wiedereröffnung ausbleibe, unwirksam und gleichsam ungeschehen zu machen"; die Vorschrift solle gelten, wenn der Angeklagte versuche, *vorsätzlich* dem Gange der Rechtspflege entgegenzutreten. Diese grundsätzlichen Erwägungen sind die Grundlagen der feststehenden Rechtsprechung zu dem § 231 Abs. 2 StPO. Sie sind auch von dem erkennenden Senat in seinen Urteilen vom 28. Oktober 1937 1 D 409/1937 (nicht veröffentlicht) und vom 29. März 1938 1 D 153/1938 = JW 1938 S. 1644 Nr. 5 aufrechterhalten worden. Es besteht keine Veranlassung, von ihnen abzuweichen.

Die jetzt vorliegende Frage ist aber weder vom 2. Strafsenat in RGSt. Bd. 69 S. 18 flg. noch, soweit ersichtlich, sonst bisher entschieden worden. Sie ist im

Anschluß an die erwähnten grundsätzlichen Erwägungen unter der Voraussetzung zu bejahen, daß sich ein Angeklagter bewußt und schuldhaft verhandlungsunfähig machte. Denn dann würde er durch den Selbstmordversuch, der seine Verhandlungsunfähigkeit zur Folge hätte, vorsätzlich dem Gang der Rechtspflege entgegentreten und unter Umständen eine umfangreiche Hauptverhandlung unwirksam machen, also ein Ergebnis herbeiführen, dem durch die Anwendung des § 231 Abs. 2 vorgebeugt werden soll. In einem solchen Fall wäre der § 231 Abs. 2 StPO unmittelbar, nicht nur entsprechend anwendbar.

Ein vorsätzliches Handeln hat aber das Landgericht nach den dienstlichen Äußerungen des Vorsitzers der erkennenden Strafkammer und des Sitzungsvertreters der Staatsanwaltschaft in dem Selbstmordversuch gefunden, den der Angeklagte am 26. November 1943 begangen hat (Bl. 258, 261 Bd. 1 der Sachakten). Diese Annahme begegnet keinen rechtlichen Gedenken. Es ist kein Anhalt dafür vorhanden und auch die Revision stellt keine dahin gehende Behauptung auf, daß der Angeklagte den Selbstmordversuch etwa im Zustande einer Zurechnungsunfähigkeit oder auch nur einer erheblich verminderten Zurechnungsfähigkeit verübt haben könnte. Auch die Bemerkung in dem angefochtenen Urteil (UA S. 35 R.), der Angeklagte besitze einen labilen Charakter und sei wohl überhaupt als leichter Psychopath anzusprechen, kann nach dem Zusammenhang der Gründe nicht in diesem Sinne gedeutet werden. War aber der Angeklagte bei der Verübung des Selbstmordversuchs im Vollbesitz seiner Geistes- und Willenskräfte, dann hat er es auch schuldhaft unternommen, dadurch, daß er sich verhandlungsunfähig machte, die begonnene und dem Abschluß nahe Hauptverhandlung unwirksam zu machen. Einem solchen unterfangen durfte das Landgericht, wie oben ausgeführt wurde, nach dem § 231 Abs. 2 StPO entgegentreten. Eine Verfolgung der Aufklärungspflicht i.S. des § 244 Abs. 2 StPO dadurch, daß dem Angeklagten nicht das letzte Wort gewährt werden konnte, ist nicht ersichtlich.

Das bereits erwähnte Urteil des erkennenden Senats in der Sache 1 D 409/37 vom 8. Oktober 1937 steht der hier vertretenen Auffassung nicht entgegen. Damals handelt es sich um einen Selbstmordversuch, bei dem es zum mindesten zweifelhaft war, ob die Angeklagte als schwere, zu Erregungszuständen neigende Psychopathin in dem Augenblick, als sie sich in das Handgelenk schnitt, noch voll zurechnungsfähig war. Der Fall lag also gerade im entscheidenden Punkte dem jetzt zu behandelnden entgegengesetzt.

2. Der Verfahrensvorschrift des § 276 Abs. 6 StPO entsprechend ist in dem angefochtenen Urteil ausgeführt worden (UA. S. 36), weshalb die Untersagung der Berufsausübung i.S. des § 42, 1 StGB angeordnet worden ist. Ob diese Ausführungen sachlichrechtlich genügen, um die Anordnung der Maßregel zu begründen, wird unten erörtert werden. Ein verfahrensrechtlicher Verstoß ist jedenfalls nicht gegeben.

III. Auch die Sachbeschwerde kann der Revision nicht zum Erfolge verhelfen.

Zwar hat das Landgericht nur sehr knapp die Anordnung der Maßregel begründet, der Zusammenhang der Urteilsgründe ergibt indessen das Erforderliche. Ihm ist insbesondere zu entnehmen, daß nach dem Zeitpunkt der Entlassung des Angeklagten aus der Strafhaft die Frage entschieden worden ist, ob ein Verbot der Berufsausübung zum Schutze der Allgemeinheit erforderlich ist; RGSt. Bd. 74 S. 54. Offensichtlich ist das Landgericht auf Grund der ausführlich erörterten und festgestellten Gewinnsucht und Unehrlichkeit des Angeklagten (UA. S. 1 R. bis 3 R.) zu der Überzeugung gelangt, daß die erkannten Strafen noch nicht ausreichen würden, um den Schutz der Allgemeinheit bei alsbaldiger Wiederaufnahme einer selbständigen Berufstätigkeit durch den Angeklagten nach Strafentlassung zu gewährleisten. Daß dem Angeklagten uneingeschränkt die Ausübung seines Berufs als selbständiger Zahnarzt, also sowohl die Ausübung der kassenärztlichen als auch die der privaten Praxis, untersagt worden ist, läßt keinen Rechtsfehler erkennen. Abgesehen davon, daß mindestens ein Teil der verbotswidrigen Tauschgeschäfte, wie die Revision selbst einräumt, bei Ausübung der Privatpraxis vorgenommen worden sind, konnte das Landgericht der Wesensart und dem abgeurteilten Verhalten des Angeklagten mit Recht die Befürchtung entnehmen, daß er möglicherweise künftig nicht davor zurückschrecken werde, auch seine Privatpatienten betrügerisch auszubeuten. Infolgedessen besteht keine Veranlassung, das Verbot etwa auf die Ausübung der kassenärztlichen Praxis zu beschränken.

Der Erwägung, daß die Allgemeinheit im Kriege schwer unter dem Mangel an Zahnärzten zu leiden habe, hat das Landgericht dadurch Rechnung getragen, daß es dem Angeklagten nur die Ausübung der *selbständigen* Berufstätigkeit verboten hat. Einer Tätigkeit des Angeklagten als Zahnarzt im Angestelltenverhältnis steht das Verbot nicht entgegen.

Da auch sonst die Anwendung des § 42, 1 StGB keinen Rechtsirrtum erkennen läßt, ist die Revision als unbegründet zu verwerfen.

---

15. § 174 StGB n. F.

1. Für den Begriff „Anvertrauen" kommt es nicht auf die Entstehung, sondern auf das Wesen des Verhältnisses an.

2. „Unzucht" umfaßt im § 174 auch gleichgeschlechtliche Handlungen unter Frauen.

I. Strafsenat. Urt. v. 11. Juli 1944 (1 D 133/1944).

I. Landgericht Augsburg.

In der Strafsache gegen die Geschäftsinhaberin M. Sch., Augsburg, wegen Sittlichkeitsverbrechens, hat das Reichsgericht, 1. Strafsenat, in der Sitzung vom 11. Juli 1944, an der teilgenommen haben als Richter: der Reichsgerichtsrat Dr. Ziegler als Vorsitzender und die Reichsgerichtsräte Rensch, Dr. Rohde, Rusche, Dr. Rittweger, als Beamter der Staatsanwaltschaft: der Reichsanwalt Richter, auf die Revisionen der Angeklagten nach mündlicher Verhandlung für Recht erkannt:

Die Revision der Angeklagten gegen das Urteil das Landgerichts Augsburg vom 17. Februar 1944 wird verworfen; der Angeklagten werden die Kosen des Rechtsmittels auferlegt. – Von Rechts wegen

Gründe

I. Das Gesuch des Verteidigers, die Angeklagte gegen die Versäumung der Frist zur Begründung der Revision in den vorigen Stand wiedereinzusetzen, ist gegenstandslos. Denn die Zustellung des Urteils ist erst erfolgt, nachdem der Schriftsatz des Verteidigers vom 22. März 1944, der die Begründung der Revision enthält, bei dem Landgericht eingegangen war. Die Frist hatte also zur Zeit des Eingangs der Revisionsbegründung noch nicht einmal zu laufen begonnen.

II. Die Revision selbst ist unbegründet. Das Landgericht stellt rechtlich einwandfrei fest, daß die Angeklagte an ihrer 16jährigen Stieftochter Friede Sch. unzüchtige Handlungen vorgenommen und sie daher im Sinne des § 174 n. F. StGB zur Unzucht mißbraucht hat. Die stillschweigende Annahme des Landgerichts, daß unter die Strafandrohung des § 174 n.F. StGB auch unzüchtige Handlungen gleichgeschlechtlicher Art unter Frauen fallen, kann angesichts der Fassung der Bestimmung keinen Bedenken unterliegen. Insoweit bringt die Revision auch keine Einwendungen gegen das Urteil vor, sie behauptet nur, daß der Angeklagten ihre Stieftochter nicht im Sinne des Gesetzes anvertraut gewesen sei.

Die Revision wäre in einem grundsätzlichen Rechtsirrtum befangen, wenn sie der Auffassung sein sollte, daß das Tatbestandsmerkmal des Anvertrauens im Sinne des § 174 Nr. 1 n. F. StGB einen Auftrag von dritter Seite voraussetzte. Bei einer solchen Gesetzesauslegung würde das Eltern- und Kindesverhältnis von der Strafandrohung nicht erfaßt sein, während feststeht, daß der Gesetzgeber gerade dieses Verhältnis der Strafandrohung unterstellen wollte und vor allem aus diesem Grund dem § 174 Nr. 1 StGB die jetzige Fassung gab.

Das Wort Anvertrauen soll demgemäß nicht die Entstehung des Verhältnisses zwischen dem Täter und der geschützten Person kennzeichnen, sondern das Wesen dieses Verhältnisses. Es soll nach dem Gesetz ein Vertrauensverhältnis sein, das die Erziehung oder die Ausbildung oder die Beaufsichtigung oder die Betreuung des Schützlings zum Gegenstand hat. Maßgebend soll der Zustand sein, wie er sich aus den tatsächlichen Umständen ergibt. Das war nach der Rechtsprechung auch der Sinn des § 174 Abs. 1 Nr. 1 StGB in seiner bisherigen Fassung, den der Gesetzgeber durch die Änderung der Fassung insoweit nicht etwa einschränken, sondern ausdehnen wollte. Unerheblich ist daher, ob der Zustand durch Rechtsgeschäft oder auf natürliche oder zufällige Weise begründet worden ist. Da die Erziehung, die Ausbildung, die Beaufsichtigung und Betreuung eines Minderjährigen in aller Regel ein Vertrauen voraussetzt, das von irgendeiner Seite gewährt wird, wird das genannte Vertrauensverhältnis meist bestehen, wenn jemand einen Minderjährigen zu erziehen, auszubilden, zu beaufsichtigen oder zu betreuen hat. Auch kann nicht entscheidend sein, ob der Täter das Recht und die Pflicht zur Erziehung usw. hat oder ob er eine solche Aufgabe ohne jeden Rechtsanspruch und ohne jede Rechtspflicht aus freien Stücken übernimmt. Endlich kann nicht ausschlaggebend sein, ob das Verhältnis für eine kurze oder für eine längere Zeit bestehen soll.

Wendet man diese Grundsätze auf den vorliegenden Fall an, so ergeben sich die gesetzlichen Tatbestandsmerkmale aus den tatsächlichen Feststellungen des Landgerichts ohne weiteres. Danach hatte die Angeklagte ihre damals etwa 11–13 Jahre alte Stieftochter Frieda zu Lebzeiten ihres Ehemannes, des leiblichen Vaters des Mädchens, 1 1/2 Jahre lang bei sich im Hause und leitete seine Erziehung. Diese Vorgänge liegen allerdings einige Jahre vor der Tat der Angeklagten, das Mädchen sagt aber jetzt noch „Mama" zu ihr. Nur auf Grund dieses geschichtlich gewordenen Verhältnisses ist es dazu gekommen, daß das Mädchen die Angeklagte während ihres Urlaubs besuchte und sich zur Zeit der Tat auf Aufforderung der Angeklagten bei dieser aufhielt, „weil sie nicht haben wollte, daß sich das Mädchen aufsichtslos bei fremden Leuten herumtrieb". Die Angeklagte hatte also zur Zeit der Tat die Beaufsichtigung und die Betreuung des Mädchens übernommen, sei es auch nur auf Grund des Vertrauens, das das Mädchen ihr schenkte. Schon allein dieses Vertrauen ist geeignet, ein Vertrauensverhältnis im Sinne des § 174 Nr. 1 n.F. StGB zu begründen und dem Tatbestandsmerkmale des Anvertrauens zu genügen. Es kommt nicht darauf an, ob die Angeklagte die Beaufsichtigung und Betreuung im Einverständnis mit den nächsten noch lebenden Verwandten des Mädchens oder im Einverständnis mit dem für das Mädchen bestellten Vormund oder Pfleger übernommen hatte.

---

16. § 451 öStPO.

Für den Antrag nach § 451 öStPO sind keine Formerfordernisse, insbesondere nicht ein bestimmter Wortlaut, vorgeschrieben. Dennoch muß die Anklage in einer Form bei Gericht erhoben werden, die volle Ge-

wißheit darüber gewährt, wer als Ankläger einschreitet und welche Handlungen eines Beschuldigten als strafbar bezeichnet und daher verfolgt werden. Die Zuschrift einer Staatsanwaltschaft an ein Amtsgericht „wegen § 487 öStG zur weiteren Amtshandlung" genügt nicht. Ihr kann nicht entnommen werden, daß und auf welcher Grundlage der öffentliche Ankläger und die Bestrafung des Beschuldigten wegen einer, im allgemeinen nur im Wege der Privatanklage zu verfolgenden, strafbaren Handlung ausnahmsweise von Amts wegen verlange.

V. Strafsenat. Urt. v. 11. Juli 1944 (5 C 371/1943, 5 StS 20/1944).

(DR 1944, S. 837f.; Urteilstext nicht auffindbar.)

17.

1. § 245 StPO; § 24 VereinfVO v. 1. Sept. 1939. Die Ablehnung eines Beweisantrages bedarf einer näheren, über die Worte des § 24 VereinfVO hinausgehenden Begründung, wenn es nach Urteil und Akteninhalt im Dunkeln bleibt, ob das Gericht Klarheit über die Erheblichkeit der Beweisfrage gehabt hat.

2. § 261 StPO. Der Nachweis ursächlichen Zusammenhangs ist nur erbracht, wenn für ihn eine an Sicherheit grenzende Wahrscheinlichkeit besteht. Daran will auch die andere Wortfassung in RGSt. 75, 324, 328 nichts ändern.

I. Strafsenat. Urt. v. 14. Juli 1944 (1 D 109/1944).

I. Landgericht Würzburg.

In der Strafsache gegen den praktischen Arzt und außerplanmäßigen Universitätsprofessor Dr. K. B. in Würzburg wegen fahrlässiger Tötung hat das Reichsgericht, 1. Strafsenat, in der Sitzung vom 14. Juli 1944, auf Grund der mündlichen Verhandlung vom 23. Juni 1944, an der teilgenommen haben als Richter: der Reichsgerichtsrat Dr. Ziegler als Vorsitzender und die Reichsgerichtsräte Rensch, Dr. Rohde, Rusche, Guth, als Beamter der Staatsanwaltschaft: der Reichsanwalt Richter, auf die Revision des Angeklagten für Recht erkannt:

Das Urteil das Landgerichts in Würzburg vom 3. März 1944 wird nebst den ihm zugrunde liegenden Feststellungen aufgehoben und die Sache wird zu neuer Verhandlung und Entscheidung an die Vorinstanz zurückverwiesen. – Von Rechts wegen

Gründe

I. In der Revisionsschrift des einen Verteidigers, des Rechtsanwalts Dr. Link, wird gerügt, daß das Landgericht einen Beweisantrag vom 3. März 1944, der teilweise schriftlich niedergelegt, teilweise mündlich gestellt worden war, abgelehnt hat. Aus dem Vorbringen der Revision ist nur ersichtlich, daß beantragt worden ist, die gutachtliche Äußerung eines Sachverständigen darüber zu erholen, ob der Kranke H. noch am 28. oder 29. Oktober 1942 zu retten gewesen wäre, und zwar besonders mit Rücksicht darauf, daß die Milz bereits mit Streptokokken überschwemmt war, ferner darüber, ob für den Angeklagten die Sepsis schon am 28. oder 29. Oktober 1942 erkennbar war, wenn an diesen beiden Tagen die Atophanyleinspritzungen in die angeblich bereits schwer entzündeten Weichteile ohne besondere Schmerzreaktion des Kranken ertragen wurden. Soweit von der Revision am 3. März 1944 noch weitere Beweisanträge gestellt worden sind, kann darauf nicht eingegangen werden, da insoweit die Revision den Inhalt der Beweisanträge nicht angegeben, also die Angabe der Tatsachen unterlassen hat, die die Revisionen begründen sollen (§ 344 Abs. 2 S. 2 StPO).

Was nun den erwähnten Teil des Beweisantrags anlangt, so hat ihn zwar das Landgericht in der Hauptverhandlung mit der Begründung abgewiesen, daß die Erhebung dieses Beweises zur Erforschung der Wahrheit nicht mehr erforderlich sei. Es ist aber weder aus den Akten noch aus dem Urteil ersichtlich, daß das Landgericht hinsichtlich des ersten Punktes des angeführten Beweisantrags keiner Aufklärung mehr über die unter Beweis gestellten Punkte bedurft hätte.

Daß die Milz des H. nach seinem Tode mit Streptokokken überschwemmt war, ist durch die bakteriologische Untersuchung festgestellt worden; Bl. 27, 29 d. A. Die Frage, ob diese Überschwemmung der Milz schon zu Lebzeiten des H. am 28. und 29. Oktober 1942 vorhanden war, ist in den vorliegenden schriftlichen Gutachten nicht berührt worden. Der Angeklagte behauptet in der Verhandlung vor dem Revisionsgericht glaubhaft, hierüber hätten sich die Gutachter auch nicht in der Hauptverhandlung ausgesprochen; er behauptet weiter, daß die Beantwortung dieser Frage für die Frage des ursächlichen Zusammenhangs zwischen dem ihm zur Last gelegten Verschulden und dem Tode des H. von Bedeutung gewesen wäre; denn wenn die Überschwemmung der Milz mit Streptokokken an den genannten Tagen bereits bestanden hätte, wäre die Rettung des H. zu dieser Zeit entgegen der Annahme des Landgerichts nicht mehr möglich gewesen. Diese Behauptung des Angeklagten kann von hier aus nicht widerlegt werden. Sie hat vielmehr bedeutendes Gewicht, weil der Angeklagte selbst ein wissenschaftlich vorgebildeter Arzt ist. Da das Landgericht seine Behauptung, daß die Erhebung des beantragten Beweises zur Erforschung der Wahrheit nicht mehr erforderlich sei, nicht näher begründet hat, kann von hier aus nicht nachgeprüft werden, ob das Landgericht bei seinem Beschluß von zutreffenden Erwägungen ausgegangen ist, ob es Klarheit über die hier erörterte Frage gehabt hat, die von der Verteidigung angeregt worden ist, und darüber hinaus Klarheit darüber, ob überhaupt diese Frage für den Ausgang des Verfahrens von Erheblichkeit ist. Da demnach hier nicht nur im Dunkeln liegt, ob das Gericht über einen wesentlichen Punkt des Sachverhalts die nötige Aufklärung besessen hat, sondern auch, ob es insoweit überhaupt einer Aufklärung bedurft hätte, muß als entscheidender Verfahrensmangel das Fehlen einer näheren Begründung des Beschlusses angesehen werden, den es nach § 24 der VO über Maßnahmen auf dem Gebiete der Gerichtsverfassung und Rechtspflege vom 1. September 1939 (RGBl. I S. 1658) erlassen hat. Die Rechtsprechung nimmt zwar für die Regelfälle an, daß diese Beschlüsse keiner weiteren Begründung als mit den Worten des § 24 bedürfen. Dies gilt aber nur insoweit, als das Urteil oder die Akten erkennen lassen, daß der Tatrichter die Möglichkeit gehabt hat, sich über die rechtlich erheblichen Punkte des Beweisantrags auf Grund der Hauptverhandlung Aufklärung zu verschaffen. Wenn das Urteil und die Akten insoweit versagen, muß dem Revisionsgericht durch die nähere Begründung des Beschlusses die Möglichkeit gegeben werden, zu erkennen, in welcher Weise sich der Tatrichter die nötigen Kenntnisse verschafft hat oder auf Grund der zum Gegenstande der Hauptverhandlung gemachten Beweisunterlagen hat verschaffen können.

Was den oben angeführten zweiten Punkt des Beweisantrags anlangt (das schmerzlose Ertragen der Atophanyleinspritzungen), so kann das Urteil nach der Meinung des Senats insoweit auf der Ablehnung des Beweisantrages nicht beruhen. Es braucht hierauf nicht weiter eingegangen zu werden, da bereits der erörterte Mangel zur Aufhebung des Urteils führen muß.

II. Die Bedenken zur Verfahrensrüge hinsichtlich der Überschwemmung der Milz mit Streptokokken wiegen um so schwerer, als die Behandlung des ursächlichen Zusammenhangs zwischen dem Verschulden des Angeklagten und dem Tode des H. ein Hauptpunkt des Urteils ist, und als, wie bereits erwähnt wurde, der Zeitpunkt der Überschwemmung der Milz mit Streptokokken für die Frage nach dem ursächlichen Zusammenhang zwischen dem Verschulden des Angeklagten und dem Tode des H. von Bedeutung sein kann. Das Landgericht stellt die Frage nach dem ursächlichen Zusammenhang in der Wortfassung, ob H. nach Lage des Falles mit einer nach allgemeiner Lebenserfahrung wohl begründeten Wahrscheinlichkeit noch am 29. Oktober 1942 hätte gerettet werden können. Nach der bekannten Rechtsprechung des Reichsgerichts wäre die Frage in *der* Wortfassung zu stellen, ob H. nach Lage des Falles *mit einer an Sicherheit grenzenden Wahrscheinlichkeit* am 29. Oktober 1942 noch *gerettet worden wäre.* Die Wortfassung „nach allgemeiner Lebenserfahrung wohl begründeten Wahrscheinlichkeit“ hat das Landgericht vermutlich in Anlehnung an die Entscheidung RGSt. Bd. 75 S. 324, 328 gewählt. Zweifelhaft bleibt aber, ob das Landgericht mit den von ihm gewählten Worten denselben Sinn verbunden hat, den die Rechtsprechung mit der üblichen Wortfassung (mit einer an Sicherheit grenzenden Wahrscheinlichkeit) verbindet und den auch die angeführte Entscheidung RGSt. Bd. 75 S. 324 nicht geändert wissen will. Die Zweifel werden verstärkt dadurch, daß das Landgericht bei seinen Ausführungen über den ursächlichen Zusammenhang mehrmals davon spricht, H. hätte *gerettet werden können*. Der Gebrauch des Wortes „können" legt die Vermutung nahe, daß sich das Landgericht mit einem geringeren Grad von Wahrscheinlichkeit begnügt hat als die Rechtsprechung verlangt, mit einer Wahrscheinlichkeit also, die die Rettung als beim Zutreffen günstiger Umstände möglich hinstellt, die aber nicht an Gewißheit grenzt. Die sich hieraus ergebenden Zweifel wachsen, wenn man sich vor Augen hält, daß nach den Ausführungen des Landgerichts der 29. Oktober 1942 der letzte Tag einer möglichen Rettung des H. war, daß zu einem späteren Zeitpunkt seine Rettung mit einer an Sicherheit grenzenden Wahrscheinlichkeit *nicht* mehr herbeigeführt werden konnte. In solchen Grenzfällen muß auf eine klare, der Rechtsprechung des Reichsgerichts entsprechende Darlegung des ursächlichen Zusammenhangs gedrungen werden.

III. Im übrigen hatte das angefochtene Urteil keinen Anlaß zu durchgreifenden Bedenken gegeben. Der zweite Verteidiger des Angeklagten, Rechtsanwalt Dr. B., rügt in verfahrensrechtlicher Beziehung die Verletzung des § 267 StPO und findet sie darin, daß im Urteil zu mehreren Behauptungen der Verteidigung keine Stellung genommen worden ist und daß auch sonst das Urteil verschiedene Tatsachen unerörtert gelassen hat. Hierzu ist zu bemerken, daß der Tatrichter im Urteil nicht zu allem, was in der Hauptverhandlung erörtert worden ist, Stellung zu nehmen braucht und daß er sich nicht mit jedem Punkt auseinanderzusetzen hat, der für die seiner Auffassung entgegengesetzte Meinung ins Feld geführt werden könnte. Der § 267 Abs. 1 StPO – Abs. 2 daselbst kommt hier nicht in Frage – verlangt nur die Angabe *der* Tatsachen, in denen die gesetzlichen Merkmale der Straftat gefunden werden, und die Angabe der Beweistatsachen, aus denen diese Tatsachen gefolgert werden. Insoweit läßt das Urteil – unbeschadet der Ausführungen unter I – keinen Mangel erkennen.

Gegenüber den sachlichrechtlichen Einwendungen, die die Revision zu der Schuldfrage erhebt, ist vorweg zu bemerken, daß das Landgericht das Verschulden des Angeklagten nicht darin erblickt, daß er die falsche Diagnose auf Ischias gestellt hat. Das Landgericht würde auch kein Verschulden des Angeklagten deswegen angenommen haben, weil er an dieser Diagnose festgehalten hat, wenn nicht Anzeichen vorhanden gewesen wären, die nicht in das gewöhnliche Bild einer Ischias paßten, und die daher den Angeklagten an der Richtigkeit seiner Diagnose zweifeln lassen mußten. Als solche Beweisanzeichen führt das Landgericht an: die unterschiedliche Wirkung der Einspritzungen in das rechte und in das linke Bein, das Steifwerden des linken Beines kurz nach der Einspritzung vom 26. Oktober 1943, die immer größer werdende Schmerzhaftigkeit, die Schweißausbrüche, den Umstand, daß der Kranke vom 29. Oktober 1943 ab glühte und heiße Hände hatte, ferner die zunehmende Erschöpfung und die anhaltende Schlaflosigkeit des H. Alle diese Umstände hätten, wie das Landgericht feststellt, nach den anerkannten Grundsätzen der Heilkunde den Angeklagten zu einer genauen Untersuchung des H. veranlassen müssen. Hätte der Angeklagte diese vorgenommen, so hätte er nach der Meinung des Landgerichts „unbedingt zu dem Schluß kommen müssen, daß hier eine das Leben gefährdende Krankheit entstand, eine Sepsis, die unbedingt eine chirurgische Hilfe erforderlich machte".

Gegenüber diesen Feststellungen zur Schuld des Angeklagten kann es nicht darauf ankommen, ob der Angeklagte *anfänglich* der Auffassung sein konnte, es liege Ischias vor, ob H. schon *vorher* an Krankheitserscheinungen litt, welche er für Ischiasschmerzen hielt, ob der Angeklagte nach seinen Erfahrungen mit einer Sepsis nicht zu rechnen brauchte, in welcher Weise H. die Einspritzungen hinnahm, die ihm der Angeklagte gegen Ischias verabreichte. Unerheblich ist ferner gegenüber den Feststellungen des Landgerichts, ob H. Temperaturschwankungen hatte oder Schüttelfrost. Nach den Feststellungen des Landgerichts konnte der Angeklagte die wahre Natur der Krankheit des H. erkennen, wenn er nur den verdächtigen Anzeichen nachgegangen wäre. Eine Nachprüfung dieser Feststellung in tatsächlicher Hinsicht ist dem Revisionsgericht verwehrt; einen Rechtsirrtum läßt sie ebensowenig erkennen wie die Feststellung, daß der Angeklagte zu der Erforschung der verdächtigen Anzeichen verpflichtet war.

IV. Das Landgericht wird den Sachverhalt auf Grund einer neuen Hauptverhandlung nochmals zu prüfen und dabei die Rechtsausführungen unter I und II besonders zu beachten haben.

Gegen den Strafausspruch in dem angefochtenen Urteil bestehen insoweit keine grundsätzlichen Bedenken, als das Landgericht bei Anwendung des § 27 b StGB den Höchstbetrag der im § 27 Abs. 1 Nr. 1 StGB vorgesehenen Geldstrafe überschritten hat; vgl. das zum Abdruck bestimmte Reichsgerichtsurteil vom 9. Juli 1943 – 1 D 205/43. Das Landgericht hätte aber hierzu darlegen sollen, aus welchem Grunde der an der angegebenen Stelle angedrohte Höchstbetrag dem Strafzweck nicht genügen kann. Das Landgericht wird, wenn es auf Grund der neuen Hauptverhandlung wiederum das Verschulden des Angeklagten bejahen und wiederum für so schwerwiegend halten sollte wie bisher, auch zu prüfen haben, ob unter diesen Umständen der Strafzweck durch eine Geldstrafe erreicht werden kann. Das Urteil bezeichnet die Fahrlässigkeit des Angeklagten bei den Strafzumessungsgründen als „ein erhebliches Maß von unverantwortlicher Sorglosigkeit"; für einen derartigen Grad von Fahrlässigkeit ist in der Regel Gefängnisstrafe am Platze.

---

18. §§ 42 d, 170 b, 361 Nr. 5 StGB.

Liegt Verletzung der Unterhaltspflicht (§ 170 b StGB) in Tateinheit mit einer Übertretung des § 361 Nr. 5 StGB (schuldhafte Herbeiführung des Eingreifens behördlicher Wohlfahrtspflege durch Trunksucht, Spielsucht oder Müßiggang) vor, so kann auf Unterbringung im Arbeitshaus erkannt werden.

I. Strafsenat. Urt. v. 14. Juli 1944 (1 D 148/1944).

I. Landgericht Stuttgart.

In der Strafsache gegen den Zimmermeister G. B. aus Winnenden, Kreis Waiblingen (Württemberg), geboren am 18. April 1880 in Birkmannsweiler, Kreis Waiblingen, zur Zeit in der Untersuchungshaftanstalt in Stuttgart in Haft, wegen Verletzung der Unterhaltspflicht u. a., hat das Reichsgericht, 1. Strafsenat, in der Sitzung vom 14. Juli 1944, an der teilgenommen haben als Richter: der Senatspräsident Dr. Schultze und die Reichsgerichtsräte Rensch, Dr. Rohde, Rusche, Guth, als Beamter der Staatsanwaltschaft: der Reichsanwalt Richter, auf die Revision des Angeklagten nach mündlicher Verhandlung für Recht erkannt:

Die Revision gegen das Urteil das Landgerichts in Stuttgart vom 21. März 1944 wird mit der Maßgabe verworfen, daß die Unterhaltspflichtverletzung (§ 170 b StGB) in Tateinheit mit einer Übertretung nach dem § 361 Nr. 5 StGB steht. Die Kosten des Rechtsmittels werden dem Beschwerdeführer auferlegt. – Von Rechts wegen

Gründe

Der Angeklagte kann mit seinem Rechtsmittel keinen Erfolg haben. Das Landgericht hat ihn wegen Beleidigung – Vergehen nach dem § 185 StGB – und wegen Verletzung der Unterhaltspflicht – Vergehen nach dem § 170 b StGB – zu einer Gesamtstrafe von sieben Monaten Gefängnis verurteilt. Außerdem hat es mit Rücksicht auf die Verletzung der Unterhaltspflicht in entsprechender Anwendung des § 42 d StGB seine Unterbringung in einem Arbeitshaus angeordnet. Zur Begründung dieser Anordnung hat es ausgeführt: Die Vorschrift des § 42 d StGB sieht zwar eine Einweisung ins Arbeitshaus bei Bestrafung wegen Unterhaltspflichtverletzung nach dem § 170 b StGB ausdrücklich nicht vor. Der Grundgedanke des § 42 d StGB, geistig, sittlich und wirtschaftlich verwahrloste Naturen aus der Öffentlichkeit zu entfernen und im Arbeitshaus zu Ordnung und Arbeit anzuhalten (DJ 1943 S. 91), trifft jedoch auf eine asoziale Persönlichkeit wie den Angeklagten zu.

Der Angeklagte wendet sich mit seiner Revision nur gegen die Anordnung der Unterbringung, indem er geltend macht, der § 42 d StGB habe die Frage abschließend geregelt, unter welchen Voraussetzungen die Unterbringung in einem Arbeitshaus zulässig sei.

I. Der Auffassung der Revision ist beizutreten, daß auf Grund des vom Landgericht festgestellten Sachverhalts eine *entsprechende* Anwendung des § 42 d StGB nicht in Betracht kommt.

Der Richter darf kein Strafgesetz entsprechend anwenden, solange die unmittelbare Anwendung eines Strafgesetzes eine Bestrafung des Täters ermöglicht, die dem Unrechtsgehalt der Tat und dem gesunden Volksempfinden entspricht. Der § 2 StGB kann erst dann eingreifen, wenn auch eine volksnahe Auslegung der geltenden Strafgesetze keine gerechte Strafe zuläßt. Als ungerecht kann ein Urteil auch dann empfunden werden, wenn es keine Maßnahme der Sicherung und Besserung anordnet, die nach gesundem Volksempfinden erforderlich sind.

Das Landgericht hat in dem Verhalten des Angeklagten gegenüber seiner Ehefrau eine Verletzung seiner gesetzlichen Unterhaltspflicht i.S. des § 170 b StGB gesehen. Weder der § 170 b StGB noch der § 42 d StGB sehen für diesen Fall die Unterbringung des Täters in einem Arbeitshaus vor. Die Frage, ob insoweit eine gewollte oder eine ungewollte Lücke des Gesetzes vorliegt, kann für den Fall des Angeklagten dahingestellt bleiben, weil zunächst zu prüfen war, ob mit der schuldrechtlichen Beurteilung des Landgerichts der Unrechtsgehalt der Tat des Angeklagten erschöpft ist, eine Frage, die sich das Landgericht nicht vorgelegt hat, obwohl seine eigenen Feststellungen es sehr nahelegten, diese Frage aufzuwerfen.

Nach der Überzeugung des Landgerichts ist der Angeklagte eine asoziale Persönlichkeit, ein arbeitsscheuer Trinker, der seiner Ehefrau keinen Unterhalt gewährt und sie fremder Unterstützung anheimfallen läßt; mit seinen körperlichen Mängeln und seiner eigenen Bedürftigkeit kann er sich nicht entschuldigen, weil diese in der Hauptsache die Folge seines Lebenswandels sind. Dies sind Feststellungen, die nicht zum Tatbestand des § 170 b StGB gehören, sondern die Tatbestandsmerkmale der Übertretung des § 361 Nr. 5 StGB sind. Diese Strafvorschrift wendet sich gegen den Täter, der – wie nach der Annahme des Landgerichts der Angeklagte – durch seine Lebensführungsschuld einen Zustand herbeigeführt hat, in welchem zu seinem Unterhalt oder zum Unterhalt von unterhaltsberechtigten Angehörigen durch Vermittlung der Behörden fremde Hilfe in Anspruch genommen werden muß. Dadurch, daß der Angeklagte gearbeitet hat – allerdings selten und unregelmäßig (UA S. 5) – und daß er nach der Ansicht des Landgerichts darüber hinaus – wenn auch beschränkt – arbeitsfähig ist, wird die Anwendbarkeit des § 361 Nr. 5 StGB nicht berührt; dadurch, daß der Täter in der fraglichen Zeit erwerbsfähig war und zeitweise auch arbeitete, werden die Feststellungen zum § 361 Nr. 5 StGB nicht berührt, denn die Strafvorschrift betrifft nicht nur die Fälle, in denen die Lebensweise des Schuldigen zu einem Zustand der Erwerbsunfähigkeit geführt hat, sondern sie will schlechthin den Spieler, Trinker oder Müßiggänger treffen, der sich von seiner Leidenschaft oder seinem Hange schuldhaft derartig beherrschen läßt, daß die behördliche Wohlfahrtspflege eingreifen muß; RGSt. Bd. 72 S. 79). Daß dieses Tatbestandsmerkmal bei dem Angeklagten erfüllt ist, hat das Landgericht rechtlich einwandfrei festgestellt (UA S. 6).

Die Zuwiderhandlungen des Angeklagten gegen den § 170 b und gegen den § 361 Nr. 5 StGB stehen in Tateinheit zueinander. Während der § 361 Nr. 5 StGB eine Lebensführungsschuld des Täters zur Voraussetzung hat, die zum Zustand der Unterstützungsbedürftigkeit geführt hat, ist es für den Tatbestand des § 170 b StGB unerheblich, aus welchen Gründen sich der Täter seiner Unterhaltspflicht entzieht; es genügt, daß er sich wissentlich und willentlich ihr entzieht und daß er damit den Unterhalt des Berechtigten gefährdet. Ein weiterer Unterschied zwischen beiden Gesetzesbestimmungen ist, daß der § 170 b StGB nur die Gefährdung des Unterhalts eines Unterhaltsberechtigten ahndet, während zur Anwendung des § 361 Nr. 5 StGB genügt, wenn der Täter für seinen eigenen Unterhalt auf öffentliche Unterstützung angewiesen ist. Nach der Annahme des Landgerichts hat der Angeklagte die Unterstützung seiner Ehefrau aus öffentlichen Mitteln dadurch herbeigeführt, daß er sich selbst durch seine Trunksucht und durch seinen Müßiggang in einen Zustand der Mittellosigkeit versetzt hat und daß er darüber hinaus bewußt und gewollt sich einer geregelten Arbeit entzogen hat, die ihm – mindestens zum Teil – die Mittel für den Unterhalt seiner Frau an die Hand gegeben hätte. Die vorsätzliche Herbeiführung der Unterstützungsbedürftigkeit seiner Ehefrau ist die Handlung, die beide Straftaten zu einer Einheit verbindet. Darin liegt nicht nur die Herbeiführung seiner eigenen Mittellosigkeit, sondern auch das Sichentziehen der Unterhaltspflicht gegenüber seiner Frau.

Hätte das Landgericht diese Rechtslage richtig erkannt, so wäre es nicht zu einer *entsprechenden* Anwendung des § 42 d StGB gelangt, sondern hätte auf Grund der Verurteilung des Angeklagten nach dem § 361 Nr. 5 StGB – in Tateinheit mit dem Vergehen gegen den § 170 b StGB – *unmittelbar* aus dem § 42 d StGB die Unterbringung des Angeklagten in einem Arbeitshaus aussprechen können.

II. Zu untersuchen bleibt, ob das Revisionsgericht dadurch gehindert ist, diese Rechtslage zu berücksichtigen, daß der Angeklagte sein Rechtsmittel auf die Anordnung der Unterbringung beschränkt hat. Für den Fall, daß der Täter wegen Bettelns verurteilt und zugleich seine Unterbringung in einem Arbeitshaus angeordnet worden ist, hat die Rechtsprechung die Beschränkung der Revision auf die Sicherungsfrage für zulässig erklärt (RGSt. Bd. 72 S. 224). Die Entscheidung beruht auf dem in der Rechtsprechung anerkannten Grundsatze, daß die Beschränkung des Rechtsmittels – die teilweise Anfechtung eines Urteils – zulässig ist, soweit es sich um trennbare Teile handelt, soweit also Gegenstand der Anfechtung ein solcher Teil der Entscheidung ist, der losgelöst und getrennt von den nicht angefochtenen Entscheidungsteilen eine in sich selbständige Prüfung und Beurteilung gestattet (RGSt. Bd. 74 S. 190, 191; Bd. 75 S. 321, 322). Das ist z.B. dann der Fall, wenn der Täter wegen Bettelns verurteilt ist, so daß auf die beschränkt eingelegte Revision nur nachzuprüfen ist, ob auf Grund dieser rechtskräftigen Schuldfeststellung die besonderen Voraussetzungen des § 42 d StGB für die Unterbringung in einem Arbeitshaus vorliegen. Bei dem Angeklagten ist die Rechtslage anders zu beurteilen. Er macht mit seinem Rechtsmittel gerade geltend, das Landgericht habe keine Verurteilung ausgesprochen, die eine Maßregel der Sicherung oder Besserung i.S. des § 42 d StGB rechtfertigen könnte. Da das Landgericht die Unterbringung mit der Anwendung des § 2 StGB begründet hat, läßt sich das Verlangen des Angeklagten, die Rechtmäßigkeit der Unterbringung nachzuprüfen, nur erfüllen, wenn die Schuldfeststellungen selbst nach der Richtung rechtlich nachgeprüft werden, ob sie eine Verurteilung begründen, die im Rahmen des § 42 d StGB die Anordnung der Unterbringung des Angeklagten in einem Arbeitshaus zur Folge haben kann. Unter den gegebenen Verhältnissen berührt die Frage notwendig die der Verurteilung des Angeklagten auf Grund der zur Schuld getroffenen Feststellungen des Landgerichts. Bei dieser Untrennbarkeit ist der Senat durch die Beschränkung der Revision auf die Anordnung der Unterbringung nicht gehindert, sondern verpflichtet, die Schuldfrage nachzuprüfen.

Da die Nachprüfung, wie oben unter Nr. I gezeigt, das Ergebnis hat, daß das Landgericht auf Grund seiner eigenen Feststellungen den Angeklagten wegen Unterhaltspflichtverletzung, Vergehen nach dem § 170 b StGB in Tateinheit mit einer Übertretung nach dem § 361 Nr. 5 StGB hätte verurteilen müssen, so ist auf die Revision zu Ungunsten des Angeklagten (§ 358 Abs. 2 StPO) der Schuldspruch entsprechend zu berichtigen. Die Verurteilung aus dem § 361 Nr. 5 StGB rechtfertigt die getroffene Anordnung der Unterbringung in einem Arbeitshaus; denn das Landgericht hat die besonderen Voraussetzungen des § 42 d StGB rechtlich einwandfrei dargetan. Daß der Angeklagte auf Grund des tateinheitlichen Zusammentreffens einer Übertretung mit einem Vergehen nicht zu einer Haftstrafe, sondern zu einer Gefängnisstrafe verurteilt ist, steht der Anwendung des § 42 d StGB nicht entgegen (RGSt. Bd. 72 S. 107).

19. § 218 Abs. 3 Satz 2 StGB i. d. F. der VO vom 18. März 1943.

Der § 218 Abs. 3 Satz 2 StGB i.d.F. der VO vom 18. März 1943 (RGBl. I S. 169) ist auch dann anwendbar, wenn von mehreren Abtreibungen nur eine nach dem Inkrafttreten der VO begangen ist.

Beschl. des Großen Senats in Strafsachen v. 15. Juli 1944 (4 D 137/1944).

Der Große Senat für Strafsachen hat in seiner Sitzung vom 15. Juli 1944, an der teilgenommen haben der Präsident des Reichsgerichts Dr. Dr. Bumke als Vorsitzer, der Vizepräsident des Reichsgerichts Kolb, die Senatspräsidenten Dr. Schultze und Müller, die Reichsgerichtsräte Dr. Rohde, Dr. Rittweger, Guth, Luschin und Paul, auf die Anfrage des 4. Strafsenats des Reichsgerichts beschlossen:

Der § 218 Abs. 3 Satz 2 StGB in der Fassung der Verordnung vom 18. März 1943 (RGBl. I S. 169) ist auch dann anwendbar, wenn von mehreren Abtreibungen nur eine nach dem Inkrafttreten dieser Verordnung begangen ist.

Gründe

Gemäß § 136 Abs. 1 GVG hat der 4. Strafsenat des Reichsgerichts die Entscheidung des Großen Senats für Strafsachen über folgende Rechtsfrage beantragt: „Ist der § 218 Abs. 3 Satz 2 StGB in der Fassung der Verordnung vom 18. März 1943 (RGBl. I S. 169) anwendbar, wenn von den mehreren Abtreibungen nur eine nach dem Inkrafttreten dieser Verordnung begangen ist?"

Der Große Senat für Strafsachen hat die Frage bejaht.

Der § 218 Abs. 3 StGB in der Fassung der Verordnung vom 18. März 1943 (RGBl. I S. 169) lautet: „Wer sonst die Leibesfrucht einer Schwangeren abtötet, wird mit Zuchthaus, in minder schweren Fällen mit Gefängnis bestraft. Hat der Täter dadurch die Lebenskraft des Deutschen Volkes fortgesetzt beeinträchtigt, so ist auf Todesstrafe zu erkennen."

Der nationalsozialistischen Erkenntnis, daß die Zukunft unseres Volkes auf seiner Fortpflanzungskraft beruht, entspricht die Notwendigkeit, das Unwesen der Abtreibung mit den schärfsten Waffen zu bekämpfen. Diese Notwendigkeit ist durch die Blutverluste des Krieges noch gesteigert worden. Hieraus ergibt sich, daß alle Maßnahmen gegen die Abtreibung ihr Ziel nur erreichen können, wenn sie sich alsbald auswirken. Diese Grundauffassung muß auch der Leitstern für die Auslegung der verschärften Strafvorschriften gegen die Abtreibung sein, die in Artikel II § 5 der Verordnung zum Schutz von Ehe, Familie und Mutterschaft vom 9. März 1943 (RGBl. I S. 140) enthalten sind. Wollte man fordern, daß die mehreren Abtreibungshandlungen, die der Begriff „fortgesetzt" – hier nicht im gebräuchlichen Sinne der fortgesetzten Handlung, sondern als Ausdruck eines mehrfachen Geschehens im natürlichen Sinne – erfordert, alle in der Zeit nach dem Inkrafttreten der Verordnung begangen sein müssen, so würde die Anwendbarkeit des § 218 Abs. 3 Satz 2 StGB in der Fassung der Verordnung vom 18. März 1943 in einer Weise eingeengt, die mit dem Sinn und Zweck der neuen Vorschrift nicht vereinbar ist. Eine solche Auffassung würde auch zu unbilligen Ergebnissen führen können. Auf einen Täter, der zahlreiche schwere Abtreibungen vor dem Inkrafttreten der neuen Vorschrift, aber nur eine Abtreibung nach diesem Zeitpunkt begangen hat, würde der § 218 Abs. 3 Satz 2 StGB neuer Fassung nicht anzuwenden sein, während ein bisher unbestrafter Täter, der nach dem Inkrafttreten der neuen Vorschrift mehrere – vielleicht weniger schwere – Abtreibungen ausgeführt hat, nach dem § 218 Abs. 3 Satz 2 StGB in seiner neuen Fassung bestraft werden könnte. In vielen Fällen wird zwar hinsichtlich des zuerst erwähnten Täters der § 20 a StGB in Verbindung mit dem § 1 des Änderungsgesetzes vom 4. September 1941 (RGBl. I S. 549) eingreifen; sicher ist das aber bei den besonderen Voraussetzungen des § 20 a StGB nicht.

Nach dem Sinn und Zweck des § 218 Abs. 3 Satz 2 StGB in der Fassung der Verordnung vom 18. März 1943 muß es genügen, daß nur eine von mehreren Abtreibungen nach dem Inkrafttreten der Verordnung begangen worden ist.

Dem steht nicht entgegen, daß der neuen Vorschrift keine rückwirkende Kraft beigelegt worden ist. Denn die Abtreibung, auf die der § 218 Abs. 3 Satz 2 StGB neuer Fassung anzuwenden ist, muß selbstverständlich nach dem Inkrafttreten der neuen Fassung begangen worden sein. Die vom 4. Strafsenat zur Entscheidung gestellte Frage hat aber mit der Frage der Rückwirkung nichts zu tun. Die Rechtslage ist ähnlich zu beurteilen wie im Falle des § 20 a StGB. Dort kann ein Täter wegen einer nach dem Inkrafttreten der Vorschrift begangenen Tat als gefährlicher Gewohnheitsverbrecher auch dann verurteilt werden, wenn die zur Begründung der äußeren Voraussetzungen des § 20 a Abs. 1 oder Abs. 2 StGB notwendigen früheren Verurteilungen oder weiteren Taten vor dem Zeitpunkt des Inkrafttretens des § 20 a StGB lieben.

---

20. § 125, 127 öStG.

Begeht ein Mann an einem noch nicht 14 Jahre alten Mädchen eine Notzucht durch Gewaltanwendung, so liegt nur das Verbrechen nach § 127 öStG vor.

V. Strafsenat. Urt. v. 21. Juli 1944 (5 C 222/1944, 5 StS 76/1944).

Die Nichtigkeitsbeschwerde vertritt die Auffassung, daß im Falle der Begehung einer Notzucht an einem noch nicht 14 Jahre alten Mädchen durch

Gewaltanwendung nicht nur ein Verbrechen nach dem § 127 öStG, sondern auch ein Verbrechen nach dem § 125 öStG vorliegt (Idealkonkurrenz).

Dieser Ansicht vermag sich der Senat nicht anzuschließen. Beim Tatbestand der Notzucht nach dem § 125 öStG ist die Freiheitsbeschränkung des Opfers eine der in dieser Gesetzesstelle aufgezählten Begehungsarten. Es ist somit klar, daß bei diesem Tatbestand die Freiheitsbeschränkung, deren sich der Täter zur Erreichung seines Zieles bedient, nicht noch gesondert strafrechtlich zugerechnet werden kann. Zum Tatbestand der Notzucht nach dem § 127 öStG ist allerdings Gewaltanwendung und somit auch Freiheitsbeschränkung nicht erforderlich. Allein der Umstand, daß das Gesetz im § 127 den Schutz des noch nicht 14 Jahre alten Mädchens im Vergleich zu den Bestimmungen des § 125 erhöht hat, gestattet nicht, bei Begehung einer Notzucht durch Gewaltanwendung an einem noch nicht 14 Jahre alten Mädchen diese Tat dem Täter noch gesondert strafrechtlich zuzurechnen. In solchen Fällen liegt eine Gesetzeskonkurrenz der Verbrechen nach den §§ 125 und 127 öStG vor. Das es sich im § 127 um einen Sonderfall der Notzucht handelt, ist diese Gesetzesbestimmung anzuwenden und die Gewaltanwendung (Freiheitsbeschränkung) lediglich als Erschwerungsumstand zu werten. (Urt. OGH Wien 5 Os 707/38 v. 13. Januar 1939.) [DR 1944, S. 837]

---

21. § 337, 338 Nr. 1 StPO; VO über die Ersetzung zerstörter oder abhandengekommener gerichtlicher oder notarischer Urkunden vom 18. Juni 1942 (RGBl I S. 395).

1. Ob die Urschrift eines Strafurteils mit Recht auf Grund des § 3 VO über die Ersetzung zerstörter oder abhandengekommener gerichtlicher oder notarischer Urkunden vom 18. Juni 1942 (RGBl I S. 395) ersetzt worden ist, ist nicht im Revisionsverfahren, sondern im Beschwerdeverfahren (§ 6 a. a. O.) zu prüfen.

2. Der Richter, der durch Beschluß den Inhalt der zerstörten oder abhandengekommenen Urschrift eines Strafurteils feststellt (§ 3 VO über die Ersetzung zerstörter oder abhandengekommener gerichtlicher oder notarischer Urkunden vom 18. Juni 1942 RGBl I S. 395), ist nicht „erkennender Richter" i. S. des § 338 Nr. 1 StPO.

III. Strafsenat. Urt. v. 24. Juli 1944 (3 D 193/1944).

I. Landgericht Kassel.

In der Strafsache gegen
1. den Bauer H. Cl. in Röhrda,
2. die Ehefrau E. Cl. geb. S. in Röhrda
wegen Zuwiderhandlung gegen die VerbrauchsregelungsstrafVO u. a.
hat das Reichsgericht, 3. Strafsenat, in der Sitzung vom 24. Juli 1944, an der teilgenommen haben als Richter: der Reichsgerichtsrat Dr. Hartung als Vorsitzender, die Reichsgerichtsräte Dr. Froelich, Schaefer II, Paul und Kammergerichtsrat Denzler, als Beamter der Staatsanwaltschaft: der Reichsanwalt Dr. Nagel, auf die Revisionen der Angeklagten nach mündlicher Verhandlung für Recht erkannt:

Die Revisionen gegen das Urteil des Landgerichts in Kassel vom 20. Oktober 1943 werden verworfen; jedem Beschwerdeführer werden die Kosten seines Rechtsmittels auferlegt. – Von Rechts wegen

Gründe

Die Revisionen haben keinen Erfolg.

I. Die Urschrift des angefochtenen Urteils ist, bevor eine Ausfertigung oder eine beglaubigte Abschrift davon hergestellt war, durch Feindeinwirkung zerstört worden. Auf Grund des § 3 VO vom 18. Juni 1942 (RGBl. I S. 395) hat das Landgericht den Inhalt der Urkunde durch Beschluß vom 7. Februar 1944 festgestellt. Hierbei haben außer dem Richter, unter dessen Vorsitz das angefochtene Urteil erlassen worden ist, zwei Richter mitgewirkt, die beide nicht als erkennende Richter an der Hauptverhandlung teilgenommen hatten. Der zweite Richter, unter dessen Mitwirkung das Urteil beschlossen worden ist, war inzwischen aus der Strafkammer ausgeschieden. Gegen den Beschluß vom 7. Februar 1944 erhoben die Angeklagten die sofortige Beschwerde. Während des Beschwerdeverfahrens hat die Strafkammer, einer Anregung des Oberlandesgerichts entsprechend, auf Grund nachträglicher Feststellungen den Ersetzungsbeschluß durch den in derselben Besetzung ergangenen Beschluß vom 29. März 1944 in einigen Punkten „berichtigt und ergänzt". Das Oberlandesgericht hat demnächst die sofortigen Beschwerden als unbegründet verworfen; den ihnen zugestellten Beschluß vom 29. März haben die Angeklagten nicht mit sofortiger Beschwerde angefochten.

1. Soweit die Revisionen geltend machen, die VO vom 18. Juni 1942 sei nicht auf den gegebenen Fall anwendbar, weil zur Zeit der Feindeinwirkung noch keine vollständige Urschrift des Urteils vorgelegen habe, ist ihr Vorbringen unbeachtlich. Diese Frage war im Beschwerdeverfahren, das der § 6 Abs. 1 der bezeichneten VO vorsieht, zur Entscheidung zu bringen; sie ist durch den Beschluß des Beschwerdegerichts erledigt.

2. Die Rüge, das erkennende Gericht sei nichts vorschriftsmäßig besetzt gewesen, glauben die Beschwerdeführer auf den Umstand stützen zu können, daß die Strafkammer bei dem Erlasse des Ersetzungsbeschlusses anders als in

der Hauptverhandlung besetzt gewesen ist. Die Rüge geht fehl. Der Richter, der durch Beschluß den Inhalt der zerstörten Urschrift eines Strafurteils feststellt, ist nicht „erkennender Richter“ im Sinne des § 338 Nr. 1 StPO; er urteilt nicht den Angeklagten ab, sondern stellt lediglich in einem nach freiem Ermessen bestimmten Verfahren das, was der erkennende Richter in der zerstörten Urteilsurschrift niedergelegt hatte, mit der Wirkung fest, daß sein Beschluß an die Stelle der Urschrift tritt (§ 3 Abs. 1 und 2 VO vom 18. Juni 1942). Zuständig für die Ersetzung der Urschrift einer gerichtlichen Urkunde ist nach dem § 4 a. a. O. „das Gericht“, von dem die Urkunde „aufgenommen oder ausgestellt“ worden ist. Das bedeutet, daß die Ersetzungsurkunde von derselben *Gerichtsbehörde* auszustellen ist, die die Urschrift ausgestellt hat. Nicht erforderlich ist, daß derselbe Beamte tätig wird, von dem die Urschrift hergerührt hat; anderenfalls wäre es dann, wenn deren Urheber nicht mehr dem Gericht angehört, als dessen Urkunde die Urschrift in Erscheinung getreten ist, überhaupt nicht möglich, sie zu ersetzen. Das entspräche nicht dem Zwecke, den die VO vom 18. Juni 1942 verfolgt. Bestätigt wird diese Auffassung durch den § 4 Abs. 1 Satz 2 a. a. O. Danach tritt dann, wenn es sich um die Ersetzung notarischer Urkunden handelt, an die Stelle eines ausgeschiedenen Notars die Stelle, bei der seine Akten verwahrt werden. Auch in den Fällen also, in denen mit dem Ausscheiden der Urkundsperson das Amt erlischt, ist die Möglichkeit gewahrt, die Urkunde zu ersetzen. Das zeigt deutlich, daß diese Tätigkeit keineswegs dem Urheber der Urschrift vorbehalten ist.

3. Die Rüge, das angefochtene Urteil enthalte keine Entscheidungsgründe (§ 338 Nr. 7 StPO), ist offensichtlich unbegründet.

4. Die Behauptung, die Reichsmahlkarte habe, weil auch sie zerstört sei, in dem Ersetzungsbeschlusse nicht als Beweisunterlage herangezogen werden dürfen, trifft nicht zu. Sie beruht auf der bereits als rechtsirrig gekennzeichneten Auffassung, die Richter, die den Ersetzungsbeschluß erlassen haben, seien das erkennende Gericht gewesen und hätten über die Schuld der Angeklagten zu befinden gehabt.

II. In der Hauptverhandlung ist die *polizeiliche* Aussage des Zeugen Wieditz, der wegen Krankheit nicht erschienen war, verlesen worden. Nach der Äußerung des Strafkammervorsitzenden hat das Gericht die Verlesung auf Grund des § 251 Abs. 2 StPO (in der Fassung der Dritten VereinfVO vom 29. Mai 1943 RGBl. I S. 342) beschlossen. Nach dieser Vorschrift dürfen auch Niederschriften über andere als gerichtliche Vernehmungen eines Zeugen dann verlesen werden, wenn dieser „in absehbarer Zeit gerichtlich nicht vernommen werden kann“. Ersichtlich hat das erkennende Gericht diese Voraussetzung als gegeben angesehen. Daß es hierbei rechtlich geirrt hätte, ist dem Revisionsvorbringen nicht zu entnehmen.

III. Nach dem Inhalte des Ersetzungsbeschlusses in der durch den Beschluß vom 29. März 1944 berichtigten und ergänzten Fassung ist der Zeuge M. vereidigt worden. Die Beschwerdeführer halten das für einen Verstoß gegen den § 60 Nr. 3 StPO, weil M. der Urkundenfälschung verdächtig sei, die dem Angeklagten Cl. vorgeworfen werde. Die Rüge dringt nicht durch. Ob ein Zeuge der Tat verdächtig ist, die den Gegenstand der Untersuchung bildet, hat der Tatrichter zu entscheiden. Das Landgericht hat den Zeugen M. nicht als der Täterschaft verdächtig angesehen; das ergibt seine Erwägung, es sei nicht erkennbar, aus welchen Gründen M. die Mahlkarte hätte fälschen sollen. Seine vorausgehende Bemerkung, der Verdacht gegen M. sei „durch seine eidliche Aussage ausgeräumt" worden, ist mithin nicht wörtlich zu nehmen.

IV. Die Angriff, die die Revisionen gegen die Beweiswürdigung des Landgerichts erheben, sind unbeachtlich (§§ 337, 261 StPO).

V. Die den Strafausspruch betreffende Sachrüge beider Beschwerdeführer ist unbegründet; die Anwendung des § 2 Abs. 4 VRStVO und die Strafbemessung im übrigen lassen keinen Rechtsirrtum erkennen.

Die Revisionen sind nach alledem zu verwerfen.

---

22. § 1 c KWVO.

Entsprechend dem Zweck der Vorschrift, die zurückgehaltenen Vorräte ihrer Bestimmung, der Versorgung der Wirtschaft mit Rohstoffen oder Erzeugnissen zu dienen, wiederzuzuführen, ist in jedem Falle zu prüfen, ob die Einziehung aus kriegswirtschaftlichen Gründen geboten ist.

III. Strafsenat. Urt. v. 24. Juli 1944 (3 D 196/1944).

I. Landgericht Gera.

In dem selbständigen Verfahren betr. die Einziehung von Wollevorräten der Firma Ed. Böttger in Neustadt a.d. Orla, Einziehungsbeteiligte:

1. Frau Ch. A. geb. K. aus Heilbronn,
2. Werkzeugmacher J. Kr. aus Offenbach am Main,
3. Frau M. Kr. geb. St. aus Wuppertal,
4. Frau E. M. geb. Kr. aus Hachelbich,

hat das Reichsgericht, 3. Strafsenat, in der Sitzung vom 24. Juli 1944, an der teilgenommen haben als Richter: der Reichsgerichtsrat Dr. Hartung als Vorsitzender und die Reichsgerichtsräte Dr. Froelich, Schaefer II, Paul und Kammergerichtsrat Denzler, als Beamter der Staatsanwaltschaft: der Reichsanwalt

Dr. Nagel, auf die Revision der Einziehungsbeteiligten nach mündlicher Verhandlung für Recht erkannt:

Das Urteil des Landgerichts in Gera vom 25. Mai 1944 wird mit den ihm zugrunde liegenden Feststellungen aufgehoben. Die Sache wird zu neuer Verhandlung und Entscheidung an die Vorinstanz zurückverwiesen. – Von Rechts wegen

Gründe

Der nun verstorbene Kaufmann K. Kr. war bis zu seinem Tode Inhaber einer Filztuchweberei. Nach den Feststellungen des angefochtenen Urteils hat er einen Vorrat von 146 236 kg Wolle der sie bewirtschaftenden Stelle verheimlicht und zurückgehalten. Das Landgericht nimmt ohne erkennbaren Rechtsirrtum an, er habe dadurch ein Verbrechen gegen den § 1 KWVO begangen. Auf Antrag der Staatsanwaltschaft hat es gemäß dem § 1 c a.a.O. die Einziehung der zurückgehaltenen Vorräte oder des dafür erzielten Erlöses angeordnet. Von ihr sind die im Urteilskopf bezeichneten Erben des Täters betroffen. Diese haben gegen das Urteil Revision eingelegt mit der Begründung, das Landgericht habe bei seiner Entscheidung zu sehr auf die Tat und den Täter gesehen und die Verhältnisse und das Verhalten der von der Einziehung betroffenen Erben des Täters nicht berücksichtigt.

Die KWVO überläßt die Anordnung der Einziehung dem pflichtmäßigen Ermessen des Richters. Die Revision könnte daher nicht darauf gestützt werden, daß sie eine unbillige Härte für den Betroffenen bedeute. Die Beschwerdeführer beschränken sich aber nicht darauf, dies geltend zu machen, sondern rügen dem Sinne nach, das Landgericht habe die *rechtlichen Grundlagen* der Maßnahme falsch beurteilt. Das ist eine zulässige Sachrüge.

Die Bedenken, die die Revision gegen das angefochtene Urteil geltend macht, sind auch begründet. Das Landgericht rechtfertigt seine Entscheidung mit den Sätzen: „Es kommt auch nicht darauf an, ob die Erben die Nachprüfung der Warenvorräte aus eigenem Antrieb veranlaßt haben. Das Gericht hat so zu urteilen, wie wenn Kr. noch am Leben wäre und sich zu verantworten hätte." Daraus ergibt sich, daß das Landgericht bei seiner Entscheidung davon ausgegangen ist, es handle sich bei der Einziehung nach dem § 1 c KWVO um eine Maßnahme, bei der der Strafzweck im Vordergrund stehe. Das trifft aber nicht zu.

Die Einziehung, die der § 1 c KWVO zuläßt, unterscheidet sich (ebenso wie die des § 9 VRStVO) von den Fällen der Einziehung, die in anderen Gesetzen (vgl. § 3 PreisstrafrechtsVO und § 72 DevG) vorgesehen ist, dadurch, daß sie auch dann zulässig ist, wenn der Betroffene von der Straftat keine Kenntnis gehabt hat oder hat haben können, auch keine Vorteile von ihr gehabt hat. Diese Erweiterung der Einziehungsmöglichkeit in den ersten Fällen beruht darauf, daß hier der *Zweck*, der mit der Einziehung verfolgt wird, ein anderer ist. Die Einziehung nach dem § 3 PreisstrafrechtsVO und dem § 72 DevG trägt überwiegend Strafcharakter (vgl. RGSt. Bd. 69 S. 385, 389); die Einziehung nach der KWVO und der VRStVO soll dagegen in erster Linie der Sicherung der Belange der Kriegswirtschaft und der Verbrauchsregelung dienen. Die zurückgehaltenen Vorräte sollen durch diese Maßnahme ihrer Bestimmung, der Versorgung der Wirtschaft mit Rohstoffen oder Erzeugnissen zu dienen, wieder zugeführt werden. Aus diesem Zwecke der Vorschrift ergeben sich die Grenzen, in denen sich das pflichtmäßige Ermessen des Richters bei der Entscheidung über die Einziehung zu halten hat. In diesen Fällen bedarf es daher jeweils der Prüfung, ob die Einziehung unter diesem Gesichtspunkt angebracht ist, zumal dann, wenn die davon Betroffenen nicht zu den Tätern oder Teilnehmern des Kriegswirtschaftsverbrechens gehören und auch möglicherweise keine Vorteile davon gehabt haben – aus der bloßen Erhaltung des Eigentums an der Ware braucht sich noch kein solcher zu ergeben (vgl. RGSt. Bd. 74 S. 333) – .

Die Ansicht des Landgerichts, die Frage der Einziehung sei auch in solchen Fällen so zu beurteilen, wie wenn der Täter, der das Kriegswirtschaftsverbrechen begangen hat, noch lebte und sich zu verantworten hätte, trifft demnach nicht immer zu.

Nach dem § 1 c Abs. 3 KWVO in Verb. mit dem § 9 Abs. 5 VRStVO kann ein Dritter, der ein Recht an der eingezogenen Sache gehabt hat, unter den dort angeführten Voraussetzungen eine Entschädigung in Höhe des Wertes oder des Erlöses der eingezogenen Vorräte verlangen. Zu den hiernach Berechtigten kann auch der gutgläubige Erbe des Täters gehören; denn der Gesetzgeber macht in dem § 1 c a. a. O. keinen Unterschied zwischen dem Eigentum und sonstigen Rechten Dritter. Daß der Erbe des Täters im Sinn dieser Vorschrift ein Dritter ist, ergibt sich aus den Ausführungen in dem zum Devisenrecht ergangenen Urteil des Reichsgerichts RGSt. Bd. 74 S. 326, 332.

Daß die hier von der Einziehung betroffenen Erben des Täters möglicherweise für den Verlust ihres Eigentums eine Entschädigung verlangen können, enthebt aber den Richter nicht der Pflicht, in jedem Falle zu prüfen, ob die Einziehung aus kriegswirtschaftlichen Gründen überhaupt geboten ist. Da das angefochtene Urteil darüber keine Auskunft gibt, muß es aufgehoben werden.

Zu den übrigen Ausführungen der Revision ist zu bemerken, daß die inzwischen auf Veranlassung staatlicher Stellen durchgeführte Veräußerung der Vorräte ihrer Einziehung nicht entgegenstehen würde (vgl. RGSt Bd. 66 S. 87).

23. Zur Auslegung des § 218 Abs. 3 Satz 2 StGB (Fassung vom 18.3.1943).

IV. Strafsenat. Urt. v. 28. Juli 1944 (4 D 137/1944).

I. Landgericht Dortmund.

In der Strafsache gegen die Witwe E. C. geborene K. aus Dortmund-Hörde, z. Zt. in der Untersuchungshaftanstalt in Leipzig in Untersuchungshaft, wegen gewerbsmäßiger Abtreibung hat das Reichsgericht, 4. Strafsenat, in der Sitzung vom 28. Juli 1944, an der teilgenommen haben als Richter: der Senatspräsident Müller und die Reichsgerichtsräte Dr. Schwarz, Kamecke, Dr. Francke und Hornung, als Beamter der Staatsanwaltschaft: der Reichsgerichtsrat Dr. Dörffler, auf die Revision der Staatsanwaltschaft nach mündlicher Verhandlung für Recht erkannt:

Das Urteil des Landgerichts in Dortmund vom 22. Februar 1944 wird im Strafausspruch abgeändert.

Die Angeklagte wird zum Tode und Verlust der Ehrenrechte verurteilt. Sie trägt die Kosten des Verfahrens. – Von Rechts wegen

Gründe

Die jetzt 45jährige Angeklagte hat nach den Feststellungen des angefochtenen Urteils seit dem Jahre 1924 fortlaufend Abtreibungen ausgeführt und deswegen die auf S. 2 und 3 der Urteilsabschrift ausgeführten Vorstrafen erlitten. Zuletzt wurde sie durch Urteil des Schwurgerichts in Dortmund vom 16. November 1937 wegen gewerbsmäßiger Abtreibung zu 2 Jahren und 6 Monaten Zuchthaus verurteilt. Diese Strafe hat sie bis zum 26. März 1940 verbüßt. Die Angeklagte ist geständig, im Frühjahr 1943 erneut in den drei auf S. 4 bis 6 der Urteilsabschrift geschilderten Fällen Abtreibungshandlungen bei verschiedenen Frauenspersonen vorgenommen zu haben. die Angeklagte ist deshalb als gefährliche Gewohnheitsverbrecherin wegen einer versuchten, zweier vollendeter gewerbsmäßiger Abtreibungen zu einer Gesamtzuchthausstrafe von sieben Jahren und Verlust der Ehrenrechte auf die Dauer von 7 Jahren verurteilt worden, auch ist die Sicherheitsverwahrung angeordnet worden.

Die Revision der Staatsanwaltschaft rügt die Nichtanwendung des § 1 des Gesetzes vom 4. September 1941 (RGBl. I S. 549) und des § 218 Abs. 3 Satz 2 StGB in der Fassung der Verordnung vom 18. März 1943 (RGBl. I S. 169). Sie ist begründet.

Das Landgericht hat auf S. 7 der Urteilsabschrift die Frage untersucht, ob die Angeklagte im Sinne des erwähnten § 218 Abs. 3 Satz 2 StGB in den Fällen Sch. und B. durch die Abtreibungen die Lebenskraft des deutschen Volkes fortgesetzt beeinträchtigt habe. Das Urteil führt hierzu aus: jede Unterbrechung der Schwangerschaft, die zu der Erwartung berechtige, daß sie zur Geburt eines gesunden Kindes führe, sei eine Beeinträchtigung der Lebenskraft des deutschen Volkes. Zur Feststellung, daß die Beeinträchtigung fortgesetzt erfolgt sei, genüge aber schon im Hinblick auf die dann zwingend vorgeschriebene Todesstrafe eine zweimalige Abtreibung nicht; der dadurch angerichtete Schaden sei nicht so ernst, daß die Verhängung der schwersten Strafe geboten erscheine. Die früheren Abtreibungshandlungen der Angeklagten müssten auch bei der Feststellung, ob die Beeinträchtigung fortgesetzt erfolgt sei, außer Betracht bleiben, da, wie das Wort „dadurch" ergebe, nur von den zur Aburteilung stehenden Handlungen auszugehen sei, nicht aber von früheren Handlungen oder dem dadurch bewiesenen Unwert der Täterin. Auch wenn der § 218 Abs. 3 Satz 2 StGB n.F. mit dem Wort „dadurch" die Prüfung nicht auf die zur Aburteilung stehenden Fälle beschränken wollte, sondern es genügen würde, wenn durch das Hinzutreten der jetzt abzuurteilenden Fälle zu den rechtskräftig abgeurteilten früheren eine fortgesetzte Beeinträchtigung der Lebenskraft des deutschen Volkes festzustellen wäre, würde diese Voraussetzung im vorliegenden Fall von der Strafkammer nicht festgestellt worden sein, weil die Zahl von 19 Fällen versuchter oder vollendeter Abtreibung und ihre lose Aufeinanderfolge dadurch, daß sie sich auf fast 20 Jahre erstrecke, so viel an Gewicht verliere, daß eine todeswürdige fortgesetzte Beeinträchtigung der Lebenskraft des deutschen Volkes nicht ersichtlich sei.

Diese Auffassung des Landgerichts ist nicht zu billigen. Der Große Senat für Strafsachen hat in seinem Beschluß vom 15. Juli 1944 GS St 1/1944/4 D 137/1944 entschieden, der § 218 Abs. 3 Satz 2 StGB in der Fassung der Verordnung vom 18. März 1943 (RGBl. I S. 169) sei auch dann anwendbar, wenn von mehreren Abtreibungen nur eine nach dem Inkrafttreten der Verordnung begangen sei. In den Gründen ist ausgeführt: Der nationalsozialistischen Erkenntnis, daß die Zukunft unseres Volkes auf seiner Fortpflanzungskraft beruhe, entspreche die Notwendigkeit, das Unwesen der Abtreibung mit den schärfsten Waffen zu bekämpfen. Diese Notwendigkeit sei durch die Blutverluste des Krieges noch gesteigert worden. Hieraus ergebe sich, daß alle Maßnahmen gegen die Abtreibung ihr Ziel nur erreichen könnten, wenn sie sich alsbald auswirkten. Wolle man fordern, daß die mehreren Abtreibungshandlungen, die der Begriff „fortgesetzt" – hier nicht im gebräuchlichen Sinne der fortgesetzten Handlung, sondern als Ausdruck eines mehrfachen Geschehens im natürlichen Sinne – erfordere, alle in der Zeit nach dem Inkrafttreten der Verordnung begangen sein müssen, so würde die Anwendbarkeit des § 218 Abs. 3 Satz 2 StGB neuer Fassung in einer Weise eingeengt, die mit dem Sinn und Zweck der neuen Vorschrift nicht vereinbar sei. Eine solche Auffassung würde auch zu unbilligen Ergebnissen führen. Der Große Senat hat dies an Beispielen erläutert.

Der erkennende Senat hat diesen Ausführungen mit Bezug auf den zu entstehenden Fall nur wenig hinzuzufügen. Es soll nicht gesagt sein, daß zwei oder drei Abtreibungen unter allen Umständen als fortgesetzte Beeinträchtigung der Lebenskraft des deutschen Volkes angesehen werden müssen. Je nach der Gestaltung der einzelnen Fälle und der Zeitspanne, die zwischen ihnen liegt, mag es Grenzfälle geben, in denen die Entscheidung Schwierigkeiten bietet. Hier aber ist nur *eine* Beurteilung möglich. Mindestens die Abtreibung an der Witwe Sch. (III Nr. 2 der Urteilsgründe) ist nach dem Inkrafttreten der Verordnung vom 18. März 1943 (RGBl. I S. 169) begangen worden. Wird die lange Reihe der vorangegangenen Abtreibungen hinzugenommen, die ersichtlich alle derselben inneren Einstellung, einer unbelehrbaren schonungslosen Nichtachtung des keimenden Lebens entspringen, so kann es keinem Zweifel unterliegen, daß die Angeklagte durch ihre Handlungsweise fortgesetzt die Lebenskraft des deutschen Volkes beeinträchtigt hat. Damit ist sie der Todesstrafe nach § 218 Abs. 3 S. 2 StGB n.F. verfallen.

Die Entscheidung entspricht dem Antrage des Oberreichsanwalts.

---

24. § 61 StGB; § 81 Abs. 1 EheG.

Ist der geschiedenen Mutter vom Vormundschaftsgericht die Sorge für die Person des Kindes übertragen worden, so ist sie dadurch für alle die Personen des Kindes betreffenden Angelegenheiten zum alleinigen gesetzlichen Vertreter des Kindes geworden (§§ 1630 Abs. 1, 1686 BGB). Die Einschränkung in § 1635 Abs. 2 BGB ist durch § 81 EheG beseitigt. Deshalb kann die Mutter (und nur sie) den Strafantrag wegen Beleidigung des Kindes stellen.

IV. Strafsenat. Urt. v. 28. Juli 1944 (4 D 180/1944).

I. Landgericht Dresden.

In der Strafsache gegen den Schuhmacher R. R. S. in Dresden-N. wegen tätlicher Beleidigung eines sechsjährigen Mädchens hat das Reichsgericht, 4. Strafsenat, in der Sitzung vom 28. Juli 1944, an der teilgenommen haben als Richter: der Senatspräsident Müller (Vorsitzender) sowie die Reichsgerichtsräte Dr. Schwarz, Kamecke, Dr. Francke und Hornung, als Beamter der Staatsanwaltschaft: der Reichsgerichtsrat Dr. Dörffler, auf die Revision des Angeklagten nach mündlicher Verhandlung für Recht erkannt:

Die Revision gegen das Urteil des Landgerichts Dresden vom 9. Mai 1944 wird auf Kosten des Angeklagten verworfen. – Von Rechts wegen

Gründe

Die Rüge, es fehle an einem ordnungsmäßigen Strafantrag für die Beleidigung, ist rechtsirrig. Nach § 81 Abs. 1 Ehegesetz vom 6. Juli 1938 (RGBl. I S. 807) ist der Mutter des Kindes, die den Antrag gestellt hat, vom Vormundschaftsgericht die Sorge für die Person des Kindes übertragen worden. Dadurch wurde sie für alle die Person des Kindes betreffenden Angelegenheiten zum alleinigen gesetzlichen Vertreter des Kindes, vgl. §§ 1630 Abs. 1, 1686 BGB. Im § 1635 Abs. 2 war hinsichtlich der Sorge für die Person des Kindes die Einschränkung gemacht, daß das Recht des Vaters des Kindes zu dessen Vertretung unberührt bleibe. Diese Schranke hat aber § 84 EheG beseitigt. Danach konnte die Mutter (und nur sie) den Strafantrag wegen Beleidigung des Kindes stellen. Daß der Strafantrag gestellt ist „wegen unsittlicher Belästigung", berührt seine Wirksamkeit nicht, da die Mutter mit ihrem Antrag das Tun des Angeklagten treffen wollte, das vorliegend abgeurteilt worden ist.

Im übrigen ist die Revision offensichtlich unbegründet.

---

25. § 3 Abs. 6 PreisstrafrVO.

§ 3 Abs. 6 PreisstrafrVO, der für das Strafverfahren die Abführung des Mehrerlöses an das Reich regelt, richtet sich gegen denjenigen Täter, der durch die strafbare Handlung den Mehrerlös „erzielt", d. h. gegen denjenigen, der durch den Preisverstoß sein Vermögen vermehrt hat. Die Bestimmung trifft daher nicht einen Gehilfen, in dessen Vermögen, durch den Preisverstoß nichts vom Mehrerlös gelangt ist, mag dieser auch durch seine Hände gegangen sein. Die (gesamtschuldnerische) Mithaft eines solchen Gehilfen für die dem Haupttäter auferlegte Abführung des Mehrerlöses läßt sich demnach aus § 3 Abs. 6 PreisstrafrVO. nicht herleiten. Sie ist auch aus § 49 StGB nicht zu begründen, weil der Sinn und Zweck des § 3 Abs. 6 entgegensteht.

II. Strafsenat. Urt. v. 22. August 1944 (2 D 139/1944).

I. Landgericht Breslau.

In der Strafsache gegen den Gastwirt P. R., den Kellner F. E., beide in B. wegen Preisvergehens, hat das Reichsgericht, 2. Strafsenat, in der Sitzung vom 22. August 1944, an der teilgenommen haben als Richter: der Senatspräsident Müller und die Reichsgerichtsräte Dr. Hoffmann, Stumpf, Dr. Francke sowie der Kammergerichtsrat Denzler, als Beamter der Staatsanwaltschaft: der Reichsgerichtsrat Dr. Dörffler, auf die Revisionen der Angeklagten nach mündlicher Verhandlung für Recht erkannt:

Die Revisionen gegen das Urteil des Landgerichts in Breslau vom 12. November 1943 werden verworfen, die des Angeklagten E. mit der Maßgabe, daß die Anordnung, E. hafte für den von R. erzielten Mehrerlös als Gesamtschuldner, wegfällt. Jeder der Beschwerdeführer trägt die Kosten seines Rechtsmittels. – Von Rechts wegen

Gründe

Wie das Landgericht im einzelnen feststellt, hat der Angeklagte R. in Breslau in den Jahren 1942 bis 1943 in seiner Gastwirtschaft durch seinen Kellner, den Angeklagten E. fortgesetzt Flaschenweine und Spirituosen zu Preisen, die die zulässigen um insgesamt 6.839,40 RM überstiegen, den Gästen verabfolgen lassen. E. hat nach der Annahme des Landgerichts außerdem für eigene Rechnung fortgesetzt an Besucher Zigaretten zu Preisen abgesetzt, die um insgesamt 72 RM höher waren als zulässig.

Das Landgericht hat den Angeklagten R. wegen des Getränke- und den Angeklagten E. wegen des Zigarettenverkaufs aus § 1 PreisstrafrechtsVO in Verbindung mit § 22 KWVO, E. außerdem wegen Beihilfe (§ 49 StGB) zur Tat R.'s verurteilt. Es hat weiterhin die Abführung des von R. mit 6.839,40 RM und von E. mit 72 RM erzielten Mehrerlöses an das Reich ausgesprochen (§ 3 Abs. 6 PreisstrafrechtsVO) und angeordnet, daß beide Angeklagte für den von R. erzielten Mehrerlös als Gesamtschuldner haften.

Die Revision R.'s ist unbegründet, die E.'s hat lediglich zu einem Nebenpunkte Erfolg.

Das Vorbringen der Revisionen bewegt sich im wesentlichen auf tatsächlichem Gebiete. Soweit die Beschwerdeführer aber die Beweiswürdigung des Landgerichts angreifen und neue Tatsachen vorbringen, können sie im vorliegenden Rechtszuge nicht gehört werden; das Revisionsgericht ist an die tatsächlichen Feststellungen des Landgerichts gebunden (§§ 261, 337 StPO).

Die auf die allgemeine Sachrüge hin vorgenommene Prüfung des Urteils ergibt ein durchgreifendes rechtliches Bedenken lediglich insofern, als das Landgericht auch eine (gesamtschuldnerische) Haftung E.s für den von R. erzielten Mehrerlös angenommen hat.

Hierzu ist folgendes zu sagen:

§ 3 Abs. 6 PreisstrafrechtsVO, der die Abführung des Mehrerlöses an das Reich für das Strafverfahren regelt, richtet sich gegen denjenigen Täter, der durch die strafbare Handlung den Mehrerlös „erzielt", d.h. – so ist die Vorschrift zu verstehen – gegen denjenigen, der durch das Geschäft, das den Preisverstoß darstellt, sein Vermögen um den Mehrerlös vermehrt hat, und will ihm diesen Mehrerlös zugunsten des Reiches wieder entziehen. Die Bestimmung trifft daher nicht den Gehilfen, in dessen Vermögen durch den Preisverstoß nichts vom Mehrerlös gelangt, mag er auch durch seine Hände gegangen sein. Eine Haftung eines solchen Gehilfen für die dem Haupttäter auferlegte Abführung des Mehrerlöses läßt sich demnach aus § 3 Abs. 6 PreisstrafrechtsVO nicht herleiten.

Sie ist auch aus § 49 StGB, der für den Gehilfen die Strafen des Haupttäters vorsieht, nicht zu begründen, einerlei, ob der Ausspruch der Verpflichtung, den Mehrerlös an das Reich abzuführen, Strafcharakter hat oder nicht. Denn eine solche Auslegung widerspräche dem dargelegten Sinn und Zweck des § 3 Abs. 6 PreisstrafrechtsVO und ist daher abzulehnen.

Die Annahme des Landgerichts, E. hafte als Gesamtschuldner für die Abführung des von R. erzielten Mehrerlöses, läßt sich daher nicht halten.

Der Strafausspruch konnte insoweit von hier aus richtiggestellt werden, denn der erörterte Verstoß hat ihn im übrigen ersichtlich nicht beeinflußt.

Es liegt nahe, daß die Trinkgelder, die für die zu teuer verkauften Getränke erhoben worden sind, der Höhe nach den übersetzten Preisen angepaßt waren. Ob insoweit ein strafbares Tun eines der Angeklagten oder beider in Frage kommt, hat das Landgericht nicht erörtert. Der Senat ist jedoch in Übereinstimmung mit dem Oberreichsanwalt der Auffassung, daß dies auf sich beruhen kann (vgl. auch § 358 Abs. 2 StPO).

---

26. § 122 Abs. 3 StGB.

§ 122 Abs. 3 StGB findet auch auf den Mittäter Anwendung, der keine Gewalttätigkeit begeht (Abänderung von RGSt 69, 289).

I. Strafsenat. Urt. v. 25. August 1944 (1 C 100/44 – 1 StS 49/1944).

I. Landgericht Saarbrücken.

In der Strafsache gegen 1. den Schweißer Albert Sch. in Neunkirchen, 2. den Bergmann Wilhelm M. in Heinitz, beide zur Zeit in Strafhaft im Strafgefängnis in Mannheim, wegen Gefangenenmeuterei, hat das Reichsgericht, 1. Strafsenat, auf Grund der mündlichen Verhandlung vom 25. August 1944 in der Sitzung vom 1. September 1944, an der teilgenommen haben als Richter: der Senatspräsident Dr. Schultze und die Reichsgerichtsräte Dr. Ziegler, Dr. Hoffmann, Rensch, Guth, als Beamter der Staatsanwaltschaft: der Reichsanwalt Richter, auf die Nichtigkeitsbeschwerde des Oberreichsanwalts für Recht erkannt:

Das Urteil des Landgerichts in Saarbrücken vom 2. Juni 1943 wird, soweit es die Angeklagten Sch. und M. betrifft, dahin abgeändert, daß auch diese beiden Angeklagten wegen schwerer *Gefangenenmeuterei (§ 122 Abs. 3 StGB) in Tateinheit mit gemeinschaftlicher Körperverletzung mittels eines gefährlichen Werkzeugs (§ 223 a StGB) zu je zwei Jahren sechs Monaten Zuchthaus und je zum Verlust der Ehrenrechte auf die Dauer von fünf Jahren verurteilt werden. Soweit auf Grund des genannten Urteils des Landgerichts eine Gefängnisstrafe verbüßt ist, ist sie gemäß dem § 21 StGB auf die Zuchthausstrafe anzurechnen. Jedem Angeklagten werden auch die Kosten der Nichtigkeitsbeschwerde auferlegt. – Von Rechts wegen*

Gründe

Das Landgericht hat durch das rechtskräftig gewordene Urteil vom 2. Juni 1943 die beiden Angeklagten Sch. und M. wegen eines Vergehens der *einfachen* Meuterei (§ 122 Abs. 1 StGB) in Tateinheit mit gemeinschaftlicher Körperverletzung mittels eines gefährlichen Werkzeugs (§§ 223, 223 a StGB) als Mittäter (§ 47 StGB) zu je drei Jahren Gefängnis verurteilt; den früheren Mitangeklagten A. hat es als weiteren Mittäter schuldig eines Verbrechens der *schweren* Meuterei (§ 122 Abs. 3 StGB), ebenfalls in Tateinheit mit Körperverletzung nach den §§ 223, 223 a StGB, gesprochen und hat gegen ihn auf drei Jahre Zuchthaus und Verlust der Ehrenrechte auf die Dauer von fünf Jahren erkannt.

Nach den Feststellungen des genannten Urteils haben die drei Angeklagten als Gefangene im Gerichtsgefängnis zu Neunkirchen am 31. Dezember 1942, an dem sie zum Mittagessen in der sonst nur mit Sch. und M. belegten Zelle zusammenkamen, miteinander verabredet: wenn A. und M. wie alltäglich am Nachmittag unter Aufsicht eines Gefängnisbeamten die Kübel der Gefängniszellen entleeren würden, solle A. den Beamten niederschlagen; um das hierbei etwa entstehende Geräusch zu übertönen, solle M. gleichzeitig Wasser aus einer Zapfstelle in einen Eimer laufen lassen; dann sollten dem vermutlich besinnungslos gewordenen Beamten die Schlüssel abgenommen und es sollte mit ihnen Sch. aus der verschlossenen Zelle befreit werden; darauf wollten alle drei Angeklagten mit Hilfe der Schlüssel aus dem Gefängnis entweichen. Gemäß dieser Abrede hat A. mit einem Schemelfuß, den ihm Sch. zu diesem Zweck gegeben hatte, dem Gefängnisoberwachtmeister W. zwei wuchtige Schläge auf den Hinterkopf versetzt, die dem Beamten zwei erhebliche Wunden zufügten, und M. hat gleichzeitig Wasser in einen Eimer gefüllt. Weber hat aber die Besinnung soweit behalten, daß er den A. fassen und in dessen Zelle zurückbringen konnte, wobei ihm nunmehr M. gemäß einer Aufforderung des Beamten geholfen hat. Zur Befreiung des Sch. aus dem Zellenverschluß ist es daher nicht gekommen.

Hiernach ist, wie das Landgericht nicht verkannt hat, eine Gewalttätigkeit (§ 122 Abs. 3 StGB) durch die Schläge gegen den Beamten von jedem der drei Angeklagten als seine eigene Tat gewollt, und sie ist auch in planmäßigem Zusammenwirken ausgeführt worden, indem jeder Angeklagte den verabredeten Tatbeitrag leistete. Jeder der Angeklagten war also im Sinne des § 47 StGB ein Mittäter der Gewalttätigkeit. Das Landgericht ist jedoch der Ansicht, daß diese bloße Mittäterschaft die Verurteilung wegen *schwerer* Meuterei im Sinne des § 122 *Abs. 3* StGB nicht ausreichend begründen könne, weil nach dieser Bestimmung nur der mit Zuchthaus zu bestrafen sei, der sich durch persönliche unmittelbare Mitwirkung an dem äußeren Tatbestande der Gewalttätigkeit – hier also des Einschlagens auf den Beamten – schuldig gemacht hat.

Das Landgericht hat sich hierbei der Entscheidung des Reichsgerichts vom 1. Juli 1935 RGSt. Bd. 69 S. 289 angeschlossen, die sich mit eingehenden Darlegungen in erster Linie auf die Entstehungsgeschichte des § 122 Abs. 3 StGB stützt.

Aus dieser Entstehungsgeschichte geht hervor, daß sich der § 122 Abs. 3 StGB eng an den § 96 Abs. 2 des preußischen StGB vom Jahre 1851 anschloß und daß der Wille des preußischen Gesetzgebers dahin ging, daß mit einer erhohten Strafe nur diejenigen „Teilnehmer" an einer Meuterei bestraft werden sollten, die „Gewalttätigkeiten gegen Personen oder Sachen" durch ihre eigene Tätigkeit persönlich verübt hätten. Diese enge Auslegung mag daher auch, als der § 122 StGB geschaffen wurde, den an dieser Gesetzgebung Beteiligten vorgeschwebt haben.

Nach erneuter Prüfung kann jedoch an der Rechtsansicht der Entscheidung RGSt. Bd. 69 S. 289 nicht mehr festgehalten werden.

Allerdings ergeben sich aus der Entstehungsgeschichte eines Gesetzes regelmäßig sehr beachtliche Hinweise für seine Auslegung. Aber die Entstehungsgeschichte kann gleichwohl deshalb nicht allein maßgebend für die Auslegung einer Rechtsvorschrift sein, weil die Rechtsvorschrift entscheidend durch den Stand der allgemeinen Rechtsentwicklung beeinflußt wird, der zur Zeit der Entstehung des Gesetzes – im vorliegenden Falle also zu einer schon sehr weit zurückliegenden Zeit – vorhanden war. Gesetze sind aber – ganz abgesehen davon, daß unter Umständen schon allein ihr Wortlaut über die Entstehungsgeschichte hinausführen kann – in späterer Zeit unter Berücksichtigung des Ganges auszulegen, den die allgemeine Rechtsentwicklung inzwischen genommen hat. In Übereinstimmung mit diesem allgemeinen Grundsatz ist durch das Reichsgesetz vom 28. Juni 1935 – RGBl. I S. 845 – das Reichsgericht noch besonders angewiesen worden, darauf hinzuwirken, daß bei der Auslegung der Gesetze dem durch die Staatserneuerung eingetretenen Wandel der Lebens- und Rechtsanschauung Rechnung getragen werde.

Für die Frage, ob eine Mittäterschaft für sich allein genügt, die schwerere Bestrafung wegen schwerer Meuterei im Sinne des § 122 *Abs. 3* StGB herbeizuführen, ist deshalb der Wandel bedeutsam, den der allgemeine Rechtsbegriff der Mittäterschaft erfahren hat. Zur Zeit der Entstehung des § 122 Abs. 3 RStGB, der im wesentlichen einen Satz des preußischen Strafrechts in sich aufnahm, galt nach den §§ 34, 35 des preußischen StGB noch eine Regelung der „Teilnahme", die nicht nach der Willensrichtung der Täter, sondern nach den äußeren Handlungen der „Teilnehmer“ den Kreis der Mittäter im Gegensatz zu Anstiftern und Gehilfen begrenzte. Unter der Herrschaft des RStGB hat dann aber das Reichsgericht gerade auch an dem allgemeinen Begriff der Mittäterschaft das Willensstrafrecht entwickelt und schon frühzeitig ausgesprochen, daß nicht die Art und der Umfang des Handelns, sondern die Richtung des Willens den Täter als solchen kennzeichnen; das Reichsgericht hat diese neuere Lehre, auf der auch die Rechtsprechung über den untauglichen Versuch beruht, im Laufe der Zeit immer noch schärfer herausgearbeitet. Die neuere Gesetzgebung hat die Gedanken des Willensstrafrechts in Abänderung des RStGB folgerichtig weitergeführt; zu verweisen ist in dieser Hinsicht besonders auf den § 4 GewaltverbrVO = § 44 Abs. 1 und § 49 Abs. 2 StGB n. F. sowie auf den § 49 a StGB n. F. Daß das preußische Obertribunal am 19. Februar 1866 ausgesprochen hat, die Sondervorschrift des § 96 Abs. 2 preußisches StGB schließe die allgemeinen Teilnahmevorschriften aus, bedeutete daher bei weitem keine so starke Abweichung von den damals geltenden allgemeinen Lehren des Strafrechts, wie sie jetzt für das Reichsstrafrecht in dem Ausspruch liegen würde, daß die Vorschriften über die Mittäterschaft durch die Sonderregelung des § 122 Abs. 3 StGB ausgeschlossen würden.

Angesichts dieser Rechtsentwicklung wäre es nur aus ganz zwingenden Gründen zu rechtfertigen, in einem Sonderfalle die Zuchthauswürdigkeit einer Tat nicht nach dem Maße des verbrecherischen Willens, sondern nach der äußeren körperlichen Betätigung zu bestimmen. Eine solche entscheidende Betonung des äußeren Geschehens müßte nach dem heutigen Stande des Rechtsdenkens als verfehlt empfunden werden. Von den Rädelsführern einer Meuterei kann leicht der rührigste und gefährlichste sich im Hintergrund halten und zur körperlichen Ausführung einer Gewalttätigkeit einen Mitgefangenen vorschieben, der weit harmloser, aber gefügig oder einer plötzlichen Aufwallung zugänglich wäre. Wenn nicht geradezu eine Anstiftung festzustellen wäre – eine Frage, die das Urteil RGSt. Bd. 69 S. 289 offenläßt –, müßte in solchen Fällen von dem früheren Standpunkt der Rechtsprechung aus auf Zuchthaus oder Gefängnis nach einem Maßstabe erkannt werden, der für das heutige Rechtsempfinden im umgekehrten Verhältnis zum Unrechtsgehalte des strafbaren Tuns stehen würde.

Ein Ergebnis, das dem Willensstrafrecht so stark widerspricht und im Einzelfall so unbefriedigend sein kann, ist für die Auslegung des § 122 Abs. 3 StGB vermeidlich. Auch das Urteil RGSt. Bd. 69 S. 289 läßt die Vermeidlichkeit seiner Gesetzesauslegung erkennen.

Das Urteil führt im Anschluß an die Darlegungen über die Entstehungsgeschichte des Gesetzes noch aus, daß für den Fall eines Angriffs auf einen Anstaltsbeamten oder einen mit der Aufsicht über Gefangene Beauftragten bei Anwendung des Abs. 3 des § 122 StGB auch auf Mittäter (§ 47 StGB) kein Raum mehr für die Anwendung des Abs. 1 bleiben würde. Zu dieser Auffassung ist man gelangt, weil der Begriff der Gewalttätigkeit im Sinne des Abs. 3 sehr weit gefaßt (vgl. z. B. RGSt. Bd. 65 S. 389) und so dem „Angreifen" des Abs. 1 genähert wird. Der Gegensatz zwischen Abs. 1 und Abs. 3 beweist aber, daß das Gesetz einen Unterschied zwischen beiden aufrechterhalten wissen will und unter „Gewalttätigkeit" etwas versteht, was sich deutlich aus einem Angriff mehrerer zusammengerotteter Gefangener heraushebt und nur von einzelnen begangen zu werden pflegt. Dem Regelbilde einer Meuterei, wie sich das Gesetz es vorstellt, widerspricht es deshalb, „Angreifen" so eng und „Gewalttätigkeit" so weit zu fassen, daß sich die Grenzen verwischen. Wird dies vermieden, wird vielmehr berücksichtigt, daß z. B. ein „Angriff" schon durch bloße Bedrohung mit einer „Gewalttätigkeit" begangen werden kann, dann entfällt der Einwand, jeder Teilnehmer an einer allgemeinen Meuterei sei begrifflich oder wenigstens in aller Regel auch ein Mittäter oder mindestens ein Gehilfe an den begangenen Gewalttätigkeiten.

Ferner wird in RGSt. Bd. 69 S. 289 als vermutlicher Gedanke des Gesetzes angeführt, daß eine besonders gefährliche aufreizende Wirkung in der Regel nur von den Meuterern ausgehe, die persönlich gewalttätig würden. Es kann allerdings häufig so liegen. Aber das gefährliche aufreizende Beispiel kann auch von solchen Mitgliedern einer Spitzengruppe zusammengerotteter Gefangener ausgehen, die nicht selbst handgreiflich werden, aber durch Handlungen anderer Art – etwa durch Zureichen von Angriffswaffen, z.B. des Schemelbeines des Angeklagten Sch. – die hervorstechenden Gewalttätigkeiten als Mittäter mitverüben.

Fehlt es hiernach an zwingenden Gründen, für den Sonderfall der Meuterei eine Ausnahme von der strafrechtlichen Verantwortlichkeit des Mittäters zu machen, so spricht andererseits für die strengere Auslegung des Gesetzes die Notwendigkeit, den Strafanstaltsbeamten und gleichstehenden Personen einen wirksamen Schutz gerade gegen solche meuternde Gefangene zu gewähren, die sich aus der Zahl der übrigen Meuterer in besonders gefährlicher Weise dadurch herausheben, daß sie an ausgesprochenen Gewalttätigkeiten bewußt und gewollt mitwirken. Daß der Strafanstaltsbeamte zu den Amtsträgern gehört, denen ein erhöhter Schutz gegen Gewalttätigkeiten gebührt, hat der Gesetzgeber dadurch zum Ausdruck gebracht, daß er das Gesetz zur Gewährleistung des Rechtsfriedens vom 13. Oktober 1933 (RGBl. I S. 723) durch das Gesetz vom 24. April 1934 (RGBl. I S. 341) auf den Schutz der Straf- und Sicherungsvollzugsbeamten erstreckte.

Das StGB enthält eine ähnliche Bestimmung wie den § 122 Abs. 3 noch in dem § 125 Abs. 2 StGB. Zum § 125 Abs. 2 StGB hat das Reichsgericht, dem Gedanken des Willensstrafrechts folgend, schon früher in mehreren Urteilen entschieden, daß sich des schweren Landfriedenbruchs nicht nur schuldig mache, wer selbst persönlich Gewalttätigkeiten begehe, sondern auch jeder, der in einer öffentlich zusammengerotteten Menschenmenge an Gewalttätigkeiten, die er als eigene wolle, in irgendeiner Weise als Mittäter mitwirke (RGUrt. vom 5. Juni 1924, 3 D 602/24; vom 16. April 1931, 2 D 98/31 und vom 24. September 1931, 2 D 670/31). Mit dieser Rechtsprechung zum § 125 Abs. 2 stimmt das zum § 122 Abs. 3 StGB ergangene Urteil RGSt. Bd. 69 S. 289 nicht überein. Aus den oben dargelegten Gründen ist der Auslegung der Vorzug zu geben, die der § 125 Abs. 2 StGB durch die angeführte Rechtsprechung gefunden hat. Daher muß die gegenteilige Auffassung des Urteils RGSt. Bd. 69 S. 289 zum § 122 Abs. 3 StGB aufgegeben werden; sie kann nach dem gegenwärtigen Stand der Rechtsentwicklung nicht mehr als gerecht angesehen werden. Dem haben die anderen Strafsenate des Reichsgerichts zugestimmt.

Demgemäß ist auch das hier angefochtene Urteil des Landgerichts im Sinne des Nichtigkeitsbeschwerdeverfahrens ungerecht. Die Angeklagten Sch. und M. sind bei *gerechter* Beurteilung wegen *schwerer* Meuterei nach dem § 122 *Abs. 3* StGB zu verurteilen. In diesem Sinne kann der Schuldspruch des Landgerichts von hier aus durch das Urteil des Reichsgerichts berichtigt werden.

Auch die vorzunehmende neue Strafzumessung erfordert es nicht, die Sache an das Landgericht zurückzuverweisen.

Das Landgericht hat gegenüber dem früheren Mitangeklagten A. die Strafe von drei Jahren Zuchthaus und fünf Jahren Ehrverlust festgesetzt. Diese Strafe ist nach Lage aller Umstände angemessen. Das ergibt auch für die angemessene Bestrafung der Angeklagten Sch. und M. einen Anhalt. Zugunsten dieser beiden Angeklagten ist zu erwägen, daß nur A. die schweren Schläge gegen den Strafanstaltsbeamten geführt hat, während Sch. und M. den Beamten nicht angerührt und sich auch sonst bei der Planung und bei der Ausführung der Tat nicht besonders hervorgetan haben. Dieser Umstand, der für den Schuldspruch nach den obigen Ausführungen keine Bedeutung hat, ist immerhin bei der Strafzumessung zu berücksichtigen. Daher ist gegenüber den Angeklagten Sch. und M. eine Bestrafung mit zwei Jahren sechs Monaten Zuchthaus und fünf Jahren Ehrverlust ausreichend und angemessen.

Zu bemerken ist hierbei nur noch, daß das Landgericht mit Recht davon ausgegangen ist, das Verhalten der Angeklagten sei noch keine so schwere „Gewalttat“ gewesen, daß die Angeklagten auf Grund der GewaltverbrecherVO vom 5. Dezember 1939 die Todesstrafe verdient hätten (vgl. RGSt. Bd. 76 S. 88, 89/90).

27. § 180 Abs. 3 StGB.

Ein „Anhalten" zur Unzucht kann auch darin liegen, daß der Vermieter der Wohnung von der Mieterin Geschlechtsverkehr mit ihm selbst verlangt. Eigennutz i. S. d. § 180 Abs. 1 liegt auch vor beim Erstreben anderer als wirtschaftlicher Vorteile, z. B. bei dem Streben, einen Geschlechtsverkehr zu erreichen.

I. Strafsenat. Urt. v. 25. August 1944 (1 D 211/1944).

I. Landgericht Bielefeld.

In der Strafsache gegen den Maurer W. in Bielefeld, zur Zeit dort in der Haftanstalt in Untersuchungshaft, wegen Kuppelei, hat das Reichsgericht, 1. Strafsenat, in der Sitzung vom 25. August 1944, an der teilgenommen haben als Richter: der Senatspräsident Dr. Schultze und die Reichsgerichtsräte Dr. Ziegler, Dr. Hoffmann, Rensch, Guth, als Beamter der Staatsanwaltschaft: der Reichsanwalt Richter, auf die Revision des Angeklagten nach mündlicher Verhandlung für Recht erkannt:

Die Revision gegen das Urteil des Landgerichts in Bielefeld vom 1. Juni 1944 wird verworfen. Dem Angeklagten werden die Kosten des Rechtsmittels auferlegt. – Von Rechts wegen

Gründe

Das Landgericht hat den Angeklagten auf Grund der Absätze 2 und 3 des § 180 wegen Kuppelei verurteilt. Die zugrunde liegenden tatsächlichen Feststellungen gehen davon aus, der Angeklagte sei dafür bekannt gewesen, daß er ständig zweifelhafte Frauen in seiner Wohnung beherberge, mit ihnen Geschlechtsverkehr pflege und auch anderen Männern Zutritt zu ihnen in seiner Wohnung gewähre, so daß er in den Ruf gekommen sei, heimlich einen bordellartigen Betrieb zu unterhalten. Im einzelnen ist dazu auf Grund der Zeugenaussagen festgestellt, der Angeklagte habe seit dem Herbst 1943 zwei Frauen, unter ihnen eine frühere Straßendirne, längere Zeit ohne Mietzins bei sich wohnen und andere Frauenspersonen, auch unter diesen eine frühere Straßendirne, bei sich aus- und eingehen lassen, die in der Wohnung des Angeklagten einen lebhaften Männerverkehr unterhalten und teils innerhalb, teils außerhalb der Wohnung den Männern Geschlechtsverkehr gewährt hätten. Auch der Angeklagte selbst hat – „trotz seines hohen Alters sehr geschlechtsbegierig" – mit diesen Frauen je in mehr oder weniger Fällen geschlechtlich verkehrt; er hat zugestanden, diesen Mädchen oder Frauen gestattet zu haben, daß sie ihre „Freunde" mitbringen könnten, wenn sie sich auch ihm zum Geschlechtsverkehr hingäben. Auch die Revisionsbegründung räumt ein, daß die zum Wohnen aufgenommenen Frauen sich dem Angeklagten gegenüber zu einem solchen Verkehr bereiterklärt hätten, bevor sie aufgenommen worden seien. Das Landgericht hat hierin ein „gewohnheitsmäßiges“ und „aus Eigennutz“ begangenes Vorschubleisten der Unzucht der Frauen gefunden, wobei der Angeklagte die Frauenspersonen „ausgebeutet“ und „zur Unzucht angehalten“ habe.

Die Revision kann gegenüber dieser Beurteilung keinen Erfolg haben.

Die Annahme des Landgerichts, der Angeklagte habe der Unzucht Vorschub geleistet, indem er seine Wohnung zur Verfügung stellte, ist rechtlich unbedenklich. Auch den Begriff der Gewohnheitsmäßigkeit hat das Landgericht nach den von ihm getroffenen Feststellungen (U. A. S. 2) rechtlich nicht verkannt. Ferner hat der Angeklagte im Sinne des § 180 Abs. 1 StGB „aus Eigennutz“ gehandelt. Der Beweggrund des Eigennutzes im Sinne dieser Vorschrift liegt nicht nur dann vor, wenn bei einem Verhalten *wirtschaftliche* Vorteile gesucht werden. Vielmehr hat die Rechtsprechung von jeher (vgl. schon RGSt. Bd. 16 S. 56, Bd. 41 S. 225) bei der Auslegung des § 180 Abs. 1 StGB auch ein sittenwidriges Erstreben anderer persönlicher Vorteile, z. B. das Streben, einen Geschlechtsverkehr zu erreichen, als ein Handeln „aus Eigennutz“ angesehen.

Es kann dahingestellt bleiben, ob im Sinne des § 180 Abs. 3 StGB, wie die Revision meint, ein „Ausbeuten“ nur in der Erzielung übermäßiger *wirtschaftlicher* Vorteile zu sehen ist. Denn zur Strafbarkeit der Tat reicht es aus und die Sachlage ergibt jedenfalls, daß mit dem Verhalten des Angeklagten ein „Anhalten zur Unzucht“ verbunden war.

Die Revision nimmt mit Unrecht an, daß ein „Anhalten“ zu einer Handlung nur insoweit angenommen werden könne, als der Anhaltende selbst an der Handlung völlig unbeteiligt bleibe. Der Begriff des „Anhaltens“ wird verdeutlicht, wenn man berücksichtigt, daß das „Anhalten“ der Gegensatz zum „Abhalten“ ist; gleichzeitig ist zu beachten, daß es sich hier bei dem An- und Abhalten im Sinne des § 180 Abs. 3 StGB um eine Einwirkung auf den *Willen* des anderen handeln muß; ferner ist für die Auslegung der genannten Vorschrift nicht einseitig nur auf das Verhalten des Anhaltenden zu sehen, sondern gleichzeitig auf das Verhalten der Person, die angehalten wird. Die Anwendung dieser Gedanken auf den vorliegenden Fall führt zu dem folgenden Ergebnis: Schon nach dem § 180 *Abs. 1* StGB wäre es die Pflicht des Angeklagten gewesen, Personen, die bei ihm wohnten, von unsittlichem Treiben abzuhalten. Das hat er unterlassen; er hat vielmehr, indem er dieses Treiben in seiner Wohnung geschehen ließ, die Unzucht gefördert (§ 180 *Abs. 1* StGB). Über diese Unterlassung hinaus, die für sich allein noch kein „Anhalten“ gewesen wäre, hat er von den Frauen, die er bei sich wohnen ließ, Unzucht *verlangt*, indem er unzüchtigen Geschlechtsverkehr mit ihm selbst als Bedingung für das Gewähren der Wohnung *forderte*; er hat auch erreicht, daß diese Forderung wenigstens in gewissem Umfang erfüllt wurde. Für die aufgenommenen Frauen gehörte die Erfüllung dieser Forderung zu ihrem Unzuchtsbetrieb; es handelte sich für sie dabei nur um eine Erweiterung des Personenkreises, mit dem sie fortgesetzt Unzucht getrieben haben; sie wurden auf solche Weise auf der Bahn ihres Unzuchttreibens gehalten. Ohne Rechtsirrtum hat das Landgericht daher hierin ein „Anhalten zur Unzucht" im Sinne des § 180 *Abs. 3* StGB gesehen.

Das Bewußtsein des Angeklagten von dieser Wirkung seines Verhaltens ist den Feststellungen des Landgerichts ausreichend zu entnehmen.

Ein Schuldspruch wegen Kuppelei ergibt sich unabhängig von der Vorschrift des § 180 *Abs. 3* StGB schon daraus, daß der Angeklagten die Unzucht solcher Frauen gefördert hat, denen er nicht Wohnung gewährte, aber seine Wohnung zur Verfügung dazu stellte, bei ihm abzusteigen, um mit anderen Männern unzüchtig zu verkehren.

Auch sonst ergibt sich bei der Nachprüfung des angefochtenen Urteils kein Rechtsirrtum des Landgerichts, der dazu führen könnte, seine Entscheidung aufzuheben oder abzuändern.

Die Revision ist daher zu verwerfen.

---

28. § 2 StGB, § 4 der VO zur Ergänzung der Strafvorschriften zum Schutze der Wehrkraft des Deutschen Volkes vom 25.11.1939 (RGBl. I S. 3219).

Analoge Anwendung des § 4 auf den Umgang mit noch nicht kriegsgefangenen, abgesprungenen feindlichen Fliegern.

V. Strafsenat. Urt. v. 1. September 1944 (5 D 74/75/1944).

I. Landgericht Osnabrück.

In der Strafsache gegen

1. die Ehefrau P. M. geb. V.,

2. den Invaliden T. M.,

beiden wohnhaft in M., wegen verbotenen Umgangs mit Kriegsgefangenen hat das Reichsgericht, 4. Strafsenat, in der Sitzung vom 1. September 1944, an der teilgenommen haben als Richter: der Senatspräsident Döbig und die Reichsgerichtsräte Dr. Iber, Luschin, Sponsel, Dr. Kauer, als Beamter der Staatsanwaltschaft: der Oberstaatsanwalt Ebel, auf die Revision der beiden Angeklagten und der Staatsanwaltschaft nach mündlicher Verhandlung für Recht erkannt:

1. Die Revisionen der Angeklagten P. M. und der Staatsanwaltschaft gegen das Urteil des Landgerichts in Osnabrück vom 28. Februar 1944 werden verworfen. Die Angeklagte P. M. trägt die Kosten ihres Rechtsmittels. Die Kosten des Rechtsmittels der Staatsanwaltschaft verbleiben der Reichskasse.

2. Auf die Revision des Angeklagten T. M. wird das Urteil des Landgerichts in Osnabrück vom 2. Februar 1944 samt Feststellungen aufgehoben. Die Sache wird, soweit sie diesen Angeklagten betrifft, zu neuer Verhandlung und Entscheidung an die Vorinstanz zurückverwiesen. – Von Rechts wegen

Gründe

Die Angeklagte P. M. hat am 2. September 1943 in M. einem mit Fallschirm abgesprungenen feindlichen Flieger, der sich ihr als Engländer zu erkennen gegeben hatte, eine Bürste gegeben, um sich zu säubern, und ihm in ihrer Küche aus Mitleid zwei Spiegeleier und Brot vorgesetzt, weil er ihr erklärt hatte, das er Hunger habe. Der hinzukommende Angeklagte T. M., der erfuhr, daß es sich um einen Engländer handelte, sah dem Verhalten der P. M. nicht nur untätig zu, sondern behandelte ihn wie seinen Besuch und gab ihm noch einen Zettel mit seiner Anschrift. Die Angeklagten haben keine Anstalten getroffen, um den Engländer einer Behörde auszuliefern. Erst ein Pionier, der den Vorfall beobachtet hatte, erstattete Anzeige, worauf der Engländer festgenommen wurde. Das Landgericht hat die Behauptung der Angeklagten, sie hätten aus Angst gehandelt, für widerlegt erachtet. Daß die Angeklagten dem Engländer hätten zur Flucht verhelfen wollen, hat das Landgericht nicht angenommen.

Die Angeklagte P. M., in deren Betrieb ein Kriegsgefangener arbeitete, war bei der Zuweisung dieses Kriegsgefangenen darauf hingewiesen worden, daß Kriegsgefangenen gegenüber größte Zurückhaltung verlangt werde. Sie hat auch erfahren, daß jedes vermeidbare Entgegenkommen strafbar sei. Spätestens bei der Auswahl der Lebensmittel, die sie dem Engländer vorsetzte, ist sie sich nach der Überzeugung des Landgerichts bewußt geworden, daß dem noch nicht gefangengenommenen feindlichen Flieger gegenüber die gleiche, wenn nicht sogar noch größere Zurückhaltung geboten sei, wie gegenüber einem Kriegsgefangenen, daß dementsprechend ihr Verhalten über das Maß des Zulässigen weit hinausgehe. Denn Eier und Fett sind auch auf dem Lande, wie die Strafkammer feststellt, nicht mehr im Überfluß vorhanden und besondere Zubereitung hat selbst in Friedenszeiten stets als ein außergewöhnliches Entgegenkommen gegolten. Das hat P. M. nach der ersichtlichen Annahme des Landgerichts erkannt. Der Angeklagte T. M. hat, wie das Landgericht ausführt, dem Engländer mit dem Zettel und seiner Adresse ein Zeichen seines Wohlwollens und die Möglichkeit gegeben, sich auf ihn zu berufen und die Verbindung später wieder aufzunehmen. Er hat daher mit dem feindlichen Flieger in einer Weise Umgang gepflogen, die, wie das Urteil weiter darlegt, das gesunde Volksempfinden gröblich verletzt. Die Verbote, die den Umgang mit Kriegsgefangenen betreffen, waren dem Angeklagten bekannt. Es ist dem Landgericht gleichwohl unverständlich, wie sich der Angeklagte in dieser Weise vergehen konnte. Die Strafkammer erklärt dies mit der außerordentlichen Harmlosigkeit und Weltfremdheit der Landbewohner.

Das Landgericht hat beide Angeklagten entsprechend dem § 4 der VO zur Ergänzung der Strafvorschriften zum Schutze der Wehrkraft des Deutschen Volkes vom 25. November 1939 (RGBl. I. S. 2319) verurteilt. Es hat in dieser Beziehung Folgendes erwogen: Ein bestimmtes Gesetz, das auf die Tat der Angeklagten unmittelbar anzuwenden sei, fehle. Gesundes Volksempfinden fordere aber hier Bestrafung und Ausfüllung der ungewollten Lücke des Gesetzes. Der Grundgedanke des § 4 a.a.O. treffe auf die Tat der Angeklagten am besten zu, § 2 StGB. Der Engländer sei noch kein Kriegsgefangener gewesen und auch nicht einem solchen gleichzuachten. Denn bei der Nähe der holländischen Grenze habe es ihm gelingen können, dorthin zu kommen, bei unseren Feinden Unterkunft zu finden und der Gefangennahme zu entgehen. Die Tat der Angeklagten stimme aber in ihren wesentlichen Merkmalen mit dem in § 4 a.a.O. unter Strafe gestellten Tatbestand überein. Die Beziehungen zu einem abgesprungenen feindlichen Flieger enthielten namentlich für unser Volk mindestens die gleichen, wenn nicht sogar noch größere, Gefahren wie Beziehungen zu Kriegsgefangenen.

Einen schweren Fall hat das Landgericht bei keinem der beiden Angeklagten angenommen.

Der Angeklagten P. M. hat die Strafkammer zugute gehalten, daß sie durch das plötzliche Erscheinen des Fliegers weitgehend überrumpelt worden sei. Strafmildernd sind namentlich ihre Weltfremdheit und Harmlosigkeit beachtet worden.

Was den Angeklagten T. M. anlangt, so hat das Urteil berücksichtigt, daß er sich weniger betätigt und weiter keinen Schaden für die Allgemeinheit angerichtet hat. Der Verhandlung hat er, wie das Urteil ausführt, nur mit Mühe folgen können. Nach der ersichtlichen Annahme des Landgerichts hat er sich von einem Schlaganfall, den er erlitten hat, noch nicht wieder erholt. Ihm hat die Strafkammer ein ungewöhnliches Maß an geistiger Beschränktheit zugute gehalten.

Beide Angeklagten greifen das Urteil mit der Sachbeschwerde an. Sie bemängeln die entsprechende Anwendung des § 4 a.a.O. Es hat jedoch nur die Revision des Angeklagten T. M. Erfolg.

Die entsprechende Anwendung des § 4 a.a.O. auf einen Tatbestand der hier geschilderten Art ist an sich bedenkenfrei, § 2 StGB. Ein Gesetz, das einen solchen Sachverhalt ausdrücklich unter Strafe stellt, fehlt. Namentlich hat der Reichsminister der Luftfahrt bisher keine Anordnung über das Verhalten der Zivilbevölkerung gegenüber abgesprungenen feindlichen Fliegern erlassen, so daß eine Bestrafung aus dem § 92 b StGB hier nicht möglich ist. Ein Fall des § 91 b StGB, den schon der Oberreichsanwalt beim Volksgerichtshof – Bl. 22 d. A. – verneint hat, scheidet ersichtlich aus.

Nach dem Grundgedanken des § 4 VO vom 25. November 1939 und nach gesundem Volksempfinden verdient ein solcher Verkehr mit einem abgesprungenen feindlichen Flieger auch Bestrafung.

Im Falle der Angeklagten P. M. ist auch der innere Tatbestand des § 4 a.a.O. einwandfrei nachgewiesen, da das Landgericht besonders feststellt, daß sich die Angeklagte bewußt gewesen sei, daß ihr Verhalten gegenüber dem feindlichen Flieger über das Maß des Zulässigen weit hinausgehe, also das gesunde Volksempfinden gröblich verletze.

Eine solche ausdrückliche Feststellung fehlt bei dem Angeklagten T. M. Das Landgericht sagt zwar, ihm seien die Verbote des § 4 a.a.O. bekannt gewesen. Darin liegt aber noch nicht die Feststellung, daß er gerade das Verhalten, das er in diesem besonderen Fall betätigte, als ein solches erkannt habe, das über das Maß des Zulässigen weit hinausging. Eine eindeutige Feststellung wäre in dieser Beziehung aber um so mehr erforderlich gewesen, als das Landgericht bei diesem Angeklagten, dessen Verhalten es schon an sich unverständlich findet, noch ein ungewöhnliches Maß an geistiger Beschränktheit angenommen hat. Hier bedarf daher der innere Tatbestand noch der weiteren Aufklärung.

Die vom Oberreichsanwalt nicht vertretene Revision der Staatsanwaltschaft betrifft nur die Angeklagte P. M. Sie bemängelt, daß das Urteil keinen schweren Fall angenommen habe. Das Rechtsmittel hat keinen Erfolg.

Für die Frage, ob ein schwerer Fall vorliegt, kommt es darauf an, ob sich der Hergang der Tat einigermaßen deutlich von dem gewöhnlichen Bilde einer strafbaren Handlung der in Betracht kommenden Art in einer den Täter belastenden Weise unterscheidet, RGSt. Bd. 69 S. 164 (169). Dabei sind die Persönlichkeit des Täters und die Verhältnisse, die ihn zu seiner Verfehlung veranlaßt haben, zu würdigen, RGSt. Bd. 69 S. 240 (242). Von diesen Rechtsgrundsätzen ist das Landgericht ersichtlich ausgegangen. Es hat der Angeklagten die schwierige Lage, in der sie sich befand, ihre Rat- und Hilflosigkeit zugute gehalten. Das ist rechtlich bedenkenfrei.

Die Entscheidung entspricht dem Antrag des Oberreichsanwalts.

---

29. §§ 49 a, 159, 161 Abs. 1 StGB in der Fassung der StrafrechtsangleichungsVO vom 29. Mai 1943 (RGBl. I S. 339) und der zweiten DurchführungsVO dazu vom 20. Januar 1944 (RGBl. I S. 41).

Bei dem erfolglosen Unternehmen der Anstiftung zum Meineid ist die Aberkennung der Eidesfähigkeit unzulässig (abweichend von dem Urteil des früheren 4. Strafsenats vom 18. Februar 1944 4 D 284/43), die Aberkennung der Ehrenrechte zulässig, aber nicht geboten.

III. Strafsenat. Urt. v. 11. September 1944 (3 D 223/1944).

I. Landgericht Leipzig.

In der Strafsache gegen den Kandidaten der Medizin D. E. in Karlsbad wegen Unternehmens der Verleitung zum Meineid hat das Reichsgericht, 3. Strafsenat, in der Sitzung vom 11. September 1944, an der teilgenommen haben als Richter: der Präsident des Reichsgerichts Dr. Dr. Bumke und die Reichsgerichtsräte Dr. Hartung, Kamecke, Dr. Rittweger, Schaefer II, als Beamter der Staatsanwaltschaft: der Reichsanwalt Floegel, auf die Revision des Angeklagten nach mündlicher Verhandlung für Recht erkannt:

Das Urteil des Landgerichts in Leipzig vom 2. August 1943 wird im Schuldspruch dahin berichtigt, daß der Angeklagte wegen Unternehmens der Verleitung zum Meineid verurteilt ist.

Im Strafausspruch wird das Urteil mit dem ihm insoweit zugrunde liegenden Feststellungen aufgehoben.

Die Sache wird in diesem Umfang zu neuer Verhandlung und Entscheidung an die Vorinstanz zurückverwiesen. – Von Rechts wegen

Gründe

Das Landgericht hat den Angeklagten wegen eines – fortgesetzten – Verbrechens nach dem § 159 StGB a. F. zu einer Zuchthausstrafe von einem Jahr drei Monaten verurteilt, ihm die Ehrenrechte auf die Dauer von zwei Jahren aberkannt und ihn für dauernd unfähig erklärt, als Zeuge oder Sachverständiger eidlich vernommen zu werden.

Soweit sich seine Revision gegen den Schuldspruch wendet, hat sie keinen Erfolg. Was der Verteidiger hierzu verfahrensrechtlich ausführt, ist offensichtlich unbegründet; was er zur Anwendung des sachlichen Rechts vorbringt, ist teils unzulässig, da rein tatsächlich, teils gleichfalls offensichtlich unbegründet. Nur die Urteilsformel ist nicht verständlich gefaßt. Der Angeklagte ist nach dem Inhalt der Urteilsgründe nicht wegen „Verleitung zum Meineide", sondern wegen (erfolglosen) „*Unternehmens* der Verleitung zum Meineide" verurteilt worden. Das kann das Revisionsgericht durch entsprechende Berichtigung der Urteilsformel klarstellen.

Im Strafausspruch ist das angefochtene Urteil dagegen aufzuheben.

Das Landgericht hat anscheinend übersehen, daß sich die Strafdrohung in der Zeit zwischen der Begehung der Tat und der Aburteilung geändert hat (vgl. die VO zur Angleichung des Strafrechts des Altreichs und der Alpen- und Donau-Reichsgaus vom 29. Mai 1943 – RGBl. I S. 339 – und besonders die zweite Durchführungsverordnung dazu vom 20. Januar 1944 – RGBl. I S. 41). Das neue Recht läßt eine erheblich mildere Bestrafung zu als das frühere; es gestattet bis auf ein Viertel von sechs Monaten Gefängnis herabzugehen (vgl. die §§ 159, 154 Abs. 2, 49a Abs. 1, 44 StGB n. F. und RGUrt. vom 5. Mai 1944 1 D 85/44 – DR 1944 S. 611). Das Landgericht hätte deshalb nach dem § 2a Abs. 2 StGB dazu Stellung nehmen müssen, ob nicht statt des strengeren alten das mildere neue Gesetz anzuwenden sei. Das hat das Landgericht unterlassen.

Es hat dem Angeklagten die Eidesfähigkeit abgesprochen. Das hätte nicht geschehen dürfen. Diese Nebenfolge ist nach dem § 161 Abs. 1 StGB beim Meineid und bei der (erfolgreichen) Anstiftung zum Meineide geboten, dagegen bei dem (erfolglosen) Unternehmen der Verleitung zum Meineide weder geboten noch zulässig. Das hat das Reichsgericht in ständiger Rechtsprechung seit RGSt. Bd. 2 S. 93 ausgesprochen (vgl. z. B. RGUrtl. vom 20. Juni 1935 5 D 362/35 – JW 1935 S. 2369 und vom 16. September 1937 2 D 465/37 – DR 1937 S. 2961). Der Gesetzgeber hat das bei der Neufassung des § 159 StGB dadurch zu erkennen gegeben, daß er das Unternehmen der Verleitung zum *Meineid,* die „erfolglose Anstiftung" zum *Meineid,* in dem neuen § 159 StGB mitangeführt, was nach der Neufassung des § 49a StGB an sich sonst nicht nötig gewesen wäre. Daraus geht hervor, daß im allgemeinen Rahmen des § 49a StGB für die im § 159 StGB bezeichneten Straftaten eine Sonderregelung gilt.

Zu beanstanden ist schließlich, daß sich das Landgericht offenbar für *verpflichtet* gehalten hat, auf Verlust der Ehrenrechte zu erkennen. Die Aberkennung dieser Rechte ist aber nach dem § 161 Abs. 2 StGB im Falle des Unternehmens der Verleitung zum Meineide nur zulässig, aber nicht zwingend vorgeschrieben.

Bei der neuen Entscheidung wird das Landgericht zu beachten haben, daß es nur entweder das neue oder das alte Recht anwenden darf, nicht teils das neue, teils das alte (RGSt. Bd. 77 S. 219).

---

30. § 174 n. F. StGB.

Auch in der Neufassung ist § 174 auf den Stiefvater nicht schon beim bloßen Vorliegen der Hausgemeinschaft anwendbar, sondern nur, wenn er kraft seiner Stellung in der Familiengemeinschaft dem Stiefkinde in einer Weise übergeordnet war, daß es als seiner Erziehung, Ausbildung, Aufsicht oder Betreuung anvertraut angesehen werden kann.

II. Strafsenat. Urt. v. 21. September 1944 (2 D 185/1944).

I. Landgericht Oppeln.

In der Strafsache gegen den Berginvaliden J. P. in L., Kreis K., zur Zeit in Haft in der Haftanstalt in O. wegen Blutschande u. a., hat das Reichsgericht,

2. Strafsenat, in der Sitzung vom 21. September 1944, an der teilgenommen haben als Richter: der Reichsgerichtsrat Dr. Schwarz als Vorsitz, die Reichsgerichtsräte Stumpf, Dr. Schäfer, Dr. Wernecke und Kammergerichtsrat Denzler, als Beamter der Staatsanwaltschaft: der Reichsgerichtsrat Dr. Dörffler, auf die Revision des Angeklagten nach mündlicher Verhandlung für Recht erkannt:

Das Urteil des Landgerichts in Oppeln vom 3. Juli 1944 wird, soweit es den Angeklagten P. betrifft, nebst den dem Urteil insoweit zugrunde liegenden Feststellungen aufgehoben. In diesem Umfang wird die Sache zu neuer Verhandlung und Entscheidung an die Vorinstanz zurückverwiesen. – Von Rechts wegen

Gründe

Der 46jährige Angeklagte ist nach den Feststellungen des Landgerichts ein frühzeitig invalidisierter Bergarbeiter; er ist beschränkt zurechnungsfähig (§ 51 Abs. 2 StGB). In seinem Haushalt lebten außer seiner Frau und seinen vier Kindern die 18jährige uneheliche Tochter seiner Frau, also seine Stieftochter, mit ihrem unehelichen Kind. Die Stieftochter arbeitete als Zeitungsausträgerin. Ihr erstes uneheliches Kind, dessen Vater nicht bekannt geworden ist, ist bereits verstorben. Das lebende uneheliche Kind soll von einem nicht ermittelten Soldaten stammen.

Der Angeklagte hat mit seiner Stieftochter einmal geschlechtlich verkehrt. Er ist durch das angefochtene Urteil wegen „Sittlichkeitsverbrechens an seinem Pflegekind" nach § 174 Abs. 1 StGB in Tateinheit mit Blutschande zu 2 Jahren Gefängnis verurteilt worden.

Die Verurteilung wegen Blutschande (Vergehen nach § 173 Abs. 2 StGB) ist begründet. Das Urteil muß aber aufgehoben werden, weil die Verurteilung wegen Verbrechens nach § 174 Abs. 1 StGB, dem die Strafe gemäß § 73 StGB entnommen worden ist, durchgreifenden rechtlichen Bedenken unterliegt.

Nach § 174 Abs. 1 Ziff. 1 StGB *alter* Fassung war der Stiefvater nach dieser Bestimmung nur strafbar, wenn er zugleich als „Pflegevater" oder „Erzieher" anzusehen war und die von der Rechtsprechung geforderte elternähnliche Stellung hatte (RGSt. Bd. 41 S. 198, Bd. 68 S. 368, RGUrt. vom 19. Mai 1930 – 2 D 363/30 – in JW 1931 S. 1364). Das Landgericht hat der Verurteilung zutreffend die zur Zeit der Tat geltende *neue* Fassung des § 174 Abs. 1 StGB zugrunde gelegt. Durch diese neue Fassung ist die bisherige, als zu eng erwiesene Aufzählung einzelner, die Strafbarkeit begründender Abhängigkeitsverhältnisse fallengelassen worden. Der Kreis der geschützten Personen ist erweitert worden aus dem Grundgedanken, daß Überordnungs- und Betreuungsverhältnisse von geschlechtlichen Motiven reinzuhalten sind und daß die geschlechtliche Freiheit abhängiger Personen vor Angriffen zu bewahren ist (RGUrt. vom 4. Februar 1944 – 1 D 405/43 – in DR 1944 S. 529). Hinsichtlich des Stiefvaters ist hiernach nicht mehr erforderlich, daß seine Stellung zu dem Stiefkinde einem der von dem alten Recht aufgezählten besonderen Überordnungsverhältnisse entspricht. Insofern ist es rechtlich unrichtig, wenn das Landgericht offensichtlich gemeint hat, den Angeklagten als „Pflegevater" feststellen zu müssen und wenn es demgemäß die Stieftochter im Urteilssatz als „Pflegekind" bezeichnet hat. Auch die Revision geht insofern fehl, als sie meint, der Strafschutz des § 174 Abs. 1 StGB neuer Fassung werde hinsichtlich des Stiefvaters wie bisher durch ein dem natürlichen Elternverhältnis gleichartiges Abhängigkeitsverhältnis begründet.

Nach § 174 Abs. 1 StGB *neuer* Fassung wird bestraft, wer einen seiner Erziehung, Ausbildung, Aufsicht oder Betreuung anvertrauten Menschen unter 21 Jahren zur Unzucht mißbraucht. Das Landgericht hat diesen Sachverhalt lediglich auf Grund der Tatsache für gegeben erachtet, daß der Angeklagte ein Stiefvater war und daß das Stiefkind in seinem Haushalt lebte. Damit ist aber noch nicht dargetan, daß dem Angeklagten die Erziehung oder auch nur eine Betreuung des Stiefkindes oblag. Schon für das alte Recht war anerkannt, daß die Aufnahme in das Haus als solche noch kein besonderes Überordnungsverhältnis zwischen Stiefvater und Stieftochter schuf (RGSt. Bd. 41 S. 198, 199). Sie reicht auch für den erweiterten Tatbestand des neuen Rechtes nicht aus. Es bedarf vielmehr näherer Erörterung, in welchem tatsächlichen Verhältnis die beiden Personen zueinander gestanden haben. Es muß feststehen, daß der Stiefvater kraft seiner Stellung in der Familiengemeinschaft dem Stiefkinde in einer solchen Weise übergeordnet war, daß es als seiner Erziehung, Ausbildung, Aufsicht oder Betreuung anvertraut angesehen werden kann. Nur dann kann dem Grundgedanken des neuen Gesetzes entsprechend entschieden werden, ob ein Überordnungs- oder Betreuungsverhältnis gegenüber einer abhängigen Person vorgelegen hat, das von geschlechtlichen Motiven reinzuhalten war. Im vorliegenden Fall war es schon mit Rücksicht auf die besonderen, in der Persönlichkeit des Stiefvaters begründeten Umstände, sowie im Hinblick auf die Persönlichkeit der Stieftochter geboten, die Stellung des Angeklagten eingehender zu klären, als es geschehen ist.

Das Urteil mußte daher in vollem Umfang aufgehoben werden.

---

31. §§ 49, 180 StGB.

Die Merkmale des Hilfeleistens (§ 49 StGB) und des Vorschubleistens (§ 180 StGB) liegen vor, wenn die Täterin die „Beischläferinnen" ihres Ehemannes im Einverständnis mit diesem in das gemeinsame Ehebett aufgenommen und durch dieses tätige Verhalten dem Manne Gelegenheit zur Unzucht verschafft hat.

Handeln aus Eigennutz liegt auch dann vor, wenn die Täterin jeweils erreichen wollte, daß ihr Mann, nachdem er die Gelegenheit zur Unzucht benutzt habe, mit ihr selbst noch verkehre.

III. Strafsenat. Urt. v. 21. September 1944 (3 D 115/1944).

I. Landgericht Weimar.

In der Strafsache gegen die Witwe G. B. geb. E. in K. (Kreis Weimar) wegen Kuppelei u. a. hat das Reichsgericht, 3. Strafsenat, in der Sitzung vom 21. September 1944, an der teilgenommen haben als Richter: der Reichsgerichtsrat Dr. Hartung als Vorsitzender, die Reichsgerichtsräte Schoerlin, Schaefer II, Paul und der Kammergerichtsrat Denzler, als Beamter der Staatsanwaltschaft: der Reichsanwalt Dr. Kirchner, auf die Revision der Angeklagten nach mündlicher Verhandlung für Recht erkannt:

Das Urteil des Landgerichts in Weimar vom 21. Februar 1944 wird mit den ihm zugrunde liegenden Feststellungen aufgehoben:

a) im Strafausspruch, soweit die Angeklagte in den Fällen F. und H. verurteilt worden ist,

b) im Ausspruche über die Gesamtstrafe.

In diesem Umfange wird die Sache zu neuer Verhandlung und Entscheidung an die Vorinstanz zurückverwiesen.

Im übrigen wird die Revision verworfen. Insoweit hat die Angeklagte die Kosten des Rechtsmittels zu tragen. – Von Rechts wegen

Gründe

Im Schuldspruch ist das angefochtene Urteil nicht rechtlich zu beanstanden. Zutreffend hat das Landgericht die Angeklagte in allen drei Fällen (F., F. und H.) der fortgesetzten Kuppelei (§ 180 StGB), im Falle des Pflichtjahrmädchens F. zugleich (§ 73 StGB) der fortgesetzten Beihilfe zum fortgesetzten Verbrechen der Unzucht – dem mehrfach wiederholten Geschlechtsverkehr – (§§ 49, 174 Nr. 1 StGB; vgl. hierzu RGSt. Bd. 74 S. 275), für schuldig erkannt. Die Merkmale des Hilfeleistens (§ 49 StGB) und des Vorschubleistens (§ 180 StGB) sind jedenfalls insofern gegeben, als die Angeklagte die „Beischläferinnen" ihres Ehemanns im Einverständnis mit diesem in das gemeinsame Ehebett aufgenommen und durch dieses tätige Verhalten dem Manne Gelegenheit zur Unzucht verschafft hat. Es kann daher unerörtert bleiben, ob sie jene Merkmale auch dadurch verwirklicht hat, daß sie es pflichtwidrig unterließ, gegen das unzüchtige Treiben ihres Mannes einzuschreiten. Da sie mit ihrer Handlungsweise jeweils erreichen wollte, daß ihr Mann, nachdem er die Gelegenheit zur Unzucht benutzt habe, noch mit ihr selbst geschlechtlich verkehre, sind auch die Merkmale des Vorsatzes und des Handelns aus Eigennutz (§ 180 StGB) rechtlich einwandfrei nachgewiesen. Daß die Angeklagte berechtigt war, den Geschlechtsverkehr von ihrem Manne zu fordern, ist in diesem Zusammenhang unerheblich. Wesentlich ist nur, daß sie, um zu ihrem Ziele zu kommen, auf schwerste gegen die guten Sitten verstoßen und gröblich die Belange anderer verletzt hat, besonders die der G. F. und der R. H., die beide noch jugendlich waren, sowie die des bei der Wehrmacht stehenden Ehemannes F. (vgl. RGSt. Bd. 41 S. 225). Hiernach ist der Schuldspruch durch die tatsächlichen Feststellungen des Landgerichtes gerechtfertigt. Soweit die Revision von einem anderen Sachverhalt ausgeht, ist das Vorbringen in diesem Rechtszug unbeachtlich (§§ 337, 261 StPO). Die Rüge der Erstrichter habe die ihm nach dem § 244 Abs. 2 StPO obliegende Aufklärungspflicht nicht erfüllt, entbehrt jeder Grundlage.

Dagegen sind die Ausführungen zum Strafausspruch insofern zu bemängeln, als das Landgericht fälschlich angenommen hat, nach dem § 180 StGB sei das Mindestmaß der Freiheitsstrafe *sechs* Monate Gefängnis (UA. S. 5 oben), während es in Wirklichkeit *einen* Monat Gefängnis, bei Zubilligung mildernder Umstände einen Tag Gefängnis beträgt. Es läßt sich die Möglichkeit nicht ausschließen, daß dieser Rechtsirrtum die Strafzumessung in den Fällen F. und H. zuungunsten der Angeklagten beeinflußt hat. Deshalb müssen die Einzelstrafen, die das Landgericht wegen dieser beiden Fälle gegen die Angeklagte verhängt hat, aufgehoben werden und demnach muß auch die Gesamtstrafe wegfallen. In dem Umfange, der sich hieraus ergibt, ist die Sache zu neuer Straffestsetzung an die Vorinstanz zurückzuverweisen. Die Einzelstrafe, die der Erstrichter wegen des Falles F. ausgesprochen hat, bleibt unberührt, da sie nicht dem § 180 StGB, sondern dem § 174 n. F. – in Verbindung mit dem § 49 (und dem § 44 n. F.) – entnommen worden ist (vgl. UA. S. 4 oben).

---

32. § 1 Abs. 1 Nr. 2 VRStVO.

Eine Anforderung von Bezugsscheinen darf nur die Personen berücksichtigen, die zur Zeit der Anforderung tatsächlich in der Verpflegung eines Lagers stehen, und allenfalls nur noch die Personen, von denen mit aller Wahrscheinlichkeit zu erwarten war, daß sie zur Zeit des Beginnes der Zuteilungsperiode an der Lagerverpflegung teilnehmen würden.

I. Strafsenat. Urt. v. 22. September 1944 (1 D 210/1944).

I. Landgericht Mainz.

In der Strafsache gegen den Bauingenieur D. S. aus Mainz, geboren am 20. Juni 1900 in W. bei B., zur Zeit im Strafgefangenenlager Dieburg (Starkenburg), wegen Vergehens nach der Verbrauchsregelungs-Strafverordnung, hat das Reichsgericht, 1. Strafsenat, in der Sitzung vom 22. September 1944, an der teilgenommen haben als Richter: der Reichsgerichtsrat Dr. Ziegler als Vorsitzender und die Reichsgerichtsräte Dr. Hoffmann, Dr. Rohde, Rusche, Guth, als Beamter der Staatsanwaltschaft: der Reichsanwalt Richter, auf die Revision des Angeklagten nach mündlicher Verhandlung für Recht erkannt:

Die Revision gegen das Urteil des Landgerichts in Mainz vom 22. Mai 1944 wird verworfen; die Kosten des Rechtsmittels fallen dem Beschwerdeführer zur Last. – Von Rechts wegen

Gründe

Die Revision wendet sich gegen die Annahme des Landgerichts, der Angeklagte habe Bezugsberechtigungen „erschlichen". Sie vertritt die Auffassung, der Angeklagte hätte bewußt unrichtige Angaben nur dann machen können, wenn er Stärkemeldungen für die Vergangenheit erstattet hätte. Das habe er nicht getan. Für die Zukunft habe er keine falschen Meldungen über die Kopfstärke machen können; denn die Zukunft sei ungewiß und die Zahl der Arbeiter wie in der Vergangenheit so auch in der Zukunft dauernd schwankend gewesen. Der Angeklagte habe geglaubt, er müsse jeweils für die Zukunft entsprechend der ursprünglichen Kopfstärke des Lagers ohne Rücksicht auf Abgang und Zugang die Bezugsscheine anfordern.

Die Revision kann keinen Erfolg haben.

Der § 1 Abs. 1 Nr. 2 VRStVO stellt unter Strafe, wer durch unrichtige oder unvollständige Angaben eine Bezugsberechtigung erschleicht. Für diese Vorschrift wird in der Regel kein Platz sein, wenn es sich um eine Abrechnung für die Vergangenheit handelt. Durch den Antrag auf Verabfolgung eines Bezugsscheins wird in der Regel ein Bedarf angemeldet, den der gegenwärtige Zustand erfordert oder der für die Zukunft mit an Sicherheit grenzender Wahrscheinlichkeit zu erwarten ist. Man denke nur an die Lebensmittelkarten, die dem einzelnen Volksgenossen für einen Zeitraum von vier Wochen im voraus gegeben werden. Ganz ähnlich lagen die Verhältnisse bei der Versorgung der Lagerinsassen des Angeklagten. Anstatt daß jeder einzelne Lagerinsasse für sich allein die Bezugsausweise für 14 Tage beantragt, beantragte der Angeklagte für alle Lagerinsassen einen Sammelbezugsschein. Schon diese Überlegung zeigt, daß er bei der Anforderung nur die Personen berücksichtigen durfte, die zur Zeit der Anforderung tatsächlich in der Verpflegung des Lagers standen, und allenfalls nur noch die Personen, von denen mit aller Wahrscheinlichkeit zu erwarten war, daß sie zur Zeit des Beginnes der Zuteilungsperiode an der Lagerverpflegung teilnehmen würden. Gab der Angeklagte in seiner Anforderung mehr Personen als Teilnehmer an der Lagerverpflegung an, so machte er unrichtige Angaben. Tatsächlich erreichte er durch seine unrichtigen Angaben, daß er Bezugsberechtigungen für erheblich mehr Personen erhielt, als vorhanden waren. Er täuschte das Ernährungsamt durch seine unrichtige Angaben über die Kopfstärke und veranlaßte es dadurch, eine Bezugsberechtigung für eine höhere Kopfzahl auszustellen als vorhanden war.

Die Unrichtigkeit seiner Angaben über die Kopfstärke war dem Angeklagten bekannt. Ihm war auch, wie das Landgericht überzeugt ist, ohne weiteres klar, daß er nicht ohne Rücksicht auf das erhebliche Absinken der Belegschaftszahl nach wie vor Lebensmittelbezugsscheine für 73 Personen beantragen durfte. Das Landgericht sieht also als widerlegt an, der Angeklagte habe geglaubt, er müsse für die Zukunft nach der ursprünglichen Kopfstärke anfordern. Dann hat der Angeklagte bewußt unrichtige Angaben gemacht, um das Ernährungsamt zur Ausstellung einer Bezugsberechtigung für 73 Personen – bei der letzten Anforderung für 62 Personen – zu veranlassen, wobei er sich bewußt war, daß er keinen Anspruch auf Zuteilung für diese Kopfstärke hatte. Das Landgericht spricht weiter von einer Verpflichtung des Angeklagten zur Meldung. Damit hat es dem Angeklagten nicht, wie die Revision für möglich hält, eine Meldepflicht für die Vergangenheit auferlegen wollen, sondern es hat damit erneut seine Auffassung ausdrücken wollen, der Angeklagte wäre bei jeder neuen Anforderung verpflichtet gewesen, die Abgänge der Vergangenheit zu berücksichtigen, also Lebensmittel nur für die Kopfzahl anzufordern, die zur Zeit der Anforderung tatsächlich vorhanden waren.

Das Landgericht nimmt an, der Angeklagte habe bewußt eine höhere Personenzahl angegeben, „um dadurch eine unberechtigt hohe Lebensmittelzuteilung für das Lager zu erreichen“ (UA. S. 7). Wie der Angeklagte die Mehrzuteilung verwendet hat, ob er die Mehrzuteilung überhaupt bei den Lieferanten abgehoben oder ob er sie bei diesen belassen hat, kann den Urteilsfeststellungen nicht entnommen werden. Daß er Lebensmittel für sich oder für seinen Haushalt verwendet hätte, oder daß er den Lagerinsassen mehr verabfolgt hätte, als ihnen nach den Tagessätzen zustand, ist nicht festgestellt. Es muß also die Möglichkeit berücksichtigt werden, daß der Angeklagte die Mehranforderung nicht verbraucht habe und daß sie für eine spätere Abrechnung vorhanden gewesen seien. Dieser Umstand steht der Verurteilung aus dem § 1 Abs. 1 Nr. 2 VRStVO nicht entgegen. Denn die gerechte Verteilung der lebensnotwendigen Verbrauchsgüter (vgl. Vorspruch zur Verbrauchsregelungsstrafverordnung) wird schon dadurch gefährdet, daß unter Irreführung der Verteilerstelle für ein Lager in erheblichem Umfange Lebensmittel angefordert werden und auch bereitgestellt werden müssen, dem sie nicht zustehen. Würde ein solches Verfahren, das nur eigennützigen Beweggründen entspringen kann, Schule machen, so würde die Gefahr bestehen, daß an einer Stelle Lebensmittel fehlen, wo sie gebraucht werden, während sie an anderer Stelle festgehalten werden, wo in Wirklichkeit kein Bedarf besteht. Auch ein „Erschleichen“ von Bezugsberechtigungen, das geeignet ist, solche Gefahren für die Verteilung herbeizuführen, ist schon mit Rücksicht auf die Irreführung der Verteilerbehörde strafbar, ohne daß es darauf ankäme, ob von der erschlichenen Zuteilung Gebrauch gemacht worden ist.

Da das angefochtene Urteil auch sonst keinen Rechtsfehler erkennen läßt, ist die Revision als unbegründet zu verwerfen.

---

33. § 267 StGB.

Als Rechnung erfüllt ein Schriftstück seinen Zweck erst dann, wenn es Angaben über den Preis der Ware enthält. Solange diese fehlen, hat das Schriftstück noch keinen Gedankeninhalt, der es erst zur Urkunde machen würde. Bis dahin ist weder die Urschrift noch die Durchschrift des Schriftstückes eine Urkunde im Sinne des § 267 StGB. Wird das Durchschreibeverfahren abgebrochen, bevor die Schrifterzeugnisse den allgemeinen Begriff der Urkunde erfüllen, kann demnach, wie bereits in dem RGUrt. vom 2.9.1937 2 D 448/1937 (DJ 1937, 1681) ausgeführt ist, dadurch, daß dann Urschrift und Durchschrift getrennt inhaltlich voneinander abweichend ergänzt werden, keine Urkundenverfälschung begangen werden. Die inhaltlich unrichtige Abschrift der Rechnung ist auch keine „fälschlich angefertigte" Urkunde.

III. Strafsenat. Urt. v. 25. September 1944 (3 C 253/1944).

I. Landgericht Braunschweig.

In der Strafsache gegen

1. den Mehlgroßhändler K. R. aus Braunschweig,

2. die kaufmännische Angestellte M. M. aus Braunschweig

wegen Urkundenfälschung u. a. hat das Reichsgericht, 3. Strafsenat, in der Sitzung vom 25. September 1944, an der teilgenommen haben als Richter: der Präsident des Reichsgerichts Dr. Dr. Bumke und die Reichsgerichtsräte Kamecke, Schaefer II, Dr. Pawelka sowie der Kammergerichtsrat Denzler, als Beamter der Staatsanwaltschaft: der Reichsanwalt Floegel, auf die Nichtigkeitsbeschwerde des Oberreichsanwalts nach mündlicher Verhandlung für Recht erkannt:

Das Urteil des Landgerichts in Braunschweig vom 24. Januar 1944 wird mit den ihm zugrunde liegenden Feststellungen aufgehoben; die Sache wird zu neuer Verhandlung und Entscheidung an die Vorinstanz zurückverwiesen. – Von Rechts wegen

Gründe

Nach den Feststellungen des Landgerichts hat der Angeklagte R. die Umsatzsteuer für die Jahre 1941 und 1942, die Einkommensteuer für das Jahr 1941 und die Gewerbesteuer für das Steuerjahr 1941/42 dadurch verkürzt, daß er bei einem Teil der im Großhandel abgesetzten Bäckereibedarfsartikel die dabei erzielten Einnahmen zu niedrig angegeben hat. Seine Angestellte, die Mitangeklagte M., hat zur Vorbereitung dieser Steuerhinterziehung die als Unterlagen für die Buchführung dienenden Rechnungsabschriften nicht vollständig im Durchschreibeverfahren hergestellt, sondern die Kaufpreise und den Rechnungsbetrag auf den einzelnen Blättern getrennt, und zwar auf den im Rechnungsblock verbleibenden Blatt niedriger als auf der für den Kunden bestimmten Rechnung eingetragen. Das Landgericht bezeichnet dies als ein Verfälschen der Rechnungsdurchschriften; es hat die beiden Angeklagten wegen gemeinschaftlich begangener Urkundenfälschung in Tateinheit mit Steuerhinterziehung verurteilt.

Der Tatbestand der Urkundenfälschung ist jedoch in dem festgestellten Sachverhalt nicht enthalten. Es ist zwar richtig, daß auch die mittels Durchschreibens der Unterschrift einer Urkunde gleichzeitig hergestellte Zweitschrift ebenfalls eine Urkunde ist. Als Rechnung erfüllt ein Schriftstück seinen Zweck aber erst dann, wenn es Angaben über den Preis der Ware enthält. Solange diese fehlen, hat das Schriftstück noch keinen Gedankeninhalt, der es erst zur Urkunde machen würde. Bis dahin ist weder die Urschrift noch die Durchschrift des Schriftstückes eine Urkunde im Sinne des § 267 StGB. Wird das Durchschreibeverfahren abgebrochen, bevor die Schrifterzeugnisse den allgemeinen Begriff der Urkunde erfüllen, kann demnach, wie bereits in dem RGUrt. vom 2. September 1937 2 D 448/37 = DJ 1937 S. 1681 ausgeführt ist, dadurch, daß dann Urschrift und Durchschrift getrennt inhaltlich voneinander abweichend ergänzt werden, keine Urkundenverfälschung begangen werden. Die inhaltlich unrichtige Abschrift der Rechnung ist auch keine „fälschlich angefertigte" Urkunde. Eine Falschanfertigung liegt nur dann vor, wenn einer Urkunde bei ihrer Herstellung der Schein verliehen wird, als sei sie von einem anderen hergestellt worden. Der Fälscher will in diesem Fall nicht über den Inhalt der Urkunde täuschen, sondern über die Person des Ausstellers. Macht der Aussteller der Urkunde darin wahrheitswidrige Angaben, so handelt es sich um eine „schriftliche Lüge", die nicht unter den Begriff der Urkundenfälschung fällt (vgl. u. a. RGSt. Bd. 8 S. 187, Bd. 58 S. 406).

Das Urteil des Landgerichts muß daher auf die Nichtigkeitsbeschwerde hin aufgehoben werden.

In der neuen Verhandlung wird das Landgericht auch den Umfang der Steuerhinterziehung der Angeklagten näher darzulegen haben. Dabei ist zu beachten, daß Steuervergünstigungen, die sich unmittelbar aus dem Gesetz, z. B. auf Grund des § 7 Abs. 3 UStG ergeben, für sich allein noch keinen Steuervorteil im Sinne des § 396 RAbgO enthalten, selbst wenn sie später wegen unzuverlässiger Buchführung wieder entzogen werden.

---

34. § 9 SprengstoffG; §§ 22, 26 Abs. 1 Nr. 1 WaffenG.
Teile einer gewöhnlichen Stabbrandbombe (mit Thermitbrandsatz) sind Teile von Kriegsgerät. Unbefugte Inbesitznahme kann nach § 26 WaffenG. bestraft werden.

II. Strafsenat. Urt. v. 28. September1944 (2 D 176/1944).

I. Landgericht Berlin

In der Strafsache gegen den Eisenbahnweichenwärter A. W. L. H. in Berlin N 58, geboren 1903, wegen Sprengstoffvergehens hat das Reichsgericht, 2. Strafsenat, in der Sitzung vom 28. September 1944, an der teilgenommen haben als Richter: der Reichsgerichtsrat Dr. Hartung als Vorsitzer, und die Reichsgerichtsräte Stumpf, Dr. Francke, Dr. Wernecke und der Kammergerichtsrat Denzler, als Beamter der Staatsanwaltschaft: der Reichsgerichtsrat Dr. Dörffler, auf die Revision des Angeklagten nach mündlicher Verhandlung für Recht erkannt:

Das Urteil des Landgerichts in Berlin vom 15. Mai 1944 wird im Schuldspruch dahin berichtigt, daß der Angeklagte wegen Vergehens gegen das Waffengesetz verurteilt ist, und im Strafausspruch mit dem ihm insoweit zugrunde liegenden Feststellungen aufgehoben. Zur neuen Festsetzung der Strafe wird die Sache an die Vorinstanz zurückverwiesen. – Von Rechts wegen

Gründe

Der Beschwerdeführer fand am 2. März 1943 auf dem Heimweg vom Dienst auf den Gleisanlagen des Lehrter Güterbahnhofes in Berlin einen Teil einer Stabbrandbombe, den er für ausgebrannt hielt. Aus Neugier nahm er den etwa 40 cm langen Metallkörper mit nach Hause, um ihn auseinanderzunehmen und dann der Altmetallsammlung zuzuführen. Nachdem er seine Neugier befriedigt hatte, packte er die Metallteile in Papier und beauftragte seine Ehefrau, das Paket dem zehnjährigen H. B., der in demselben Hause wohnte, zur Ablieferung für die Metallsammlung mitzugeben. B. wollte die Metallteile im Hofe des Anwesens einem Mitschüler zeigen. Beim Auswickeln entfielen sie ihm. Unter einem starken Knall schlug eine Stichflamme etwa zehn Meter empor. B. und andere Hausbewohner löschten die Bombe mit Sand ab. Weiterer Schaden entstand nicht.

Das Landgericht hat auf Grund des Gutachtens des Sachverständigen festgestellt, es habe sich um eine gewöhnliche Stabbrandbombe mit Elektronhülle und Thermitbrandsatz gehandelt. Der Brandsatz sei kein Sprengstoff im Sinne des § 1 des Sprengstoffgesetzes; § 9 dieses Gesetzes könne deshalb nicht unmittelbar angewendet werden. Es hat den Angeklagten unter entsprechender Anwendung dieser Strafbestimmung (§ 2 StGB) zu einer Gefängnisstrafe von drei Monaten verurteilt, d.i. die Mindeststrafe des § 9 SprengstoffG. Die Bestrafung des Angeklagten nach § 9 SprengstoffG in entsprechender Anwendung ist rechtsirrig. Wie sich aus der VO des Ministerrates für die Reichsverteidigung zur Änderung des Sprengstoffgesetzes vom 8. August 1941 (RGBl. I S. 531) und der AusführungsVO des Reichswirtschaftsministers vom 20. November 1941 (RGBl. I S. 721) ergibt, ist der Anwendungsbereich des Sprengstoffgesetzes begrenzt. Nach ihnen findet das Gesetz nicht einmal auf den unbefugten Besitz von Sprengstoffen allgemein Anwendung, nämlich nicht auf den Besitz der als Schießmittel geltenden Sprengstoffe. Um so weniger ist es möglich, den § 9 SprengstoffG auf den fahrlässigen Besitz anderer Stoffe entsprechend anzuwenden, mögen sie auch gefährlich sein, wie hier der Thermitbrandsatz einer Brandbombe.

Das Landgericht war auf eine entsprechende Gesetzesanwendung auch nicht angewiesen, weil ihm in den §§ 22, 26 Abs. 1 Nr. 1 des Waffengesetzes (vom 18. März 1938 RGBl. I S. 265) eine unmittelbar anwendbare Strafbestimmung zur Verfügung stand. Nach dem § 22 WaffenG ist der Erwerb von Kriegsgerät nur mit Erlaubnis des Oberkommandos der Wehrmacht oder der von ihm bestimmten Stellen zulässig. Damit ist nicht etwa nur der Erwerb durch Rechtsgeschäft, sondern nach dem Zweck der Bestimmung jede Inbesitznahme von Kriegsgerät gemeint. Der Begriff des Kriegsgeräts bestimmt sich nach den Vorschriften des Gesetzes über Aus- und Einfuhr von Kriegsgerät vom 6. November 1935 (RGBl. I S. 337) und dem dazu verkündeten Verzeichnis, z. Zt. in der Fassung, die in Nr. 205 des Deutschen Reichsanzeigers vom 2. September 1940 bekanntgegeben worden ist. Danach sind Kriegsgerät u.a. Waffen und Munition jeder Art und ihre Bestandteile. Darunter fallen auch Brandbomben, die der Feind abgeworfen hat, und Teile davon.

Der Angeklagte hätte deshalb nach § 26 Abs. 1 Nr. 1 mit § 22 WaffenG bestraft werden sollen. Nach Sachlage ist Berichtigung des Schuldspruchs möglich. Im Strafausspruch muß das Urteil aufgehoben werden. § 26 WaffenG bedroht vorsätzliche oder fahrlässige Zuwiderhandlung gegen die Bestimmungen des Gesetzes mit Gefängnisstrafe bis zu drei Jahren und mit Geldstrafe oder mit einer dieser Strafen. Der Strafrahmen ist also weiter als der des § 9 SprengstoffG, die Mindestfreiheitsstrafe ist Gefängnisstrafe von einem Tag. Ob danach das Landgericht bei richtiger Rechtsanwendung zu derselben Strafe gekommen wäre, läßt sich von hier aus nicht entscheiden.

35. § 61 S. 2 StGB.

Die Antragsfrist ruht solange, als der Antragsberechtigte durch tatsächliche oder rechtliche Umstände verhindert ist, den Strafantrag zu stellen. Ein solches Hindernis ist dann gegeben, wenn ein von einem Soldaten im Felde rechtzeitig gestellter Strafantrag nicht bei der Behörde eingeht. Die Frist ruht in diesem Falle bis zu dem Zeitpunkt, in dem der Berechtigte erfährt, daß der Antrag bei der Stelle, an die er gerichtet war, nicht eingegangen ist.

III. Strafsenat. Urt. v. 9. Oktober 1944 (3 D 260/1944).

I. Landgericht Bautzen.

In der Strafsache gegen den Kesselreiniger K. Sch. in Bautzen
wegen Beleidigung
hat das Reichsgericht, 3. Strafsenat, in der Sitzung vom 9. Oktober 1944, an der teilgenommen haben als Richter: der Präsident des Reichsgerichts Dr. Dr. Bumke, die Reichsgerichtsräte Dr. Hartung, Kamecke, Schaefer II und der Kammergerichtsrat Denzler, als Beamter der Staatsanwaltschaft: der Reichsanwalt Floegel, auf die Revision des Angeklagten nach mündlicher Verhandlung für Recht erkannt:

Die Revision gegen das Urteil des Landgerichts in Bautzen vom 18. Juli 1944 wird verworfen. – Die Kosten des Rechtsmittels werden dem Beschwerdeführer auferlegt. – Von Rechts wegen

Gründe

Die Revision macht lediglich geltend, der Strafantrag des Ehemannes Sch. sei verspätet. Das trifft aber nicht zu.

Sch. steht als Soldat im Felde. Er gibt glaubhaft an, er habe von der Beleidigung und von der Person des Täters am 17. Februar 1944 Kenntnis erhalten. Sein Strafantrag ist erst am 1. Juli 1944 bei der Staatsanwaltschaft eingegangen. Die im § 61 StGB bezeichnete Frist von drei Monaten läuft aber nicht in allen Fällen sogleich und in stetem Zusammenhange vom Tage der Kenntnis von Tat und Täter an, sondern nur, soweit nicht tatsächliche oder rechtliche Umstände den Berechtigten hindern, den Antrag zu stellen (vgl. RGSt. Bd. 27 S. 366 [367], Bd. 69 S. 378, Bd. 71 S. 34 [39], RGUrteil vom 14. Juli 1939 1 D 507/39 = HRR 1940 Nr. 39). Im gegebenen Fall hatte Sch., wie er ebenfalls glaubhaft angibt, bereits am 12. April 1944 auf eine Anfrage der Staatsanwaltschaft, die er am Tage vorher erhalten hatte, einen Strafantrag aus dem Feld abgesandt. Dieser Antrag ist nicht angekommen, sondern offenbar infolge der Kriegsverhältnisse unterwegs verlorengegangen. Nachdem aber Sch. den Antrag abgeschickt hatte, hatte er damit, was seinerseits erforderlich war, getan und konnte als Frontsoldat vorerst nichts weiter in der Sache unternehmen. Deshalb ruhte für ihn der Lauf der

Frist, bis er dem Schreiben der Staatsanwaltschaft vom 1. Juni 1944 entnehmen mußte, daß sein Antrag vom 12. April 1944 nicht ans Ziel gelangt war. Am 1. Juli 1944, dem Tag, an dem der zweite Strafantrag bei der Staatsanwaltschaft einging, war hiernach die Antragsfrist noch nicht verstrichen.

Daher ist das Rechtsmittel zu verwerfen.

---

36. § 2 a StGB, § 49 a StGB i. F. der AngleichungsVO vom 29. Mai 1943 (RGBl. I S. 339), § 159 StGB i. F. der AngleichungsVO vom 29. Mai 1943 (RGBl. I S. 339), § 159 StGB i. F. der VO zur Durchführung der AngleichungsVO vom 20. Januar 1944 (RGBl. I S. 41).

Das Unternehmen der Verleitung zum Meineid ist auch dann, wenn es vor dem Inkrafttreten der VO zur Durchführung der AngleichungsVO vom 20. Januar 1944 RGBl. I S. 41 (aber nach dem Inkrafttreten der AngleichungsVO vom 29. Mai 1943 RGBl. I S. 339) begangen worden ist, stets nach dem § 49 a StGB i. F. der AngleichungsVO zu bestrafen.

III. Strafsenat. Urt. v. 16. Oktober 1944 (3 D 290/1944).

I. Landgericht Nordhausen.

In der Strafsache gegen den Lagerverwalter P. M. aus Neustadt/Südharz, z. Zt. im Landgerichtsgefängnis Nordhausen in Untersuchungshaft, wegen Anstiftung zur falschen uneidlichen Zeugenaussage u. a. hat das Reichsgericht, 3. Strafsenat, in der Sitzung vom 16. Oktober 1944, an der teilgenommen haben als Richter: der Präsident des Reichsgerichts Dr. Dr. Bumke und die Reichsgerichtsräte Dr. Hartung, Kamecke und Dr. Pawelka sowie der Kammergerichtsrat Denzler, als Beamter der Staatsanwaltschaft: der Reichsanwalt Dr. Kirchner, auf die Revision des Angeklagten nach mündlicher Verhandlung für Recht erkannt:

Die Revision gegen das Urteil des Landgerichts in Nordhausen vom 4. August 1944 wird verworfen. Der Beschwerdeführer hat die Kosten des Rechtsmittels zu tragen. – Von Rechts wegen

Gründe

Die Verurteilung des Angeklagten wegen Anstiftung zur falschen uneidlichen Zeugenaussage und wegen Unternehmens der Verleitung zum Meineide läßt keinen Rechtsfehler erkennen, der zur Aufhebung oder Abänderung des angefochtenen Urteils Anlaß böte.

Das Landgericht stellt auf UA S. 2 fest, daß sich der Angeklagte des Unternehmens der Verleitung zum Meineide durch den Inhalt seines Schreibens an die Zeugin L. vom 9. Januar 1944 schuldig gemacht habe. Die Anführung auf UA S. 4 unten, die Tat sei im September 1943 begangen worden, beruht daher ersichtlich nur auf einem Schreibfehler.

Nach den Urteilsgründen hat das Landgericht auf das Unternehmen der Verleitung zum Meineid „die Bestimmung des § 159 StGB in der alten Fassung und nicht den § 159 StGB n. F. in Verbindung mit den §§ 49a, 2a StGB" angewendet. Nach Lage der Sache kann es nicht zweifelhaft sein, daß das Landgericht hierbei mit der alten Fassung den Wortlaut des § 159 StGB gemäß der AngleichungsVO vom 29. Mai 1943 RGBl. I S. 339, mit der neuen Fassung aber seinen Wortlaut gemäß der VO zur Durchführung der AngleichungsVO vom 20. Januar 1944 RGBl. I S. 41 meint. Es geht somit, wie der Hinweis auf den § 2a StGB erkennen läßt, von der Ansicht aus, daß erst durch die VO vom 20. Januar 1944 das Unternehmen der Verleitung zum Meineid der milderen Strafandrohung des § 49a StGB unterstellt worden sei. Diese Ansicht ist irrig. Durch die AngleichungsVO ist der § 49a StGB u. a. dahin geändert worden, daß nunmehr ganz allgemein jede erfolglose Anstiftung zu einem Verbrechen auch ohne die im früheren § 49a Abs. 3 angeführten Voraussetzungen der erfolgreichen Anstiftung mit der Maßgabe gleichgestellt wurde, daß die Strafe für die erfolglose Anstiftung gemäß dem § 44 StGB gemildert werden kann. Damit war die Vorschrift des § 159 StGB, soweit es sich um das Verbrechen des Unternehmens der Verleitung zum Meineide handelt, wenn sie auch nicht ausdrücklich durch die AngleichungsVO aufgehoben wurde, überholt. Daß dies auch die Absicht des Gesetzgebers gewesen ist, geht bedenkenfrei gerade aus der Neufassung des § 159 StGB durch die VO vom 20. Januar 1944 hervor, die – soweit das in Rede stehende Verbrechen in Betracht kommt – ersichtlich nur der Erläuterung der bestehenden Gesetzeslage dienen soll.

Danach hat das Landgericht allerdings gefehlt, indem es die Strafe für das Unternehmen der Verleitung zum Meineid der früheren Strafvorschrift des § 159 StGB und nicht der zur Tatzeit (9. Januar 1944) bereits geltenden milderen Bestimmung des § 49a StGB in der Fassung der AngleichungsVO entnommen hat. Der Rechtsfehler, der dem Landgericht insoweit unterlaufen ist, zwingt jedoch nicht zur Aufhebung des Strafausspruchs, da die Strafzumessungsgründe erkennen lassen, daß das Landgericht auch bei Anwendung des § 49a StGB keine mildere Strafe für angemessen erachtet hätte.

37. §§ 48, 242, 259 StGB.
Anstiftung zum Diebstahl und Hehlerei an der gestohlenen Sache stehen zueinander in Tatmehrheit. Die frühere, abweichende Rechtsprechung (Tateinheit) ist seit langem aufgegeben (vgl. z. B. RGSt. 51, 97; 56, 335, 336; 72, 326, 328).

III. Strafsenat. Urt. v. 16. Oktober 1944 (3 D 299/1944).

I. Landgericht Böhmisch-Leipa.

In der Strafsache gegen den Gelegenheitsarbeiter B. Sp., zuletzt wohnhaft gewesen in Horka, Kreis D., zur Zeit in dieser Sache in Untersuchungshaft im Landgerichtsgefängnis zu Böhmisch-Leipa, wegen Verbrechens gegen den § 4 VolksschädlVO usw. hat das Reichsgericht, 3. Strafsenat, in der Sitzung vom 16. Oktober 1944, an der teilgenommen haben als Richter: der Präsident des Reichsgerichts Dr. Dr. Bumke und die Reichsgerichtsräte Dr. Hartung, Kamecke, Dr. Pawelka sowie der Kammergerichtsrat Denzler, als Beamter der Staatsanwaltschaft: der Reichsanwalt Dr. Kirchner, auf die Revision der Staatsanwaltschaft nach mündlicher Verhandlung für Recht erkannt:

Das Urteil des Landgerichts in Böhmisch-Leipa vom 29. Juni 1944 wird: 1. im Schuldspruche dahin berichtigt, daß der Angeklagte wegen fortgesetzten Verbrechens gegen den § 4 VO gegen Volksschädlinge in Verbindung mit fortgesetzter Anstiftung zum Diebstahl, begangen im strafschärfenden Rückfalle, und mit fortgesetzter Hehlerei, verurteilt ist, 2. im Strafausspruch einschließlich der Feststellungen, die ihm insoweit zugrunde liegen, aufgehoben. In diesem Umfange wird die Sache zu neuer Verhandlung und Entscheidung an die Vorinstanz, und zwar an das Landgericht in Brüx, zurückverwiesen. – Von Rechts wegen

Gründe

Der Angeklagte, der mit seiner Familie als Bombengeschädigter in einer Landgemeinde im Sudetenland untergebracht war, hat mit ukrainischen und polnischen Arbeitern, die dort bei Bauern in Arbeit standen, Beziehungen angeknüpft. Er hat zwei ukrainische und drei polnische Arbeiter (die meisten von ihnen mehrfach) durch das Versprechen, ihnen Spinnstoffwaren und andere Mangelwaren, z.B. Fahrradbereifungen, zu liefern, veranlaßt, ihm Geflügel sowie sonstige Lebens- und Futtermittel zu bringen, die sie, wie er wußte, nur durch Diebstahl erlangen konnten. Er hat ihnen die gestohlenen Gegenstände – dabei an Geflügel insgesamt 10 Hühner und 1 Gans – gegen Entgelt abgenommen und die Lebensmittel dann in seinem Haushalte verbraucht. Das Landgericht hat ihn wegen fortgesetzter Anstiftung zum Diebstahl in Tateinheit mit fortgesetzter Hehlerei zu einem Jahr und sechs Monaten Gefängnis verurteilt. Ihn wegen Verbrechens gegen den § 4 VO gegen Volksschädlinge zu bestrafen, hat das Landgericht abgelehnt, weil er weder zur Begehung seiner Taten außergewöhnliche Kriegsverhältnisse ausgenutzt habe noch seiner Persönlichkeit nach ein Volksschädling sei. Hiergegen richtet sich die Revision der Staatsanwaltschaft; sie hat Erfolg.

1. Zutreffend geht das Landgericht davon aus, der Angeklagte habe sich in den einzelnen Fällen der Anstiftung zum Diebstahl und der Hehlerei schuldig gemacht.

2. Verfehlt ist aber die Annahme des Landgerichts, daß der Angeklagte seine Diebstähle nicht unter den Voraussetzungen des Rückfalles (hier §§ 244, 245 StGB) begangen habe. Entgegen den Ausführungen des angefochtenen Urteils sind als i.S. des § 245 StGB „*erlassen*" auch solche Strafen anzusehen, die der Jugendrichter auf Grund des § 15 JGG a.F. nach Ablauf einer Bewährungsfrist erlassen hat. Den Begriff des „Erlasses" auf den Erlaß im Gnadenwege zu beschränken, den Erlaß kraft Richtermacht aber davon auszuschließen, besteht kein ausreichender Grund (vgl. hierzu Kiesow JGG Anm. 4 c β zum § 15). Es sind daher bei der Beurteilung der Frage, ob der Angeklagte als rückfälliger Dieb zu bestrafen sei, auch die Verurteilungen vom 25. April 1930 und vom 30. Januar 1931 heranzuziehen. Die Merkmale des Rückfalles sind danach zweifellos gegeben.

3. Rechtsirrig ist auch die Annahme des Landgerichts, Anstiftung zum Diebstahl und Hehlerei an der gestohlenen Sache ständen jeweils in Tateinheit. Das ist schon deshalb ausgeschlossen, weil zum Begriffe der Hehlerei Vollendung der Vortat gehört. Seine ursprünglich abweichende Rechtsprechung hat das Reichsgericht seit langem aufgegeben. Nach der neueren Rechtsprechung (vgl. z.B. RGSt. Bd. 51 S. 97, Bd. 56 S. 335, 336, Bd. 72 S. 326, 328) liegt Tatmehrheit vor. Indes kommt es, wie sich aus den weiteren Ausführungen ergeben wird, auf diese Frage hier im Ergebnis nicht an.

4. Daß der Angeklagte die einzelnen Anstiftungs- und Hehlereihandlungen jeweils im Fortsetzungszusammenhange begangen habe, ist nach den tatsächlichen Feststellungen des Landgerichts rechtlich möglich und daher nicht zu beanstanden.

5. Irrig ist dagegen wieder die Begründung, mit der es das Landgericht abgelehnt hat, den Angeklagten als Volksschädling zu verurteilen.

Daß im Reichsgebiet und namentlich auch in den landwirtschaftlichen Gebieten zahlreiche ausländische Arbeiter, insbesondere polnische und Ostarbeiter, beschäftigt werden müssen, ist eine ausgesprochene Kriegserscheinung. Es ist auch allgemein bekannt, daß diese Arbeiter besonders darauf bedacht sind, sich Spinnstoffwaren aller Art und andere bewirtschaftete Gegenstände zu verschaffen. Der Angeklagte hat also, indem er den ausländischen Arbeitern derartige Erzeugnisse oder Leistungen versprach, um sie dadurch zum Diebstahl zu verleiten, durch den Krieg verursachte besondere Verhältnisse ausgenutzt.

Verfehlt ist weiter die Annahme des Landgerichts, der Angeklagte habe nicht die Wesensart eines Volksschädlings. Nachständiger Rechtsprechnung kann schon eine einzige Straftat den Täter als Volksschädling kennzeichnen (vgl. z.B. RGSt. Bd. 74 S. 199, S. 321). Das ist hier der Fall. Ein Deutscher, der, wie der Angeklagte, fortgesetzt ausländische Arbeiter durch Versprechungen dazu verführt, ihre Dienstherren oder andere deutsche Volksgenossen zu bestehlen, lediglich um selbst auf Kosten anderer besser leben zu können, stellt sich damit außerhalb der deutschen Volksgemeinschaft. Es ist dabei insbesondere auch zu bedenken, daß sich die Möglichkeiten, auf diese Weise in den Besitz begehrter Gebrauchsgegenstände zu gelangen, schnell bei den übrigen ausländischen Arbeitern herumspricht und daß so leicht auch andere ausländische Arbeiter veranlaßt werden können, sich auf ähnlich verbrecherischem Wege solche Waren und Leistungen zu verschaffen. Besonders verwerflich ist die Tat aber um deswillen, weil der Angeklagte die hilfsbereite Aufnahme, die er in dem Dorfe gefunden hatte, in so verderblicher Weise vergolten hat. Gegenüber diesen Umständen treten die Milderungsgründe, die das Landgericht zugunsten des Angeklagten anführt, in den Hintergrund. Auch der Umstand, daß der Angeklagte die Taten in einem Zustand erheblich verminderter Zurechnungsfähigkeit begangen hat, steht seiner Verurteilung als Volksschädling nicht entgegen.

In dem fortgesetzten Verbrechen gegen den § 4 VolksschädlingsVO gehen sowohl die Anstiftungen zum Diebstahl als auch die Hehlereihandlungen auf. Es bleibt also im Ergebnis dabei, daß der Angeklagte nur wegen *einer* (fortgesetzten) Tat zu verurteilen ist.

Die Rechtsfehler, denen das Landgericht unterlegen ist, lassen sich, soweit der Schuldspruch in Betracht kommt, von hier aus beseitigen. Im Strafausspruche muß dagegen das angefochtene Urteil aufgehoben werden. Es besteht Veranlassung, die neue Verhandlung und Entscheidung, die hiernach nötig wird, einem anderen Landgerichte zu übertragen.

Der Oberreichsanwalt hat Aufhebung und Zurückverweisung beantragt.

---

38. § 263 StGB.

Wer seinen Geschäftspartnern gegenüber, die Mitglieder der NSDAP sind, verschweigt, daß er Halbjude sei, kann sich eines Betrugs durch Verschweigen schuldig machen.

I. Strafsenat. Urt. v. 20. Oktober 1944 (1 D 250/1944).

I. Landgericht Hagen.

In der Strafsache gegen den Zahntechniker H. K. aus Hagen, wegen Betruges, hat das Reichsgericht, 1. Strafsenat, in der Sitzung vom 20. Oktober 1944, an der teilgenommen haben als Richter: der Senatspräsident Dr. Schultze und die Reichsgerichtsräte Dr. Ziegler, Dr. Hoffmann, Dr. Rohde, Rusche, als Beamter der Staatsanwaltschaft: der Reichsanwalt Richter, auf die Revision des Angeklagten und der Staatsanwaltschaft nach mündlicher Verhandlung für Recht erkannt:

Das Urteil des Landgerichts in Hagen vom 12. Mai 1944 wird nebst den ihm zugrunde liegenden Feststellungen aufgehoben. – Die Sache wird zu neuer Verhandlung und Entscheidung an die Vorinstanz zurückverwiesen. – Von Rechts wegen

Gründe

Zur Revision der Staatsanwaltschaft. Die Anklage hat dem Angeklagten zur Last gelegt, den Oberingenieur I. und den Ingenieur Sch. um etwa 10.000 R.M. betrogen zu haben, indem er sie zum Abschluß von Verträgen veranlaßte und dabei verschwieg, daß er Halbjude sei.

Nach den Urteilsfeststellungen haben die beiden Ingenieure in den Jahren 1936 bis 1940 dem Angeklagten auf Grund der Vereinbarung, ihn bei der Ausarbeitung und Ausnutzung seiner Erfindung, die sich auf Trockenelemente bezog, geldlich und durch Aufsuchen geeigneter Firmen zwecks Auswertung der Erfindung zu unterstützen, insgesamt 7.333 R.M. gezahlt und hat außerdem jeder von ihnen in der genannten Zeit noch etwa 3.000 R.M. für Reisen und sonstige Bemühungen verauslagt. Als dann I. und Sch., die beide der NSDAP, Sch. außerdem der SA als Obersturmführer angehörten, 1940 erfuhren, der Angeklagte sei Halbjude, haben sie sich alsbald von dem Angeklagten zurückgezogen und ihre Unterstützungen eingestellt.

Das Landgericht hat nicht für erwiesen erachtet, daß der Angeklagte, wie ihm nach dem Urteil auch zur Last gelegt war, seine Geldgeber über den Wert seiner Erfindung wissentlich getäuscht habe.

Hinsichtlich des anderen Vorwurfs geht es davon aus, daß für den Angeklagten eine Pflicht zur Offenbarung seiner Mischlingseigenschaft gegenüber seinen Geldgebern sich erst in dem Augenblick ergeben habe, als er Ende 1939 erfuhr, daß die Privatkanzlei des Führers durch Vermittlung Sch.'s um Unterstützung durch Bestimmung einer geeigneten modernen Elementefabrik angegangen werden sollte, die die K.'schen Elemente bauen sollte. Dazu stellt das Urteil weiter fest, der Angeklagte habe um die Mitgliedschaft seiner Mitgesellschafter bei der Partei und der SA gewußt und habe angesichts der Stellung der Partei zum Judentum damit rechnen müssen, daß für seine Mitgesellschafter infolge des Angehens der Privatkanzlei des Führers zugunsten eines jüdischen Mischlings ersten Grades erhebliche Unannehmlichkeiten entstehen könnten. Er habe aber geschwiegen, um sich die Unterstützung der Mitgesellschafter zu erhalten, und auf diese Weise in der Folgezeit von ihnen noch etwa 600–700 R.M. erhalten. Unter Zugrundelegung dieser Summe als Vermögensbeschädigung der Getäuschten hat das Landgericht den Angeklagten wegen Betruges zu drei Monaten Gefängnis verurteilt.

Die Revision der Staatsanwaltschaft ist auf die allgemeine Sachrüge gestützt und wendet sich im einzelnen dagegen, daß das Landgericht ein pflichtwidriges Verschweigen des Angeklagten nicht bereits für die Zeit des Abschlusses der Vereinbarung mit I. und dann auch mit Sch. im Jahre 1936 angenommen habe und demgemäß von einem Vermögensschaden von über 10.000 R.M. ausgegangen sei.

Das Rechtsmittel mußte Erfolg haben.

Die Annahme des Landgerichts, daß dem Angeklagten ein Betrug durch Täuschung seiner Vertragspartner über den Wert seiner Erfindung nicht nachzuweisen sei, ist im Hinblick auf die hierzu getroffenen Feststellungen allerdings rechtlich nicht zu beanstanden.

Dagegen fehlt aber im angefochtenen Urteil eine zureichende Auseinandersetzung mit der Frage, ob der Angeklagte sich eines Betruges durch Verschweigen für die Zeit von 1936 ab schuldig gemacht hat. Das Urteil geht davon aus, daß der Angeklagte den Irrtum seiner Geldgeber, die annahmen, er sei rein deutschblütig, aufrechterhalten habe. Daraus ist im Zusammenhang mit der Darlegung der Jugendbeziehungen des Angeklagten zu Sch. und mit der Annahme des Landgerichts, daß der Angeklagte selbst erst nach dem 15. September 1935 erfahren habe, daß er Halbjude sei, als die Ansicht des Landgerichts zu entnehmen, daß die Vertragspartner des Angeklagten ihn stets für rein deutschblütig gehalten haben und er dies gewußt habe.

Ungeklärt ist dagegen, ob der Angeklagte von vornherein gewußt oder doch damit gerechnet hat, daß I. und Sch. Parteimitglieder waren. Das Urteil sagt dazu nur (UA. S. 6), daß Sch. bei einer früheren Gelegenheit, bevor er im Jahre 1940 erfahren hatte, daß der Angeklagte Halbjude sei, diesen von seiner und des I. Parteizugehörigkeit und seiner Stellung bei der SA in Kenntnis gesetzt habe.

Gerade auf die Feststellung des Zeitpunktes innerhalb der Vertragsdauer kam es aber für die erschöpfende Erledigung der Anklage an. Denn war dem Angeklagten beim Vertragsabschluß oder wurde es ihm nachher bekannt, daß I. und der etwas später mitwirkende Sch. Parteimitglieder waren, oder rechnete er damit, so war vom Landgericht zu prüfen, ob der Angeklagte mit dem danach in Betracht kommenden Zeitpunkt verpflichtet war, den Irrtum der anderen über seine Deutschblütigkeit aufzuklären. Auf der Grundlage der Parteizugehörigkeit des I. und des Sch. und des Zeitpunktes, in dem der Angeklagte von dieser Tatsache Kenntnis erhielt oder diese Tatsache vermutete, wäre vom Landgericht die Frage der Täuschung der Vertragsgegner durch Verschweigen zu untersuchen gewesen. Es mußte dabei nach den Urteilsausführungen vor allem folgendes in Rücksicht genommen werden.

Die Frage, wann ein Verschweigen gegen Treu und Glauben verstößt, kann immer nur unter Berücksichtigung der im einzelnen Fall vorliegenden, im Urteil eingehend darzulegenden Umstände ermittelt werden (RGSt. Bd. 70, S. 151, 156). Hier handelte es sich um einen persönlichen Zusammenschluß der Vertragsschließenden auf eine längere Dauer, bei dem zugleich ein Ausnützen des Einflusses der Geldgeber bei anderen geschäftlichen Unternehmungen und Behörden in Frage stand, um die Förderung des Angeklagten und seiner Erfindung zwecks ihrer wirtschaftlichen Auswertung zu erwirken. Bei der durch die Nürnberger Gesetze kurz zuvor zu besonderem Ausdruck gekommenen Stellung des Deutschen Volkes zum Judentum war es selbstverständlich, daß jedenfalls ein Parteimitglied beim Abschluß eines solchen Verhältnisses oder beim Eintreten in dieses prüfen mußte, ob es gegen seine der Partei gegenüber übernommenen Pflichten verstoße, wenn es sich in dieser Art mit einem Halbjuden geschäftlich verband. Es kommt in gleicher Weise die persönliche Einstellung des Volksgenossen, vor allem aber eines Parteimitglieds in Betracht, ob es nach seiner ideellen Auffassung für sich die Begründung einer solchen Gemeinschaft schlechthin innerlich ablehnt.

Das Landgericht hätte unter Berücksichtigung dieser Gesichtspunkte dazu Stellung nehmen müssen, ob der Angeklagte, der wußte, daß seinen Vertragsgegnern seine halbjüdische Rasseneigenschaft unbekannt war, ihnen diesen Umstand offenbaren mußte, sofern er auch wußte oder doch damit rechnete, daß ihre Annahme, er sei rein deutschblütig, für ihren Willensentschluß mitbestimmend sein werde.

War dies zu bejahen, so war hier eine vorsätzliche Täuschung der Vertragsgegner seitens des Angeklagten durch Unterdrücken einer Tatsache mittels Verschweigens gegeben.

Zur Frage der Vermögensbeschädigung der Getäuschten kommt folgendes in Betracht. Die Tatsache, daß sie bei dem Aufdecken ihres Irrtums das Vertragsverhältnis, wie das Urteil ergibt, nicht eingegangen wären oder doch sofort abgebrochen hätten, hatte zur Folge, daß ihren infolge der Täuschung bewirkten Aufwendungen bei der hier gegebenen Sachlage kein entsprechender Vermögenswert gegenüberstand. Es handelte sich bei dem vorliegenden Vertrag um einen Gesellschaftsvertrag, dessen Bedeutung in der Zusammenarbeit der Gesellschafter zu einem gemeinsamen Zwecke lag. Durch die halbjüdische Rasseneigenschaft des Angeklagten wurde seinen der Partei angehörenden Gesellschaftern diese Mitarbeit unmöglich gemacht; denn ihnen war die Zusammenarbeit mit einem Halbjuden nach den Parteigrundsätzen oder nach einer ausdrücklichen Parteianordnung verboten. Für sie war daher jede Mark verloren oder zum wenigsten in ihrem wirtschaftlichen Werte erheblich gefährdet, die sie in Unkenntnis der Rasseneigenschaft des Angeklagten in dieses Unternehmen hineinsteckten. Denn sie mußten aus der Gesellschaft ausscheiden und ihre Mitarbeit einstellen, sobald sie diese Kenntnis erhielten.

Das Landgericht wird prüfen müssen, ob der Angeklagte diese Zusammenhänge erkannt oder damit gerechnet und trotzdem die Beitragsleistungen seiner Mitgesellschafter gewollt hat.

Auch dafür, daß der Angeklagte nicht mit dem im § 263 StGB vorausgesetzten Vorsatz gehandelt haben könnte, besteht nach den bisherigen Feststellungen des Urteils kein Anhalt.

Sollte sich ergeben, daß dem Angeklagten die Parteizugehörigkeit seiner Mitgesellschafter erst im weiteren Verlaufe des Vertragsverhältnisses bekannt geworden ist, wird auch auf die Frage einzugehen sein, ob der Angeklagte, sei es bei Abschluß der Vereinbarungen mit I. und Sch. oder doch vor seiner Kenntnis ihrer Parteizugehörigkeit wußte oder damit rechnete, sie würden auch, ohne durch irgendwelche Bindungen gezwungen zu sein, von sich aus die Zusammenarbeit mit ihm aufgeben, wenn sie seine Rasseneigenschaft kennen würden. Denn auch bei einer solchen Sachlage wird hier ein Betrug des Angeklagten durch Verschweigen gegen Treu und Glauben in Betracht kommen. Der Vermögensschaden wird auch in diesem Falle darin zu finden sein, daß den Aufwendungen der Getäuschten bei der Art der Vertragsgestaltung kein entsprechender Vermögenswert gegenüberstand.

Nach alledem war das angefochtene Urteil aufzuheben. Das Landgericht wird auch die Frage des Betruges unter dem Gesichtspunkt einer Täuschung über den Wert der Erfindung erneut zu prüfen und wieder dazu Stellung zu nehmen haben.

2. Zur Revision des Angeklagten.

Diese gleichfalls auf die allgemeine Rüge der Verletzung sachlichen Rechts gestützte Revision mußte unter Berücksichtigung des § 358 Abs. 2 StPO aus den vorstehend zu 1 dargetanen Gründen auf die hiermit verwiesen wird, ebenfalls zur Aufhebung der ergangenen Entscheidung führen.

---

39. § 1 PreisstrafrechtsVO, § 22 KWVO. Zur Berechnung des zulässigen Verkaufspreises.

III. Strafsenat. Urt. v. 23. Oktober 1944 (3 D 232/1944).

I. Landgericht Dresden.

In der Strafsache gegen

1. den Kaufmann M. H. A. aus Ottendorf-Okrilla,
2. den Prokuristen J. M. aus Dresden

wegen Preisverstoßes

hat das Reichsgericht, 3. Strafsenat, in der Sitzung vom 23. Oktober 1944, an der teilgenommen haben als Richter: der Präsident des Reichsgerichts Dr. Dr. Bumke und die Reichsgerichtsräte Kamecke, Dr. Rittweger, Schaefer II, Paul, als Beamter der Staatsanwaltschaft: der Reichsanwalt Floegel, auf die Revision des Angeklagten A. nach mündlicher Verhandlung für Recht erkannt:

Das Urteil des Landgerichts in Dresden vom 11. März 1944 wird, soweit es die Angeklagten A. und M. betrifft, mit den Feststellungen, die ihm insoweit zugrunde liegen, aufgehoben; die Sache wird in dem Umfange, der sich hieraus ergibt, zu neuer Verhandlung und Entscheidung an die Vorinstanz zurückverwiesen. – Von Rechts wegen

Gründe

Der Angeklagte A. stellt seit 1927 fabrikmäßig aus Gesteinsmehl ein Putzpulver her, das er unter dem Namen Maximol in den Handel bringt. Das Erzeugnis ist im Laufe der Jahre verbessert worden, seine Zusammensetzung hat sich aber, wie den Ausführungen des angefochtenen Urteils zu entnehmen ist, nicht wesentlich geändert. Das Putzmittel ist früher – bis zum Jahre 1942 – von Hausierhändlern vertrieben worden, die die 250 gr-Packung zunächst mit 0,25, später mit 0,18 und zuletzt mit 0,15 RM bezahlen mußten. Seit September 1942 hat A. das Putzmittel über den Großhandel in Verkehr gebracht, der ebenfalls 0,15 RM für die 250 gr-Packung bezahlen mußte. Da es bald an Verpackungsmaterial fehlte, ist er nun dazu übergegangen, Maximol auch lose zu verkaufen. Den Preis für diese Ware hat er nach einer kurzen Übergangszeit auf 30 RM für 100 kg festgesetzt. Im Juni 1943 hat die Preisbehörde diesen Preis für das unverpackte Maximol beanstandet. Das Landgericht hat A. wegen eines Vergehens gegen den § 1 PreisstrafrechtsVO in Verb. mit dem § 22 KWVO verurteilt, weil er als Hersteller auf den Fabrikabgabepreis mehr als 10% aufgeschlagen und dadurch einen erheblichen Übergewinn erzielt habe. Bei der Berechnung des zulässigen Verkaufspreises geht es zutreffend davon aus, daß es dabei auf die Gestehungskosten und die Verdienstspanne für die einzelne Warengattung ankomme (vgl. RGUrteil vom 5. Oktober 1942 3 D 392/42 = DR 1943 S. 79). Nach seinen Feststellungen haben die Rohstoffkosten und die Fertigungslöhne des „versandfertig" gemischten Erzeugnisses 10 RM für 100 kg betragen. Für alle weiteren Unkosten billigt es dem Angeklagten einen Zuschlag von 50 % zu. Wie es diesen berechnet, ist dem Urteil nicht zu entnehmen. Zu den „weiteren" Unkosten gehören die Verpackungs- und Frachtkosten (vgl. u. a. UA. S. 13), die Gemeinkosten (Verwaltung, Werbung, Steuern u. dgl.) sowie etwaige Sonderkosten. Für die Höhe der zu berücksichtigenden Gemeinkosten kann es von Bedeutung sein, daß A. an den früheren Mitangeklagten B. fortlaufend eine Vergütung u. a. auch dafür bezahlt hat, daß dieser die Kosten der Werbung für das

Putzmittel übernommen hatte (UA S. 9). Auch die Vergütung für die Mitarbeit B.'s im Betrieb kann darunter fallen. Zu den Sonderkosten gehören die Aufwendungen für den Erwerb des Herstellungsrechtes, insbesondere die sog. Lizenzgebühren, die das Landgericht in Höhe von 5 % des Umsatzes als angemessen bezeichnet (UA S. 28); vgl. dazu im einzelnen den Runderlaß vom 29. Juli 1940 – Mitteilungsblatt des Reichskommissars für die Preisbildung II S. 200 –, der nach dem Runderlaß 112/40 vom 11. September 1940 – Mitteilungsblatt II S. 270 – auch bei der Bemessung des Preises für Reinigungs- und Putzmittel anwendbar ist. Ob und in welchem Umfange das Landgericht diese preisbildenden Umstände berücksichtigt hat, ist nicht erkennbar. Die Feststellung des äußeren Tatbestandes eines Preisverstoßes ist sohin mangelhaft.

Gegen die Ausführungen des Landgerichts bestehen aber auch sonst Bedenken. Es spricht von einem „nicht beanstandeten" Fabrikabgabepreis von 0,62 RM für das kg verpackten Maximols, von dem der Angeklagte zu Unrecht bei seiner Berechnung des Verkaufspreises für die unverpackte Ware ausgegangen sei. Das Urteil gibt zwar keinen Aufschluß darüber, wann und von wem dieser Preis auf seine Berechtigung hin nachgeprüft worden ist, UA S. 11 ist aber erwähnt, daß sich A. etwa Mitte des Jahres 1942, also vor dem Verkauf des losen Putzmittels, durch seinen Prokuristen M. bei der Preisbehörde nach dem zulässigen Kleinverkaufspreis für das verpackte Maximol erkundigt hat und daß ihm dort ein Preis von 0,28 bis 0,30 RM für die 250 gr-Packung genannt worden ist. Anscheinend hat er daraufhin seinen Abgabepreis auf 0,15 RM gesenkt (UA S. 8). Wenn dies der angemessene Verkaufspreis gewesen ist, war er auch ein geeigneter Ausgangspunkt, den Preis für das lose Putzmittel in der Weise zu ermitteln, daß von ihm die ersparten Verpackungskosten und ein entsprechender Teil der Gemeinkosten abgesetzt wurden. Es besteht kein Grund, darüber hinaus die verpackte und die lose Ware bei der Preisbemessung verschieden zu behandeln. In jedem Falle muß jedoch der Preis der Grundregel des § 22 KWVO entsprechen; er muß unter Berücksichtigung der Pflichten, die der Krieg jedem einzelnen auferlegt, gerechtfertigt sein. Der Verkäufer kann sich demnach nicht immer darauf berufen, daß der von ihm geforderte Preis den sonstigen Preisvorschriften entspreche oder von der Preisbehörde nicht beanstandet worden sei. Er ist vielmehr auch in einem solchen Falle zu senken, wenn besondere Umstände, etwa eine erhebliche Umsatzsteigerung, zu übermäßigen Gewinnen führen. Das bedeutet natürlich nicht, daß jede Umsatzschwankung die Bestimmung eines neuen Preises zur Folge haben müßte. Sie muß aber dann vorgenommen werden, wenn die Umsatzsteigerung einige Zeit angehalten hat und sich die weitere Entwicklung mit einiger Sicherheit überblicken läßt. Ob und wann die Verhältnisse beim Absatz des Maximols so gewesen sind, kann dem angefochtenen Urteil nicht entnommen werden, so daß nicht beurteilt werden kann, ob ein etwaiger Übergewinn des Beschwerdeführers auf einem strafbaren

Preisverstoß beruht oder ob es sich um eine Gewinnsteigerung handelt, die möglicherweise auf Grund anderer Vorschriften zu einer Abschöpfung führt. Der erörterte Gesichtspunkt kann auch für die Frage des inneren Tatbestandes des dem Angeklagten zur Last gelegten Preisverstoßes von Bedeutung sein.

Aus diesen Gründen muß das Urteil, soweit es den Angeklagten A. und gemäß dem § 357 StPO auch soweit es den Angeklagten M. betrifft, der als Gehilfe A.'s verurteilt ist, aufgehoben werden. Bei der neuen Entscheidung wird zu beachten sein, daß M., soweit er bei seiner Tätigkeit über den Willen seines Geschäftsherrn hinausgegangen ist, gegebenenfalls selbständig strafbar sein kann.

---

40. § 189 Abs. 1 und 3 StGB.
Einem Soldaten, der im Kampfe für das Vaterland an der Front gestanden hat und seitdem vermißt wird, steht in entsprechender Anwendung des § 189 Abs. 1, 3 StGB derselbe Ehrenschutz wie einem Gefallenen zu.

I. Strafsenat, Beschl. (Nichtigkeitsbeschwerde) v. 27. Oktober 1944
(1 C 199/1944)

I. Amtsgericht Werne.

In der Privatklagesache des Tagearbeiters S. B. gegen Frau S. B. geb. N. in Bockum-Hövel, hat das Reichsgericht, 1. Strafsenat, auf die Nichtigkeitsbeschwerde des Oberreichsanwalts am 27. Oktober 1944 beschlossen:

Der Friedensspruch des Amtsgerichts in Werne vom 21. Juli 1944 wird aufgehoben. Die Sache wird zur Verhandlung und Entscheidung im Verfahren auf erhobene öffentliche Klage an das Amtsgericht zurückverwiesen.

Gründe

Der Sohn des Privatklägers, der an den Kämpfen bei Leningrad teilgenommen hat, ist vermißt. Nach der Darstellung in der Privatklage hat die Angeklagte im Verlauf von nachbarlichen Streitigkeiten mit Bezug auf die Frau des Privatklägers gesagt, sie habe ihre Strafe weg, indem ihr Sohn im Felde vermißt sei.

Das Amtsgericht hat der Angeklagten wegen Beleidigung der Ehefrau des Privatklägers durch Friedensspruch eine Friedensbuße von 30 RM auferlegt. Der Friedensspruch läßt nicht erkennen, daß die Darstellung in der Privatklage über die Äußerung der Angeklagten widerlegt worden wäre.

Gegen den Friedensspruch hat der Oberreichsanwalt die Nichtigkeitsbeschwerde erhoben mit dem Antrage, durch Beschluß, wie geschehen, zu erkennen.

Die Nichtigkeitsbeschwerde gegen den „unanfechtbaren" Friedensspruch (Art. 8 § 2 Abs. 1 WVVO vom 13. August 1942) ist zulässig (Art. V § 37 ZustVO vom 21. Februar 1940; vgl. auch AV d. RJM vom 8. Januar 1943 in DJ 1943 S. 44 letzter Satz) und auch begründet.

Einem Soldaten, der im Kampfe für das Vaterland an der Front gestanden hat und seitdem vermißt wird, steht in entsprechender Anwendung des § 189 Abs. 1, 3 StGB derselbe Ehrenschutz wie einem Gefallenen zu (RGUrt. vom 31. März 1944 1 C 301/43 = DJ 1944 S. 189, DR 1944 S. 442). Seine Verunglimpfung ist mit Gefängnis, in besonders schweren Fällen sogar mit Zuchthaus zu bestrafen. Der entsprechenden Anwendung des § 189 Abs. 3 StGB steht auch nicht die Möglichkeit einer Bestrafung wegen Beleidigung nach dem § 185 StGB entgegen; denn abgesehen von dem strengeren Strafrahmen wird die Tat als Beleidigung nicht richtig und nicht ausreichend gekennzeichnet.

Die zur Anklage stehende Tat war daher nach dem bisherigen Stand der Ermittlungen als so ernst anzusehen, daß ihre strafrechtliche Ahndung unerläßlich gewesen wäre (Art. 8 § 2 Abs. 1 WVVO). Das Amtsgericht hätte schon deshalb keinen Friedensspruch fällen dürfen.

Überdies ist die Verunglimpfung eines Gefallenen oder Vermißten wegen ihres Unrechtsgehalts und wegen der Weite des Strafrahmens überhaupt nicht zur Verfolgung im Wege der Privatklage geeignet, wenn auch die Fassung des § 374 Abs. 1 Nr. 2 StPO nicht geändert worden ist. Das Amtsgericht hätte daher gemäß dem § 377 Abs. 1 StPO in der Fassung des Art. 9 § 9 WVVO die Akten dem Staatsanwalt zur Übernahme der Verfolgung durch ihn vorlegen sollen. Nachdem der Oberreichsanwalt durch die Erhebung der Nichtigkeitsbeschwerde zum Ausdruck gebracht hat, daß die Verfolgung übernommen werde (vgl. § 377 Abs. 2 StPO), ist das durch die Privatklage eingeleitete Verfahren nunmehr als ein solches auf erhobene öffentliche Klage anzusehen (RGSt. Bd. 41 S. 277, 280, 281). gez. Schultze. Rusche.

---

41. § 1 a KWVO, § 1 VRStVO.
Veräußerung von bezugsbeschränkten Spinnstoffwaren im Betrieb eines Schmuckwarengeschäftes zu geschäftlichen Tauschzwecken.

III. Strafsenat, Urt. v. 2. November 1944 (3 D 311/1944).

I. Landgericht Reichenberg.

In der Strafsache gegen
1. Frau M. K., geb. V. in Berlin,
2. den Kaminfegergehilfen E. B. in Gablonz a. N.,

3. den Kunstharzspritzer H. Z. in Gablonz a.N.,

4. Frau E. Z., geb. M. in Gablonz a.N.

wegen Vergehens gegen den § 1 a KriegswirtschaftsVO u. a. hat das Reichsgericht, 3. Strafsenat, in der Sitzung vom 2. November 1944, an der teilgenommen haben als Richter: der Reichsgerichtsrat Dr. Hartung als Vorsitzender und die Reichsgerichtsräte Kamecke, Schaefer II, Dr. Pawelka, Paul, als Beamter der Staatsanwaltschaft: der Reichsanwalt Dr. Kirchner, auf die Revisionen der Angeklagten nach mündlicher Verhandlung für Recht erkannt:

Die Revisionen gegen das Urteil des Landgerichts in Reichenberg vom 29. August 1944 werden mit der Maßgabe verworfen, daß der Angeklagte B. wegen eines Verstoßes gegen den § 1 a Abs. 1 Nr. 1 KriegswirtschaftsVO verurteilt ist. Jedem Beschwerdeführer werden die Kosten seines Rechtsmittels auferlegt. – Von Rechts wegen

Gründe

I. Die Revision der Angeklagten K.

1. Der Schuldspruch nach dem § 1 a Abs. 1 Nr. 2 KriegswirtschaftsVO ist nicht rechtlich zu beanstanden. Die Nr. 1 dieser Vorschrift, an deren Wortlaut die Revision anknüpft, hat das Landgericht gegen diese Beschwerdeführerin nicht angewandt. Daß die Angeklagte K. Kleiderstoffe den anderen Angeklagten gegenüber als „Tauschware“, d.h. als Gegenleistung für Schmuckwarenlieferungen, benutzt hat, ergeben die Feststellungen des angefochtenen Urteils; soweit die Revision einen anderen Sachverhalt zugrunde legt, sind ihre Ausführungen unbeachtlich. Zum Begriffe der Tauschware gehört nicht, wie die Revision behauptet, daß Leistung und Gegenleistung Zug um Zug zu bewirken wären. Belanglos ist im gegebenen Falle ferner, daß die Angeklagten B. und Z. ihre Lieferungen nicht vom Empfang der Stoffe abhängig gemacht, sondern vorausgeleistet haben. Im übrigen bedroht der § 1 a Abs. 1 Nr. 2 KriegswirtschaftsVO nicht nur das Liefern einer Tauschware, sondern in gleicher Weise das Anbieten oder Versprechen ihrer Lieferung mit Strafe; bereits die Abrede vom Sommer 1942 fällt mithin unter diese Vorschrift. Der Auffassung, daß die Kleiderstoffe als Tauschware dienen sollten und zum Teil auch gedient haben, steht auch nicht entgegen, daß die Schmuckwaren nach der Abrede an die Angeklagte K. „käuflich“ zu liefern waren und daß der Angeklagte B. gegen Nachnahme des „üblichen“ Preises geliefert und die Angeklagte K. die Nachnahmen eingelöst hat. Nach der ersichtlichen Annahme es Landgerichts ist der „Kaufpreis“, den die Angeklagte K. beim Fehlen einer ausdrücklichen Preisabrede etwa in der üblichen Höhe zu zahlen hatte, nach dem Willen der Vertragsteile nicht die einzige Gegenleistung für die Schmuckwaren gewesen; nach dem wirtschaftlichen Zwecke der Vereinbarung, der für die Anwendung des § 1 a KriegswirtschaftsVO maßgeblich ist (RGSt. Bd. 77 S. 230), hat vielmehr auch die Liefe-

rung von Kleiderstoffen einen Teil der Gegenleistung der Angeklagten K. gebildet. Ob die Angeklagten B. und Z. ihrerseits die Vereinbarung „in Ausübung eines Gewerbes oder Berufes" getroffen haben, ist für die Entscheidung gegenüber der Angeklagten K. belanglos; zum Tatbestande des § 1 Abs. 1 Nr. 2 KriegswirtschaftsVO gehört nicht, daß der, dem im Sinne dieser Vorschrift die Lieferung angeboten, versprochen oder gewährt wird, die Erklärung oder die Lieferung in Ausübung eines Gewerbes oder Berufes empfängt. Es gehört auch nicht, wie die Revision irrig behauptet, zum Tatbestande des § 1 Abs. 1 Nr. 2 a.a.O., daß eine Bevorzugung eingetreten ist. Wohl aber muß der Täter die Lieferung anbieten, versprechen oder gewähren, *um* sich oder einem anderen Waren oder Leistungen *bevorzugt zu verschaffen*. Nach der Annahme des Landgerichts liegt die Bevorzugung der Angeklagten K. darin, daß sich die anderen Angeklagten „auf Grund des angebotenen Vorteils" bereit erklärt haben, die in ihrem Besitz befindlichen Schmuckwaren, soweit sie halbfertig waren – was bei dem größten Teile von ihnen zutraf –, außerhalb ihrer Arbeitszeit fertig zu machen und der K. zu übergeben, und daß jedenfalls die Eheleute Z. ihre Bestände *ausschließlich* an die K. geliefert haben. Es mag dahingestellt bleiben, ob nicht das Landgericht hierbei demselben Rechtsirrtum wie die Revision unterlegen ist und unzutreffend statt auf den Beweggrund der Angeklagten K. zu ihrem Angebot auf die Folge des Angebotes gesehen hat. Denn jedenfalls ergibt der Urteilszusammenhang zur Genüge, daß die Angeklagte K. die Lieferung von Kleiderstoffen angeboten und bewirkt hat, *um* sich vor anderen verkaufsfertige Ware für ihren Gewerbebetrieb als Schmuckwarenhändler zu sichern. Damit hat sie eine Bevorzugung erstrebt. Eine solche setzt nicht voraus, daß Mitbewerber bereits vorhanden sind (RGUrt. vom 16. November 1943 4 D 309/43 = DR 1944 S. 157 Nr. 12). Bevorzugt zu werden, bezweckt auch, wer verhindern will, daß es überhaupt zu einem Mitbewerb anderer kommt. Diesen Beweggrund sieht ersichtlich das Landgericht bei der Angeklagten K. als gegeben an.

2. Auch der Schuldspruch nach dem § 1 Abs. 1 Nr. 1 VRStVO ist nicht rechtlich zu bemängeln. Die Kleiderstoffe, deren Lieferung die Angeklagte K. zugesagt und bewirkt hat, hatte sie nach der Beweisannahme des Landgerichts teils schon vor der Einführung der öffentlichen Spinnstoffbewirtschaftung erworben, teils während des Krieges von ihrem Bruder, einem Wehrmachtangehörigen, aus Frankreich als Geschenk erhalten. Die aus Frankreich eingeführten Stoffe hatte der Bruder, wie das Landgericht ohne nähere Begründung ausspricht, „ordnungsmäßig" im Sinne des Erlasses des Oberkommandos der Wehrmacht vom 30. September 1942 – 60 h 42 Beth. I (3990/42) WV (XII) – RVBl. 1942 B. S. 464 – erworben. Von ihnen nimmt das Landgericht an, sie hätten im Gegensatze zu den Stoffen, die die Angeklagte K. vor der Einführung der öffentlichen Spinnstoffbewirtschaftung erworben habe, „bei Weiterver-

äußerung" der Bezugsbeschränkung unterlegen. Hierzu ist folgendes zu sagen: *Die* Stoffe, die die Angeklagte K. bereits in der Zeit der freien Spinnstoffwirtschaft besessen hat, sind, wie das Landgericht zutreffend annimmt, nicht von der öffentlichen Bewirtschaftung erfaßt worden; sie sind, da sie sich zur Zeit des Eintritts der öffentlichen Spinnstoffbewirtschaftung bereits im Haushalt eines letzten Verbrauchers befunden haben, weder durch die Beschlagnahme (Anordnung Nr. 1 des Sonderbeauftragten für die Spinnstoffwirtschaft vom 4. September 1939 RAnz. Nr. 205) betroffen worden (§ 4 Abs. 1 c a. a. O.), noch sind sie bezugsbeschränkte Erzeugnisse. Daran hat der Umstand nichts geändert, daß die Angeklagte K. diese Stoffe während des Krieges im Betrieb ihres Schmuckwarengewerbes als Tauschware benutzt hat.

Anders verhält es sich mit *den* Spinnstoffwaren, die die Angeklagte K. während des Krieges von ihrem Bruder aus Frankreich erhalten hat. Nach dem § 1 Abs. 1 der vorbezeichneten Beschlagnahmeanordnung werden auch *die* Spinnstoffe und Spinnstoffwaren beschlagnahmt, die in das Reichsgebiet eingeführt werden. Diese Wirkung tritt in dem Zeitpunkt ein, in dem diese Erzeugnisse in das Reichsgebiet gelangen; in demselben Zeitpunkte werden sie bezugsbeschränkt. Von diesen Beschränkungen sind *die* Erzeugnisse befreit, die Angehörige der Wehrmacht aus den besetzen Gebieten unter Beachtung der Freigabebestimmungen in das Reichsgebiet einführen. Die Befreiung gilt aber nur so lange, als nicht über die Erzeugnisse in einer Weise tatsächlich oder rechtlich verfügt wird, die dem Sinne der Freigabebestimmungen widerspricht. Der erwähnte Erlaß des Oberkommandos der Wehrmacht verbietet die Mitnahme und Versendung von Waren zu *Handels*zwecken und die entgeltliche Weiterveräußerung der eingeführten Waren an fremde Personen durch Verkauf oder Tausch. Die eingeführten Waren dürfen mithin nicht zum Gegenstande des Handelsverkehrs gemacht werden. Das muß, wenn nicht der Umgehung dieses Verbotes Tür und Tor geöffnet sein soll, für jeden Besitzer der Ware, nicht nur für den Einführer, gelten. Wird gegen diese Beschränkung der Verkehrsfähigkeit auf dem Gebiete der Verbrauchsregelung verstoßen, so erlischt damit ohne weiteres die Freiheit der eingeführten Erzeugnisse von den Beschränkungen der gebundenen Wirtschaft (vgl. den ähnlichen Fall RGSt. Bd. 76 S. 346 betr. den Erwerb von Erzeugnissen aus einer genehmigten Hausschlachtung zur Weiterveräußerung). Im gegebenen Falle haben mithin die nach der Beweisannahme des Landgerichts zulässig eingeführten Kleiderstoffe die Eigenschaft beschlagnahmter und bezugsbeschränkter Erzeugnisse insoweit und in dem Zeitpunkt erlangt, als die Angeklagte K. sie zu Handelszwecken benutzt. Das trifft auf die sämtlichen Kleiderstoffe, die sie im Januar 1944 nach Gablonz gebracht hat, von dem Zeitpunkte dieser Verbringung an zu. Mit ihr hat die Angeklagte nach den Feststellungen den Zweck verfolgt, die Stoffe nicht nur vor Bombenschäden zu sichern, sondern sie auch zu Tauschzwecken im Betrieb ihres Handelsgeschäftes zu verwenden.

Durch die bezugsausweislose Abgabe der 3 m blauen Kammgarnstoffes und der 2,8 m weinroten Verloursstoffes an die Eheleute Z. hat die Angeklagte K. mithin dann gegen den § 1 Abs. 1 Nr. 1 VRStVO verstoßen, wenn sie dabei „in Ausübung eines Gewerbes oder Berufes" gehandelt hat. Das aber hat das Landgericht zutreffend bejaht. Die Angeklagte K. ist zwar kein Spinnstoffwarenhändler. Sie hat sich aber im Sinne des § 1 VRStVO wie ein solcher dadurch betätigt, daß sie *bezugsbeschränkte* Spinnstoffwaren im Betrieb ihres Schmuckwarengeschäftes zu geschäftlichen Tauschzwecken, also als Handelsware, bereitgestellt und zum Teil auch abgegeben hat. *Dieses* Verhalten konnte das Landgericht als eine fortgesetzte, auf Erwerb gerichtete Tätigkeit (RGSt. Bd. 75 S. 187, 188) ansehen. Die Behauptung der Revision, die Angeklagte hätte durch die Annahme von „Punkten" nur sich selbst einen Vorteil verschafft, da sie diese zum Bezuge von Spinnstoffwaren für sich hätte verwenden können, trifft nicht zu. Der Verteidiger übersieht, daß Bezugsberechtigungen grundsätzlich unübertragbar sind; die Angeklagte hätte die Bezugsausweise, wenn sie ihr abgegeben wurden, wie ein Verteiler behandeln, also an die zuständige Bewirtschaftungsstelle abliefern müssen.

3. Das Vergehen gegen die VerbrauchsregelungsstrafVO trifft, wie das Landgericht zutreffend ausführt, mit dem fortgesetzten Vergehen gegen den § 1 a KriegswirtschaftsVO rechtlich zusammen (§ 73 StGB). Die Strafe war aber nicht der an zweiter Stelle bezeichneten Vorschrift, sondern dem § 1 Abs. 1 VRStVO zu entnehmen; dieses Gesetz ist insofern schärfer, als es Geldstrafe in *unbeschränkter* Höhe androht. Der Irrtum des Landgerichts ist indes offensichtlich ohne Einfluß auf die Strafbemessung gewesen.

Die Revision ist nach alledem zu verwerfen.

II. Die Revision des Angeklagten B.

Das Landgericht erkennt dahin, B. habe „im Sommer 1942 gegen Lieferung Gablonzer Waren einen Anzugstoff erhalten", und verurteilt ihn „wegen eines Vergehens nach dem § 1 KriegswirtschaftsVO" zu Geldstrafe. Hierzu ist zunächst zu bemerken, daß Zuwiderhandlungen gegen den § 1 a.a.O. Verbrechen im Sinne des § 1 StGB sind. Im übrigen erhellt aber aus den Gründen des angefochtenen Urteils, was allerdings auch aus der Angabe der *Tat* in der Formel nicht genügend zu erkennen ist, daß das Landgericht in Wirklichkeit den *§ 1 a Abs. 1 Nr. 1 KriegswirtschaftsVO* angewandt hat und einen Verstoß gegen die VerbrauchsregelungsstrafVO für nicht gegeben ansieht.

Die Auffassung des Landgerichtes, der Anzugstoff, den B. von der Angeklagten K. erhalten hat, sei kein bezugsbeschränktes Erzeugnis gewesen, wird durch die Feststellung getragen, daß die Angeklagte K. den Stoff vor der Einführung der öffentlichen Spinnstoffbewirtschaftung erworben hatte.

Auch die Anwendung des § 1 a Abs. 1 Nr. 1 KriegswirtschaftsVO ist nicht rechtlich zu beanstanden. Unbedenklich ist zunächst die Annahme des Landgerichtes, der Angeklagte B. habe sich für die Bevorzugung der Angeklagten K. bei der Lieferung Gablonzer Schmucksachen eine Tauschware, nämlich Kleiderstoff, versprechen lassen. Was die Revision hiergegen vorbringt, steht nicht mit den tatsächlichen Feststellungen des Landgerichtes im Einklang und ist deshalb unbeachtlich. Die Bevorzugung liegt nach dem festgestellten Sachverhalte nicht nur darin, daß sich der Angeklagte B. bereit erklärt hat, die Schmucksachen, soweit sie erst halbfertig waren, fertig zu machen, sondern auch darin, daß er der Angeklagten K. zugesagt hat, ihr seinen ganzen Bestand an Schmucksachen zu überlassen. Ausreichend nachgewiesen ist ferner, daß er „in Ausübung eines Gewerbes oder Berufes" im Sinne des § 1 a Abs. 1 KriegswirtschaftsVO gehandelt hat. Dazu gehört, wie schon unter I ausgeführt, eine fortgesetzte, auf Erwerb gerichtete Tätigkeit, gleichgültig ist, ob sie berechtigt oder unberechtigt ausgeübt wird. Das Landgericht spricht aus, B., ein Kaminfegergeselle, „habe sich illegal in den Handel mit Gablonzer Schmuckwaren eingeschaltet". Damit drückt der Tatrichter ersichtlich seine Überzeugung aus, B. habe die „alten Lagerbestände" Gablonzer Schmuckwaren, die ihm geschenkt worden waren, bei passenden Gelegenheiten mit Verdienst absetzen wollen und diesen Willen auch bei dem Geschäfte betätigt, das er mit der Angeklagten K. geschlossen habe. In dieser Annahme tritt kein Rechtsfehler hervor. Sie ergibt, daß sich B. beim Abschluß und bei der Erfüllung der hier in Rede stehenden Vereinbarung wie ein Händler betätigt, also in Ausübung eines Gewerbes gehandelt hat.

Mit der Maßgabe, die sich aus dem entscheidenden Teil ergibt, ist deshalb die Revision zu verwerfen.

III. Die Revisionen der Angeklagten Z.

Nach dem festgestellten Sachverhalt haben diese Angeklagten der Angeklagten K. im Sommer 1942 zugesagt, ihr die Schmuckwarenbestände ihres eigenen stillgelegten Erzeugerbetriebes, die zum größten Teil noch fertigzustellen waren, in fertigem Zustand abzugeben, wenn sie dafür Kleiderstoffe erhielten. Auf Grund dieser Abrede haben sie in der Folgezeit ausschließlich an die Angeklagte K. Schmuckwaren geliefert und von ihr als Gegenleistung Kleiderstoffe empfangen, die sie noch aus der Zeit vor dem Beginne der öffentlichen Spinnstoffbewirtschaftung hatte. Schließlich hat die Angeklagte E. Z. im Januar 1944 im Einverständnis ihres Mannes, des Angeklagten H. Z., zwei von den oben unter I erwähnten aus Frankreich eingeführten Kleiderstoffen von der Angeklagten K. gegen das Versprechen bezogen, Gablonzer Waren zu liefern.

Auf Grund dieses Sachverhalts hat das Landgericht mit Recht die Angeklagten Z. des unerlaubten Tauschhandels schuldig befunden, indem es ersichtlich ebenso wie im Falle B. den § 1 a Abs. 1 Nr. 1 KriegswirtschaftsVO angewandt hat. Der Umstand, daß der Gewerbebetrieb der Angeklagten Z. stillgelegt worden war, schließt nicht aus, ihre festgestellte Betätigung als weitere Ausübung des Gewerbes aufzufassen. Soweit die Revisionen von einem anderen Sachverhalt ausgehen, als das Landgericht ihn feststellt, sind ihre Ausführungen unbeachtlich.

Wie aus den Darlegungen zu I 2 folgt, haben die Angeklagten Z. durch den Bezug der beiden Stoffe im Januar 1944 auch gegen die Verbrauchsregelungsstrafverordnung verstoßen, da sie in diesem Falle bezugsbeschränkte Erzeugnisse ohne Bezugsberechtigung bezogen haben. Das Landgericht hat auf diese Tat den § 2 Abs. 1 Nr. 1 (erste Begehungsform) VRStVO angewandt und – von dieser Auffassung aus einwandfrei – einen schweren Fall im Sinne des Abs. 4 derselben Vorschrift angenommen. Dem Zweifel, ob etwa der § 1 Abs. 1 Nr. 1 VRStVO anzuwenden gewesen wäre, braucht nicht weiter nachgegangen zu werden, da sich die Strafdrohungen dieser Bestimmung und der vom Landgericht angewandten Vorschrift decken.

Die beiden Gesetzesverletzungen stehen, wie das Landgericht nicht verkennt, in Tateinheit. Die Strafe wäre aber nicht dem § 1 a KriegswirtschaftsVO, sondern den § 2 Abs. 4 (oder dem § 1 Abs. 1 Nr. 1) VRStVO zu entnehmen gewesen, da jede dieser Vorschriften der VRStVO Geldstrafe in *unbeschränkter* Höhe androht und deshalb das härtere Gesetz ist. Der Rechtsirrtum, dem das Landgericht unterlegen ist, hat aber ersichtlich auch in diesem Falle die Entscheidung nicht beeinflußt.

Beide Revisionen sind mithin zu verwerfen.

---

42. §§ 267 Abs. 3, 67 StGB.

Die Frist für die Verjährung der Strafverfolgung eines besonders schweren Falles von Betrug ist auf zehn Jahre zu bemessen.

I. Strafsenat, Urt. v. 3. November 1944 (1 D 106/1944).

I. Landgericht Darmstadt.

In der Strafsache gegen

1. den Hausschuhmacher M. G. in Bensheim,

2. die Ehefrau S. Sch. geborene F. in Groß-Bieberau, wegen Betruges, hat das Reichsgericht, 1. Strafsenat, in der Sitzung vom 3. November1944, an der teilgenommen haben als Richter: der Senatspräsident Dr. Schultze und die Reichsgerichtsräte Dr. Ziegler, Dr. Hoffmann, Rusche, Dr. Rittweger, als Beamter der Staatsanwaltschaft: der Reichsanwalt Richter, auf die Revisionen des Angeklagten nach mündlicher Verhandlung für Recht erkannt:

Die Revisionen gegen das Urteil des Landgerichts in Darmstadt vom 1. Februar 1944 werden verworfen. Jedem Angeklagten werden die Kosten seines Rechtsmittels auferlegt. – Von Rechts wegen

Gründe

Nach den tatsächlichen Feststellungen des Landgerichts war der Angeklagte M. G. in den Jahren 1915 bis 1921 der Pflegevater der Angeklagten S. F., jetzt verehelichten Sch.; er war aber auch der Erzeuger des Kindes, das diese Angeklagte am 10. März 1921 außerehelich geboren hat. Namens dieses Kindes, zu dessen Vormund er bestellt worden war, verklagte er im Jahre 1921 den Lehrer C. auf Unterhaltsleistung, obwohl C. niemals Geschlechtsverkehr mit der Kindesmutter gehabt hatte und obwohl G. selbst die Behauptung eines solchen Geschlechtsverkehrs für unrichtig hielt. Die Angeklagte Sch. (damals F.) bekundete in dem Rechtsstreit als Zeugin eidlich und bewußt wahrheitswidrig, in der Empfängniszeit mit C. geschlechtlich verkehrt zu haben. C. wurde daher im Jahre 1921 verurteilt, bis zur Vollendung des 16. Lebensjahres des Kindes eine Unterhaltsrente zu zahlen. Die so erschlichene Unterhaltsforderung wurde dann durch alle Schwankungen der Geldwährung hindurch fortlaufend bis in das Jahr 1937 gegen C. geltend gemacht und beigetrieben. Erst als C. im Jahre 1942 eine Klage auf Feststellung erhoben hatte, daß er nicht der Vater des Kindes sei, stellte sich der wirkliche Sachverhalt heraus.

Das Landgericht hat im vorliegenden Strafverfahren den Angeklagten G. zu zwei Jahren, die Angeklagte Sch. zu einem Jahre Zuchthaus wegen Betrugs in einem besonders schweren Falle (§ 263 Abs. 4 StGB) verurteilt. Es hat mit Recht angenommen, daß die Strafverfolgung wegen des im Jahre 1921 geleisteten Meineids verjährt sei und daß auch die Strafverfolgung wegen Betrugs schon seit Beendigung der Unterhaltsrentenzahlung im Jahre 1937 gegenüber beiden Angeklagten verjährt sein würde, wenn die Verjährungsfrist gemäß dem § 67 Abs. 2 StGB nur fünf Jahre betrüge. Es geht aber davon aus, daß bei der Strafverfolgung eines besonders schweren Falles von Betrug die Verjährungsfrist im Hinblick auf den § 67 Abs. 1 StGB auf zehn Jahre anzusetzen sei.

Die Revisionen der beiden Angeklagten können keinen Erfolg haben.

1. Da die Verjährung der Strafverfolgung – wenn auch nicht ausschließlich – ein Verfahrenshindernis ist, muß zuerst die Verjährungsfrage geprüft werden; hierbei ist zu unterstellen, daß jedem der beiden Angeklagten ein Betrug in einem besonders schweren Falle zur Last falle.

Die Rechtsprechung hat bisher den Standpunkt eingenommen, daß ein Betrug auch in einem besonders schweren Falle nach den §§ 1 und 263 StGB kein Verbrechen, sondern nur ein Vergehen sei und daß sich hiernach die Verjährung der Strafverfolgung gemäß dem § 67 Abs. 2 StGB schon durch Ablauf von fünf Jahren vollende. (Vgl. hierzu RGSt. Bd. 69 S. 49; auch Bd. 74 S. 65, 66). Diese kurze Verjährungszeit kann, wie der vorliegende Fall deutlich zeigt, dem Bedürfnis nach gerechter Sühne und den Erfordernissen des Schutzes der Allgemeinheit nicht in der Weise genügen, wie es das gesunde Volksempfinden verlangt. Ist ein Betrug so schwer, daß er zuchthauswürdig ist, so muß er auch so lange verfolgbar bleiben, wie eine Straftat, deren Begehung nicht erst im Ausnahmefall mit Zuchthausstrafe bedroht ist, die also nach der Regel des § 1 StGB ein Verbrechen ist. Dieser Annahme steht der Wortlaut des § 67 StGB nicht entgegen. Es ist zu berücksichtigen, daß dem Strafgesetzbuch bei seiner Entstehung die besonders schweren und die schweren Fälle unbekannt waren, die Fälle also, in denen eine Straftat infolge Vorliegens nur *allgemein* bezeichneter Umstände mit einer schwereren Strafe bedroht ist als der Regelfall. Wohl ist das Strafgesetzbuch an zahlreichen Stellen den umgekehrten Weg gegangen, an den Stellen nämlich, an denen es eine allgemein mit Zuchthausstrafe bedrohte Straftat für den Fall des Vorliegens mildernder Umstände mit der geringeren Gefängnisstrafe beahndet wissen will. Erschwerende Umstände, die die zunächst mit einer Gefängnisstrafe bedrohte Straftat (die Grundstraftat) zuchthauswürdig machen, hat das Strafgesetzbuch bei seiner Entstehung bestimmt bezeichnet und in die Form von Tatbestandsmerkmalen gekleidet; es hat das ganze dann als eine neue Straftat erscheinen lassen, die sich von der Grundstraftat durch die besonderen Merkmale unterscheidet; vgl. die §§ 267, 348 StGB gegenüber den §§ 268, 349 StGB in ihrer alten Fassung, ferner die §§ 115 Abs. 1, 116 Abs. 1, 117 StGB im Vergleich zu den §§ 115 Abs. 2, 116 Abs. 2, 118, 119 StGB und viele andere Stellen mehr. Besonders schwere Fälle in der jetzigen Form – freilich ohne Erweiterung des Rahmens der Hauptstrafe – sind erstmals mit dem früheren § 210 a StGB in das Strafgesetzbuch eingeführt worden, der seine ursprüngliche Fassung durch das Gesetz über die Bestrafung des Zweikampfes vom 30. April 1926 (RGBl. I S. 201) erhalten hatte und in dieser ursprünglichen Fassung durch das Reichsgesetz vom 26. Mai 1933 (RGBl. I S. 295) außer Kraft gesetzt wurde. Erst seit dem Umbruch im Jahre 1933 häufen sich im Strafgesetzbuch und in anderen Strafgesetzen die schweren und die besonders schweren Fälle. Aus dieser Darstellung ergibt sich, daß der Wortlaut des § 67 StGB vor der Aufstellung des Rechtsbegriffs der besonders schweren oder der schweren Fälle geprägt worden ist; es kann daher nicht angenommen werden, daß seinem unverändert gebliebenen Wortlaut ausschlaggebende Bedeutung gegenüber dem neuen Rechtsbegriff zukommen und daß dieser Wortlaut zu einem Ergebnis zwingen sollte, das, wie bereits ausgeführt wurde, dem gesunden Volksempfinden widerspricht.

In dieselbe Richtung weisen auch in Übereinstimmung miteinander mehrere neue gesetzliche Vorschriften und mehrere Urteile des Reichsgerichts. Der § 21 der VRStVO n.F. vom 26. November 1941 hat die Verjährungsfrist für schwere Fälle (§ 2 Abs. 4) von Zuwiderhandlungen gegen den § 2 derselben VO auf fünf Jahre, abweichend von der Verjährung festgesetzt, die für gewöhnliche Fälle solcher Zuwiderhandlungen gilt. Dazu hat das Reichsgericht in RGSt. Bd. 76 S. 64 entschieden, daß nach dem hierin ausgedrückten Willen des Gesetzgebers die kurze Verjährungsfrist von nur drei Monaten auch schon bei den besonders schweren Fällen (§ 2 Abs. 3) von Zuwiderhandlungen gegen den § 2 der VRSt-VO a. F. vom 6. April 1940 nicht anzuwenden sei. In dem zum Abdruck in RGSt. Bd. 77 S. 187 bestimmten Reichsgerichtsurteil vom 16. September 1943, 2 D 157/43 (= DJ 1944 S. 143 = DR 1944 S. 279 Nr. 1) ist ferner ausgesprochen worden, die Verjährungsfrist in „schweren" Fällen von Zuwiderhandlung gegen den § 34 des Reichsleistungsgesetzes betrage nicht drei Monate, sondern fünf Jahre, obgleich die gewöhnlichen Fälle solcher Zuwiderhandlungen im Sinne des § 1 StGB Übertretungen seien. Begründet ist diese Entscheidung neben einem Hinweis auf die Regelung, die im § 21 VRStVO vom 25. November 1941 getroffen worden ist, damit: Das Reichsleistungsgesetz sei ein Kriegsgesetz; daher seien bei seiner Auslegung der Geist und das Ziel der Kriegsgesetzgebung zu berücksichtigen; danach könne die Strafandrohung des § 34 RLG nicht so gemeint sein, daß etwa auch eine besonders schwere Zuwiderhandlung, die bei richtiger Gesetzesanwendung mit der Höchststrafe von fünf Jahren Gefängnis bestraft werden müßte, schon durch Ablauf von drei Monaten verjähren könne.

Diese Rechtsentwicklung wird nun auch für den Bereich des Strafgesetzbuches unterstützt durch eine deutliche Willenskundgebung des Gesetzgebers, die aus der StrafrechtsangleichungsVO vom 29. Mai 1943 entnommen werden kann. Diese Verordnung hat unter Streichung der §§ 268 und 349 StGB die beiden bisher selbständigen Verbrechenstatbestände der schweren Urkundenfälschung und des schweren Urkundenverbrechens im Amt in schwere Fälle der Tatbestände umgewandelt, die in den §§ 267 und 348 StGB im allgemeinen mit Vergehensstrafen bedroht sind. Dabei ist die Strafdrohung noch verschärft worden; denn während nach den jetzt gestrichenen §§ 268 Abs. 1 Nr. 2 und 349 auf Zuchthaus im Höchstmaß von zehn Jahren, nach dem § 268 Abs. 1 Nr. 1 sogar nur auf Zuchthaus im Höchstmaße von fünf Jahren erkannt werden konnte, ist nach den neuen §§ 267 Abs. 3 und 348 Abs. 4 StGB (Fassung der StrafrechtsangleichungsVO) der Strafrahmen nach oben bis zu fünfzehn Jahren ausgedehnt. Der Gesetzgeber kann hierbei nicht den Willen gehabt haben, für die Taten, die früher unter die §§ 268, 349 StGB fielen, die Möglichkeit der Strafverfolgung durch eine Verkürzung der Verjährungsfrist von zehn auf fünf Jahre einzuschränken; er hat damit vielmehr auch für das Strafgesetzbuch erkennbar gemacht, daß er von einer Bestimmung der Verjährungsfrist je nach der besonderen Strafdrohung ausgeht, die auf den zu verfolgenden Fall anzuwenden ist.

Die Frist für die Verjährung der Strafverfolgung eines besonders schweren Falles von Betrug ist hiernach auf zehn Jahre zu bemessen. Die anderen Strafsenate des Reichsgerichts haben dieser Änderung der bisherigen Rechtsprechung zugestimmt.

Durch diese Entscheidung wird im übrigen an der Einordnung der Straftat des Betruges in die Gruppe der Vergehen (§ 1 StGB) auch unter der Voraussetzung nichts geändert, daß ein besonders schwerer Fall von Betrug vorliegt. Aus den obigen Ausführungen ergibt sich ferner, daß sich der Senat nicht grundsätzlich der sogenannten konkreten Betrachtungsweise der Verjährung anschließen will.

Nach allem wird die Strafverfolgung der Angeklagten im vorliegenden Falle nicht durch Verjährung gehindert. Denn mit Recht geht das Urteil des Landgerichts davon aus, daß der Lauf der Verjährungsfrist erst bei der letzten Zahlung eines Betrags der Unterhaltsrente begann, weil die Vermögensbeschädigung des Lehrers C. und damit die Straftat der Angeklagten erst bei dieser Zahlung im Jahre 1937 beendet wurde; daß der Betrug der Angeklagten schon durch die Verurteilung des Lehrer C. im Rechtssinn *voll*endet wurde, ist hierbei nicht entscheidend (vgl. RGSt. Bd. 62 S. 418, 419; RGUrteil vom 25. Januar 1940, 3 D 909/39 = HRR 1940 Nr. 523).

2. Das Urteil des Landgerichts ist auch sachlich in seinem ganzen Umfang geprüft worden. Hierbei hat sich nichts ergeben, was dazu führen könnte, die Entscheidung aufzuheben oder zu ändern. Zu dem Einzelvorbringen der Revisionen ist nur noch folgendes zu bemerken:

Die Annahme, daß in dem Verhalten jedes der beiden Angeklagten, auch der Frau Sch., ein *schwerer Fall* von Betrug liege, ist nach den eingehenden Feststellungen und Erwägungen des Landgerichts über den Sachverhalt rechtlich unbedenklich.

Das Landgericht hat auch gegenüber der Angeklagten Sch. nicht bloß einen Vorsatz, sondern die Absicht, einen Vermögensvorteil zu verschaffen, einwandfrei festgestellt.

Beide Revisionen sind hiernach zu verwerfen.

---

43. § 1 VolksschädlVO.

Plündern i. S. des § 1 der VolksschädlVO liegt auch dann vor, wenn der Dieb erst einige Tage oder Wochen nach dem Luftangriff (nach der Mithilfe des Täters bei der Überführung von Haushaltsgegenständen) Sachen aus der Wohnung des Ausgebombten geholt hat (auch bei Entwendung der noch schutzlos gebliebenen Sachen während der Überführung).

I. Strafsenat. Beschl. v. 3. November 1944 (1 C 205/1944).

I. Sondergericht Kassel.

In der Strafsache gegen den Schuhmachermeister G. A. aus Korbach, z. Zt. im Zuchthaus Butzbach in Strafhaft, wegen eines Kriegsverbrechens, hat das Reichsgericht, 1. Strafsenat, auf die Nichtigkeitsbeschwerde des Oberreichsanwalts in der nichtöffentlichen Sitzung vom 3. November 1944 beschlossen:

1. Das Urteil des Sondergerichts für den Oberlandesgerichtsbezirk Kassel in Kassel vom 7. Juli 1944 wird nebst den ihm zugrunde liegenden Feststellungen aufgehoben. Die Sache wird zu neuer Verhandlung und Entscheidung an das Sondergericht zurückverwiesen.

2. Der Angeklagte bleibt weiterhin in Strafhaft.

Gründe

1. Nach den Feststellungen des Sondergerichts entwendete der Angeklagte Gegenstände des Hausrats der Familie K., die in ihrer Wohnung in Kassel am 22. Oktober 1943 Fliegerschaden erlitten hatte. Das Sondergericht kann nicht feststellen, ob der Angeklagte den Diebstahl ausführte, als er am 27. Oktober 1943 der Frau K. behilflich war, Teile ihres Hausrats nach Korbach zu schaffen, oder ob er erst später in die nicht mehr bewohnten, aber verschlossen gehaltenen Räume der teilweise zerstörten Wohnung in Kassel eindrang und die Sachen wegnahm.

Das Sondergericht hat den Angeklagten wegen Diebstahls im Rückfall als Volksschädling und als gefährlichen Gewohnheitsverbrecher verurteilt und die Handlung des Angeklagten als eine solche bezeichnet, die den Tatbestand des Plünderns – gemeint ist offenbar das Plündern im Sinne des § 1 VolksschädlVO – nahe streife. Ob und warum das Sondergericht ein solches Plündern nicht als vorliegend erachtet, ist im Urteil nicht ausgeführt. Das Sondergericht hätte aber den Sachverhalt vor allem aus diesem Gesichtspunkt des Plünderns würdigen müssen. Denn der Hausrat war augenscheinlich in der zum Teil zerstörten Wohnung ohne hinreichenden Schutz geblieben. Wenn der Angeklagte diese Schutzlosigkeit zum Stehlen ausnutzte, so war das Plündern. Auch wenn er die Sachen erst einige Tage oder Wochen nach seiner Mithilfe bei der Überführung von Haushaltsgegenständen nach Korbach, etwa bei einer späteren eigenmächtigen Fahrt nach Kassel, aus der Wohnung der Frau K. geholt haben sollte, läge nur eine geringe Zeitspanne zwischen den beiden Ereignissen; die Entwendung der noch schutzlos gebliebenen Sachen stände auch dann noch in einem unmittelbaren Zusammenhang mit dem Bombenschaden. Andererseits würde auch bei der Annahme der anderen Möglichkeit, im Falle der Entwendung also gelegentlich der von Frau K. beaufsichtigten Überführung, die Tatsache dieser Aufsicht nicht hindern, die Tat als ein Plündern anzusehen, denn die Aufsicht über solche Bergungsarbeiten, die die Frau K. bei den vielen Aufgaben, die ihr hierbei zufielen, ausüben konnte, wäre nicht geeignet gewesen, den Schutz des Eigentümers so wiederherzustellen, wie er ohne die Einwirkung des feindlichen Fliegerangriffs bestanden hätte. Der Schutz wäre vielmehr auch in diesem Falle als erheblich gestört anzusehen und als die unmittelbare Folge des Angriffs zu erachten.

2. Auf Grund der neuen Hauptverhandlung wird das Sondergericht ferner die von ihm vorgenommene Prüfung neu anzustellen haben, ob der Angeklagte als Gewohnheitsverbrecher nach dem § 1 des Änderungsgesetzes vom 4. September 1941 die Todesstrafe verdient, und dabei die unter 1. hervorgehobenen Umstände stärker zu berücksichtigen haben, die den Angeklagten belasten. Es wird sich dabei aber auch deutlicher als bisher darüber aussprechen müssen, wie es sich mit den „formellen Voraussetzungen" des § 20 a StGB verhält. Das Sondergericht hat dort, wo es diese Voraussetzungen erwähnt (S. 8 UA.), ersichtlich den Abs. 2 des § 20 a StGB im Auge, hat aber bisher nicht die zwei weiteren vorsätzlichen Taten bezeichnet, die es neben der jetzt abgeurteilten Tat herangezogen hat. Das Sondergericht wird dies auf Grund der neuen Hauptverhandlung unter Beachtung des Abs. 3 des § 20 a StGB nachzuholen und dabei nachzuweisen haben, daß diese weiteren beiden Taten für den Hang des Angeklagten zum Verbrechen ebenso kennzeichnend sind, wie die Tat, die den Gegenstand des jetzigen Verfahrens bildet.

3. Der erkennende Teil der Entscheidung und der Erlaß der Entscheidung ohne Hauptverhandlung in Beschlußform entsprechen dem Antrage des Oberreichsanwalts. gez. Schultze. Ziegler.

---

44. § 218 StGB.

Die Fassung des neuen Satzes 2 des Absatzes 3 des § 218 StGB darf nicht zu der Annahme verleiten, daß der Gesetzgeber mit dieser Bestimmung ein weiteres Tatbestandsmerkmal habe aufstellen wollen, das zu den Merkmalen des Verbrechens der Abtötung der Leibesfrucht hinzukommen müßte. Vergleicht man die beiden Sätze des Abs. 3 des § 218 StGB miteinander, so ist unschwer zu erkennen, daß S. 2 als Gegensatz zu dem zweiten Halbsatz des Satzes 1 gedacht ist.

I. Strafsenat. Urt. v. 3. November 1944 (1 D 271/1944).

I. Landgericht Rottweil.

In der Strafsache gegen den Haarpfleger F. O. aus Oberndorf, Kreis Rottweil, z. Zt. in Rottweil in Untersuchungshaft, wegen Abtreibung, hat das Reichsgericht, 1. Strafsenat, in der Sitzung vom 3. November 1944, an der teilgenommen haben als Richter: der Senatspräsident Dr. Schultze und die Reichsgerichtsräte Dr. Ziegler, Dr. Hoffmann, Rusche, Dr. Rittweger, als Beamter der Staatsanwaltschaft: der Reichsanwalt Richter, auf die Revision der Staatsanwaltschaft nach mündlicher Verhandlung für Recht erkannt:

Das Urteil des Landgerichts Rottweil vom 29. Juni 1944 wird insoweit, als es den Angeklagten O. betrifft, im Strafausspruch nebst den diesem zugrunde liegenden Feststellungen aufgehoben; insoweit wird die Sache zu neuer Verhandlung und Entscheidung an die Vorinstanz zurückverwiesen. – Von Rechts wegen

Gründe

Nach den Feststellungen des Landgerichts ließ sich der Angeklagte innerhalb der letzten fünfzehn Jahre in zehn Fällen Abtreibungen oder Abtreibungsversuche zuschulden kommen. Nach der Annahme des Landgerichts handelte der Angeklagte aus einer ihm innewohnenden Bereitschaft zur Vernichtung keimenden Lebens, die auf Geltungsbedürfnis und Willensschwäche beruht. Er beeinträchtigte, wie das Landgericht ausführt, die Lebenskraft des Deutschen Volkes in beträchtlichem Umfange. Das Landgericht hält gleichwohl den § 218 Abs. 3 StGB nicht in der Fassung für anwendbar, die ihm durch die VO vom 18. März 1943 (RGBl. I S. 169) gegeben worden ist. Nach dieser neuen Fassung droht der § 218 Abs. 3 S. 2 StGB die Todesstrafe dem Abtreiber an, der fortgesetzt die Lebenskraft des Deutschen Volkes beeinträchtigt. Das Landgericht ist der Auffassung, daß die Abtreibungshandlungen, die der Angeklagte vor der Geltungszeit der neuen Fassung vornahm, nicht zur Begründung des Begriffs der fortgesetzten Beeinträchtigung der Lebenskraft des Deutschen Volkes herangezogen werden dürfen, daß deshalb die Fälle 1–3 des Urteils bei der Prüfung der Frage der Anwendbarkeit des § 218 Abs. 3 S. 2 StGB außer Betracht bleiben müßten. Diese vom Landgericht vertretene Auffassung hat der Große Senat für Strafsachen in seinem Beschluß vom 15. Juli 1944 GSSt 1/44 / 4 D 137/44 mitgeteilt im DR 1944 S. 721 Nr. 1 als rechtsirrig abgelehnt.

Der Rechtsfehler des Landgerichts berührt lediglich den Strafausspruch. Die Fassung des neuen Satzes 2 des Absatzes 3 des § 218 StGB darf nicht zu der Annahme verleiten, daß der Gesetzgeber mit dieser Bestimmung ein weiteres Tatbestandsmerkmal habe aufstellen wollen, das zu den Merkmalen des Verbrechens der Abtötung der Leibesfrucht hinzukommen müßte. Bei dieser Annahme würde man zu der Auffassung gelangen, daß der Gesetzgeber an der genannten Stelle eine besondere Straftat habe schaffen wollen, die zwar den vollen Tatbestand des Verbrechens der Abtötung der Leibesfrucht durch einen anderen als durch die Schwangere enthält, die aber darüber hinaus noch die äußeren und die inneren Voraussetzungen der fortgesetzten Beeinträchtigung der Lebenskraft des Deutschen Volkes erfordere. Vergleicht man jedoch die beiden Sätze des Abs. 3 des § 218 StGB miteinander, so ist unschwer zu erkennen, daß S. 2 als Gegensatz zu dem zweiten Halbsatz des Satzes 1 gedacht ist. Dieser Halbsatz läßt für die nicht näher umschriebenen minder schweren Fälle der Abtötung der Leibesfrucht die Gefängnisstrafe zu. Im Gegensatz hierzu bezeichnet S. 2 einen besonders schweren Fall der Abtötung der Leibesfrucht. Die Besonderheit liegt nur darin, daß der Gesetzgeber die Strafe nicht in allen Fällen, die schwerer liegen als die gewöhnlichen Fälle, erhöhen will, daß er die Todesstrafe vielmehr nur für einen gesonderten Fall der Erschwerung verhängt wissen will, nämlich für den Fall, daß die mehreren Abtötungen der Leibesfrucht eine fortgesetzte Beeinträchtigung der Lebenskraft des Deutschen Volkes zur Folge gehabt haben.

Demnach beruht nur der Strafausspruch auf einem Rechtsirrtum; er muß deshalb aufgehoben werden. Auf Grund der neuen Verhandlung wird das Landgericht die Frage der Anwendbarkeit des § 218 Abs. 3 S. 2 StGB nochmals zu prüfen und seiner Prüfung die Rechtsanschauung des Großen Senats für Strafsachen zugrunde zu legen haben. Dabei ist das Treiben des Angeklagten im ganzen zu betrachten und zu untersuchen, ob es in seiner Ganzheit die Lebenskraft des Deutschen Volkes fortgesetzt beeinträchtigt hat; die Versuchshandlungen können dabei nicht ausgeschieden werden, da sie zusammen mit den vollendeten Handlungen betrachtet werden müssen. Auch darf das Landgericht bei dieser Betrachtung nicht lediglich die abgeurteilten Fälle heranziehen, es muß auch die nicht abgeurteilten, aber festgestellten Fälle in die Betrachtung mit einbeziehen. Die Frage, ob die Meinung des Landgerichts richtig ist, daß zu dem Begriff der fortgesetzten Beeinträchtigung mindestens drei Fälle von Abtreibung gehörten, braucht hier nicht entscheiden zu werden, da die vom Landgericht gestellte Forderung in der Person des Angeklagten erfüllt ist.

---

45. § 259 StGB.
Zur Tatmehrheit von Erpressung und Hehlerei und von Anstiftung zur Untreue (Diebstahl, Unterschlagung) und Hehlerei.

III. Strafsenat. Urt. v. 9. November 1944 (3 C 354/1944).

I. Amtsgericht Weimar.

In der Strafsache gegen E. P. aus Weimar, zur Zeit im Strafgefängnis Ichtershausen in Strafhaft, wegen Erpressung u. a. hat das Reichsgericht, 3. Strafsenat, in der Sitzung vom 9. November 1944, an der teilgenommen haben als Richter: der Reichsgerichtsrat Dr. Hartung als Vorsitzender und die Reichsgerichtsräte Kamecke, Schaefer II und Sponsel sowie der Kammergerichtsrat Denzler, als Beamter der Staatsanwaltschaft: der Reichsanwalt Floegel, auf die Nichtigkeitsbeschwerde des Oberreichsanwaltes nach mündlicher Verhandlung für Recht erkannt:

Das Urteil des Amtsgerichts in Weimar vom 18. Juli 1944 wird mit den Feststellungen, die ihm zugrunde liegen, aufgehoben. Die Sache wird zu neuer Verhandlung und Ent-

scheidung an das Sondergericht in Weimar zurückverwiesen. Der Verurteilte verbleibt in Strafhaft. – Von Rechts wegen

Gründe

Der Angeklagte hat, wie das Amtsgericht feststellt, in der Zeit von Anfang 1943 bis zum „Vorsommer" 1943 die Buchhalterin eines Herrenausstattungsgeschäftes, T., fortgesetzt dazu bestimmt, ihm Kleiderkartenpunkte zu verschaffen. Erstmals bewog er sie dazu durch das Versprechen, ihr vom Dorf Eier und andere Lebensmittel zu besorgen. Sie überbrachte ihm zunächst 120 bis 130 Punkte; diese hatte sie heimlich von Kleiderkarten ihres Bruders und seines Bekannten abgeschnitten, die ihr ausgehändigt worden waren. In der Folgezeit gab der Angeklagte der T. ein Hühnchen und später einige Eier gegen Bezahlung, stellte ihr die Lieferung weiterer Eier in Aussicht und drang fortgesetzt in sie, ihm weitere Kleiderkartenpunkte zu verschaffen. Ihrer ablehnenden Haltung trat er wiederholt mit der Erklärung entgegen, sie habe nun einmal „angefangen" und müsse ihm deshalb weiterliefern. Nach der Beweisannahme des Amtsgerichtes war das als Drohung des Angeklagten aufzufassen, er habe die T. „in der Hand"; so faßte sie die Erklärung auch auf. Diese Drohungen bestimmten sie mit dazu, dem Angeklagten zu zwei verschiedenen Malen noch insgesamt etwa 200 Punkte auszuhändigen. Hiervon hatte sie 16 von der eigenen Kleiderkarte abgeschnitten, 84 von ihrem zukünftigen Schwiegervater „durch Täuschung erlangt" und den Rest von etwa 100 Stück in dem Herrenausstattungsgeschäft an sich genommen. Bei der letzten Lieferung gab ihr der Angeklagte als Gegenleistung 30 (oder 50) Eier. Auf die Punkte bezog er Kleidungsstücke.

Das Amtsgericht hat den Angeklagten wegen Hehlerei, Erpressung und „Vergehens" gegen den § 2 Abs. 1 Nr. 1, Abs. 4 VRStVO zu einem Jahre Gefängnis Gesamtstrafe verurteilt. Welchen Tatbestand der an letzter Stelle bezeichneten Vorschrift es als gegeben ansieht, hat es nicht weiter ausgesprochen.

Die Nichtigkeitsbeschwerde macht geltend, das Amtsgericht habe nicht beachtet, daß sich der Angeklagte der Anstiftung zum Diebstahl, zum Betrug und zur Unterschlagung schuldig gemacht habe. Die Anstiftung treffe mit der Erpressung und infolgedessen auch mit der Hehlerei und dem Verstoße gegen die VRStVO tateinheitlich zusammen. Dieser liege darin, daß sich der Angeklagte die Verfügung über Bezugsberechtigungen gegen Entgelt verschafft habe. Ferner bemängelt die Nichtigkeitsbeschwerde, das Amtsgericht habe zu prüfen unterlassen, ob nicht der Angeklagte dadurch, daß er der T. Eier „besorgt" habe, dem § 2 VRStVO zuwidergehandelt habe. Schließlich beanstandet der Oberreichsanwalt, der Tatrichter habe nicht die Anwendbarkeit des § 4 VolksschädlVO und des § 253 StGB in der Fassung der StrafrechtsangleichungsVO vom 29. Mai 1943 (RGBl. I S. 339) erörtert; beide Vorschriften hätten ermöglicht, den Angeklagten angemessen mit Zuchthaus zu bestrafen.

Die Nichtigkeitsbeschwerde hat im Ergebnis Erfolg.

1. Den Tatbestand der (fortgesetzten) Erpressung sieht das Amtsgericht rechtlich einwandfrei als gegeben an (vgl. RGSt. Bd. 44 S. 232, 248).

2. Nach dem festgestellten Sachverhalt hat die T. jedenfalls einen Teil der Kleiderkartenpunkte, die sie dem Angeklagten übergeben hat, in strafbarer Weise erlangt. Welchen strafrechtlichen Tatbestand ihr Verhalten gegenüber dem Bruder, dem Bekannten und dem zukünftigen Schwiegervater etwa erfüllt hat, ist den insoweit unzulänglichen Feststellungen des Amtsgerichtes nicht zweifelsfrei zu entnehmen. Diese ermöglichen auch keine abschließende Stellungnahme zu der Frage, ob die Aneignung von 100 Punkten im Geschäfte mit dem Amtsgericht als Unterschlagung oder aber als Diebstahl aufzufassen ist. Auch Untreue ist insoweit mit in Betracht zu ziehen. Die Umstände lassen als möglich erscheinen, daß der Angeklagte die T. dazu angestiftet hat, sich Kleiderkartenpunkte durch Untreue oder sonstwie unter Verletzung fremder Vermögensrechte zu verschaffen. Inwieweit das aber zutrifft, ist ebenfalls nur auf Grund zureichender tatsächlicher Feststellungen zu beurteilen; an ihnen mangelt es. Gegebenenfalls würde die Anstiftung mit der Erpressung rechtlich zusammentreffen.

3. Soweit die T. Kleiderkartenpunkte mittels einer strafbaren Handlung *unter Verletzung fremder Vermögensrechte* erlangt hat, liegt Hehlerei des Angeklagten vor. Das hat das Amtsgericht im Ergebnis zutreffend jedenfalls mit Bezug auf *die* Kleiderkartenpunkte angenommen, die sich die T. *im Geschäfte* – sei es durch Diebstahl, sei es durch Unterschlagung, gegebenenfalls zugleich durch Untreue – angeeignet hat. Seine Bemerkung, der Angeklagte „habe den Umständen nach wissen müssen, die T. habe die vielen Punkte nicht von sich aus zur Verfügung gehabt und müsse sie sich auf *unrechtmäßige* Weise beschafft haben“, drückt ersichtlich die tatrichterliche Auffassung aus, nach den Umständen habe sich dem Angeklagten die Überzeugung aufdrängen müssen, die T. habe die Punkte auch tatsächlich durch eine strafbare Handlung der vorbezeichneten Art erlangt. Inwieweit die *übrigen* Kleiderkartenpunkte, sowie sie nicht der T. gehörten, Gegenstand einer Hehlerei sein konnte, ist nach dem unter 2) Gesagten auf Grund der bisherigen Feststellungen nicht zu entscheiden. Soweit der Angeklagte von diesen Punkten lediglich *angenommen* haben sollte, die T. habe sie durch eine strafbare Handlung unter Verletzung fremder Vermögensrechte erlangt, ohne daß das zutraf, würde er sich nach dem § 259 Abs. 2 StGB (vgl. den Art. 4 StrafrechtsangleichungsVO vom 29. Mai 1943) insoweit des Hehlerei*versuches* schuldig gemacht haben können, als er die Punkte in der Zeit seit dem 15. Juni 1943, dem Tage des Inkrafttretens dieser Verordnung, an sich gebracht hat. Das zu prüfen, ermöglichen die Feststellungen des Amtsgerichtes aber ebenfalls nicht.

4. Soweit der Angeklagte die Kleiderkartenpunkte der T. durch Erpressung abgenötigt hat, trifft dieser strafrechtliche Tatbestand mit der Hehlerei (und gegebenenfalls ihrem Versuche) sachlich, nicht rechtlich (tateinheitlich) zusammen. Zur Tateinheit gehört, daß die Willensbetätigungen des Täters, die den Tatbestand verschiedener Strafgesetze erfüllen, mindestens zum Teil zusammenfallen. Das trifft im Verhältnis zwischen Erpressung und Hehlerei nicht zu. Zwar ist die Erpressung erst dann rechtlich vollendet, wenn der Genötigte die Handlung begangen, geduldet oder unterlassen *hat*, deren Vornahme, Duldung oder Unterlassung der Nötiger von ihm erstrebt. Das abgenötigte Verhalten ist aber eine Willensbetätigung des *Genötigten* und als solche die Folge des „Nötigens" als der tatbestandsmäßigen Willensbetätigung des Erpressers. Diese deckt sich mit der Willensbetätigung, die zum Tatbestande der Hehlerei gehört – im gegebenen Falle dem Ansichbringen der Punkte – zu keinem Teile. Die Begründung, mit der die Entscheidung des Senats RGSt. Bd. 35 S. 278 die Möglichkeit von Tateinheit zwischen Erpressung und Hehlerei bejaht hat, ist deshalb nicht mehr aufrechtzuerhalten.

Auch eine etwaige Anstiftung des Angeklagten zu Untreue (Diebstahl, Unterschlagung) der T. würde zur Hehlerei im Verhältnis der Tatmehrheit stehen. Diese Auffassung entspricht der neueren Rechtsprechung des Reichsgerichtes (z.B. RGSt. Bd. 51 S. 97, 101 und das zum Teilabdruck bestimmte RGUrt. vom 16. Oktober 1944 3 D 299/44).

Dagegen würde mit der Hehlerei *die* Zuwiderhandlung des Angeklagten gegen die VRStVO in Tateinheit stehen, die darin besteht, daß sich nach dem festgestellten Sachverhalte der Angeklagte die Verfügung über Bezugsberechtigungen gegen Entgelt verschafft hat (§ 2 Abs. 1 Nr. 1, *dritte* Begehungsform). Außerdem kommt aber ein Verstoß gegen die *zweite* Begehungsform des § 2 Abs. 1 Nr. 1 in Frage, da der Angeklagte ihm nicht zustehende Bezugsberechtigungen für sich ausgenutzt hat. *Diese* Straftat steht zu den übrigen strafbaren Handlungen des Angeklagten im Verhältnis der Tatmehrheit.

5. Der festgestellte Sachverhalt legt die Annahme nahe, daß der Angeklagte die durch den Krieg verursachte Knappheit an Lebensmitteln dazu benutzt hat, der T. die Lieferung von Lebensmitteln zu versprechen, um sie hierdurch zu bestimmen, ihm Kleiderkartenpunkte zu besorgen. Das kommt nicht nur für den Beginn ihrer geschäftlichen Beziehungen, sondern – neben dem erpresserischen Vorgehen – auch für deren Fortsetzung in Betracht. Eine etwaige Anstiftung der T. zum Veruntreuen, Entwenden oder Unterschlagen von Kleiderkartenpunkten könnte mithin den Tatbestand des § 4 VolksschädlVO erfüllen. Diese Frage hat der Tatrichter ebensowenig wie die Frage der Anstiftung (vgl. oben unter 2) untersucht. Daß der Angeklagte von der Wesensart eines Volksschädlings sein könnte, ist nach den bisherigen Feststellungen nicht auszuschließen.

6. Durch die Anklage ist auch *die* Tatsache der richterlichen Prüfung und Entscheidung unterbreitet worden, daß der Angeklagte der T. Eier (vom Lande) „besorgt" hat. Dieses Verhalten könnte den Tatbestand des § 1 Abs. 1 Nr. 1 VRStVO erfüllen, wenn der Angeklagte laufend Eier ohne Bezugsberechtigung bezogen haben sollte, um sie wie ein Händler entgeltlich (etwa durch Tausch) zu veräußern. Andernfalls wäre der § 2 Abs. 1 Nr. 1 VRStVO in Betracht zu ziehen. In diesem Punkt hat das angefochtene Urteil die Anklage nicht erschöpft.

7. Die unter 2) bis 6) bezeichneten Unzulänglichkeiten des *Schuldspruches* nötigen in ihrer Gesamtheit dazu, das Urteil des Amtsgerichts aufzuheben. Übrigens ist auch der *Strafausspruch* insofern zu beanstanden, als das Amtsgericht nicht weiter erörtert hat, ob sich nicht die erpresserischen Handlungen des Angeklagten bis in die Zeit nach dem 14. Juni 1943 erstreckt haben, die Erpressung also auch nach dem § 253 StGB in der Fassung der StrafrechtsangleichungsVO vom 29. Mai 1943 zu ahnden sei. In diesem Falle wären die schärferen Strafsätze der neuen Fassung zu berücksichtigen gewesen.

Nach alledem bedarf die Sache weiterer Aufklärung durch den Tatrichter. Sie ist an ihn zurückzuverweisen. Gemäß dem § 35 Abs. 4 ZuständigkeitsVO wird die neue Verhandlung und Entscheidung dem örtlich zuständigen Sondergericht übertragen.

Die Fortdauer der Strafhaft wird auf Grund des Art. I VO vom 1. September 1941 (RGBl. I S. 552) angeordnet.

---

46. §§ 271, 360 Abs. 1 Nr. 8 StGB.

Der Versuch eines Meineids setzt voraus, daß mit der Eidesleistung selbst irgendwie begonnen worden ist. Die Vernehmungsniederschrift eines Amtsrichters fällt nicht unter § 271 StGB. Für unrichtige Angaben über den Stand gilt § 360 Abs. 1 Nr. 8 StGB.

II. Strafsenat. Urt. v. 16. November 1944 (2 D 247/1944).

I. Amtsgericht Waldenburg (Schles.).

In der Strafsache gegen den Monteur J. D. zur Zeit in Waldenburg/Schles. in Untersuchungshaft wegen wissentlich falscher Anschuldigung u. a. hat das Reichsgericht, 2. Strafsenat, in der Sitzung vom 16. November 1944, an der teilgenommen haben als Richter: der Senatspräsident Müller und die Reichsgerichtsräte, Dr. Schwarz, Stumpf, Dr. Francke, Rietzsch, als Beamter der Staatsanwaltschaft: der Reichsgerichtsrat Dr. Dörffler, auf die Revision des Angeklagten nach mündlicher Verhandlung für Recht erkannt:

Das Urteil der Strafkammer bei dem Amtsgericht in Waldenburg (Schles.) vom 21. September 1944 wird im Schuldspruche dahin berichtigt, daß die Verurteilung wegen versuchten Meineids wegfällt und daß der Angeklagte anstatt wegen mittelbarer Falschbeurkundung wegen Übertretung von § 360 Abs. 1 Nr. 8 StGB verurteilt ist. Der Strafausspruch wird nebst den ihm zugrunde liegenden Feststellungen aufgehoben. Die Sache wird zu erneuter Straffestsetzung an die Vorinstanz zurückverwiesen. Von Rechts wegen

Gründe

Der Angeklagte erstattete nach der Feststellung der Strafkammer am 30. Mai 1944 bei der Polizeibehörde gegen die Ehefrau F. die U. A. S. 3 oben mitgeteilte wissentliche falsche Strafanzeige. Die Richtigkeit ihres Inhalts bestätigte er in der Hauptverhandlung gegen die Ehefrau F. als Zeuge. Als er in vorliegender Sache von dem Amtsrichter vernommen wurde, gab er der Wahrheit zuwider zu dessen Niederschrift an, er sei verwitwet und habe zwei eheliche Söhne. Die Strafkammer hat ihn wegen fortgesetzter wissentlich falscher Anschuldigung in Tateinheit mit uneidlich falscher Aussage und versuchten Meineids sowie wegen mittelbarer Falschbeurkundung verurteilt.

Die Revision ist unbeschränkt eingelegt und ergreift, da der Verteidiger keine Rücknahmevollmacht (§ 302 Abs. 2 StPO) nachgewiesen hat, das Urteil im vollen Umfang. Sie hat Erfolg.

I. Zum Schuldspruch

1. Die Annahme einer wissentlich falschen Anschuldigung und einer falschen uneidlichen Aussage ist rechtlich unbedenklich.

2. Die Verurteilung wegen versuchten Meineids ist schon deswegen nicht zu halten, weil es am äußeren Tatbestande einer solchen Straftat ermangelt. Der Versuch eines Meineides setzt voraus, daß mit der Eidesleistung selbst irgendwie begonnen worden ist. Hieran fehlt es aber nach Feststellung der Strafkammer. Es genügt nicht, daß verfahrensrechtlich die Möglichkeit zur Vereidigung des Täters bestand und daß dieser bei der Vernehmung hierauf hingewiesen worden ist. Die in RGSt. Bd. 54 S. 117 ff. entwickelten Grundsätze, an denen festzuhalten ist, gelten auch hier. Der Senat verspricht sich von einer neuen Verhandlung durch den Tatrichter keine weitere Aufklärung. Der Schuldspruch kann daher von hier aus richtiggestellt werden.

3. Die Anwendung des § 271 StGB beruht auf Rechtsirrtum. Die Vernehmungsniederschrift des Amtsrichters (Ermittlungsrichters) ist zwar eine öffentliche Urkunde und beweist in diesem Rahmen u. a. auch, ob und welche Angaben der Vernommene zu seiner Person gemacht hat. Sie ist jedoch, wie keiner näheren Darlegung bedarf, nicht dazu bestimmt, auch für die Richtigkeit solcher Erklärungen für und gegen jedermann Beweis zu erbringen. Nur unter dieser Voraussetzung könnten aber die unzutreffenden Angaben, die der Angeklagte

hier zu seiner Peson gemacht hat, gegen § 271 StGB verstoßen (vgl. auch RGSt. Bd. 59 S. 19). Dagegen stellt seine Erklärung gegenüber dem Ermittlungsrichter, er sei verwitwet, eine Übertretung des § 360 Abs. 1 Nr. 8 StGB dar, weil er insofern einem zuständigen Beamten über seinen Stand eine unrichtige Angabe gemacht hat. Der Schuldspruch ist von hier aus zu berichtigen. Bedenken aus dem Gesichtspunkte des § 265 StPO bestehen hiergegen nicht, denn der Beschwerdeführer hätte bei einem entsprechenden Hinweise ersichtlich nichts wesentliches Neues zu seiner Verteidigung vorbringen können.

II. Zum Strafausspruch

Die Berichtigungen des Schuldspruchs erfordern eine erneute Straffestsetzung durch den Tatrichter. Der Strafausspruch ist daher aufzuheben.

In der neuen Hauptverhandlung wird gegebenenfalls die Anwendbarkeit der §§ 157, 158 StGB zu prüfen und bezüglich der Veröffentlichungsbefugnis das RGUrteil vom 4. November 1937 3 D 837/37 = JW 1937 S. 3301 und die dort angezogene Entscheidung RGSt. Bd. 23 (nicht 25) S. 325 zu beachten sein.

---

47. § 48 StGB, § 49 a StGB in der Fassung der StrafrechtsanglVO vom 29. Mai 1945 (RGBl. I S. 339); § 156 a StGB in der Fassung der StrafrechtsanglVO vom 29. Mai 1943 (RGBl. I S. 339); § 153 StGB in der Fassung der zweiten DurchfVO zur StrafrechtsanglVO vom 20. Januar 1944 (RGBl. I S.41); § 159 StGB in der Fassung der Zweiten DurchfVO zur StrafrechtsanglVO vom 20. Januar 1944 (RGBl. I S. 41).

Der erfolglose Versuch, einen anderen zum Meineid anzustiften, nimmt dann, wenn der andere infolge der Einwirkung uneidlich falsch aussagt, die Anstiftung zur falschen uneidlichen Aussage in sich auf (Gesetzeseinheit).

III. Strafsenat. Urt. v. 16. November 1944 (3 D 339/1944).

I. Landgericht Torgau.

In der Strafsache gegen die verwitwete Frau G. P., geb. R., aus Mückenberg, zur Zeit in Torgau in Untersuchungshaft, wegen Unternehmens der Verleitung zum Meineid u. a. hat das Reichsgericht, 3. Strafsenat, in der Sitzung vom 16. November 1944, an der teilgenommen haben als Richter: der Reichsgerichtsrat Dr. Hartung als Vorsitzender, die Reichsgerichtsräte Kamecke, Schaefer II, Paul und der Kammergerichtsrat Denzler, als Beamter der Staatsanwaltschaft: der Reichsanwalt Dr. Kirchner, auf die Revision der Angeklagten nach mündlicher Verhandlung für Recht erkannt:

Das Urteil des Landgerichts in Torgau vom 19. August 1944 wird, soweit es die Angeklagte P. verurteilt – jedoch mit Ausnahme der Verurteilung wegen Abtreibung –, samt den Feststellungen, die ihm insoweit zugrunde liegen, sowie im Ausspruch über die Gesamtstrafe und die Ehrenstrafe aufgehoben. In diesem Umfange wird die Sache zu neuer Verhandlung und Entscheidung an die Vorinstanz zurückverwiesen. – Von Rechts wegen

Gründe

I. Das Wiedereinsetzungsgesuch ist gegenstandslos. Nach dem § 5 VO vom 12. Mai 1943 (RGBl. I S. 290) gilt im gegebenen Falle das angefochtene Urteil als am zweiten Werktage nach der Aufgabe zur Post, also am 9. September 1944, zugestellt. Daran ändert der Umstand nichts, daß es der Kanzlei des Verteidigers in Wirklichkeit bereits am Tage vorher zugegangen ist (vgl. das RGUrt. vom 11. Februar 194 4 D 487/43 = DR 1944 S. 368 Nr. 8). Da die Revisionsbegründungsschrift am 16. September bei dem Landgericht vorgelegen hat, ist die Begründungsfrist gewahrt.

II. In der Sache selbst ist die Verurteilung wegen *Abtreibung* nicht angefochten.

Im übrigen kann das angefochtene Urteil, soweit es die Beschwerdeführern *verurteilt*, nicht bestehenbleiben.

Der Schuldspruch gegen sie lautet insoweit nach der Urteilsformel dahin, sie habe die W. und die B. *angestiftet*, vor Gericht *eidlich* falsch auszusagen *und* sie dadurch zu begünstigen; *daraufhin* hätten die W. und die G. sie durch *uneidliche* falsche Aussagen vor Gericht begünstigt. Diese Fassung ist nicht nur in der Sache, sondern auch insofern widerspruchsvoll, als die G. nicht zu den von der Beschwerdeführerin „Angestifteten" gehört; jedenfalls hat das Landgericht die Beschwerdeführerin im Falle G. freigesprochen. Zu beanstanden ist ferner, daß die Urteilsformel entgegen dem § 260 Abs. 4 StPO nicht das angewendete Strafgesetz bezeichnet und daß sie nicht erkennen läßt, ob die verschiedenen „Anstiftungen" zueinander in Tateinheit oder Tatmehrheit stehen, vor allem aber, daß sie, ebenso wie die Urteilsbegründung, den Ausdruck „Anstiftung zum Meineide" dazu verwendet, das *erfolglose* Unternehmen der Anstiftung zum Meineide (§ 159 StGB) zu bezeichnen. Nach den Gründen des angefochtenen Urteils hat das Landgericht die Beschwerdeführerin des erfolglosen Unternehmens der Anstiftung der W. und der B. zum Meineid, im Falle W. zugleich der (erfolgreichen) Anstiftung zu Begünstigung schuldig erkennen wollen. Die nach der undurchsichtigen Urteilsformel mögliche Annahme, die Beschwerdeführerin sei auch wegen erfolg*loser* Anstiftung der B. zur *Begünstigung* verurteilt, ist – ungeachtet der insoweit ebenfalls undurchsichtigen Fassung der Urteilsgründe (UA S. 3 = Urteilsurschrift S. 4 Abs. 5 Satz 2) – abzulehnen, da der erfolglose Versuch der Anstiftung zur Begehung eines *Vergehens* nicht strafbar ist, soweit ihn nicht, wie im § 159 StGB in der Fassung der Verordnung vom 20. Januar 1944 (RGBl. I S. 41), das Gesetz besonders unter Strafe stellt.

Der Schuldspruch wegen erfolglosen Unternehmens der Anstiftung der B. und der W. zum *Meineide* wird nicht durch die Feststellungen des Landgerichts getragen.

1. Fall B.

Die Beschwerdeführerin hat Frau B., als diese zur Vernehmung vor den Gendarmen geladen war, aufgefordert, wahrheitswidrig ihr Wissen über die Abtreibung der Beschwerdeführerin zu verschweigen. Diese Feststellung rechtfertigt nicht den Schluß, die Beschwerdeführerin habe die B. zum *Meineid* anstiften wollen. Daß sie irrig angenommen hätte, der Gendarm könne Zeugen eidlich vernehmen, ergibt der Urteilszusammenhang nicht. Er bietet auch keinen genügenden Anhalt für die Annahme, die Beschwerdeführerin habe im Zeitpunkt ihrer Einwirkung damit gerechnet, die B. werde gerichtlich, und zwar unter Eid, vernommen werden, und habe Frau B. für diesen Fall bestimmen wollen, eidlich falsch auszusagen. Ob der Schluß, den das Landgericht UA S. 3 = Urteilsurschrift S. 4 Abs. 3 dahin zieht, die Beschwerdeführerin sei „in allen Fällen auch mit einem Meineid einverstanden" gewesen, den Fall B. mitumfassen soll, ist bei der Undurchsichtigkeit auch dieses Teils der Urteilsgründe zweifelhaft. Sollte das Landgericht den Schluß so haben ziehen wollen, so würde er ausreichender tatsächlicher Begründung ermangeln. Inwiefern der Umstand, daß die Beschwerdeführerin bei Einwirkungen S.s auf die B. *anwesend* gewesen ist, dahin zu deuten sei, die Beschwerdeführerin habe sich die Äußerungen S.s zu eigen gemacht und durch sie auch selbst auf die B. einwirken wollen, eidlich falsch auszusagen, hätte näher und in einer Weise dargelegt werden müssen, die die rechtliche Nachprüfung ermöglicht.

2. Fall W.

Auch in diesem Fall ergibt die festgestellte mehrfache Einwirkung der Beschwerdeführerin auf Frau W., zu ihren Gunsten die Unwahrheit zu sagen, nicht ohne weiteres, die Beschwerdeführerin habe die Angeklagte W. dazu verleiten wollen, vor *Gericht* und unter *Eid* eine unwahre Aussage zu machen. Den Schluß, daß sie *das* mit ihren Einwirkungen habe erreichen wollen, hätte das Landgericht näher begründen müssen, da sie vor und nach der *polizeilichen* Vernehmung der W. geschehen sind. Was es UA S. 3 Abs. 3 hierzu sagt, reicht um so weniger aus, als nicht ersichtlich ist, daß S. auch auf die W. eingeredet hätte, eidlich falsch auszusagen, und die Beschwerdeführerin sich derartige Erklärungen S.s zu eigen gemacht hätte. Auch der Umstand, daß die W. „auf Grund der Beeinflussungen" vor dem Amtsrichter *uneidlich* falsch ausgesagt hat (UA S. 2 Abs. 6), erbringt den fehlenden Nachweis nicht ohne weiteres. Zu prüfen gewesen wäre aber auch, ob nicht die Beschwerdeführerin die W. (mit Erfolg) zur falschen *uneidlichen* Aussage angestiftet habe (§§ 156 a, 48 StGB). Diese Straftat würde gegebenenfalls mit der (erfolgreichen) Anstiftung zur Begünstigung tateinheitlich zusammentreffen. Dagegen würde sie zu dem etwaigen erfolglosen Versuche der Anstiftung zum Meineid in Gesetzeseinheit stehen, da jedes Unternehmen der Verleitung zu falscher *eidlicher* Aussage zugleich das Unternehmen ist, zu falscher *uneidlicher* Aussage zu bestimmen.

3. Die dargelegte Unzulänglichkeit der tatsächlichen Feststellungen nötigt dazu, das angefochtene Urteil der Beschwerdeführerin gegenüber im gesamten Schuldspruche (mit Ausnahme desjenigen der Abtreibung) aufzuheben. Mitaufzuheben ist der Ausspruch über die Gesamtstrafe und die Ehrenstrafe.

Für die neue Hauptverhandlung vor dem Landgericht wird noch bemerkt:

a) Die Auffassung, nach dem § 49 a StGB sei es belanglos, ob der Meineid zur Ausführung gelangt sei oder nicht (UA. S. 3 Abs. 4), ist nicht unbedenklich. Möglicherweise beruht sie auf einem Übersehen des § 49 a Abs. 1 *Satz 2* StGB. Diese Vorschrift läßt bei erfolglosem Versuche der Anstiftung zum Meineid über den Rahmen des § 154 Abs. 2 StGB in der Fassung der Verordnung vom 20. Januar 1944 hinaus eine weitere Milderung nach Versuchsgrundsätzen zu.

b) Das Landgericht wird sich gegebenenfalls hinreichend deutlich darüber aussprechen müssen, ob die Beschwerdeführerin auf die beiden Frauen durch *eine* (natürliche) Handlung eingewirkt hat. Bejahendenfalls würden die „Anstiftungen" in Tateinheit zusammentreffen (vgl. RGSt. Bd. 70 S. 26; 334, 335; 344, 349).

c) Soweit das Landgericht wieder zur Annahme gelangen sollte, die Beschwerdeführerin habe sich des erfolglosen Versuchs der Anstiftung zum *Meineide* schuldig gemacht, wird es nicht den § 2 a StGB heranzuziehen brauchen, um die Anwendung des § 49 a StGB in der Fassung der StrafrechtsanglVO vom 29. Mai 1943 (RGBl. I S. 339) zu rechtfertigen. Wie der Senat im Urteil vom 16. Oktober 1944 3 D 290/44 ausgesprochen hat, ist das Unternehmen der Verleitung zum *Meineide* nicht erst durch die Verordnung vom 20. Januar 1944 der milderen Strafdrohung des § 49 a StGB unterstellt worden. Vielmehr hat die StrafrechtsanglVO vom 29. Mai 1943 durch die Änderung des § 49 a StGB allgemein jeden erfolglosen Versuch der Anstiftung zu einem Verbrechen der erfolgreichen Anstiftung mit der Maßgabe gleichgestellt, daß die Strafe für den erfolglosen Versuch der Anstiftung nach dem § 44 StGB gemildert werden kann. Damit war die Vorschrift des § 159 StGB, soweit sie das Verbrechen des Unternehmens der Verleitung zum Meineide betrifft, überholt.

48. § 1 Abs. 2 KWVO; § 242 StGB.

Auch wer nur einen einzigen Vordruck für eine Fettkarte beiseite schafft, erfüllt den Tatbestand des § 1 Abs. 2 KWVO, wenn er selbstsüchtig gehandelt und das Vertrauen eines Bürgermeisters gröblich getäuscht hat, der ihn ehrenamtlich zur Zählung der Vordrucke herangezogen hatte.

II. Strafsenat. Urt. v. 23. November 1944 (2 C 207/1944).

I. Amtsgericht Lauban.
II. Landgericht Görlitz.

In der Strafsache gegen den Gemischtwarenhändler (Krankenkassenangestellten a.D.) J. G. in Sch. wegen Diebstahls, hat das Reichsgericht, 2. Strafsenat, in der Sitzung vom 23. November 1944, an der teilgenommen haben als Richter: der Senatspräsident Müller und die Reichsgerichtsräte Dr. Schwarz, Dr. Schäfer, Dr. Wernecke und Rietzsch, als Beamter der Staatsanwaltschaft: der Reichsgerichtsrat Dr. Dörffler, auf die Nichtigkeitsbeschwerde des Oberreichsanwalts nach mündlicher Verhandlung für Recht erkannt:

Der Strafbefehl des Amtsgerichts Lauban vom 1. Juli 1944 – 4 Cs 33/44 – wird aufgehoben.

Der Angeklagte ist des Verbrechens nach § 1 Abs. 2 KWVO in Tateinheit mit Diebstahl schuldig.

Zur Straffestsetzung wird die Sache an die Strafkammer des Landgerichts in Görlitz zurückverwiesen. – Von Rechts wegen

Gründe

Der angefochtene Strafbefehl setzt gegen den Angeklagten eine Geldstrafe von 100 RM an Stelle einer verwirkten Gefängnisstrafe von 20 Tagen fest, weil er am 18. Mai 1944 in Sch. als ehrenamtlicher Zähler der Gemeinde eine Fettkarte gestohlen hat. Mit der Nichtigkeitsbeschwerde stellt der Oberreichsanwalt zur Nachprüfung, ob in Tateinheit mit Diebstahl ein Verbrechen nach § 1 Abs. 2 der Kriegswirtschaftsverordnung (KWVO) in der Fassung der VO vom 25. März 1942, RGBl. I S. 147, anzunehmen gewesen wäre, und macht erhebliche Bedenken gegen den Strafausspruch geltend. Die Nichtigkeitsbeschwerde ist begründet.

I. Wie das Amtsgericht insoweit zutreffend annimmt, hat der Angeklagte einen Vordruck für eine Fettkarte gestohlen. Was die Schutzschrift des Angeklagten hiergegen vorbringt, greift nicht durch.

II. Zu Unrecht übergeht jedoch der Strafbefehl die Vorschrift des § 1 Abs. 2 KWVO. Diese Vorschrift bedroht mit Zuchthaus oder Gefängnis u. a. denjenigen, der Vordrucke für Bescheinigungen über eine Bezugsberechtigung beiseite schafft. Wer den Vordruck einer Fettkarte stiehlt, „schafft" ihn „beiseite" (RGSt. Bd. 75 S. 184, 185; RGUrt. vom 29. September 1941 – 3 C 672/41 = HRR 1942 Nr. 121; RGUrt. vom 10. Juni 1943 – 2 D 7/43 – in DR 1943 S. 1043). Wird nur *ein* Vordruck entwendet, so steht dies der Anwendung des § 1 Abs. 2 KWVO nicht entgegen; die Verwendung der Mehrzahl „Vordrucke" im Wortlaut der Vorschrift besagt nach dem üblichen Sprachgebrauch der Gesetzgebung nicht, daß mindestens 2 Vordrucke Gegenstand der Tat sein müssen.

Weitere Tatbestandsmerkmale enthält § 1 Abs. 2 KWVO seinem Wortlaut nach nicht. Das Reichsgericht hat daher wiederholt angenommen, daß es bei Verbrechen nach § 1 Abs. 2 KWVO anders als in den Fällen des Abs. 1 einer Feststellung dahin, daß der Täter die Deckung des Bedarfs der Bevölkerung gefährdet habe und zwar in böswilliger Einstellung, nicht bedürfe (Urt. vom 17. November 1942 – 1 D 227/42 – in DR 1943 S. 402 Nr. 8; Urteil vom 11. März 1943 – 3 C 38/43 (3 StS 25/43) in DR 1943 S. 585 Nr. 23). Andererseits ist erwogen worden, es führe zu unbilligen Härten, wenn § 1 Abs. 2 KWVO auch auf Straftaten von geringer Bedeutung, etwa auf das Beiseiteschaffen einzelner Abschnitte eines Vordrucks einer Lebensmittelkarte oder einzelner Reisemarken, angewendet werden müsse; zur Erzielung einer sachgemäßen Beschränkung in der Anwendung des Verbrechenstatbestandes seien daher in Abs. 2 wie in Abs. 1 Wirtschaftsverstöße ernsterer Art zu erfordern (vgl. die Urteile 3 C 138/44 (3 StS 34/44) vom 5. Juni 1944, 4 C 476/43 (4 StS 99/43) vom 28. August 1944 und die dort angegebenen weiteren Entscheidungen.) Auch vom Standpunkt dieser engeren Auffassung ist der Angeklagte des Verbrechens nach § 1 Abs. 2 KWVO (in Tateinheit mit Diebstahl) schuldig.

Wie der Strafbefehl besagt, war der Angeklagte bei der Tat mit der Zählung von Fettkartenvordrucken ehrenamtlich befaßt. Die Verteilung der Vordrucke der Lebensmittelkarten und alle mit ihr zusammenhängenden Verrichtungen, also auch das Zählen der Karten, sind eine staatshoheitliche Aufgabe (RGSt. Bd. 75 S. 193); der Angeklagte war daher bei der Zählung der ihm hierzu übergebenen Fettkartenvordrucke Beamter im strafrechtlichen Sinn (§ 359 StGB). Hat der Angeklagte aber als Beamter der Gemeinde sich an dem Vordruck vergriffen, so hat er das Vertrauen der Bevölkerung in den Erfolg der zur Sicherung einer gerechten Verteilung der Lebensmittelkartenvordrucke getroffenen Maßnahmen erschüttert und anderen mit der Zuleitung der Vordrucke an die Versorgungsberechtigten betrauten Gemeinde-Beamten und Angestellten ein böses Beispiel gegeben. Daß in der Gefahr einer solchen Breitenwirkung der Tat in aller Regel eine Gefährdung der Deckung des Bedarfs der Bevölkerung gefunden werden muß, hat das Reichsgericht in ständiger Rechtsprechung angenommen (vgl. z. B. RGSt. Bd. 75 S. 30); Umstände, die ausnahmsweise eine andere Beurteilung rechtfertigen, sind im vorliegenden Falle nicht ersichtlich. Der Angeklagte hat auch aus selbstsüchtigen Beweggründen gehandelt; seine Tat war ferner deshalb besonders verwerflich, weil er das Vertrauen des Bürgermeisters, der ihn ehrenamtlich zur Zählung der Vordrucke herangezogen hatte, gröblich getäuscht hat. Er hat danach aus böswilliger Einstellung gehandelt.

Da der Strafbefehl hiernach zu Unrecht die Vorschrift des § 1 Abs. 2 KWVO nicht zur Anwendung gebracht hat, war er ungerecht. Er war daher aufzuheben und der Angeklagte des Verbrechens nach § 1 Abs. 2 KWVO in Tateinheit mit Diebstahl schuldig zu sprechen. Zur Straffestsetzung war die Sache zurückzuverweisen und zwar auf Antrag des Oberreichsanwalts gemäß den §§ 35 Abs. 4, 13 Ziff. 4, 24 ZustVO an die Strafkammer des Landgerichts in Görlitz.

Für die Verhandlung wird bezüglich der Strafzumessung bei Straftaten aus § 1 KWVO auf das Urteil des Reichsgerichts vom 18. Februar 1944, 5 C 375/43 (5 StS 130/43) = DR 1944 S. 331 zu Nr. 5 verwiesen.

---

49. § 263 StGB, § 1 KriegssachschädenVO vom 30.11.1940.

Das Verfahren zur Durchsetzung von Entschädigungsansprüchen vor dem Kriegsschädenamt ist in besonderem Maße auf Treu und Glauben aufgebaut. Beim Eintritt eines Vollschadens hat das Kriegsschädenamt nur geringe Möglichkeit, die Angaben der Geschädigten nachzuprüfen. Auf der anderen Seite soll nach dem Einführungserlaß zur Kriegssachschädenverordnung vom 13. Dezember 1940 die Schadensfestsetzung schnell, einfach, gerecht und frei von Engherzigkeit durchgeführt werden. Dieser großzügigen Regelung muß als Gegengewicht die volle Wahrheitspflicht der Geschädigten gegenüberstehen.

I. Strafsenat. Urt. v. 24. November 1944 (1 D 243/1944).

I. Landgericht Mainz.

In der Strafsache gegen Frau F. E. geb. H. in Mainz, wegen versuchten Betruges, hat das Reichsgericht, 1. Strafsenat, in der Sitzung vom 24. November 1944, an der teilgenommen haben als Richter: der Senatspräsident Dr. Schultze und die Reichsgerichtsräte Dr. Ziegler, Dr. Hoffmann, Dr. Rohde, Dr. Rittweger, als Beamter der Staatsanwaltschaft: der Reichsanwalt Richter, auf die Revision der Angeklagten nach mündlicher Verhandlung für Recht erkannt:

Das Urteil des Landgerichts in Mainz vom 27. Juli 1944 wird hinsichtlich der Angeklagten F. E. mit den Feststellungen, die ihm insoweit zugrunde liegen, aufgehoben. Die Sache wird in diesem Umfang zu neuer Verhandlung und Entscheidung an die Vorinstanz zurückverweisen. – Von Rechts wegen

Gründe

Die Angeklagte und ihr Mann haben durch einen Fliegerangriff ihre Wohnung mit allen Einrichtungsgegenständen, Kleidern und Wäschestücken verloren.

Die Angeklagte hat beim Kriegsschädenamt durch ihren Mann ein Schadensverzeichnis einreichen lassen, in dem der Versicherungsvertreter Schotte nach ihren Angaben erhöhte – den wirklichen Aufwendungen nicht entsprechende – Anschaffungspreise für die vernichteten Sachen eingesetzt hatte, während er die Spalte, die in dem Verzeichnis für die Angabe der Wiederbeschaffungspreise vorgesehen war, nicht ausfüllte. Das Verzeichnis schloß mit einem Gesamtbetrag von 28.503,65 RM ab. Erst nach Vernehmungen durch das Finanzamt und das Kriegsschädenamt reichte die Angeklagte später ein berichtigtes Verzeichnis mit einem Gesamtbetrag der Anschaffungspreise von 19.551 RM ein. Sie und ihr Mann haben bisher Vorschußzahlungen in Höhe von zusammen 10.975 RM erhalten.

Das Landgericht hat die Angeklagte wegen versuchten Betrugs verurteilt.

Die Revision der Angeklagten ist begründet.

I. Die Ausführungen der Revision (II. Revisionsbegründung), die rügen, daß der Täuschungsvorsatz der Angeklagten im angefochteten Urteil nicht ausreichend festgestellt worden sei, richten sich freilich im wesentlichen gegen die tatsächlichen Feststellungen und die Beweiswürdigung des Landgerichts; sie können daher in diesem Rechtszug nicht beachtet werden (§§ 261, 337 StPO).

Da aber das Urteil aus anderen Gründen (s. unten zu II) aufgehoben werden muß, wird das Landgericht Gelegenheit haben, dieses Vorbringen der Revision bei der neuen Verhandlung und Entscheidung zu berücksichtigen. Soweit übrigens darin behauptet werden soll, die Angeklagte habe sich auf die Richtigkeit dessen verlassen, was Sch. „vorgeschrieben" habe, ist darauf hinzuweisen, daß Sch. nach dem bisher festgestellten Sachverhalt die Beträge „nach den Angaben der E." eingesetzt hat.

II. Das Urteil kann nicht aufrechterhalten werden, weil die Absicht der Angeklagten, sich oder einem anderen einen rechtswidrigen Vermögensvorteil zu verschaffen, und der Schädigungsvorsatz der Angeklagten vom Landgericht nicht rechtlich einwandfrei festgestellt worden sind. Denn nach dem bisher festgestellten Sachverhalt können, wie unten näher darzulegen ist, verschiedene Möglichkeiten bestehen, die für die Beurteilung der erwähnten Tatbestandsmerkmal beachtet werden müssen. Das angefochtene Urteil läßt nicht erkennen, ob sich das Landgericht darüber klar gewesen ist.

Das Landgericht hätte zunächst von der in Betracht kommenden gesetzlichen Bestimmung ausgehen sollen. Nach dem § 4 Abs. 1 der Kriegssachschädenverordnung vom 30. November 1940 (RGBl. I S. 1547) haben die Geschädigten grundsätzlich Anspruch auf Entschädigung nach der Höhe der „Wiederbeschaffungskosten". Im Anschluß hieran hätte das Landgericht feststellen sollen, was das Gesetz unter „Wiederbeschaffungskosten" versteht, in welcher Weise das Kriegsschädenamt diese Kosten festzustellen pflegt und was die Angeklagte davon wußte. Erst nach dieser Untersuchung hätte das Landgericht an die Prüfung der Frage herangehen können, ob die Angeklagte etwas Rechtswidriges erstrebte und ob sie den Willen hatte, das Reich zu schädigen. Da das Landgericht diese Erörterungen unterlassen hat, bleibt seine Feststellung unklar, daß alle in dem – zunächst eingereichten – Schadensverzeichnis vorgetäuschten „Anschaffungspreise" tatsächlich schon die „Wiederbeschaffungskosten" darstellten (UA. S. 4 Abs. 2 und 7 Abs. 2). Die Beträge ferner, die in den Verzeichnissen als „Anschaffungspreise" angegeben worden sind, bezeichnet das Landgericht einmal als „Anschaffungspreise", dann als „Anschaffungskosten" oder auch als „Anschaffungswerte"; es meint mit diesen verschiedenen Ausdrücken aber ersichtlich immer die „Anschaffungspreise", d. h. die Preise, die bei der Anschaffung der durch den Fliegerangriff vernichteten Gegenstände – nach Angabe der Angeklagten – tatsächlich aufgewendet worden seien.

Soweit der bisher vom Landgericht festgestellte Sachverhalt erkennen läßt, ergeben sich dann für den inneren Tatbestand die folgenden verschiedenen Möglichkeiten:

1.) War sich die Angeklagte darüber klar, daß das Kriegsschädenamt zur Ermittelung der Wiederbeschaffungskosten üblicherweise auf die als Anschaffungspreise angegebenen Beträge 20 bis 25% aufschlagen werde, und hielt sie etwa die von ihr in dem zunächst eingereichten Verzeichnis als Anschaffungspreise angegebenen Beträge schon ohne diesen Aufschlag zur Wiederbeschaffung von Sachen gleicher Art wie die verlorenen für ausreichend, so würde sie mit der Angabe der erhöhten Anschaffungspreise Beträge erstrebt haben, die nach ihrer Vorstellung die notwendigen Wiederbeschaffungskosten um den Aufschlag von 20 bis 25% überstiegen. Dann würde sie die Absicht gehabt haben, sich oder einem anderen einen rechtwidrigen Vermögensvorteil zu verschaffen, und sie würde auch mit dem Vorsatz gehandelt haben, das Reich jedenfalls um den Mehrbetrag zu schädigen, den sie über die – nach ihrer Vorstellung erforderlichen – Wiederbeschaffungskosten hinaus erstrebte.

2.) Möglich ist aber auch, daß die Angeklagte mit ihren falschen Angaben in dem zunächst eingereichten Verzeichnis nur das erstrebte, was sie nach ihrer Vorstellung zu beanspruchen hatte. Es ist nämlich denkbar, daß die Angeklagte, die die später vernichteten Sachen wohlfeil eingekauft hatte, der Meinung war, sie könne mit den Beträgen, die vom Kriegsschädenamt im Wege des Aufschlags auf die als Anschaffungspreise angegebenen Beträge gewährt zu werden pflegten, die notwendigen Aufwendungen für die Wiederbeschaffung nicht bestreiten, und daß sie mit ihren falschen Angaben nur den Betrag erlangen wollte, den sie zur Wiederbeschaffung für nötig hielt. Selbst wenn sie hiernach bei ihrem Vorgehen nur damit rechnete, sie werde nicht mehr als die von ihr für erforderlich erachteten Wiederbeschaffungskosten erhalten, und wenn sie daher an die objektive Berechtigung ihres Anspruchs glaubte, so könnte sie in der Absicht gehandelt haben, sich oder einem anderen einen rechtswidrigen Vermögensvorteil zu verschaffen, dann nämlich, wenn sie der Meinung gewesen wäre, sie könne den gewünschten Betrag durch eine der Wahrheit entsprechende Angabe der Anschaffungspreise nicht erlangen. Hier würden die Grundsätze in Betracht kommen, die in der Entscheidung des erkennenden Senats vom 22. März 1938 1 D 827/37 (RGSt. Bd. 72 S. 133, 137) entwickelt worden sind. Sie beziehen sich dort zwar auf die Verfolgung eines Anspruchs im bürgerlichen Streitverfahren, sind aber darauf nicht beschränkt. Der 2. Strafsenat des Reichsgerichts hat sie in seinem Urteil vom 1. April 1943 2 D 32/43 (= DR 1943 S. 758 Nr. 20) in ähnlicher Weise auf Ansprüche in einem Steuerverfahren angewendet. Für das Verfahren, in dem es sich darum handelt, einen Entschädigungsanspruch vor dem Kriegsschädenamt durchzusetzen, kann nichts anderes gelten. Dieses Verfahren ist im besonderen Maße auf Treu und Glauben aufgebaut. Beim Eintritt eines Vollschadens hat das Kriegsschädenamt nur geringe Möglichkeit, die Angaben der Geschädigten nachzuprüfen. Auf der anderen Seite soll nach dem Einführungserlaß zur Kriegssachschädenverordnung vom 13. Dezember 1940 (MBLiV S. 2251; abgedruckt bei Büchner-Hoffmann, Kriegsschädenverordnungen 4. Aufl. 1944 S. 142 unter C 1) die Schadensfestsetzung schnell, einfach, gerecht und frei von Engherzigkeit durchgeführt werden. Dieser großzügigen Regelung muß als Gegengewicht die volle Wahrheitspflicht der Geschädigten gegenüberstehen.

Für die Frage, ob die Angeklagte einen rechtswidrigen Vermögensvorteil erstrebte und sich der Rechtswidrigkeit des Vorteils auch bewußt war, würde es nach der vorerwähnten Rechtsprechung darauf ankommen, welche Vorstellung die Angeklagte von dem wirtschaftlichen Wert ihres Anspruchs auf Leistung der erforderlichen Wiederbeschaffungskosten hatte, den sie im Verfahren vor dem Kriegsschädenamt geltend machte. Verfolgte sie das Ziel, einen höheren Wert zu erlangen, als dem Anspruch nach ihrer Vorstellung zukam, so handelte sie in der Absicht, sich oder einem anderen einen rechtswidrigen Vermögensvorteil zu verschaffen. Das würde dann zutreffen, wenn sie sich, wie oben schon angedeutet worden ist, bewußt gewesen wäre, daß sie eine Entscheidung, die ihr die vollen Wiederbeschaffungskosten zuerkenne, nicht oder nicht mit derselben Sicherheit erreichen werde, wenn sie die wirklichen Anschaffungspreise angebe. Dabei wird beachtlich sein können, ob sie sich vorgestellt hat, sie werde bei der Angabe der wahren Anschaffungspreise das Kriegsschädenamt nicht davon überzeugen können, daß sie die Gegenstände unter günstigen Umständen besonders billig erworben habe.

Hatte die Angeklagte im Sinne dieser Darlegungen die Absicht, sich oder einem anderen einen rechtswidrigen Vermögensvorteil zu verschaffen, dann wird ihr auch der Vorsatz nicht gefehlt haben, das Reich um den Betrag zu schädigen, um den ihr Anspruch bei Angabe des wahren Sachverhalts nach ihrer Vorstellung weniger wert war als die Entschädigungssumme, die sie mit ihren unwahren Angaben erstrebte.

Das Landgericht führt bei der Erörterung des § 4 der VolksschädlingsVO aus: „Es mag nun sein, daß sie (die Angeklagte) den größten Teil ihrer Einrichtung zu sehr günstigen Preisen erworben hatte und befürchtete, bei Angabe der wirklichen Anschaffungskosten erhalte sie vom Kriegsschädenamt selbst nach dem üblichen Aufschlag von 20 bis 25 % nicht den Betrag, der zur Wiederbeschaffung der zerstörten Sachen notwendig sei."

Was das Landgericht hier – zugunsten der Angeklagten – als möglich erwägt, kann nicht als eine Feststellung zu Ungunsten der Angeklagten angesehen werden und reicht daher nicht aus für die Annahme, die Angeklagte habe nach der Überzeugung des Landgerichts – im Sinne der dargelegten Grundsätze – in der Absicht gehandelt, sich oder einem anderen einen rechtswidrigen Vermögensvorteil zu verschaffen.

3.) Wäre die Angeklagte, was nach dem bisher festgestellten Sachverhalt freilich unwahrscheinlich ist, etwa davon ausgegangen, daß sie nur die tatsächlichen Anschaffungspreise – nicht die Wiederbeschaffungskosten – erstattet verlangen könne, dann würde ihre Absicht, durch die falschen Angaben sich oder einem anderen einen rechtswidrigen Vermögensvorteil zu verschaffen, und der Vorsatz, das Reich zu schädigen, nicht zweifelhaft sein können.

III. Das Landgericht stellt fest (UA. S.7), der Unterschied zwischen dem zunächst eingereichten und dem späteren berichtigten Verzeichnis betrage „über 9.000 RM". Das ist nach den im Urteil angegebenen Zahlen (28.503,65 RM – UA. S. 3 – gegen 19.551 RM – UA. S. 5 –) nicht ganz richtig (der Unterschied würde nur annähernd 9.000 RM betragen). Davon abgesehen würde dieser Unterschiedsbetrag nach den Ausführungen unter II nicht in jedem Falle dem rechtswidrigen Vermögensvorteil, den die Angeklagte etwa erstrebte, und dem Betrag des Schadens entsprechen, den sie dem Reich durch die Täuschung etwa zufügen wollte.

Bei der neuen Verhandlung wird das Landgericht gegebenenfalls auch den § 4 der VolksschädlingsVO neu zu prüfen haben und auch dazu Stellung nehmen müssen, ob etwa die Voraussetzungen des § 263 Abs. 4 StGB gegeben sind.

50. Der Tatrichter darf auch bloße Anhaltspunkte auswerten, wie Bremsspuren, Schätzungen der Zeugen über eingehaltene Geschwindigkeiten, über Entfernungen usw.; der Tatrichter kann zu diesem Zwecke ferner auch die Erfahrungen des täglichen Lebens heranziehen. Er darf aber auf diese Weise nicht ohne weiteres die sonst nicht erweisliche Schuld des Angeklagten gewissermaßen mathematisch feststellen. Jemand kann nicht grundsätzlich dafür verantwortlich gemacht werden, daß er infolge eines von ihm nicht verschuldeten Vorfalles verwirrt oder kopflos wird, und daß er in einem solchen Zustande nicht sachgemäß handelt.

I. Strafsenat. Urt. v. 24. November 1944 (1 D 323/1944).

I. Landgericht München.

In der Strafsache gegen den Kraftfahrer J. W. in München, wegen fahrlässiger Tötung, hat das Reichsgericht, 1. Strafsenat, in der Sitzung vom 24. November 1944, an der teilgenommen haben als Richter: der Senatspräsident Dr. Schultze und die Reichsgerichtsräte Dr. Ziegler, Dr. Hoffmann, Dr. Rohde, Dr. Rittweger, als Beamter der Staatsanwaltschaft: der Reichsanwalt Richter, auf die Revision des Angeklagten nach mündlicher Verhandlung für Recht erkannt:

Das Urteil des Landgerichts München I vom 5. September 1944 wird nebst den ihm zugrunde liegenden Feststellungen aufgehoben; die Sache wird zu neuer Verhandlung und Entscheidung an die Vorinstanz zurückverwiesen. – Von Rechts wegen

Gründe

I. Die Revision rügt die Verletzung von Vorschriften des Verfahrensrechts. Was sie aber im einzelnen als fehlerhaft bezeichnen will, ist aus der Revision nicht zu ersehen. Sie spricht zwar davon, welches das Ergebnis der Beweisaufnahme gewesen wäre, wenn die beiden Zeugen, die im ersten Termin vernommen worden sind, im zweiten Termin wiederum vernommen worden wären; dann erwähnt die Revision, daß seinerzeit auch ein Sachverständiger über die Möglichkeit des Bremsens geladen gewesen sei; inwiefern aber in der Nichtvernehmung der Zeugen und des Sachverständigen ein Fehler liegen soll, ist in der Revisionsschrift nicht ausgeführt. Worin der Fehler liegen soll, ist insbesondere deshalb zweifelhaft, weil die Zeugen nach der eigenen Darstellung der Revision die von dem Angeklagten eingehaltene Geschwindigkeit nicht geringer angeben konnten, als das Landgericht angenommen hat. Die Frage nach einem Verfahrensverstoß kann dahingestellt bleiben, da die Sachrüge zur Aufhebung des Urteils führen muß.

II. Das Landgericht stellt fest, daß der Angeklagte mit seinem Lastkraftwagen viermal so schnell gefahren sei, als der Radfahrer, dessen Tod er verschuldet haben soll. Es berechnet die Strecke, die der Radfahrer von dem Punkt zurücklegte, wo er den Radfahrweg verließ, bis zu dem Punkt, wo er mit dem Lastkraftwagen zusammenstieß, auf sechs Meter und schließt daraus, daß der Angeklagte auf eine Entfernung von 24 m bemerkt haben müsse, daß der Radfahrer den Radfahrweg verläßt und sich anschickt, seine Fahrbahn zu kreuzen. Unter der Annahme, daß der Angeklagte seinen Wagen auf eine Entfernung von 20 m habe zum Anhalten bringen können, stellt das Landgericht als Ergebnis seiner Untersuchung fest, daß der Angeklagte den Unfall hätte vermeiden können, wenn er die Fahrbahn genau beobachtet, die Gefahrenlage rechtzeitig erkannt und sofort seinen Wagen abgebremst hätte.

Gegen diese Berechnung kann *denkgesetzlich* nichts eingewendet werden. Fraglich ist nur, ob sie dem Sachverhalt gerecht wird.

Grundsätzlich ist es rechtlich nicht zu beanstanden, daß sich der Tatrichter nicht nur auf Grund *bestimmter* Ergebnisse der Beweisaufnahme von dem Ablauf des Unfallherganges ein Bild zu machen und festzustellen sucht, in welchem Augenblicke der Angeklagte bei ordnungsgemäßem Verhalten den Unfall hätte vermeiden oder wenigstens seine Folgen hätte verringern können; der Tatrichter kann vielmehr zu diesem Zwecke auch bloße Anhaltspunkte auswerten, wie Bremsspuren, Schätzungen der Zeugen über eingehaltene Geschwindigkeiten, über Entfernungen usw.; der Tatrichter kann zu diesem Zwecke ferner auch die Erfahrungen des täglichen Lebens heranziehen. Man begegnet aber in den Urteilen immer wieder dem Bestreben des Tatrichters, diese schwankenden Unterlagen zum Gegenstande einer genauen Berechnung zu machen und auf diese Weise die sonst nicht erweisliche Schuld des Angeklagten gewissermaßen mathematisch festzustellen. Das Ergebnis ist dann in der Regel, daß der Angeklagte für schuldig erklärt wird, nur weil er nicht einige Sekunden oder nicht einige Meter früher, als er getan hat, die geeigneten Maßnahmen ergriffen oder die ungeeigneten Maßnahmen unterlassen hat. Der Tatrichter übersieht aber dabei meist, daß die verwendeten Unterlagen, die die Ausgangspunkte seiner Berechnung sind, nicht ziffermäßig feststehen, oft auch gar nicht ziffermäßig genau erfaßt werden können, daß sie vielmehr einen Spielraum zugunsten oder zu Lasten des Angeklagten offenlassen und daß nur eine geringe Veränderung der Ausgangszahlen zu einem Ergebnis führen kann, das der Annahme des Tatrichters gerade entgegengesetzt ist. Bedenken dieser Art bestehen im vorliegenden Falle auch gegen die Berechnungen des Landgerichts.

Die Feststellung, daß der Angeklagte viermal so schnell als der Radfahrer gefahren sei, beruht auf der Annahme des Landgerichts, daß der Radfahrer mit einer Geschwindigkeit von 10 km in der Stunde sich auf das Fahrzeug des Angeklagten zubewegt habe. Diese Annahme des Landgerichts ist willkürlich und durch keine Tatsache im äußeren Ablauf der Geschehnisse erhärtet. Das Landgericht schließt hierauf lediglich aus der Lebenserfahrung und glaubt, die Geschwindigkeit zugunsten des Angeklagten noch hoch anzunehmen. Die Revision behauptet demgegenüber, der Radfahrer sei bergabwärts gefahren; wenn diese Behauptung auch vom Revisionsgericht nicht berücksichtigt werden kann, so weist sie doch auf einen Umstand hin, den das Landgericht bei seiner lediglich auf die Lebenserfahrung abgestellten Annahme übersehen haben kann. Außerdem ist die Bemerkung im Urteil nicht verständlich, daß 10 km in der Stunde „für eine Kurve ein sehr hohes Tempo" sei; nach dem festgestellten Sachverhalt ist der Radfahrer die 6 m, die das Landgericht seiner Berechnung zugrunde legt, in gerader Strecke gefahren.

Ein weiterer Mangel der Berechnung des Landgerichts ergibt sich daraus, daß es völlig außer acht läßt, an welcher Stelle der Radfahrer mit dem Lastkraftwagen zusammengestoßen ist. Nach den Feststellungen im Urteil ist dies an dem hinteren rechten Ende des Lastkraftwagens geschehen. Folgt man im übrigen der Berechnung des Landgerichts, so ergibt sich, daß das rechte *hintere* Ende des Lastkraftwagens in dem Augenblick des Zusammenstoßes 24 m von dem Punkt entfernt gewesen ist, an dem der Angeklagte war, als der Radfahrer den Radfahrweg verließ. Dann muß aber der Angeklagte, der den Lastkraftwagen lenkte und den Führersitz im vorderen Teil des Wagens einnahm, näher als 24 m an der Unfallstelle gewesen sein. Das Urteil sagt nicht, wie lang der Lastkraftwagen ist; die Revision behauptet, er sei 6,5 m lang. Der Unterschied, der sich dann gegenüber der Berechnung des Landgerichts ergäbe, könnte einige Meter betragen. Wäre dann der Angeklagte bereits 20 m oder noch weniger an der späteren Unfallstelle heran gewesen, als der Radfahrer den Radfahrweg verließ, so wäre es zweifelhaft, ob er durch scharfes Bremsen den Unfall noch hätte vermeiden können.

Nicht durchsichtig ist auch die Annahme des Landgerichts, daß der Angeklagte seinen Wagen „bei einem Tempo von 40 km unter Einrechnung einer Schrecksekunde auf 20 Meter hätte zum Stehen bringen können". *Die* Annahme, daß der Angeklagte eine Geschwindigkeit von 40 km in der Stunde eingehalten habe, mag noch als einwandfreier Ausgangspunkt gelten können, da der Angeklagte selbst diese Angabe gemacht hat, und da diese Annahme unter den verschiedenen im Urteil erörterten Geschwindigkeiten dem Angeklagten am günstigsten ist. Die Kenntnis der Stundengeschwindigkeit läßt aber nicht ohne weiteres einen festen Schluß auf den nötigen Bremsweg zu. Um diesen zu finden, ist auch die Schwere des Wagens, die Beschaffenheit der Straßendecke (Pflaster, Makadam, Asphalt, trocken, naß, schlüpfrig usw.), die Beschaffenheit der Bremsen und des Radgummis und noch vieles mehr zu beachten. Da das Landgericht seine Annahme auf das Gutachten des Sachverständigen stützt, mag sie ja wohl ungefähr richtig sein. Es wäre aber im Urteil kenntlich zu machen gewesen, daß der Sachverständige und damit auf Grund seines Gutachtens auch das Landgericht alle maßgeblichen Umstände beachtete und daß der Bremsweg *zuverlässig* auf 20 Meter ohne Offenhaltung eines Spielraums zugunsten des Angeklagten berechnet werden konnte.

Diese Mängel der Berechnung allein schon zwingen zur Aufhebung des Urteils. Hierzu kommt noch, daß das Landgericht keinen Grund dafür angibt, warum der Angeklagte plötzlich in *dem* Augenblicke seinen Wagen hätte zum Halten bringen müssen, als der Radfahrer den Radfahrweg verließ. Der Angeklagte konnte zunächst damit rechnen, daß der Radfahrer seine Warnsignale beachten und auf das Herannahen seines Wagens Rücksicht nehmen werde. Raum und Zeit konnte der Angeklagte dem Radfahrer auch dadurch schaffen, daß er, wie er getan hat, seinen Lastkraftwagen nach links hinüber steuerte. Anzuhalten brauchte der Angeklagte bei der hier gegebenen Sachlage erst in dem Augenblicke, als er bemerken mußte, daß der Radfahrer unbekümmert um das Herannahen des Lastkraftwagens die Straße überqueren wollte. Das Landgericht stellt nicht fest, wie sich in diesem Augenblick für den Angeklagten die Verkehrslage darstellte und ob er in diesem Augenblick durch scharfes Bremsen den Unfall noch hätte vermeiden können. Erforderlichenfalls hätte das Landgericht auch zu beachten, daß jemand nicht grundsätzlich dafür verantwortlich gemacht werden kann, daß er infolge eines von ihm nicht verschuldeten Vorfalles verwirrt oder kopflos wird, und daß er in einem solchen Zustande nicht sachgemäß handelt. Diesen Rechtssatz hat der erkennende Senat bereits in seinem RGUrteil vom 14. Mai 1935 1 D 1467/34 ausgesprochen. Käme daher das Landgericht auf Grund der neuen Hauptverhandlung zu der Annahme, der Angeklagte habe sich nicht darauf einzustellen brauchen, daß der Radfahrer den Radfahrweg verlasse, und sei durch das plötzliche Auftauchen des Radfahrers in seiner Fahrbahn verwirrt geworden, so hätte das Landgericht zu untersuchen, ob lediglich dieser Zustand der Verwirrung ursächlich für ein unsachgemäßes Handeln des Angeklagten geworden wäre; im Falle der Bejahung dieser Frage könnte dem Angeklagten kein Verschulden an dem Tode des Radfahrers beigemessen werden.

Alle diese Punkte wird das Landgericht auf Grund der neuen Hauptverhandlung zu prüfen und es wird zu untersuchen halben, ob der Tod des Radfahrers nicht ausschließlich allein durch dessen verkehrswidriges Verhalten herbeigeführt worden ist.

---

51. § 243 Abs. 1 Nr. 4 StGB.

Zu den „Gegenständen der Beförderung" gehören alle Sachen, die befördert werden sollen und sich an einer im Gesetz genannten Örtlichkeit befinden. Hierzu gehören auch Gegenstände, die bei der Entladung

irrtümlich, versehentlich oder zufolge technischer Mängel der Entladung in den Beförderungsmitteln zurückgeblieben sind.

I. Strafsenat. Urt. v. 24. November 1944 (1 D 291/1944).

I. Landgericht Frankfurt a. M.

In der Strafsache gegen den Schachtmeister H. Sch. in Bad Soden/Taunus, wegen schweren Diebstahls, hat das Reichsgericht, 1. Strafsenat, in der Sitzung vom 24. November 1944, an der teilgenommen haben als Richter: der Senatspräsident Dr. Schultze und die Reichsgerichtsräte Dr. Ziegler, Dr. Hoffmann, Dr. Rohde, Dr. Rittweger, als Beamter der Staatsanwaltschaft: der Reichsanwalt Richter, auf die Revision des Angeklagten nach mündlicher Verhandlung für Recht erkannt:

Die Revision gegen das Urteil des Landgerichts in Frankfurt a. M. vom 10. August 1944 wird verworfen. – Dem Angeklagten werden die Kosten des Rechtsmittels auferlegt. – Von Rechts wegen

Gründe

I. Nach den Feststellungen des angefochtenen Urteils hat der Angeklagte in der Zeit vom Sommer 1942 bis zum 25. April 1944 auf dem Hauptgüterbahnhof und auf dem Bahnhof Ost in Frankfurt a. M. in etwa 16 Fällen aus Kesselwagen, die der Reichsbahn von auswärtigen Privatunternehmern mit Benzin gefüllt zur Beförderung übergeben und auf den genannten Bahnhöfen entleert worden waren, Benzinrückstände, jedesmal 1 bis 2 Liter, in einigen Fällen auch 3 bis 4 Liter, für sich in einen Eimer abgezapft. Er hat zu diesem Zweck jedesmal einen der Hähne, die an dem am Unterbau der Kesselwagen befindlichen Abflußrohr angebracht waren, aufgedreht, nachdem er jeweils eine das Abflußrohr sperrende Verschlußkapsel durch Abklopfen mit einem Hammer oder einem Stein geöffnet hatte. Das entnommene Benzin hat der Angeklagte für sein Leichtmotorrad verbraucht.

Das Landgericht hat ihn unter Annahme einer fortgesetzten Handlung wegen Diebstahls im Sinne der §§ 242, 243 Abs. 1 Nr. 4 StGB verurteilt.

II. Was die Revision ausführt, kann ihr nicht zum Erfolg verhelfen.

Die Verfahrensrüge ist unzulässig, weil nicht die den angeblichen Mangel enthaltenden Tatsachen angegeben worden sind, § 344 Abs. 2 StPO. Daß die Benzinrückstände, die der Angeklagte nach der Annahme des Landgerichts gestohlen hat, nicht herrenlos waren, sondern im Eigentum derjenigen Versender standen, die die Benzinmengen der Reichsbahn zur Beförderung übergeben hatten, hat das Landgericht ausdrücklich festgestellt (UA. S. 3). Alles, was die

Revision hiergegen vorbringt, ist rein tatsächlicher Art und kann deshalb nicht im gegenwärtigen Rechtszug beachtet werden; § 337 Abs. 1 StPO.

Die Annahme, daß der Angeklagte die aus den Kesselwagen entnommenen Benzinreste gestohlen habe, ist rechtlich nicht zu beanstanden. Insbesondere hat das Landgericht einwandfrei nachgewiesen, daß er dabei in der Absicht gehandelt hat, die Benzinreste sich rechtswidrig zuzueignen.

III. Auch unabhängig von dem Vorbringen der Revision ist das angefochtene Urteil sachlich-rechtlich nachgeprüft worden. Ein durchgreifender Rechtsfehler ist dabei nicht gefunden worden.

Zu bemerken ist nur folgendes: Mit Recht hat das Landgericht angenommen, daß die vom Angeklagten gestohlenen Benzinreste zu „Gegenständen der Beförderung" im Sinne des § 243 Abs. 1 Nr. 4 StGB gehörten. Unter diesen Begriff fallen alle Sachen, die befördert werden sollen und sich an einer der im Gesetz genannten Örtlichkeiten befinden; RGSt. Bd. 54 S. 194. Dazu ergibt das angefochtene Urteil, daß die Diebstähle auf Eisenbahnhöfen, nämlich auf dem Hauptgüterbahnhof und auf dem Bahnhof Ost in Frankfurt a. M. ausgeführt worden sind. Daß die Benzinrückstände, die nach der Entleerung der Kesselwagen in ihnen zurückgeblieben waren, nach dem Willen der Versender der Kesselwagen noch befördert werden sollten, ergibt der Zusammenhang der Gründe des angefochtenen Urteils. Danach werden die entleerten Kesselwagen den Versendern wieder zugerollt, so daß die in den Kesselwagen verbliebenen Reste bei der Neufüllung durch Vermischung mit dem neu eingefüllten Benzin den Versendern wieder zugute kommen (UA. S. 3). Die Versender, die festgestelltermaßen das Eigentum an den in den Wagen verbliebenen Benzinresten nicht aufgegeben haben, wollen demnach, daß die Benzinreste ihnen mit den Kesselwagen auf der Eisenbahn zurückbefördert werden.

Dieses Ergebnis entspricht dem gesetzgeberischen Gedanken, auf den der Erschwerungsgrund des § 243 Abs. 1 Nr. 4 StGB beruht. Er liegt darin, daß den auf den öffentlichen Wagen und in den öffentlichen Verkehrsanstalten befindlichen Sachen deshalb ein erhöhter Schutz gewährt werden soll, weil sie mehr als andere der Gefahr eines Diebstahls ausgesetzt sind; RGSt. Bd. 54 S. 194. Diese Gefahr besteht auch bei solchen Gegenständen, die bei der Entladung irrtümlich, versehentlich oder – wie hier – zufolge technischer Mängel der Entladung in den Beförderungsmitteln zurückgeblieben sind. Sie sollen nach dem Willen der Beteiligten dem Versender oder dem Empfänger noch zugestellt werden und bleiben Gegenstände der Beförderung, bis das geschehen ist.

Demnach unterliegt auch die Verurteilung des Angeklagten aus dem § 243 Abs. 1 Nr. 4 StGB keinen rechtlichen Bedenken. Seine Revision ist als unbegründet zu verwerfen.

52. § 293 StGB.

Der Fisch im fließenden Wasser ist so wenig eine Sache i. S. der §§ 242, 303 StGB wie das jagdbare Wild auf freier Wildbahn. Fische im fließenden Wasser sind „Sachen, die dem Fischereirecht unterliegen" (§ 293 StGB).

I. Strafsenat. Urt. v. 1. Dezember 1944 (1 D 321/1944).

I. Landgericht Konstanz.

In der Strafsache gegen den Ingenieur R. K. aus Furtwangen, zur Zeit bei der Wehrmacht, wegen Kriegswirtschaftsverbrechens u. a., hat das Reichsgericht, 1. Strafsenat, in der Sitzung vom 1. Dezember 1944, an der teilgenommen haben als Richter: der Senatspräsident Dr. Schultze und die Reichsgerichtsräte Dr. Ziegler, Dr. Hoffmann, Dr. Rohde, Dr. Wernecke, als Beamter der Staatsanwaltschaft: der Reichsanwalt Richter, auf die Revision des Angeklagten nach mündlicher Verhandlung für Recht erkannt:

Das Urteil des Landgerichts Konstanz vom 1. April 1944 wird nebst den ihm zugrunde liegenden Feststellungen aufgehoben; die Sache wird zur neuen Verhandlung und Entscheidung an die Vorinstanz zurückverwiesen. – Von Rechts wegen

Gründe

I. Die Verfahrensrügen.

Die Revision bringt eine Reihe von Verfahrensrügen vor, die im wesentlichen die Behauptung zum Gegenstande haben, die Feststellung des ursächlichen Zusammenhangs zwischen dem Unterlassen, das dem Angeklagten zur Last gelegt wird, und dem strafbaren Erfolg beruhe auf der Verletzung mehrerer Verfahrensvorschriften. Zugegeben muß der Revision werden, daß das Landgericht zu dem Beweisantrag der Verteidigung, der die Vernehmung der Sachverständigen Dr. A. und K. zum Ziele hatte, nicht erst im Urteil Stellung nehmen durfte; dieser Beweisantrag war während der Hauptverhandlung und nicht nur für den Fall gestellt worden, daß das Gericht die Schuld des Angeklagten feststellen könne, der Beweisantrag mußte daher durch einen in der Hauptverhandlung verkündeten Beschluß beschieden werden. Nicht ausdrücklich gerügt, aber bei der Nachprüfung der erhobenen Verfahrensrügen notwendig auffallend ist die Tatsache, daß das Landgericht im Urteil das unter dem 13. August 1943 erstattete Gutachten des Landesfischereimeisters K., dessen Vernehmung der Verteidiger beantragt hatte, verwertet, ohne daß dieses Gutachten nach der Sitzungsniederschrift in der Hauptverhandlung verlesen und ohne daß dieser Sachverständige daselbst vernommen worden wäre.

Ob das Urteil auf diesen Verfahrensverstößen beruht und ob die weiteren Verfahrensrügen der Revision beachtlich sind, kann dahingestellt bleiben, da das Urteil aus sachlichrechtlichen Gründen aufgehoben werden muß. Der Verteidiger wird in der notwendigen neuen Hauptverhandlung Gelegenheit haben, seine Beweisanträge unter Angabe der in der Revisionsschrift vorgebrachten Gründe zu wiederholen. Bei ihrer Behandlung wird das Landgericht den Fehler vermeiden müssen, aus eigener Wissenschaft Fragen beantworten zu wollen, deren zuverlässige Beantwortung Sachkunde voraussetzt; vgl. RGSt. Bd. 71 S. 336, 338. Insbesondere wird die Vernehmung des Chemikers kaum zu umgehen sein, der die Untersuchung der Wasserproben vorgenommen hat.

II. Die Sachrüge.

Nach den Feststellungen des Landgerichts entleerte sich am 15. Mai 1943 und am 24. August 1943 ein großer Teil des Inhalts der Abortgrube, die zu den Abortanlagen der Maschinenfabrik J. K. Söhne in Furtwangen gehört, in den durch das Fabrikanwesen fließenden Gewerbekanal. Von dort aus wurde die Jauche in den Bach Breg geschwemmt. Die Zuführung der Jauche in den Bach hatte jeweils ein großes Fischsterben zur Folge. Es wurden beide Male je zehn bis zwölf Zentner Forellen vernichtet.

Die Instandhaltung der Abortgrube gehörte zu dem Aufgabenkreis des Angeklagten. Das Landgericht legt ihm zur Last, daß er es unterließ, „den polizeiwidrigen Ablauf zu beseitigen“, der die Abortgrube mit dem Gewerbekanal verband. Er habe diese Unterlassung begangen in dem Bewußtsein, daß der Auslauf der Jauche zu dem Fischsterben führen könne und habe diesen Erfolg, wenn er eintrete, auch gebilligt. Auf Grund dieser Feststellung kommt das Landgericht zu dem Ergebnis, daß sich der Angeklagte zweier Vergehen der gemeinschaftlichen Sachbeschädigung, davon eines in Tateinheit mit einem Verbrechen nach § 1 Abs. 1 der KWVO schuldig gemacht habe.

A) Die Nachprüfung der Verurteilung, die auf Grund der allgemeinen Sachrüge auch unabhängig von dem Vorbringen der Revision erfolgen muß, läßt die folgenden Mängel erkennen:

Zunächst ist die Verurteilung wegen Sachbeschädigung rechtsirrig. Der Fisch im fließenden Wasser ist so wenig eine Sache im Sinne der §§ 242, 303 StGB wie das jagdbare Wild auf freier Wildbahn; vgl. hinsichtlich des Wilds die Entscheidungen in RGSt. Bd. 39 S. 427; Bd. 42 S. 75, deren Grundgedanken für die Fragen, die hier zu entscheiden sind, heute noch gelten. Der Fisch im fließenden Wasser ist herrenlos und untersteht nur dem Aneignungsrecht des Berechtigten. Deshalb sind Fische im fließenden Wasser „Sachen, die dem Fischereirechte unterliegen“, im Sinne des § 293 StGB; ihre vorsätzliche Beschädigung oder Zerstörung ist nach dieser Bestimmung strafbar.

Dieser Rechtsirrtum des Landgerichts hätte sich allerdings durch Richtigstellung des Urteilssatzes von hier aus beseitigen lassen. Die hauptsächlichsten Bedenken gegen den Bestand des Urteils liegen in anderer Richtung.

a) Das Landgericht legt dem Angeklagten, wie bereits gesagt wurde, an mehreren Stellen zur Last, daß er „den polizeiwidrigen Ablauf" nicht beseitigt habe. Es ist zunächst unklar, was das Landgericht an diesen Stellen unter den Worten „Beseitigen des Ablaufs" versteht. Meint es damit die Beseitigung der Ablaufseinrichtung als solcher, also die Entfernung des Ablaufsrohres und die Verschließung der Öffnung in der Grube, oder meint es lediglich die Verhinderung des Ablaufs der Fäkalien durch das im übrigen an Ort und Stelle bleibende Rohr. Auf jeden Fall hätte sich das Landgericht darüber aussprechen sollen, ob die Beseitigung des Ablaufs in dem einen oder anderen Sinn technisch möglich war, vor allem, ob sie der Angeklagte noch rechtzeitig hätte herbeiführen können; siehe hier vor allem unter b). Die Revision bestreitet die technische Möglichkeit der Beseitigung des Ablaufs schlechthin. Die Nichterörterung dieses Punktes im Urteil gibt allein schon zu durchgreifenden Bedenken Anlaß. Unabhängig von der Frage der „Beseitigung des Ablaufs" wäre die Möglichkeit einer häufigeren Entleerung der Grube „durch das städtische Fäkalienfahrzeug" zu prüfen gewesen; vgl. UA. S. 4 Abs. 2 und unten unter B).

b) Bei der rechtlichen Würdigung des Sachverhalts stellt das Landgericht fest, der Angeklagte habe von der allgemeinen Schädlichkeit der Abortwasser für den Fischbestand „spätestens" seit der Weigerung des Hausmeisters, die Grube zu entleeren, gewußt. Diese Weigerung geschah am 15. Mai 1943 mittags, wenige Stunden vor dem Erguß der Fäkalien in den Gewerbekanal und wurde von dem Hausmeister mit der herrschenden Hitze und mit dem niederen Wasserstand der Breg begründet. Bei seiner polizeilichen Vernehmung vom 19. Mai 1944 wurde nach den bisherigen Feststellungen des Landgerichts dem Angeklagten nicht mit Bestimmtheit gesagt, daß das Fischsterben durch das Abfließen des Abortgrubeninhalts verursacht worden ist; es wurde von polizeilicher Seite nur eine Vermutung in dieser Richtung ausgesprochen. Das Landgericht stellt auch nicht fest, daß dem Angeklagten bei dieser Gelegenheit oder später eine Auflage zur Verhütung des Abfließens gemacht worden wäre. Dazu hätte doch wohl nach dem Ereignis vom 15. Mai 1943 aller Anlaß bestanden, wenn die Polizei vor oder nach der Vernehmung des Angeklagten vom 19. Mai 1943 die Gewißheit gehabt hätte, daß das Fischsterben auf das Abfließen der Abortgrube zurückzuführen ist. Es scheint also eine solche Gewißheit nicht einmal bei der Polizei bestanden zu haben. Das Landgericht hätte daher für jeden der beiden zur Anklage stehenden Fälle feststellen müssen, von wann an der Angeklagte die dem Fischbestand drohende Gefahr kannte, unter Umständen auch, von wann an er wußte, daß diese Gefahr unabhängig von Einflüssen der Witterung und von dem Wasserstand der Breg besteht. Dann wäre zu prüfen gewesen, ob dem Angeklagten noch Zeit genug blieb, die nötigen Maßnahmen zur Beseitigung dieser Gefahr zu treffen.

c) Weiterhin kann das Landgericht nicht bestimmt feststellen, auf welche Weise es zu dem Durchbruch der Fäkalien aus der Abortgrube in den Gewerbekanal kam. Zugunsten des Angeklagten muß daher unterstellt werden, daß jedenfalls Hindernisse nicht mittels einer Stange durch einen von dem Angeklagten beauftragten Arbeiter durchstoßen wurden. Dann erhebt sich aber die Frage, ob der Angeklagte damit rechnete, daß der Durchbruch auf natürliche Weise geschehen werde, und ob er damit rechnete, daß der Durchbruch bereits zu der Zeit, zu der er geschehen ist, eintreten werde, und daß er den Erguß solcher Massen von Fäkalien in den Gewerbekanal zur Folge haben werde. Das Landgericht hat zu diesen Fragen keine Stellung genommen. Sie wären aber für den inneren Tatbestand, vor allem für die Frage der Voraussehbarkeit im Rahmen des bedingten Vorsatzes, wichtig gewesen. Bezüglich des Durchbruchs vom 15. Mai 1943 ergibt sich allerdings aus den Feststellungen im Urteil, der Angeklagte habe gewußt, daß die Abortgrube überfüllt sei und der Entleerung bedürfe. Hinsichtlich des Durchbruchs vom 24. August 1943 ist – abgesehen von dem Wissen um die anderen obengenannten Punkte – nicht einmal das Wissen von der Überfüllung der Grube dem Urteil zu entnehmen.

d) Auch die Feststellung des bedingten Vorsatzes gibt Anlaß zu Bedenken. Das Landgericht stellt fest, der Angeklagte habe mit der Möglichkeit des Erfolgs gerechnet und habe ihn für den Fall des Eintritts gebilligt. Das Landgericht hat damit zwar das Wesen des bedingten Vorsatzes zutreffend umschrieben; der Sachverhalt läßt aber nicht ersehen, auf welche Weise der Angeklagte dazu gekommen sein könnte, das Fischsterben zu billigen. In der Regel liegen in den Fällen des bedingten Vorsatzes die Dinge so, daß der Täter um eines erstrebten Vorteils oder Zieles willen den ihm vielleicht unangenehmen strafbaren Erfolg in Kauf nimmt. Im vorliegenden Fall ist aber nicht ersichtlich, welches Ziel der Angeklagte durch sein Unterlassen verfolgt haben sollte. Denkbar wäre auf Grund des festgestellten Sachverhalts nur das Streben des Angeklagten, den Aufwand von Kosten oder von Arbeit zu sparen. Ob ein solcher oder ein anderer Beweggrund vorhanden war, gegebenenfalls ob er so stark war, daß er den Angeklagten zur Billigung des Fischsterbens veranlassen konnte, wird das Landgericht auf Grund der neuen Hauptverhandlung nochmals zu prüfen haben. Wenn bedingter Vorsatz und Fahrlässigkeit so eng aneinandergrenzen wie im vorliegenden Falle, kann die Klarlegung der Beweggründe des Angeklagten bei Feststellung des inneren Tatbestandes kaum umgangen werden. Entsprechendes gilt von der Feststellung der Böswilligkeit in dem angefochtenen Urteil. Es ist dort von der „Überbetonung der Interessen des eigenen Betriebes" die Rede; an anderer Stelle (bei der Strafzumessung) werden ähnliche Gedankengänge entwickelt. Die Revision fragt mit Recht, welche eigenen Interessen der Firma der Angeklagte verfolgt haben könnte, die er so hoch bewertet hätte, daß er dafür die Vernichtung des Fischbestandes der Breg hätte in Kauf nehmen wollen und daß er sie auch gebilligt hätte.

B) Wegen dieser unter a) bis d) genannten Mängel muß das Urteil aufgehoben werden. Für die neue Hauptverhandlung sind die folgenden Hinweise nötig: Auf Grund der neuen Hauptverhandlung wird das Landgericht zunächst zum äußeren Tatbestande festzustellen haben, auf welche Weise der Abfluß der Fäkalien aus der Abortgrube in den Gewerbekanal, soweit er den Fischen gefährlich werden konnte, hätte verhindert werden können, und dann, was der Angeklagte auf Grund seines Wissens und seiner Erfahrungen hätte unternehmen sollen, um den schädlichen Erfolg zu verhindern. Der Angeklagte hätte alles tun müssen, was in seinen Kräften stand, und was seinem Wissen um die bestehende Gefahr entsprach. Es kann aber bei dieser Untersuchung nicht außer acht gelassen werden, daß es sich „bei dem polizeiwidrigen Ablauf" um einen Zustand handelte, der nach den Feststellungen des Landgerichts seit nahezu dreißig Jahren bestand, und der nach der Behauptung der Revision, was noch zu prüfen sein wird, seit Jahren der maßgeblichen Baubehörde bekannt war, ohne daß sie eingeschritten wäre. Der stetige und allmähliche Ablauf der Fäkalien in kleineren Mengen scheint auch den Fischen nicht gefährlich gewesen zu sein. Denn der festgestellte Sachverhalt läßt vermuten, daß nur die plötzliche Entleerung der angefüllten Abortgrube bisher ein Fischsterben zur Folge gehabt hat. Die Beseitigung der Gefahren, die dem Fischbestand der Breg durch die plötzliche Entleerung der angefüllten Grube drohten, brauchte allerdings nicht ausschließlich durch die Beseitigung des Ablaufs zu geschehen; das hätte möglicherweise auch, worauf sich die Untersuchung ebenfalls zu erstrecken haben wird, auf andere Weise geschehen können; zu denken ist vor allem daran, daß der Angeklagte die Grube rechtzeitig durch die städtische Fäkalienabfuhr entleeren ließ. Möglicherweise kann dem Angeklagten ein schuldhaftes Unterlassen insoweit nachgewiesen werden. Zu prüfen wird ferner sein, ob die Bl. 33 der Akten erwähnte Maßnahme nicht früher hätte ergriffen werden können. Sollte das Landgericht nicht vorsätzliches, sondern nur fahrlässiges Verhalten des Angeklagten feststellen können, so könnte immer noch eine Straftat nach badischem Landesfischereirecht in Betracht kommen; die Frage wäre an Hand der einschlägigen gesetzlichen Bestimmungen zu prüfen.

C) Das Vorbringen der Revision zur Sachrüge ist durch die obigen Ausführungen im wesentlichen behandelt; eines weiteren Eingehens hierauf bedarf es nicht. Erwähnt sei nur, daß gegen die Annahme von zwei strafbaren Handlungen durch das Landgericht keine Bedenken bestanden hätten. Die erste strafbare Handlung wäre mit dem Eintritt des strafbaren Erfolgs abgeschlossen gewesen, und dem Angeklagten fiele ein neues strafbares Unterlassen zur Last, wenn er von dem Eintritt des ersten Erfolgs (dem Fischsterben vom 15. Mai

1943) an gerechnet Zeit und Gelegenheit gehabt hätte, den zweiten Erfolg (das Fischsterben vom 24. August 1943) zu verhindern.

---

53. §§ 4 VSchVO, 242 StGB.
Eine Ausnutzung des Kriegszustandes („außergewöhnliche Verhältnisse") liegt auch vor, wenn die gestohlenen Kleintiere an Orten verwahrt werden, die unter anderen Umständen nicht dazu verwandt worden wären und die der Halter nur unzureichend zu überwachen vermag.

II. Strafsenat. Urt. v. 7. Dezember 1944 (2 C 92/1944).

I. Sondergericht Berlin.

In der Strafsache gegen den Zimmermann A. R. M. (französischer Staatsangehörigkeit), zuletzt in Strafhaft im Gefangenenlager Elbregulierung in Griebo bei Coswig (Anhalt), zur Zeit flüchtig, wegen Volksschädlingsverbrechens, hat das Reichsgericht, 2. Strafsenat, in der Sitzung vom 7. Dezember 1944, auf die Nichtigkeitsbeschwerde des Oberreichsanwalts beschlossen:

Das Urteil des Sondergerichts in Berlin vom 6. März 1944 wird, soweit es den Angeklagten M. betrifft, im Strafausspruche nebst den insoweit zugrunde liegenden tatsächlichen Feststellungen aufgehoben. Die Sache wird zu erneuter Straffestsetzung an die Vorinstanz zurückverwiesen. Die Strafhaft ist weiter zu vollstrecken.

Gründe

Wie das Sondergericht feststellt, hat der Angeklagte von August bis Dezember 1943 in der Umgebung von Berlin in 7 Fällen des Nachts Kaninchen, Gänse und Hühner gestohlen. Das Sondergericht hat ihn dieserhalb wegen Volksschädlingsverbrechens (§§ 2, 4 VSchVO) in Verbindung mit Diebstahl (§ 242 StGB) unter Anrechnung der Untersuchungshaft zu insgesamt 6 Jahren Zuchthaus verurteilt.

Die Nichtigkeitsbeschwerde führt zur Aufhebung des Strafausspruchs.

I. Zum Schuldspruch.

1. Zu § 4 VSchVO.

Nach der Annahme des Sondergerichts hat der Angeklagte das Erfordernis dieser Bestimmung, daß die Taten unter Ausnützung der durch den Kriegszustand verursachten außergewöhnlichen Verhältnisse begangen sein müssen, dadurch erfüllt, daß er bewußt die leichte Absetzbarkeit der gestohlenen Kleintiere ausgenutzt habe. Diese Begründung ist von der bisherigen Rechtsprechung des Reichsgerichts nicht für ausreichend erachtet worden. Nach ihr erfordert § 4

a. a. O., daß die durch den Krieg verursachten außergewöhnlichen Verhältnisse dem Täter die *Ausführung* der Tat irgendwie erleichtert haben (vgl. RGUrt. vom 9. Juni 1942 3 C 5/42^{n} – 3 StS 1/42^{n} – = DR 1942 S. 1465 sowie die nichtveröffentlichten RGUrteile vom 18. November 1943 3 D 388/43 und vom 11. September 1944 3 C 261/44 – 3 StS 61/44 –, vom 5. Dezember 1944 4 C 516/44 – 4 StS 192/44 –). Daß der Absatz der Beute noch zur „Ausführung der Tat" in diesem Sinne gehöre und seine kriegsbedingte Erleichterung daher bei ihr „ausgenützt" werden könne, ist bislang abgelehnt worden (vgl. das Urteil des Senats vom 7. September 1944 2 D 170/44 und die dort angeführte Rechtsprechung).

Die Nichtigkeitsbeschwerde erhebt gegen den Standpunkt des Sondergerichts keine rechtlichen Bedenken; sie ist der Auffassung, es habe sich im Verlaufe des Krieges immer mehr gezeigt, daß die mit der zunehmenden Warenverknappung wachsende Leichtigkeit des Absatzes von Diebesgut, insbesondere von gestohlenen Kleintieren, einen starken Anreiz zur Begehung solcher Diebstähle gebe, der entgegenstehende Hemmungen des Täters überwinde und seinen Entschluß zur Ausführung der Tat stärke. Dazu komme bei dem Angeklagten, daß er von vornherein beabsichtigt habe, die Diebesbeute stets sofort an seine Abnehmer zu veräußern, daß er also die Tat erst mit diesem Absetzen der Beute als abgeschlossen betrachtet habe. Unter diesen Umständen rechtfertige sich die Annahme, daß die für den Tatentschluß mit ausschlaggebende kriegsbedingte Erleichterung des Absatzes des Diebesgutes die Begehung der Tat selbst erleichtert habe, wie es zum Tatbestande des § 4 VSchVO gehöre.

Zu diesen Bedenken braucht keine Stellung genommen zu werden und es kann auf sich beruhen, ob an der oben wiedergegebenen, den Senat bindenden Rechtsprechung festzuhalten oder ob von ihr allgemein oder unter besonderen Umständen abzugehen ist. Denn nach den tatsächlichen Feststellungen hat der Angeklagte jedenfalls nach einer anderen Richtung, als das Sondergericht angenommen hat, bei Ausführung seiner Taten kriegsbedingte Verhältnisse ausgenützt. Infolge der durch den Krieg hervorgerufenen Knappheit an Fleisch und Fleischwaren werden viel mehr Kaninchen und andere Kleintiere gehalten als im Frieden, und zwar sind dazu in großem Umfange auch Volksgenossen übergegangen, die sich vorher nicht damit befaßt haben. Da es an genügenden friedensmäßigen Unterbringungsmöglichkeiten fehlt, werden – namentlich auch in der Umgebung von Großstädten in Schrebergärten, Siedlungen u. dergl. – die Kleintiere häufig notgedrungen auch an Orten verwahrt, die unter anderen Umständen nicht dazu verwandt worden wären und die der Halter nur unzureichend zu überwachen vermag, dazu auch noch vielfach in mehr oder weniger behelfsmäßigen, schon an sich nur ungenügend gegen Diebstahl sichernden Ställen. Damit sind die Voraussetzungen gegeben, die für Diebe Beutezüge auf Kleintiere, wie sie dem Angeklagten zur Last fallen, besonders leicht und erfolgversprechend gestalten. Wer sich daher diese Umstände bei

Kleintierdiebstählen zunutze macht, nützt damit durch den Krieg hervorgehobene außergewöhnliche Verhältnisse i.S. von § 4 a.a.O. aus. So liegt der Fall ersichtlich hier, das ergibt sich auch daraus, daß der Angeklagte bei seinen Diebesfahrten ohne Ortskenntnisse in der Dunkelheit (vgl. Bl. 12 A d. A.) eine nicht unbeträchtliche Beute gemacht hat.

Auch im übrigen haben sich gegen die Anwendung der genannten Bestimmung erhebliche Bedenken nicht ergeben.

2. Zu § 2 VSchVO.

Das Sondergericht nimmt an, die Taten seien unter Ausnutzung der kriegsbedingten Verdunklung ausgeführt worden. Erhebliche tatsächliche Bedenken gegen diese Feststellung sind nach Lage der Sache nicht anzuerkennen, mag auch eine eingehende Schilderung darüber, wie die Beleuchtungsverhältnisse an den Tatorten vor dem Kriege und wie sie zur Zeit der Tat waren, fehlen.

3. Zu § 242 StGB.

Ebensowenig hat der Senat unter den gegebenen Umständen erhebliche tatsächliche Bedenken dagegen, daß das Sondergericht als Grundstraftat ohne nähere Darlegung durchweg einfachen Diebstahl festgestellt hat, obwohl die Anklage schweren Diebstahl (§ 243 Abs. 1 Nr. 2 StGB) annimmt. Im übrigen wäre es für den Strafausspruch auch ersichtlich ohne wesentlichen Einfluß, ob als Grundstraftat leichter oder schwerer Diebstahl in Frage kommt.

II. Zum Strafausspruch.

Die Beschwerde vermißt die Prüfung der Frage, ob die schwerste Strafe gegen den Angeklagten geboten gewesen wäre und meint, eine solche Prüfung sei um so nötiger gewesen, als manches dafür spreche, daß der Angeklagte auch als gefährlicher Gewohnheitsverbrecher, für den § 1 AbÄndG vom 4. September 1941 in Betracht komme, anzusehen sei. Hierin liegt unter den gegebenen Umständen ein Mangel des Urteils. Er nötigt, den Strafausspruch aufzuheben, um dem Sondergericht Gelegenheit zu geben, auch zu diesen Punkten Stellung zu nehmen.

Der Oberreichsanwalt hat die Aufhebung des Urteils in vollem Umfang beantragt. gez. Müller. Francke.

---

54. § 15 a der VO über die Ausübung der Strafgerichtsbarkeit im Protektorat Böhmen und Mähren vom 14.4.1939 i.d.F. vom 5.5.1941 (RGBl. I S. 248).

Der Hehler ist i. S. des § 15 a dieser VO „beteiligt". Für die Anwendung deutschen Strafrechts ist es ohne Belang, wenn die Verurteilung des Vortäters vorläufig oder endgültig unterbleiben muß, sei es daß dieser abwesend oder noch nicht ermittelt ist, sei es daß er gestorben oder

die Strafverfolgung ihm gegenüber verjährt oder das Verfahren gegen ihn niedergeschlagen ist.

III. Strafsenat. Urt. v. 7. Dezember 1944 (3 C 375/1944).

I. Sondergericht bei dem Deutschen Landgericht Prag.

In der Strafsache gegen die Protektoratsangehörigen 1. F. J. in Neu-Hodwitz, 2. W. H. in Budweis, 3. P. D. in Strodenitz, 4. K. S. in Hollubau, 5. W. M. in Frauenberg, 6. L. N. in Frauenberg

wegen Hehlerei hat das Reichsgericht, 3. Strafsenat, in der Sitzung vom 7. Dezember 1944, an der teilgenommen haben als Richter: der Reichsgerichtsrat Dr. Hartung als Vorsitzender, die Reichsgerichtsräte Kamecke, Schaefer II, Dr. Pawelka und der Kammergerichtsrat Denzler, als Beamter der Staatsanwaltschaft: der Reichsanwalt Dr. Kirchner, auf die Nichtigkeitsbeschwerde des Oberreichsanwalts nach mündlicher Verhandlung für Recht erkannt:

Das Urteil des Sondergerichts bei dem Deutschen Landgericht in Prag vom 22. August 1944 wird, soweit es das Verfahren einstellt, mit den ihm insoweit zugrunde liegenden Feststellungen aufgehoben. In diesem Umfange wird die Sache zu neuer Verhandlung und Entscheidung an das bezeichnete Sondergericht zurückverwiesen. – Von Rechts wegen

Gründe

Die Angeklagten waren sämtlich auf dem Verschiebebahnhof Budweis beschäftigt. In der Nacht zum 24. November 1943 hatte der Rangierarbeiter J. M., gleichfalls ein Protektoratsangehöriger, unter Ausnutzung der Verdunkelung und sonstiger durch den Kriegszustand verursachter außergewöhnlicher Verhältnisse 20.000 Stück Zigaretten gestohlen. Die Beute seiner Volksschädlingstat hat er großenteils an die Angeklagten J., H., S., M. und N. abgegeben. Um dieselbe Zeit haben die genannten Angeklagten – außer N. – sowie der Angeklagte D. o. M. je drei Paar neue Segeltuchschuhe erhalten, die dieser in mehrere Kartons verpackt im Aufenthaltsraum der Rangierarbeiter „vorgefunden“ hatte. Das Sondergericht nimmt an, die Schuhe habe ein nicht ermittelter Täter unter Ausnutzung außergewöhnlicher Kriegsverhältnisse gestohlen; ihre Entwendung stelle ebenfalls ein Volksschädlingsverbrechen dar.

Auf Grund dieses Sachverhaltes waren die sechs Angeklagten der Hehlerei nach dem § 259 RStGB in Verbindung mit dem § 6 VO gegen Volksschädlinge und dem § 15 a Abs. 2 VO über die Ausübung der Strafgerichtsbarkeit im Protektorat Böhmen und Mähren vom 14. April 1939 (RGBl. I S. 754) in der Fassung der VO vom 5. Mai 1941 (RGBl. I S. 248) beschuldigt. Insoweit hat das Sondergericht durch das rechtskräftige Urteil vom 22. August 1944 das Verfahren eingestellt, da hier die Angeklagten nicht gemäß dem Art. II § 6 Abs. 2 Nr. 1

VO vom 14. April 1939 (RGBl. S. 752) der deutschen Gerichtsbarkeit unterstünden. Es führt dazu aus: Die Angeklagten J., H., S., M. und N. als Hehler seien zwar im Sinne des § 15 a Abs. 2 VO vom 14. April 1939/5. Mai 1941 an dem Zigarettendiebstahl des M. „beteiligt". M. sei aber am 24. Juli 1944 gestorben und könne daher nicht mehr abgeurteilt werden; deshalb finde auf sein Verhalten auch nicht mehr das deutsche Strafrecht Anwendung. Die erwähnte Vorschrift wolle lediglich verhindern, daß eine Tat, an der mehrere beteiligt seien, nach verschiedenen Strafgesetzen gewürdigt und von verschiedenen Gerichten abgeurteilt und so einer nicht erwünschten unterschiedlichen Behandlung zugeführt werde. Scheide daher der Täter, dessen Handlungsweise die Anwendung des deutschen Strafrechtes begründet hätte, etwa durch Tod aus, so entfalle damit auch für die als Hehler Beteiligten die Anwendung dieses Rechts und damit die deutsche Gerichtsbarkeit. „Aus dem gleichen Grunde" seien bezüglich der Hehlerei der Schuhe, die nach der Annahme des Sondergerichtes ein Unbekannter als Volksschädling entwendet hatte, die beteiligten Angeklagten nicht der deutschen Gerichtsbarkeit unterworfen.

Die Rechtsansicht des Sondergerichtes kann nicht gebilligt werden. Sie würde die Anwendung des deutschen Strafrechts in einem unerwünschten Maß einschränken und vielfach von Zufälligkeiten abhängig machen.

Es ist anerkanntes Recht, daß im Sinne des § 15 a Abs. 2 VO vom 14. April 1939/5. Mai 1941 der Hehler an der Vortat „beteiligt" ist (vgl. RGSt. Bd. 77 S. 107). Das bedeutet aber nicht, daß die als Hehler beteiligten Protektoratsangehörigen nur dann dem deutschen Strafrecht und infolgedessen der deutschen Gerichtsbarkeit unterstehen, wenn der Vortäter tatsächlich abgeurteilt wird oder abgeurteilt werden kann. Es genügt vielmehr, daß seine Tat in dem Verfahren gegen die Hehler strafrechtlich zu bewerten ist. Die Worte „... findet auf die Tat eines Beteiligten das deutsche Strafrecht Anwendung", besagen nichts anderes als „... gilt für die Tat eines Beteiligten deutsches Strafrecht". Es ist daher ohne Belang, wenn die Verurteilung des Vortäters vorläufig oder endgültig unterbleiben muß, sei es daß dieser abwesend oder noch nicht ermittelt ist, sei es daß er gestorben oder die Strafverfolgung ihm gegenüber verjährt oder das Verfahren gegen ihn niedergeschlagen ist.

Hiernach ist – entsprechend der Nichtigkeitsbeschwerde des Oberreichsanwaltes – das Urteil des Sondergerichtes, soweit es auf Einstellung des Verfahrens erkennt, aufzuheben und in diesem Umfange die Sache zurückzuverweisen. In der neuen Verhandlung wird näher zu prüfen sein, ob die Angeklagten, die der Hehlerei der Schuhe beschuldigt sind, diese von einem Vortäter, auf dessen Tat das deutsche Strafrecht Anwendung findet, durch einen von ihm abgeleiteten Erwerb erlangt haben (vgl. RGSt. Bd. 64 S. 326 [327]).

55. § 259 StGB, § 2 Abs. 1 Nr. 1 und Abs. 4 VRStVO.

Der Vorsatz des Hehlers nach dem § 259 StGB kann im „Wissen" um den strafbaren Erwerb des Vorbesitzers in bestimmter oder in bedingter Form bestehen oder auch in einem durch die Umstände bedingten „Annehmenmüssen" solchen Erwerbs. Die Verwertung von Lebensmittelkarten, die nur durch Diebstähle fremder Lebensmittel für den Bezugsberechtigten entbehrlich werden, fällt unter die VRStVO.

I. Strafsenat. Urt. v. 8.12.1944 (1 D 308/1944).

I. Landgericht Konstanz.

In der Strafsache gegen die Verkäuferin L. G. in Konstanz, Schillerstr. 3, wegen Hehlerei u.a. hat das Reichsgericht, 1. Strafsenat, in der Sitzung vom 8. Dezember 1944, an der teilgenommen haben als Richter: der Senatspräsident Dr. Schultze und die Reichsgerichtsräte Dr. Ziegler, Dr. Hoffmann, Dr. Rohde, Dr. Rittweger, als Beamter der Staatsanwaltschaft: der Reichsanwalt Richter, auf die Revisionen der Angeklagten und der Staatsanwaltschaft nach mündlicher Verhandlung für Recht erkannt:

Das Urteil des Landgerichts in Konstanz vom 20. Juni 1944 wird

I. im Schuldspruch dahin berichtigt, daß die Angeklagte

1. wegen fortgesetzter Hehlerei, teilweise in Tateinheit mit fortgesetztem Beziehen bezugsbeschränkter Erzeugnisse ohne Bezugsberechtigung (§ 259 StGB, § 2 Abs. 1 Nr. 1 und Abs. 4 VRStVO, § 73 StGB)

2. wegen fortgesetzten Ausnutzens ihr nicht zustehender Bezugsberechtigungen (§ 2 Abs. 1 Nr. 1 und Abs. 4 VRStVO)

verurteilt ist,

II. im Strafausspruch unter Aufrechterhaltung der für die Straftat zu I 1 erkannten Strafe von drei Monaten Gefängnis aufgehoben. Die Sache wird zur Festsetzung einer Strafe für die Straftat zu I 2 und – gegebenenfalls – zur Bildung einer Gesamtstrafe sowie zu neuer Entscheidung über die Anrechnung der Untersuchungshaft an die Vorinstanz zurückverwiesen.

Im übrigen wird die Revision der Angeklagten gegen das vorbezeichnete Urteil auf ihre Kosten verworfen. – Von Rechts wegen

Gründe

Die Angeklagte erhielt in den Jahren 1941 bis 1943 bei Besuchen ihrer Mutter, die damals Wirtschafterin in einem Lazarett in Singen a.H. war, von ihrer Mutter wiederholt Lebensmittel, die die Mutter aus Lazarettbeständen entwendet hatte. So bekam sie mehrfach kleinere Mengen Zuckerwaren, einmal auch 2 oder 3 Dosen Gemüsekonserven, einige Male auch ein Vesperbrot, das mit Fleisch oder Wurst belegt war, die aus dem Lazarett stammten. Die Mutter ließ die Angeklagte überdies häufig bei sich essen, wobei sie ihr Lebensmittel, insbesondere Fleisch, Butter und Eier vorsetzte, die ebenfalls zu den von ihr gestohlenen Lebensmitteln gehörten. Außerdem gab ihr die Mutter auch Lebensmittelkarten, die sie selbst nicht brauchte, weil sie sich durch die Diebstähle versorgte; diese Karten ihrer Mutter verwendete die Angeklagte für sich.

Das Landgericht hat darin, daß die Angeklagte die Lebensmittel von ihrer Mutter zum eigenen Verbrauch angenommen hat, eine fortgesetzte Hehlerei und zugleich, in Tateinheit damit begangen, einen fortgesetzten Bezug von bezugsbeschränkten Lebensmitteln ohne Bezugsberechtigung im Sinne des § 2 Abs. 1 Nr. 1, Abs. 4 VRStVO gefunden. Das Ausnutzen der von der Mutter ersparten Lebensmittelkarten hat es als straflos angesehen, weil die Angeklagte die Überlassung von Bezugsberechtigungen von Familienmitglied zu Familienmitglied und deren Ausnutzung für erlaubt gehalten habe. Von einer Freisprechung hat es in der Annahme abgesehen, das Ausnutzen der Karten bilde zusammen mit dem Ansichbringen der Lebensmittel einen einheitlichen Lebensvorgang.

Die Angeklagte macht mit ihrer Revision geltend, es fehle an den Voraussetzungen sowohl für eine Verurteilung wegen Hehlerei wie für eine solche wegen einer Zuwiderhandlung gegen die Verbrauchsregelungsstrafverordnung; außerdem hätte sie hinsichtlich der ihr zur Last gelegten Ausnutzung ihr nicht zustehender Bezugsberechtigungen freigesprochen werden müssen.

Die Staatsanwaltschaft rügt, daß die Angeklagte nicht wegen Ausnutzens ihr nicht zustehender Bezugsberechtigungen verurteilt worden ist.

I. Zur Revision der Angeklagten.

Zur äußeren Tatseite der Hehlerei bestehen keine rechtlichen Bedenken. Das gilt aber entgegen der Meinung der Revision auch für die innere Tatseite. Der Vorsatz des Hehlers kann nach dem § 259 StGB im „Wissen" um den strafbaren Erwerb des Vorbesitzers in bestimmter oder in bedingter Form bestehen oder auch in einem durch die Umstände bedingten „Annehmenmüssen" solchen Erwerbs. Hier ergeben die Gründe des angefochtenen Urteils, daß das Landgericht zwar die bestimmte Kenntnis der Angeklagten von dem strafbaren Erwerb der Lebensmittel durch die Mutter der Angeklagten nicht hat feststellen können, daß es aber die volle Überzeugung davon gewonnen hat, die Angeklagte habe mit einem solchen Erwerb „zumindest gerechnet". Das Landgericht stützt also die Verurteilung der Angeklagten wegen Hehlerei zur inneren Tatseite auf einen bedingten Vorsatz der Angeklagten und nicht, wie die Revision annimmt, auf die gesetzliche Beweisregel eines durch die Umstände bedingten „Annehmenmüssens" strafbaren Erwerbs. Daß dem Landgericht hierbei ein Rechtsirrtum unterlaufen wäre, ist nicht ersichtlich.

Frei von Rechtsirrtum ist auch die Annahme des Landgerichts, die Angeklagte habe insoweit, als sie von ihrer Mutter bezugsbeschränkte Lebensmittel

(Zuckerwaren, Butter, Fleisch, Eier) erhalten hat, im Sinne des § 2 Abs. 1 Nr. 1 VRStVO bezugsbeschränkte Erzeugnisse bezogen. Die Revision beruft sich für ihre gegenteilige Meinung, daß hier kein „Beziehen" vorliege, zu Unrecht auf die Entscheidung des Reichsgerichts in RGSt. Bd. 75 S. 184. Dort wie in der späteren Entscheidung des Großen Senats für Strafsachen vom 13. Oktober 1943 – GSSt 1/43 = RGSt. Bd. 77 S. 225 und DJ 1943 S. 549 – ist zwar ausgesprochen worden, daß der Dieb bezugsbeschränkter Erzeugnisse nicht „Bezieher" im Sinne der Verbrauchsregelungsstrafverordnung sei. Das gilt aber nicht auch für den Hehler, der bezugsbeschränkte Erzeugnisse von dem Dieb mit dessen Willen, also auf abgeleitetem Wege erlangt.

Daß das Landgericht die Hehlerei und die Zuwiderhandlung gegen die Verbrauchsregelungsstrafverordnung als durch ein und dieselbe Handlung begangen ansieht (§ 73 StGB), ist zutreffend. Daß es das Gesetz, aus dem die Strafe zu entnehmen war (§ 2 Abs. 1 Nr. 1 und Abs. 4 VRStVO), nicht ausdrücklich bezeichnet hat, ist nach Lage der Sache unschädlich.

Auf die weitere Rüge der Revision zu dem Punkt der Anklage, in dem das Landgericht zu keiner Verurteilung gekommen ist, wird bei der Erörterung der Revision der Staatsanwaltschaft mit eingegangen werden.

II. Zur Revision der Staatsanwaltschaft.

Die Tatsache, daß die Angeklagte Bezugsberechtigungen ihrer Mutter für sich verwendet hat, hat das Landgericht in mehrfacher Hinsicht rechtlich unzutreffend beurteilt.

Eine irrige Meinung der Angeklagten, das Verbot des Ausnutzens fremder Lebensmittelkarten gelte nicht für das Ausnutzen von Lebensmittelkarten naher Angehöriger wäre ein Irrtum über den Umfang des strafrechtlichen Tatbestandes und daher für die Schuldfrage unbeachtlich. Eine Zuwiderhandlung der Angeklagten gegen den § 2 Abs. 1 Nr. 1 VRStVO würde nach Lage der Sache nur dann ausscheiden, wenn das Verhalten der Angeklagten etwa wegen des Verwandtschaftsverhältnisses *objektiv* nicht strafbar wäre.

Die Strafdrohung des § 1 Abs. 1 Nr. 1 VRStVO ist aber so gefaßt, daß sie sich auf jede Ausnutzung fremder Bezugsberechtigungen erstreckt. Einschränkungen können deshalb nur als eng begrenzte Ausnahmen insoweit gegeben sein, als sie sich trotz der strengeren Fassung von selbst aus dem Sinn und Zweck der Verordnung nach gesundem Rechtsempfinden ergeben. Als eine derartige Ausnahme nennt der Runderlaß des Reichsministers für Ernährung und Landwirtschaft vom 21. Januar 1942 – LWMBl 87 – Rietsch-Peren-Schneider S. 197/199 – den Gebrauch von Bezugsberechtigungen, die aus Gefälligkeit gelegentlich in geringer Menge im Wege des Aushelfens einem anderen überlassen werden. Inwieweit sich für Familienmitglieder, die in demselben Haushalt leben, Ausnahmen dieser oder ähnlicher Art ergeben, steht hier nicht in Frage, weil dieser Fall nicht gegeben ist. Keinesfalls betrachtet das natürliche Rechtsempfinden die Verwertung von Karten, die nur durch Diebstähle fremder Lebensmittel für den Bezugsberechtigten entbehrlich werden, als einen vom Standpunkt der allgemeinen Verbrauchsregelung aus natürlichen und unschädlichen Vorgang, den der Gesetzgeber als Ausnahme stillschweigend billigte. Auch das Ausnutzen der Karten der Mutter hätte deshalb vom Landgericht als eine strafbare Zuwiderhandlung der Angeklagten gegen den § 2 Abs. 1 Nr. 1, Abs. 4 VRStVO geahndet werden müssen, und zwar gleichviel, ob zwischen ihr und der anderen Straftat (Hehlerei und Beziehen bezugsbeschränkter Erzeugnisse ohne Bezugsberechtigung) Tateinheit oder Tatmehrheit bestand.

Die Annahme einer Tateinheit ist rechtsirrig, denn die Ausführungshandlungen der auf der einen und der anderen Seite in Betracht kommenden Tatbestände fallen in keinem Punkte zusammen. Nach Lage der Sache scheidet auch die Annahme einer im natürlichen Sinne einheitlichen Handlung (RGSt. Bd. 58 S. 113, 116; Bd. 72 S. 193, 195) aus.

Ein schwerer Fall im Sinne des § 2 Abs. 4 VRStVO ist auch hinsichtlich des Ausnutzens der fremden Bezugsberechtigungen deshalb anzunehmen, weil die Übertretungsstrafen des § 2 Abs. 1 der Verordnung nur für geringfügige Verstöße in Betracht kommen können.

Von dem Standpunkt aus, daß in dem Ausnutzen der Bezugsberechtigungen der Mutter keine Zuwiderhandlung gegen die Verbrauchsregelungsstrafverordnung zu sehen sei, hätte das Landgericht die Angeklagte von der Anklage einer weiteren Zuwiderhandlung gegen diese Verordnung freisprechen müssen.

Da der Standpunkt des Landgerichts aber, wie ausgeführt, rechtsirrig ist, ist das angefochtene Urteil auf die Revision der Staatsanwaltschaft und gemäß dem § 358 Abs. 2 StPO auch auf die Revision der Angeklagten hin im Schuldspruch dahin zu berichtigen, daß die Angeklagte neben der vom Landgericht ausgesprochenen Verurteilung auch noch wegen einer weiteren fortgesetzten Zuwiderhandlung gegen den § 2 Abs. 1 Nr. 1 und Abs. 4 VRStVO verurteilt ist, die in dem Ausnutzen ihr nicht zustehender Bezugsberechtigungen liegt. Das hat zur Folge, daß das Urteil im Strafausspruch unter Aufrechterhaltung der Einsatzstrafe für die in Tateinheit mit einer Zuwiderhandlung gegen die Verbrauchsregelungsstrafverordnung begangene Hehlerei aufgehoben und die Sache zur Festsetzung einer Strafe für die Zuwiderhandlung der unbefugten Ausnutzung fremder Bezugsberechtigungen und – gegebenenfalls – zur Bildung einer Gesamtstrafe (§ 74 StGB) an die Vorinstanz zurückverwiesen werden muß. Dabei wird über die Anrechnung der Untersuchungshaft neu zu entscheiden sein.

Die Entscheidung entspricht dem Antrag des Oberreichsanwalts.

56. § 1 Abs. 1 KWVO.

Ein Beiseiteschaffen von Erzeugnissen liegt auch in den Fällen vor, in denen der Täter die Schweine, die ihm zur Schlachtung zugeteilt wurden, nicht alsbald geschlachtet, sondern sie weiter gefüttert hat, um das Mehrgewicht für sich zu verwenden.

I. Strafsenat. Urt. v. 8. Dezember 1944 (1 D 345/1944).

I. Landgericht Frankenthal.

In der Strafsache gegen den Metzgermeister A. H. in Mutterstadt (Pfalz), wegen Verbrechens gegen den § 1 Abs. 1 d. KWVO, hat das Reichsgericht, 1. Strafsenat, in der Sitzung vom 8. Dezember 1944, an der teilgenommen haben als Richter: der Senatspräsident Dr. Schultze und die Reichsgerichtsräte Dr. Ziegler, Dr. Hoffmann, Dr. Rohde, Dr. Rittweger, als Beamter der Staatsanwaltschaft: der Reichsanwalt Richter, auf die Revision des Angeklagten nach mündlicher Verhandlung für Recht erkannt:

Das Urteil des Landgerichts in Frankenthal vom 12. September 1944 wird im Urteilssatz wie folgt gefaßt:

„Der Angeklagte hat im Jahre 1940 drei Läuferschweine schwarzgeschlachtet. Er hat weiter in den Jahren 1941 bis 1943 Schweine, die ihm mit einem bestimmten Gewicht zur Schlachtung zugeteilt worden waren, nicht binnen achtundvierzig Stunden nach der Verwiegung geschlachtet, sondern sie weiter gefüttert und sich das erzielte Mehrgewicht nicht auf seine Zuteilungen anrechnen lassen.

Er wird deshalb wegen fortgesetzten Verbrechens gegen den § 1 Abs. 1 KWVO in zwei Fällen zu einer Gesamtstrafe von einem Jahr zwei Monaten Gefängnis verurteilt und trägt die Kosten des Verfahrens.“

Mit dieser Maßgabe wird die Revision gegen das vorbezeichnete Urteil verworfen. – Dem Angeklagten werden die Kosten des Rechtsmittels auferlegt. – Von Rechts wegen

Gründe

Der Angeklagte hat

1.) In den Monaten August bis Oktober 1940 drei Läuferschweine im Gesamtgewicht von etwa 190 kg ohne Genehmigung geschlachtet, um einen Fehlbestand zu decken, der bei der Fleischmarkenabrechnung in seinem Betrieb entstanden war und aus der Zeit herrührte, in der seine Frau während seiner Einberufung zur Wehrmacht den Betrieb geführt hatte.

Er hat

2.) in den Jahren 1941 bis 1943 Schweine, die ihm für seinen Betrieb zum Schlachten zugeteilt worden waren, nicht sogleich geschlachtet, sondern weiter gefüttert. Das tat er einmal, weil seine Kühlräume nicht gut waren, aber auch vor allem deshalb, um mehr Fleisch zu erzielen, das er der zuständigen Stelle nicht angab und das ihm daher auf die Zuteilungen nicht angerechnet wurde. Das erzielte Mehrgewicht (etwa 125 kg) diente dem Angeklagten dazu, um die „in seinem Betriebe späterhin entstandenen Fehlmengen" auszugleichen.

Das Landgericht hat den Angeklagten auf Grund dieses Sachverhalts wegen je eines fortgesetzten Verbrechens gegen den § 1 Abs. 1 KWVO verurteilt.

Die Revision des Angeklagten kann keinen Erfolg haben.

1.) Soweit der Angeklagte die drei Läuferschweine schwarzgeschlachtet hat, hat er lebenswichtige Erzeugnisse beiseite geschafft.

2.) Ein Beiseiteschaffen von solchen Erzeugnissen liegt aber auch in Fällen vor, in denen der Angeklagte die Schweine, die ihm zugeteilt wurden, nicht alsbald geschlachtet, sondern sie weiter gefüttert hat. Zur Schlachtung freigegeben waren ihm jeweils die Schweine nur mit dem Gewicht, das sie bei der Zuteilung hatten. Was der Angeklagte durch das Weiterfüttern an Mehrgewicht erzielte, unterfiel der Beschlagnahme (§ 21 d. VO über die öffentliche Bewirtschaftung von landwirtschaftlichen Erzeugnissen vom 27. August 1939 – RGBl. I S. 1521 – in Verbindung mit den §§ 1, 12 d. VO über die öffentliche Bewirtschaftung von Tieren und tierischen Erzeugnissen vom 7. September 1939 – RGBl. I S. 1714). Der Angeklagte durfte darüber nur nach den Anordnungen und Weisungen der bewirtschaftenden Stellen durch Rechtsgeschäft oder durch sonstige Handlungen verfügen (§ 23 Abs. 2 der VO vom 27. August 1939). Er hätte das Mehrgewicht der zuständigen Stelle angeben und es sich auf seine Zuteilungen anrechnen lassen müssen. Das ergibt sich klar aus den Schlachtviehmarktordnungen vom 19. Dezember 1941 für das Jahr 1942 (RNVBl S. 495) und vom 18. Dezember 1942 für das Jahr 1943 (RNVBl S. 551); vgl. dort die §§ 126 Abs. 2 und 3, 131 Abs. 1 und Abs. 2 S. 1 sowie Abs. 5. Besonders ist darin auch vorgeschrieben, daß die Schlachtung binnen achtundvierzig Stunden nach der Verwiegung zu erfolgen habe. In der Schlachtviehmarktordnung vom 20. Dezember 1940 für das Jahr 1941 (RNVBl S. 715) – s. dort die §§ 113 ff. – ist das zwar nicht ausdrücklich gesagt, die Vorschriften sind aber in demselben Sinne zu verstehen wie die späteren (vgl. dazu auch den § 170 S. 2 d. Schlachtviehmarktordnung vom 20. Dezember 1940, wonach auch solche Handlungen strafbar sind, die zwar nicht gegen den Wortlaut, aber gegen den Sinn und Zweck der Bestimmungen verstoßen).

Ob auch ein Beiseiteschaffen der zum Weiterfüttern der Schweine verwendeten Futtermittel anzunehmen ist, kann nach den bisherigen Feststellungen des Landgerichts zweifelhaft sein. Das Landgericht sagt nicht, welche Futtermittel der Angeklagte dazu verbraucht hat. Würde der Angeklagte, wie die Revision behauptet, zum Weiterfüttern der Schweine *nur* Abfälle aus seiner Metzgerei und Gastwirtschaft verwendet haben, so würde kein Beiseiteschaffen lebenswichtiger Erzeugnisse im Sinne des § 1 Abs. 1 KWVO vorliegen. Es kann aber dahingestellt bleiben, ob der Angeklagte Futtermittel und Fleisch oder nur Fleisch beseite geschafft hat. Der Umfang der Schuld des Angeklagten würde hier nicht wesentlich berührt werden, wenn die Annahme eines Beiseiteschaffens der Futtermittel entfallen müßte. Es erscheint auch ausgeschlossen, daß das Landgericht auf eine geringere Strafe erkannt hätte, wenn es nur ein Beiseiteschaffen des Fleisches angenommen hätte.

In beiden Fällen des Beiseiteschaffens (1 und 2) hat das Landgericht bei der Menge der beiseite geschafften Erzeugnisse rechtlich zutreffend eine Gefährdung der Bedarfsdeckung für gegeben erachtet. Den Urteilsausführungen ist auch mit genügender Sicherheit zu entnehmen, daß der Angeklagte vorsätzlich gehandelt und Deckung des Bedarfs auch böswillig gefährdet hat. Daß das Landgericht etwa den Begriff der Böswilligkeit im Sinne des § 1 Abs. 1 KWVO (vgl. dazu z.B. RGSt. Bd. 74 S. 287, 289 und Bd. 75 S. 30, 31, 32) verkannt hätte, ist nicht ersichtlich.

Was die Revision vorbringt, kann die Schuld des Angeklagten nicht ausschließen. Soweit sie die Umstände hervorhebt, die für eine mildere Beurteilung des Angeklagten sprechen, ist darauf hinzuweisen, daß das Landgericht diese Milderungsgründe erkennbar zugunsten des Angeklagten berücksichtigt hat.

Im Falle 1 liegt in Tateinheit mit dem fortgesetzten Verbrechen gegen den § 1 Abs. 1 KWVO auch eine fortgesetzte Zuwiderhandlung gegen den § 1 Abs. 1 Nr. 6 VRStVO in Verbindung mit den §§ 111 ff., 118 Abs. 1, 149 der Schlachtviehmarktordnung vom 23. Dezember 1939 für das Jahr 1940 (RNVBl S. 899) vor, im Falle 2 eine solche gegen den § 1 Abs. 1 Nr. 6 VRStVO in Verbindung mit den entsprechenden Vorschriften der Schlachtviehmarktordnungen vom 20. Dezember 1940 für das Jahr 1941 (RNVBl S. 715: §§ 113 ff., 170), vom 19. Dezember 1941 für das Jahr 1942 (RNVBl S. 495: §§ 118 ff., 194) und vom 18. Dezember 1942 für das Jahr 1943 (RNVBl S. 551: §§ 119 ff., 203). Die Gerechtigkeit gebietet jedoch nicht, das Urteil insoweit zum Nachteil des Angeklagten zu ändern (§ 358 Abs. 2 StPO). Das gilt auch, soweit sich der Angeklagte vor der – mit Wirkung vom 1. Mai 1942 an – erfolgten Aufhebung der Schlachtsteuer (VO vom 26. April 1942 – RGBl. I S. 259 –) etwa einer Schlachtsteuerhinterziehung schuldig gemacht hat.

Der Urteilssatz war zur Klarstellung lediglich, wie geschehen, neu zu fassen. Mit dieser Maßgabe war die Revision zu verwerfen.

---

57. § 170 d StGB.

Für § 170 d besteht keine feste Altersgrenze. Auch ein Jugendlicher, der das 14. Lebensjahr vollendet hat, genießt den Schutz des § 170 d StGB, wenn er mit Rücksicht auf seine körperliche und geistige Ent-

wicklung, Fürsorge- und Erziehungsbedürftigkeit noch als „Kind" anzusehen ist.

III. Strafsenat. Urt. v. 11. Dezember 1944 (3 C 286/1944).

I. Landgericht Dresden.

In der Strafsache gegen die Rüstungsarbeiterin Ch. Kr. geborene K. in Dresden A, wegen Gefährdung eines Kindes hat das Reichsgericht, 3. Strafsenat, in der Sitzung vom 11. Dezember 1944, auf Grund der Verhandlung vom 9. Oktober, an der teilgenommen haben als Richter: der Reichsgerichtspräsident Dr. Dr. Bumke und die Reichsgerichtsräte Dr. Hartung, Kamecke, Schaefer II sowie der Kammergerichtsrat Denzler, als Beamter der Staatsanwaltschaft: bei der Verhandlung: der Reichsanwalt Floegel, bei der Verkündung: der Reichsgerichtsrat Dr. Dörffler.

auf die Revision der Angeklagten nach mündlicher Verhandlung für Recht erkannt:

Die Revision gegen das Urteil des Landgerichts in Dresden vom 2. August 1944 wird verworfen. – Die Kosten des Rechtsmittels werden der Angeklagten auferlegt. – Von Rechts wegen

Gründe

Das Landgericht hat die Angeklagte nach § 170 d StGB zu 9 Monaten Gefängnis verurteilt, weil sie in der Zeit zwischen September 1943 und Januar 1944 das sittliche Wohl ihrer am 24. Juli 1929 geborenen Tochter Christa dadurch gefährdet habe, daß sie in gewissenloser Weise ihre Erziehungspflichten gröblich vernachlässigt habe.

Die Revision wendet hiergegen ein, daß die Tochter der Angeklagten zur Tatzeit kein „Kind" mehr gewesen sei, da sie bereits am 24. Juli 1943 das 14. Lebensjahr vollendet habe. Die Revision hat keinen Erfolg. Wer als Kind im Sinne des § 170 d StGB anzusehen ist, kann dem Gesetz nicht unmittelbar entnommen werden. Die Verordnung zum Schutz von Ehe, Familie und Mutterschaft vom 9. März 1943, RGBl. I S. 140, auf deren Art. I § 4 der § 170 d StGB zurückgeht, will den im Kriege besonders gefährlichen Vernachlässigungen von Fürsorge- und Erziehungspflichten entgegentreten und auf eine vertiefte Auffassung der Pflichten aus Ehe und Familie hinwirken; sie bietet aber keinen Anhalt dafür, bis zu welchem Alter Kinder den Schutz des § 170 d StGB genießen sollen. Dem Strafgesetzbuch fehlt ebenfalls eine Bestimmung des Begriffs „Kind". Insbesondere ist sie auch nicht in dem § 361 Abs. 1 Nr. 4 (Anleitung von Kindern zum Betteln) zu finden. Demgemäß sind im Schrifttum die Ansichten hierüber geteilt. Während die einen unter Kindern alle noch nicht 14 Jahre alten

Personen verstehen, meinen die andern, eine feste Altersgrenze bestehe nicht, es sei Tatfrage und hänge von der Entwicklung des Jugendlichen ab, ob er zu den Kindern zu zählen sei. Die letztere Ansicht verdient – zum mindesten bei der Auslegung des § 170 d StGB – den Vorzug, weil sie vollkommen den Umständen des Einzelfalls gerecht zu werden gestattet und den vom Gesetz angestrebten Schutz der Jugend in höherem Maß gewährleiste. Das zeigt sich besonders anschaulich im vorliegenden Fall. Als die Angeklagte ihre Erziehungspflichten gegenüber der Tochter vernachlässigte, war diese erst kurz vorher 14 Jahre alt geworden und einer erzieherischen Einwirkung der Mutter ersichtlich noch in hohem Grade bedürftig. Es wäre vom Standpunkt der Gerechtigkeit zu bedauern und für das gesunde Volksempfinden unverständlich, wenn die Angeklagte trotz der im Urteil festgestellten ernstlichen Gefährdung des sittlichen Wohles ihres Kindes lediglich deshalb straflos ausgehen müßte, weil die Kindeseigenschaft als mit der Vollendung des 14. Lebensjahres beendet anzusehen wäre. Die Revision ist hiernach unbegründet.

---

58. 1. §§ 74, 242, 246, 263 StGB.

Verkauft der Dieb (Unterschlager) die gestohlene (unterschlagene) Sache dem Eigentümer gegen Barzahlung oder Scheck, so ist er des Diebstahls (der Unterschlagung) und des Betruges in Tatmehrheit schuldig.

2. § 266 StGB.

Die Frage, ob ein Angestellter, der sich kriegswichtige Waren aus dem Betrieb, in dem er beschäftigt ist, zugeeignet hat, im Interesse der Kriegswirtschaft verpflichtet sein kann, seinem Betrieb seine Straftat zu offenbaren, ist offen gelassen.

II. Strafsenat. Urt. v. 14. Dezember 1944 (2 D 268/1944).

I. Landgericht Berlin.

In der Strafsache gegen den Angestellten F. von W., geb. 1902 in B., wohnhaft in M.-St. (Schlesien), wegen Unterschlagung und Betruges, hat das Reichsgericht, 2. Strafsenat, in der Sitzung vom 14. Dezember 1944, an der teilgenommen haben als Richter: der Senatspräsident Müller und die Reichsgerichtsräte Dr. Schwarz, Dr. Schäfer, Dr. Wernecke, Rietzsch, als Beamter der Staatsanwaltschaft: der Reichsanwalt Dr. Nagel, auf die Revision des Angeklagten nach mündlicher Verhandlung für Recht erkannt:

Das Urteil des Landgerichts Berlin vom 7. Oktober 1944 wird im Strafausspruch dahin berichtigt, daß der Angeklagte zu einer Gesamtstrafe von 7 Monaten und einem Tag

Gefängnis verurteilt ist. – Mit dieser Maßgabe wird die Revision des Angeklagten verworfen; er trägt die Kosten des Rechtsmittels. – Von Rechts wegen

Gründe

Der Angeklagte war seit Juni 1941 bei dem Luftgerätewerk Hakenfelde als Sachbearbeiter für Kugellagerfragen und die technische Betreuung der Lieferanten und der Kugellagerprüfstelle angestellt. Im Laufe des Jahres 1941 ließ er 20.000 Kugellager, die Druckstellen aufwiesen und deshalb verschrottet werden sollten, die er aber als für eine Verschrottung zu wertvoll ansah und vor der Vernichtung bewahren wollte, nach vergeblichen Versuchen, sie anderweit zu verwerten, in seine Privatwohnung verbringen. Als Ende des Jahres 1943 die Nachfrage nach Kugellagern stark anstieg und die Anforderungen an ihre Qualität gesenkt wurden, bot er die 20.000 Kugellager durch Vermittlung des ihm bekannten Inhabers der Firma W. Seidel, Fabrik für Kleinmontagen in Berlin-Johannisthal, dem Luftschutzgerätewerk Hakenfelde zum Kauf an. Der Kauf kam zum Preise von 36.000 RM zustande; das Werk zahlte 18.000 RM an und gab über den Restpreis einen Verrechnungsscheck. Als der Angeklagte selbst diesen Scheck erheben wollte, wurde der Sachverhalt aufgedeckt.

Das angefochtene Urteil sieht in der Verbringung der Kugellager durch den Angeklagten in seine Wohnung eine Unterschlagung, ohne die für die Beurteilung der Gewahrsamsverhältnisse entscheidende Tatsachen im einzelnen zu erörtern. Möglicherweise wäre der Angeklagte richtiger des Diebstahls (gegebenenfalls in Tateinheit mit Untreue, deren Tatbestand die Strafkammer mit unzureichender Begründung ablehnt) schuldig zu sprechen gewesen, da dem Werk ein Mitgewahrsam an den Kugellagern zur Zeit der Zueignung durch den Angeklagten zugestanden haben dürfte. Die Frage kann jedoch auf sich beruhen, da ein Rechtsmittel insoweit nicht eingelegt und sie für die Beurteilung der weiteren Straftat auch nicht von Bedeutung ist.

In dem Verkauf der Kugellager an das Luftgerätewerk gegen Zahlung von 18.000 RM in bar und Hingabe eines Verrechnungsschecks über weitere 18.000 RM erblickt das angefochtene Urteil einen Betrug zum Nachteil der Käuferin, den es als neben der Unterschlagung selbständige Straftat bewertet. Mit der Revision begehrt der Angeklagte Freisprechung von der Anklage des Betruges oder Wegfall dieser Verurteilung: der Tatbestand des Betruges sei nicht erfüllt, äußerstenfalls stelle der Verkauf der Kugellager eine durch die Strafe für die Unterschlagung mitbestrafte Verwertungshandlung dar. Die Revision konnte keinen Erfolg haben.

I. Der Angeklagte hat der Käuferin – durch Vermittlung eines in den vollen Sachverhalt nicht eingeweihten Strohmanns – vorgespiegelt, daß er Eigentümer der verkauften Kugellager oder mindestens über sie verfügungsberechtigt sei. In der irrigen Annahme, daß diese Angabe zutreffe, hat das Werk sich zum

Abschluß des Kaufvertrages über die Kugellager entschlossen. Ob das Werk schon durch den Abschluß dieses Kaufvertrages an seinem Vermögen geschädigt worden ist, kann dahinstehen.

Jedenfalls trat eine Benachteiligung ein, als die Käuferin im Vertrauen auf die Rechtswirksamkeit des Kaufvertrags die erste Rate des Kaufpreises mit 18.000 RM in bar zahlte und über die zweite Hälfte einen Verrechnungsscheck gab. Beide Verfügungen hätte sie nach den Feststellungen des Landgerichts bei Kenntnis des wahren Sachverhalts nicht getroffen. Als Gegenleistung hat sie den Besitz an den Kugellagern erlangt. Ob ihr Vermögen ungeachtet dieser Gegenleistung als geschädigt anzusehen ist, hängt nach den in RGSt. Bd. 42 S. 58 [61] entwickelten Grundsätzen davon ab, ob zwischen dem Geldwert, den das Vermögen des getäuschten Werks nach und infolge der durch die Täuschung hervorgerufenen Verfügung tatsächlich hatte, und demjenigen Geldwert, den es gehabt hätte, wenn die Täuschungshandlung nicht vorgekommen wäre, ein nachteiliger Unterschied bestand; etwaige Nichtigkeit des Kaufvertrages (vgl. §§ 306, 139 BGB) enthebt nicht der Notwendigkeit, zur Feststellung des Vermögensschadens Leistung und Gegenleistung in dieser Weise abzuwägen. Vergleicht man den Vermögensstand der Käuferin zu diesen beiden Zeitpunkten, so ist festzustellen, daß der Angeklagte ihr Vermögen vermindert hat, indem er sie zur Hergabe von 18.000 RM veranlaßte. Als Gegenleistung hat er ihr dafür nicht, wie vereinbart, die Kugellager übereignet, sondern nur eine geringere Leistung verschafft, nämlich den Besitz an den Kugellagern. Diese geringere Gegenleistung bildete jedoch keinen Ausgleich für die eigene Leistung der Käuferin. Wenn der Preis von 36.000 RM, wie der Angeklagte geltend macht, zur Zeit des Kaufabschlusses handelsüblich und angemessen war, so galt er doch nur für den käuflichen Erwerb fremder Kugellager, nicht aber solcher, die dem Erwerber bereits gehörten und zu deren Herausgabe an ihn der Verkäufer ohnehin verpflichtet war.

Der Angeklagte hat daher, da auch die übrigen Merkmale des Betruges bedenkenfrei festgestellt sind, den Tatbestand des § 263 StGB erfüllt.

II. In Frage kam ferner, ob der Angeklagte in Tateinheit mit Betrug sich einer Untreue zum Nachteil des Werks schuldig gemacht hat. Als Sachbearbeiter für Kugellagerfragen hatte er offenbar nicht lediglich mechanische oder sonst untergeordnete Dienstleistungen zu erbringen, sondern eine gewisse Bewegungsfreiheit, Selbständigkeit und eigene Verantwortung. Er war daher verpflichtet, die Vermögensinteressen des Werkes wahrzunehmen (vgl. RGSt. Bd. 69, S. 280); diese Verpflichtung bildete auch den wesentlichen Inhalt seines Arbeitsvertrages (RGSt. Bd. 71 S. 91). In Erfüllung dieser Verpflichtung hatte er zu prüfen, ob er durch den Arbeitsvertrag gehalten war, seiner Firma den Verbleib ihrer Kugellager, zum mindesten nachdem der Wert der Kugellager so außerordentlich gestiegen war, zu offenbaren. Eine Verpflichtung hierzu entfiel nicht schon deshalb, weil eine Mitteilung über den Aufbewahrungsort der Kugellager die Aufdeckung der von dem Angeklagten begangenen Unterschlagung mit sich gebracht hätte. Nach der Rechtsprechung zu den §§ 139, 257, 346 StGB ist zwar niemand verpflichtet, zu seiner eigenen Bestrafung beizutragen. Diese Regel gilt aber nicht, wenn der Täter außerhalb dieser Selbstbegünstigung einen anderen strafrechtlichen Tatbestand – hier den der Untreue – verwirklicht und dadurch zur Verdeckung der eigenen Straftat erneut in die strafrechtlich geschützte Rechtsordnung eingreift (RGSt. Bd. 63 S. 233 [237]; Bd. 76 S. 191). In dem Widerstreit zwischen dem Bestreben, sich nicht selbst einer Bestrafung auszusetzen, und seiner Pflicht gegenüber seiner Firma durfte die verhältnismäßige Geringfügigkeit seiner Verfehlung, die im Falle reumütiger Wiedergutmachung durch Rückgabe der Kugellager eine nachsichtige Beurteilung durch das Werk erwarten ließ, einerseits das dringende Interesse nicht nur des Werkes, sondern auch der Allgemeinheit an der alsbaldigen Nutzbarmachung der Kugellager für den Bedarf der Kriegswirtschaft andererseits nicht außer acht bleiben. Der Senat neigt aus diesen Gründen zur Bejahung der Verpflichtung des Angeklagten, seinem Werk den Verbleib der Kugellager zu offenbaren. Die Frage bedarf jedoch keiner Entscheidung; die Gerechtigkeit erfordert es nicht, neben dem vom Landgericht zutreffend angenommenen Betrug auch ein hiermit rechtlich zusammentreffendes Vergehen der Untreue festzustellen, da ein solches Zusammentreffen nach der Auffassung der Strafkammer ersichtlich keinen Einfluß auf das Strafmaß ausgeübt hätte.

III. Dem Landgericht ist ferner darin beizutreten, daß es den Betrug des Angeklagten als selbständige Straftat neben der Unterschlagung verwertet. Hierfür ist entscheidend, daß der Angeklagte den Vorsatz zur zweiten Tat erst zwei Jahre nach der Unterschlagung gefaßt und durch den Betrug nicht etwa lediglich den Erfolg der Unterschlagung vertieft, sondern dem Werk einen neuen Schaden an seinem Vermögen zugefügt hat. Der Angeklagte macht demgegenüber geltend, er würde, wenn er die Kugellager an einen Dritten verkauft hätte, keine neue Straftat begangen haben, er könne daher auch durch den Verkauf an das durch die Unterschlagung geschädigte Werk nur eine unselbständige Verwertungshandlung begangen haben. Diese Annahme ist jedoch rechtsirrig. Hätte der Angeklagte die Kugellager an einen gutgläubigen Dritten verkauft, so hätte er zu dessen Nachteil einen Betrug begangen, wie in RGSt. Bd. 73 S. 61 erörtert worden ist, und dieser Betrug hätte ebenfalls eine selbständige Straftat neben der Unterschlagung gebildet (RGSt. Bd. 49 S. 405 [407]; Bd. 57 S. 199). Im Ergebnis begründet es also keinen Unterschied in der strafrechtlichen Beurteilung, ob der Angeklagte die Kugellager dem durch die Unterschlagung geschädigten Werk selbst oder einer anderen Firma verkaufte.

IV. Dagegen konnte der Strafausspruch nicht bestehen bleiben. Das angefochtene Urteil setzt wegen der Unterschlagung eine Einsatzstrafe von einem

Monat und wegen des Betruges eine Einsatzstrafe von sieben Monaten Gefängnis fest und erkennt auf eine Gesamtstrafe von 6 Monaten Gefängnis. Die Festsetzung dieser Gesamtstrafe entspricht nicht der Vorschrift des § 74 StGB. Danach war vielmehr die erkannte schwerste Strafe, also die Einsatzstrafe von sieben Monaten Gefängnis, angemessen zu erhöhen. Da auch unter Zuhilfenahme der Urschrift des Urteils nicht festzustellen war, daß es sich um einen bloßen Schreibfehler handelt, konnte der Strafausspruch des Urteils nicht bestehen bleiben.

Bei der Straftat der Unterschlagung hat sich der Angeklagte von dem Wunsche leiten lassen, die Kugellager, deren Wert er zutreffend beurteilte, vor der Verschrottung zu bewahren und so der Kriegswirtschaft zu erhalten. Unter weitgehender Berücksichtigung dieses Beweggrundes zugunsten des Angeklagten hat der Senat gemäß § 354 Abs. 1 StPO in Übereinstimmung mit dem Antrag des Oberreichsanwalts die gesetzlich zulässige niedrigste Gesamtstrafe – die Ersatzstrafe von einem Monat ist rechtskräftig – für angemessen erachtet. Der Strafausspruch des Urteils konnte daher, wie geschehen, von hier aus berichtigt werden.

---

59. § 176 Abs. 1 Nr. 3 (2. Form) StGB.

Der Tatbestand dieser Norm kann auch dann gegeben sein kann, wenn der Täter ein Kind dazu verleitet, mit dem geflissentlichen Anhören von unzüchtigen Reden eine unzüchtige Handlung zu begehen. Das willige achtsame – nicht arglose – Anhören unzüchtiger Reden kann eine Beschäftigung des Kindes mit unzüchtigen Dingen, also ein Unzuchttreiben ebenso darstellen wie das Betrachten unzüchtiger Bilder oder unzüchtiger natürlicher Dinge und Vorgänge. Zum inneren Tatbestand gehört, daß der Täter durch irgendwelche Einwirkung das Kind seinem Willen gefügig machen will – (und für den Fall der Vollendung gefügig macht) –, seinen unzüchtigen Reden geflissentlich oder achtsam zuzuhören.

IV. Strafsenat. Urt. v. 15. Dezember 1944 (4 D 258/1944).

I. Landgericht Itzehoe.

In der Strafsache gegen den am 15. Juni 1876 zu G. geborenen verheirateten C. K. wegen Sittlichkeitsverbrechens hat das Reichsgericht, 4. Strafsenat, in der Sitzung vom 15. Dezember 1944, an der teilgenommen haben als Richter: der Senatspräsident Döbig und die Reichsgerichtsräte Dr. Iber, Schoerlin, Dr. Pawelka, Sponsel, als Beamter der Staatsanwaltschaft: der Reichsgerichtsrat

Grahn, auf die Revision des Angeklagten nach mündlicher Verhandlung für Recht erkannt:

Die Revision gegen das Urteil des Landgerichts in Itzehoe vom 27. September 1944 wird mit der Maßgabe verworfen, daß im Urteilssatz vor das Wort „Verletzung" die Worte „Versuchs der" zu setzen sind. Der Angeklagte hat die Kosten des Rechtsmittels zu tragen. – Von Rechts wegen

Gründe

Die Revision hat keinen Erfolg.

I. Ihre Ausführungen, es könne nicht festgestellt werden, daß der Angeklagte eine unzüchtige Handlung mit einem Kinde vorgenommen habe, gehen ins Leere. Denn in dieser Richtung ist der Angeklagte nicht verurteilt.

II. Es ist in der Rechtsprechung des Reichsgerichts anerkannt, daß ein Verbrechen nach dem § 176 Abs. 1 Zahl 3 StGB zweite Form auch dann gegeben sein kann, wenn der Täter ein Kind dazu verleitet, mit dem geflissentlichen Anhören von unzüchtigen Reden eine unzüchtige Handlung zu begehen. Das willige achtsame – nicht arglose – Anhören unzüchtiger Reden kann eine Beschäftigung des Kindes mit unzüchtigen Dingen, also ein Unzuchttreiben ebenso darstellen wie das Betrachten unzüchtiger Bilder oder unzüchtiger natürlicher Dinge und Vorgänge. Es kommt auf den Inhalt und die Ausgestaltung der Reden und das Verhalten des Kindes an. Dieses braucht sich der Unzüchtigkeit seines Verhaltens nicht bewußt zu sein. Die Gefahr einer sittlichen Gefährdung des Kindes liegt dabei ebenso nahe wie beim Unzuchttreiben anderer Art.

Wie das Landgericht zutreffend ausführt, ist aber keineswegs eine unzüchtige Handlung in allen Fällen gegeben, in denen vor Kindern unzüchtige Redensarten fallen oder Gespräche anstößigen Inhalts vor ihnen oder mit ihnen geführt werden, auch wenn dies mit Lüsternheit geschieht, und die Kinder sie hören. Entscheidend ist, ob der Vorgang derart ist, daß nach gesundem Volksempfinden das geflissentliche – ein argloses, unfreiwilliges und unwilliges Hören bleibt außer Betracht – Anhören der Redensarten durch das Kind an sich schon das Scham- und Sittlichkeitsgefühl in geschlechtlicher Beziehung verletzt (vgl. hierzu RGSt. Bd. 76 S. 165 [166]; RGUrt. vom 3. April 1936 4 D 54/36 – JW. 1936 S. 1972 Nr. 35).

Das Landgericht hat hier solches in beiden Fällen angenommen. Das ist – geflissentliches Anhören vorausgesetzt – in Anbetracht der anstößigen und schamlosen Schilderung des auf die Eltern der Kinder bezogenen ehelichen Beischlafs durch den aus Lüsternheit gegenüber 10- und 8jährigen Kindern handelnden Angeklagten rechtlich nicht zu beanstanden.

Zum Tatbestand des § 176 Abs. 1 Nr. 3 StGB zweite Form gehört nach der äußeren Tatseite, daß der Täter durch irgendwelche Einwirkung das Kind seinem Willen gefügig machen will – (und für den Fall der Vollendung gefügig macht) –, seinen unzüchtigen Reden geflissentlich oder achtsam zuzuhören. Nach der inneren Tatseite muß der Täter sich bewußt sein, daß ein solches Verhalten des Kindes unter den gegebenen Umständen das allgemeine Scham- und Sittlichkeitsgefühl in geschlechtlicher Beziehung verletze.

In beiden Richtungen enthält das Urteil ausreichende Feststellungen.

Dem Urteil ist aber nicht mit genügender Bestimmtheit zu entnehmen, daß dem Angeklagten sein verbrecherisches Vorhaben gelungen ist und die Mädchen wirklich in nicht argloser, nicht unfreiwilliger oder nicht unwilliger Weise seine Worte gehört haben. Eine ausdrückliche Feststellung fehlt. Daß sich die Kinder nicht alsbald außer Hörweite gebracht haben, spricht nicht ohne weiteres für den bezeichneten Erfolg. Auch ist aus der Tatsache, daß die Kinder nachträglich unter sich über die Vorgänge gesprochen haben, nicht mit voller Sicherheit auf ein freiwilliges und williges Anhören zu schließen. Die Feststellungen reichen demnach nicht aus, den Angeklagten eines vollendeten Verbrechens der Verleitung nach dem § 176 Abs. 1 Z. 3 StGB zu überführen. Nach den gegebenen Umständen ist auch nicht zu erwarten, daß in einem neuen Verfahren in diesem Punkte eine weitere Klärung zu erlangen sein wird. Es kann deshalb in beiden Fällen dem Angeklagten nur der Versuch einer Verleitung der Kinder, also nur ein versuchtes Verbrechen nach dem § 176 Abs. 1 Z. 3 StGB nachgewiesen werden.

Insoweit wird der Schuldspruch von hier aus richtiggestellt. Auf den Strafausspruch bleibt dies ohne Einfluß. Aus dem Urteil, insbesondere den Strafzumessungsgründen geht mit voller Bestimmtheit hervor, daß das Landgericht die Strafe nicht anders bemessen hätte, wenn es das festgestellte Verhalten des Angeklagten rechtlich nur als versuchtes Verbrechen gewürdigt hätte.

Mit der bezeichneten Maßgabe muß deshalb das Rechtsmittel verworfen werden.

Der Oberreichsanwalt hat die Aufhebung des Urteils beantragt.

---

60. §§ 2, 164 Abs. 2 StGB.

Entsprechende Anwendung dieser Norm, wenn jemand aus unlauteren persönlichen Gründen unter vollem Bewußtsein der Unrichtigkeit der Angaben dem Wehrmeldeamt mitteilt, eine bestimmte Person könne einberufen werden. Der Vorteil i. S. des § 164 Abs. 3 StGB braucht kein vermögensrechtlicher zu sein (vgl. RGSt 72, 387, 388); er kann auch in der Beschaffung von Geschlechtsverkehr und in der Abwehr von „Belästigungen" gefunden werden.

IV. Strafsenat. Urt. v. 19. Dezember 1944 (4 D 285/1944).

I. Landgericht Stade.

In der Strafsache gegen den am 7. September 1891 zu Hannover geborenen, geschiedenen K. O. wegen falscher Anschuldigung hat das Reichsgericht, 4. Strafsenat, in der Sitzung vom 19. Dezember 1944, an der teilgenommen haben als Richter: der Senatspräsident Döbig und die Reichsgerichtsräte Dr. Iber, Schoerlin, Dr. Pawelka und Sponsel, als Beamter der Staatsanwaltschaft: bei der Verhandlung: der Reichsgerichtsrat Grahn, bei der Verkündung: der Amtsgerichtsrat Dr. Reisinger, auf die Revision des Angeklagten nach mündlicher Verhandlung für Recht erkannt:

Das Urteil des Landgerichts Stade vom 18. September 1944 wird im Strafausspruch mit den ihm zugrunde liegenden Feststellungen aufgehoben. In dem sich hieraus ergebenden Umfange wird die Sache zu neuer Verhandlung und Entscheidung an die Vorinstanz zurückverwiesen. – Von Rechts wegen

Gründe

Der Angeklagte war Leiter der Nebenstelle des Arbeitsamtes auf der Insel Helgoland. Dort finden in unbestimmten Zeitabständen Sprechtage des Wehrmeldeamts Pinneberg statt. Zu den sich dabei als notwendig erweisenden Besprechungen über den Einsatz und die Abkömmlichkeit der bei den Helgoländer Dienststellen kommandierten und der einheimischen männlichen Wehrpflichtigen wurde von Fall zu Fall auch der Angeklagte als Leiter der Arbeitsamtsnebenstelle zugezogen. Er hatte in dienstlicher Eigenschaft Auskünfte und Äußerungen abzugeben.

Wie das Landgericht feststellt, hat der Angeklagte, der aus unlauteren persönlichen Beweggründen den Elektriker P. von der Insel entfernen wollte, von sich aus dem Wehrmeldeamt Pinneberg im vollen Bewußtsein ihrer Unrichtigkeit die Angabe gemacht, der bei der Marinebaudienststelle Helgoland beschäftigte Elektriker P. könne nach der Auskunft des Leiters dieser Stelle, des Oberbaurats F., eingezogen werden. P. erhielt darauf einen Einberufungsbefehl. In Wirklichkeit hatte Oberbaurat F. dem Angeklagten erklärt, P. sei als einziger auf der Insel vorhandener „Abwickler" unentbehrlich. Auf seine Vorstellung wurde auch die Aufhebung des Befehls erreicht.

Das Landgericht hat in diesem Verhalten des Angeklagten ein Vergehen nach Art der falschen Anschuldigung gefunden, das in entsprechender Anwendung nach dem § 164 Abs. 2 StGB strafbar sei. Das ist rechtlich nicht zu beanstanden.

Unmittelbar konnte der § 164 StGB nicht angewandt werden. Zu dessen Tatbestand gehört auch, daß die Absicht des Täters darauf gerichtet ist, ein behördliches Verfahren oder eine behördliche Maßnahme „*gegen* den anderen" herbeizuführen oder fortdauern zu lassen. Daraus ergibt sich, daß nicht jede behördliche Maßnahme, die den anderen *betrifft*, sondern nur eine solche gemeint ist, die in der Richtung eines Strafverfahrens oder einer Maßregelung liegt, oder sonst mit einem Nachteil für den anderen verbunden ist, und die regelmäßig nur auf Grund eines Verschuldens oder eines in der Person des anderen gegebenen nach der allgemeinen Anschauung als Makel empfundenen Umstandes herbeigeführt wird. Hieraus und aus der Zusammenfassung des Absatzes 2 mit dem Absatz 1 in dem mit „falsche Anschuldigung" bezeichneten § 164 StGB ist zu folgern, daß die „sonstige Behauptung tatsächlicher Art" einen Hinweis auf ein schuldhaftes Verhalten oder auf einen Makel des anderen enthalten muß, der ein Einschreiten der vorbezeichneten Art durch die Behörde zur Folge haben solle. Derartiges ist in der Behauptung des Angeklagten nicht zu finden und die von ihm erstrebte Maßnahme der Behörde ist mit keinem Makel für den anderen verknüpft. Wegen Fehlens dieser Merkmale ist auf das Verhalten des Angeklagten der Abs. 2 des § 164 StGB nicht unmittelbar anzuwenden.

Dem Landgericht ist aber darin beizutreten, daß die pflichtwidrige, hinterhältige und verwerfliche Tat des Angeklagten nach gesundem Volksempfinden Strafe verdient und daß der Grundgedanke des § 164 Abs. 2 StGB am besten auf das Verhalten des Angeklagten paßt. Dieser Grundgedanke geht a) in erster Linie dahin, die Staatsgewalt, ihre Behörden und die ihnen gleichzuachtenden Stellen vor Belästigung zu schützen und vor irrigen und unbegründeten Maßnahmen zu bewahren und b) daneben auch den einzelnen in seiner Ehre und vor Beeinträchtigung durch die Maßnahmen der Behörde zu schützen. Zweifellos hat der Angeklagte gegen den unter a) gekennzeichneten Grundgedanken des Gesetzes verstoßen, und zwar, um – wie das Landgericht feststellt – für P. eine Maßnahme der Behörde herbeizuführen, die der Angeklagte als nachteilig für P. betrachtet hat. Danach war die entsprechende Anwendung des § 164 Abs. 2 StGB berechtigt.

Die Revision bekämpft das Urteil auch nur mit dem Einwand, das Landgericht habe rechtsirrig angenommen, das gesunde Volksempfinden erfordere die Bestrafung des Verhaltens des Angeklagten. Die Frage, ob dieses Merkmal gegeben ist, ist tatsächlicher und rechtlicher Art. Der überwiegende Teil der Ausführungen der Revision bewegt sich auf tatsächlichem Gebiet und ist gegen die Beweiswürdigung des Landgerichts gerichtet. Insoweit ist das Vorbringen unbeachtlich. Der Einwand, daß die Einberufung zum Wehrdienst keine unangenehme behördliche Maßnahme im Sinne des § 164 StGB darstelle, stellt nur fest, daß ein Merkmal für die unmittelbare Anwendung des § 164 Abs. 2 Satz 1 StGB fehlt. Gegen die ohne erkennbaren Rechtsirrtum begründete Annahme des Landgerichts, der verwerfliche Mißbrauch seiner amtlichen Stellung durch den Angeklagten erfordere nach gesundem Volksempfinden gerichtliche Bestrafung, ergibt sich daraus nichts. Der Revision ist deshalb der erstrebte Erfolg zu versagen.

Es ist nicht zu erkennen, ob das Landgericht geprüft hat, inwieweit der Angeklagte die Tat in der Absicht begangen haben kann, sich einen Vorteil zu verschaffen. Zur Untersuchung, ob dieser Strafzumessungsgrund des § 164 Abs. 3 StGB hier geben war, bestand Anlaß. Darauf, daß die Frage zu bejahen sein könnte, weist die Feststellung im Urteil hin, der Angeklagte habe den P. von der Insel entfernen wollen, entweder, um dessen Frau als Verhältnis gewinnen oder um „Belästigungen" des P. entgehen zu können. Da der Vorteil im Sinne des § 164 Abs. 3 StGB kein vermögensrechtlicher zu sein braucht – vgl. RGSt. Bd. 72 S. 387 [388] –, kann er auch in der Beschaffung von Geschlechtsverkehr und in der Abwehr von „Belästigungen" gefunden werden, namentlich wenn darunter ein zulässiges Vergehen eines durch den Täter schuldhaft Verletzten zu verstehen ist. Das Landgericht hat sich nicht eindeutig darüber ausgesprochen, welche Belästigungen der Angeklagte seitens des P. befürchtet haben könnte. Damit das Landgericht den Sachverhalt in der bezeichneten Richtung erörtern kann, muß der Strafausspruch aufgehoben und die Sache zu neuer Verhandlung und Entscheidung in diesem Umfange an das Erstgericht zurückverwiesen werden. Auch wenn dann der Abs. 3 des § 164 StGB nicht angewendet werden sollte, wird zu prüfen sein, ob nicht nach dem Abs. 4 dieses Gesetzes zu verfahren ist. Denn das Landgericht hat festgestellt, der Angeklagte habe eine verantwortungslose und niedrige Gesinnung gezeigt. Es liegt deshalb nahe, daß sein Verhalten nicht nur eine hohe Freiheitsstrafe, sondern auch eine Brandmarkung durch Aberkennung der Ehrenrechte verdient.

---

61. § 165 e RAbgO, § 266 StGB.
Zur Anzeigepflicht eines Steuerschuldners nach der Abgabenordnung. Die Verletzung der Pflicht, fremde Vermögensinteressen wahrzunehmen, kann auch in der mangelnden Beaufsichtigung einer anderen Person gefunden werden.

I. Strafsenat. Urt. v. 22. Dezember 1944 (1 D 275/1944).

I. Landgericht Tübingen.

In der Strafsache gegen den Sägewerkbesitzer und Bürgermeister J. R. in L., Kreis C., wegen Steuerhinterziehung u. a., hat das Reichsgericht, 1. Strafsenat, in der Sitzung vom 22. Dezember 1944, an der teilgenommen haben als Richter: der Senatspräsident Dr. Schultze und die Reichsgerichtsräte Dr. Ziegler und Dr. Rittweger, als Beamter der Staatsanwaltschaft: der Reichsanwalt Richter bei der Verhandlung, der Reichsgerichtsrat Dr. Dörffler bei der Verkündung, auf die Revision des Angeklagten nach mündlicher Verhandlung für Recht erkannt:

Das Urteil des Landgerichts Tübingen vom 18. Juli 1944 wird nebst den ihm zugrunde liegenden Feststellungen aufgehoben; die Sache wird zu neuer Verhandlung und Entscheidung an die Vorinstanz zurückverwiesen. – Von Rechts wegen

Gründe

I.) Der Angeklagte ist Sägewerksbesitzer und ehrenamtlicher Bürgermeister in L., einer Landgemeinde im Kreis C. in Württemberg. Wegen seiner „schlechten wirtschaftlichen Verhältnisse" wurden dem Angeklagten in früheren Jahren Nachlässe auf die Gebäudeentschuldungssteuer bewilligt. Den letzten Antrag stellte er für das Rechnungsjahr 1935, für das ihm ein Nachlaß von 9/10 des vollen Betrages bewilligt wurde. Seitdem stellte er keinen Antrag mehr; es wurde jeweils in den auf das Rechnungsjahr 1935 folgenden Rechnungsjahren die Festsetzung der Gebäudeentschuldungssteuer des Vorjahres übernommen, obwohl sich seit dem Jahre 1937 die Einkommensverhältnisse des Angeklagten erheblich gebessert hatten. Der Angeklagte bezahlte für 1937 58,20 RM, für 1938 bis 1941 je 50 RM und für 1942 (April bis Dezember) 37,50 RM Gebäudeentschuldungssteuer.

Als im Jahre 1942 die Gebäudeentschuldungssteuer aufgehoben und ihre Abgeltung durch den zehnfachen Jahresbetrag angeordnet wurde, trug der mit der Anfertigung der Abgeltungsliste befaßte Verwaltungsaktuar den Angeklagten mit einem Betrag von 10 × 50 RM in die Liste ein. Da dem Verwaltungsaktuar Bedenken wegen dieses niederen Betrages gekommen waren, fragte er den Angeklagten. Der Angeklagte erwiderte, seither habe er 50 RM jährlich bezahlt, man solle es also dabei belassen. Der Verwaltungsaktuar legte darauf die vom Angeklagten als Bürgermeister unterschriebene Liste dem Finanzamte vor, das jedoch wegen des von dem Verwaltungsaktuar angebrachten Vermerks, daß der Betrag des Angeklagten wohl zu beanstanden sei, nicht einen Abgeltungsbetrag von 500 RM festsetzte, sondern die Nachprüfung der Sache veranlaßte.

Auf Grund dieses Tatbestandes hat das Landgericht den Angeklagten wegen fortgesetzter Hinterziehung der Gebäudeentschuldungssteuer zur Geldstrafe von 5.000 RM verurteilt. Es ist der Auffassung, daß der Angeklagte die Verbesserung seiner Einkommensverhältnisse seit dem Jahre 1937 hätte anzeigen müssen; die wissentliche Unterlassung dieser Anzeige sei eine Steuerunehrlichkeit. Was den Abgeltungsbetrag anlangt, so hat sich der Angeklagte nach der Meinung des Landgerichts dadurch Steuervorteile zu erschleichen und die Steuereinnahmen zu verkürzen gesucht, daß er zu dem Verwaltungsaktuar sagte, er solle den Betrag von 500 RM als Abgeltungsbetrag in der Liste belassen. Dagegen hat es das Landgericht abgelehnt, der Anklage insoweit zu folgen, als dem Angeklagten Untreue aus dem Grunde zur Last gelegt wird, weil er die Steuer unter Mißbrauch seiner Stellung als Bürgermeister hinterzogen habe.

II. Rechtlich zutreffend hat die Anklage die beiden Fragen aufgeworfen, inwieweit sich eine strafbare Handlung des Angeklagten daraus ergibt, daß er die Pflichten verletzt hat, die ihm in seiner Eigenschaft als Steuerschuldner obgelegen haben, und inwieweit sich eine solche Handlung daraus ergibt, daß er sich in seiner Eigenschaft als Bürgermeister der Gemeinde Langenbrand gegen seine Amtspflichten gehandelt hat. Das Landgericht hat entsprechend der Anklage das Verhalten des Angeklagten nach beiden Richtungen untersucht; ob es aber auch die Unterscheidung folgerichtig durchgeführt hat, lassen seine Ausführungen im Urteil nicht erkennen. Denn dazu wäre nötig gewesen, daß sich das Landgericht über die Pflichten klar geworden wäre, die dem Angeklagten einerseits als Steuerschuldner und andererseits als Bürgermeister zukamen, und dazu hätte es weiter des Eingehens auf die maßgeblichen Bestimmungen bedurft. Diese Bestimmungen zeigen, daß die Feststellung und die Erhebung der jährlich fällig werdenden Steuerbeträge und die Feststellung und die Erhebung des Abgeltungsbetrages nicht einer und derselben Stelle, sondern verschiedenen Stellen zugewiesen waren und daß sich daraus eine verschiedenartige Beurteilung der Rechtslage ergeben kann. Die Bestimmungen zeigen ferner, daß die eingenommenen Steuerbeträge und die eingenommenen Abgeltungsbeträge nicht derselben Stelle zufließen sollten, daß vielmehr zur Vereinnahmung dieser Beträge verschiedene Körperschaften des öffentlichen Rechts berufen waren.

a) Die Gebäudeentschuldungssteuer ist in Württemberg durch das Gesetz vom 29. Juni 1926 (RegBl S. 117) eingeführt worden. Zur Ausführung dieses Gesetzes ist die Verordnung vom 7. Juli 1926 (RegBl S. 129) ergangen. Nach Art. 3 Abs. 3 des Gesetzes kann von dem Einzug der Steuer ganz oder teilweise abgesehen werden, wenn er nach Lage der Sache unbillig wäre. Nach § 14 Abs. 5 der VO sind solche Nachlässe in der Regel nur auf Antrag und Nachweis und *nur auf das laufende Rechnungsjahr* zu gewähren. Die Gemeindebehörde kann aber auch den Nachlaß von sich aus gewähren, wenn ihr bekannt ist, daß Gründe vorliegen, die den Nachlaß rechtfertigen. Nach § 15 der VO wird die Gebäudeentschuldungssteuer durch die Gemeinde verwaltet, soweit nicht im Rechtsmittelverfahren andere Stellen zuständig sind. Endlich bestimmt § 18 Abs. 1 der VO daß über die Nachlässe vorbehaltlich späterer Nachprüfung der Gemeinderat entscheidet und daß er die Entscheidung dem Ortsvorsteher oder einem anderen geeigneten Gemeindebeamten übertragen kann. Diese Bestimmungen ergeben klar, daß als maßgebliche Steuerbehörde für die Festsetzung und Einhebung der laufenden Steuerbeträge – vorbehaltlich der späteren Nachprüfung – lediglich die Gemeinde und ihre Organe in Betracht kommen können. Die

Gemeinde oder das hierfür zuständige Organ hatte die Nachlässe zu bewilligen und dabei die Stellung eines Antrags abzuwarten. Von sich aus durfte die zuständige Stelle Nachlässe nur bewilligen, wenn ihr bekannt war, daß Gründe vorliegen, die den Nachlaß rechtfertigen. Die Einnahmen aus der Gebäudeentschuldungssteuer waren nach festgelegten Grundsätzen zur Befriedigung der Bedürfnisse des Staates und der Gemeinden bestimmt; vgl. Art. 1, 5 und 6 des Gesetzes vom 29. Juni 1926.

b) Anders als in den unter a) behandelten Fällen ist die Festsetzung und die Erhebung des Abgeltungsbetrages gesetzlich geregelt. Hierfür ist maßgebend der § 5 der VO über die Aufhebung der Gebäudeentschuldungssteuer vom 31. Juli 1942 (RGBl. S. 501). Danach liegt die Festsetzung und die Erhebung des Abgeltungsbetrages den Finanzämtern ob. Dagegen haben die bisherigen Steuerbehörden – das sind in Württemberg die Gemeindeorgane – die Ermäßigungsbeträge festzustellen; § 5 Abs. 2 der VO. Hier haben also die Finanzämter und die Gemeinde – nach württembergischen Rechte zusammenzuwirken. Als maßgebliche Steuerbehörde kann aber nur das Finanzamt angesehen werden. Der Abgeltungsbetrag fließt ausschließlich dem Reich zu; § 2 S. 2 der VO.

III. Die Pflichten des Angeklagten als Steuerschuldner

a) Was nun diese Pflichten bezüglich der *laufenden Zahlungen der Gebäudeentschuldungssteuer* anlangt, so nimmt das Landgericht an, daß der Angeklagte die Pflicht gehabt habe, die Veränderung seiner wirtschaftlichen Lage im Jahre 1937 und in den darauffolgenden Jahren „anzuzeigen". Worauf sich die Annahme einer solchen Rechtspflicht gründet, hat das Landgericht nicht ausgeführt. Als maßgebende gesetzliche Grundlage kann hier nur die Vorschrift des § 165 e RAbgO in Betracht kommen (wegen des Inkrafttretens dieser Bestimmung vgl. RGBl. I 1936 S. 961, 969, § 28 Nr. 36 und S. 978, § 32). Diese Vorschrift paßt hier aber insofern nicht, als sich die Erklärung, die der Angeklagte über seine wirtschaftliche Lage abgab, nach den Feststellungen des Landgerichts nur auf das Rechnungsjahr 1935 bezog und insoweit *nicht* unrichtig war. Es kann nur die Frage aufgeworfen werden, ob sich nicht für den Angeklagten in entsprechender Anwendung des § 165 e Abs. 1 RAbgO die Pflicht ergeben konnte, seine veränderte wirtschaftliche Lage anzuzeigen, als er erkannte, daß er zur Gebäudeentschuldungssteuer auch nach Besserung seiner wirtschaftlichen Lage in demselben Maß herangezogen wurde als vorher. Die Frage ist zu bejahen. Diese Erkenntnis allein reicht aber zu der Annahme einer Anzeigepflicht nicht aus, es muß entsprechend dem § 165 e Abs. 1 RAbgO auch hinzukommen, daß der Angeklagte erkannt hat, seine unrichtig gewordene Erklärung vom Jahre 1935 könne zu einer Verkürzung der Steuereinnahmen führen.

Das Landgericht hat den Sachverhalt auf Grund des § 165 e RAbO nicht geprüft. Seine Würdigung des Verteidigungsvorbringens des Angeklagten ist infolgedessen unvollkommen. Nach den Feststellungen des Landgerichts brachte der Angeklagte vor, er habe den Staat nicht hintergehen wollen, er habe geglaubt, die Steuer sei richtig festgesetzt worden, da die damit befaßten Gemeindebeamten seine Verhältnisse gekannt hätten. Das Landgericht sagt im unmittelbaren Anschluß an die Feststellung dieses Vorbringens: Das ist jedoch nicht glaubhaft. Diese Bemerkung bezieht sich nach dem Zusammenhang offenbar nur auf das Vorbringen des Angeklagten, er habe geglaubt, die Steuer sei richtig festgesetzt gewesen, denn in dem nachfolgenden Satz befaßt sich das Landgericht lediglich mit diesem Teil des Vorbringens. Die weitere Behauptung des Angeklagten, daß die Gemeindebeamten seine Verhältnisse gekannt hätten, erledigt das Landgericht mit der Feststellung, daß die Verwaltungsaktuare der Gemeinde in den letzten Jahren gewechselt und die Verhältnisse in L. nicht gekannt hätten. Damit wird die Möglichkeit nicht ausgeschlossen, daß der Angeklagte geglaubt hat, seine Verhältnisse seien den Verwaltungsaktuaren bekannt. Das Landgericht hätte auch hierzu Stellung nehmen und berücksichtigen sollen, was in der Niederschrift vom 26. Oktober 1943 vom Angeklagten angeführt worden ist und was er wohl auch in der Hauptverhandlung vorgebracht hat, daß nämlich seine Einkommensverhältnisse den Verwaltungsaktuaren aus den Mitteilungen hätten bekannt sein können, die das Finanzamt jedes Jahr den Gemeinden macht („wie es vom Finanzamt jedes Jahr kommt, nach dem und dem Steuermeßbetrag müßte ich bezahlen"). Wäre der Angeklagte des behaupteten Glaubens gewesen, so hätte es der weiteren Prüfung bedurft, ob der Angeklagte im Sinne des § 165 e RAbgO erkannt habe, daß seine unrichtig gewordene Erklärung vom Jahre 1935 zu einer Verkürzung der Steuereinnahmen führen könne. Im Falle der Verneinung dieser Frage hätte für ihn mangels der inneren Voraussetzungen des § 165 e RAbgO keine Anzeigepflicht bestanden. Das Landgericht wird bei der Würdigung des Vorbringens des Angeklagten besonders darauf zu achten haben, daß der Angeklagte sein Gewerbe auf dem Lande betreibt, wo die Einkommens- und Lebensverhältnisse jedes einzelnen Einwohners mehr oder weniger bekannt zu sein pflegen.

Käme das Landgericht auf Grund neuer Prüfung des Sachverhalts dazu, die Anzeigepflicht des Angeklagten nach dem § 165 e RAbgO zu verneinen, so könnte in Ansehung der laufenden Beträge der Gebäudeentschuldungssteuer kein Vergehen nach dem § 396 RAbgO in Betracht kommen. Denn insoweit hat sich der Angeklagte nach den Feststellungen des Landgerichts rein untätig verhalten. Würde das Landgericht die Anzeigepflicht des Angeklagten bejahen, so käme immer noch in Frage, ob die Voraussetzungen des § 396 RabgO gegeben sind.

Die wesentlichen Voraussetzungen dieser Bestimmung sind die Erschleichung eines Steuervorteils oder die Verkürzung der Steuereinnahmen infolge der Steuerunehrlichkeit des Täters; vgl. RGSt. Bd. 60 S. 182; Bd. 61 S. 81; Bd. 71

S. 216. Die Feststellung der Steuerunehrlichkeit des Angeklagten würde für den Fall kaum Schwierigkeiten machen können, daß die vorsätzliche Unterlassung der nach dem § 165 e RAbgO geschuldeten Anzeige festgestellt werden würde. Die Unterlassung könnte dann schwerlich aus einem anderen Grunde als aus der Absicht der Täuschung der Steuerbehörde erfolgt sein. Offen bliebe aber dann bei der Eigenartigkeit der vorliegenden Sachlage immer noch die Frage, ob der Erfolg (der Steuervorteil, die Steuerverkürzung) auf die Steuerunehrlichkeit des Angeklagten zurückzuführen wäre.

Dies wäre dann der Fall, wenn die Steuerbehörde jeweils im Vertrauen auf den Fortbestand der Richtigkeit der Erklärung des Angeklagten vom Jahre 1935 den Nachlaß an Gebäudeentschuldungssteuer gewährt hätte. Den Feststellungen des Urteils ist dies nicht ohne weiteres zu entnehmen. Dort heißt es zwar, der Angeklagte habe durch die Unterlassung einer Anzeige erreicht, daß die Gemeinde die Festsetzung des Vorjahres ohne nähere Prüfung übernommen habe; eine Klarheit in den hier wesentlichsten Punkten wird aber durch diesen Satz nicht geschaffen. Zunächst ist nicht ersichtlich, wer jeweils die maßgebende Stelle für die Gewährung des Nachlasses war (der Gemeinderat, der stellvertretende Bürgermeister oder, wie es nach den Ausführungen im Urteil den Anschein hat, während der ganzen hier in Betracht kommenden Zeit der Verwaltungsaktuar); ferner läßt der angeführte Satz aus dem Urteil nicht erkennen, daß die maßgebende Stelle überhaupt jeweils einen Beschluß im Sinne des § 14 Abs. 5 der VO vom 7. Juli 1926 gefaßt hätte. Die Übernahme der Festsetzung des Vorjahres kann auch jeweils mechanisch durch Abschreiben von der vorjährigen Liste geschehen und durch eine untergeordnete Schreibkraft vorgenommen worden sein. Diese Zweifel werden auch nicht durch die Feststellung behoben, die auswärtigen Verwaltungsaktuare hätten die Verhältnisse in L. im einzelnen nicht gekannt. Ferner ist möglich, daß sich die maßgebende Stelle der Rechtslage, wie sie nach der VO vom 7. Juli 1926 (siehe oben II a) bestand, bewußt war, daß sie also wußte, sie dürfe dem Angeklagten nur auf einen begründeten Antrag hin Steuernachlaß gewähren und außerdem Steuernachlaß nur dann gewähren, wenn ihr bekannt sei, daß die Verhältnisse die Gewährung eines Nachlasses rechtfertigten, daß sie aber aus irgendeinem neben der Sache liegenden Grunde von der ordnungsmäßigen Behandlung der Sache absah, etwa weil sie gegen die Bürgermeister nicht aufzutreten wagte. In diesen Fällen könnte der Steuervorteil oder die Steuerverkürzung nicht auf die Steuerunehrlichkeit des Angeklagten zurückgeführt werden, sie hätte vielmehr ihren Grund ausschließlich in der pflichtwidrigen Behandlung der Steuerangelegenheit. Es käme dann auf Seiten des Angeklagten höchstens ein Versuch der Steuerhinterziehung in Frage. Ob den Angeklagten dann darüber hinaus noch ein anderes strafbares Verschulden träfe, wäre in einem anderen Zusammenhang zu untersuchen; vgl. unten Nr. IV.

Das Landgericht wird also unter Umständen auf Grund der neuen Hauptverhandlung untersuchen müssen, wie es jeweils dazu gekommen ist, daß der Angeklagte nicht den vollen Steuerbetrag zu entrichten brauchte, ob die maßgebende Stelle jeweils annahm, daß Gründe vorlägen, die den Nachlaß rechtfertigten, gegebenenfalls auf Grund welcher Umstände diese Stelle zu dieser Annahme gekommen ist. Wenn der Angeklagte die Anzeige, zu der er nach dem § 165 e RAbgO verpflichtet war, mit dem Willen unterlassen hat, vorzutäuschen, die Verhältnisse, die zu dem Steuernachlaß im Jahre 1935 geführt hätten, hätten auch in den folgenden Jahren fortbestanden, und wenn diese Unterlassung ursächlich für die Einhebung eines zu geringen Betrages an laufender Gebäudeentschuldungssteuer gewesen wäre, könnte gesagt werden, daß der Angeklagte eine Steuerverkürzung vorsätzlich bewirkt hätte. Hätte der Angeklagte die Erfüllung der Anzeigepflicht fahrlässig unterlassen, könnte die Anwendung des § 402 RAbgO in Frage kommen.

b) Hinsichtlich des Abgeltungsbetrages blieb der Angeklagte nicht rein untätig; er sagte vielmehr nach den Feststellungen im Urteil dem Sinne nach zu dem Verwaltungsaktuar, er solle alles beim alten lassen; er unterschrieb ferner die Liste über die Abgeltungsbeträge für die Gebäudeentschuldungssteuer und veranlaßte ihre Vorlage an das Finanzamt. Das Landgericht nimmt an, daß dies in dem Bewußtsein geschehen sei, der Nachlaß sei seit Jahren nicht mehr gerechtfertigt und der Abgeltungsbetrag sei viel zu niedrig angesetzt. Hieraus schließe das Landgericht ohne weiteres, daß in den Handlungen des Angeklagten der Versuch zu erblicken sei, ungerechtfertigte Steuervorteile zu erschleichen und Steuereinnahmen zu verkürzen. Offensichtlich ist dies aber nicht. Zutreffend geht zwar das Landgericht stillschweigend davon aus, daß für die rechtliche Beurteilung hinsichtlich des Abgeltungsbetrages das Verhalten des Angeklagten gegenüber dem Finanzamt maßgebend ist. Denn, wie oben unter II b) ausgeführt wurde, war dieses die Steuerbehörde, der die Festsetzung und die Erhebung des Abgeltungsbetrages oblag. Für die Frage, ob sich der Angeklagte gegenüber dem Finanzamt steuerunehrlich verhalten, d. h. ein auf Täuschung der Steuerbehörde gerichtetes Verhalten gezeigt hat, kommt es jedoch darauf an, welche Beweggründe den Angeklagten zu seiner Äußerung dem Verwaltungsaktuar gegenüber und zur Vorlage der Liste an das Finanzamt mit dem Vorschlag bestimmt haben, den Abgeltungsbetrag auf 500 RM festzusetzen. Dazu genügt unter den vorliegenden Umständen das Bewußtsein nicht, daß der Nachlaß seit Jahren nicht gerechtfertigt und daß der Abgeltungsbetrag zu niedrig festgesetzt worden war. Denn der Angeklagte kann von dem Gedanken ausgegangen sein, dem Finanzamt stünden die Unterlagen zur Beurteilung seiner Verhältnisse zur Verfügung, es werde sie auch bei der Festsetzung des Abgeltungsbetrages benützen und es könne deshalb diesem überlassen bleiben, die richtige Entscheidung zu treffen, vorerst solle dem Finanzamt nur mitgeteilt werden, was der Angeklagte bisher gezahlt habe und wie sich der Abgeltungsbetrag hieraus errechne. Andererseits kann allerdings die Aufforderung des Angeklagten, es beim alten zu lassen, an den Verwaltungsaktuar mit dem Gedanken gerichtet worden sein, seine wirtschaftliche Lage schlechter erscheinen zu lassen, als sie tatsächlich war. Es kann auch sein, daß der Angeklagte in Kenntnis der maßgeblichen Bestimmungen beim Finanzamt den Eindruck erwecken wollte, ihm sei von der Gemeinde ordnungsgemäß und nach vorheriger Prüfung Steuernachlaß bewilligt worden, und deshalb sei dem Abgeltungsbetrag der ermäßigte Steuerbetrag zugrunde zu legen. Auch hierin könnte eine Vortäuschung liegen, die als eine Steuerunehrlichkeit angesehen werden könnte. Das Landgericht wird den Sachverhalt auch nach dieser Richtung noch eingehend zu prüfen haben.

IV. Die Pflichten des Angeklagten als Bürgermeister.

Die sehr knappen Ausführungen des Landgerichts zu seiner Untersuchung, ob dem Angeklagten Untreue zur Last fällt, lassen soviel erkennen, daß es davon ausgeht, der Angeklagte habe in seiner Eigenschaft als Bürgermeister die Vermögensinteressen der Gemeinde wahrzunehmen und „so auch für den richtigen Eingang der Steuern, auch seiner eigenen, zu sorgen" gehabt. Das Landgericht hat die Verurteilung wegen Untreue nur unterlassen, weil dem Angeklagten nicht nachzuweisen sei, daß er sich bei der Hinterziehung der Steuer dieser Pflicht zur Wahrnehmung der Vermögensinteressen der Gemeinde bewußt gewesen wäre. Soweit der Abgeltungsbetrag in Betracht kommt, meint das Landgericht, läge überdies nur versuchte Untreue vor, die straflos sei.

a) Von dem Aufkommen der laufenden Gebäudeentschuldungssteuer floß ein Teil der Gemeinde zu, wie oben unter II a) am Ende unter Hinweis auf die einschlägigen Gesetzesstellen dargetan wurde; er bildete eine Einnahme des Gemeindevermögens, dessen Interessen in der Regel der Bürgermeister wahrzunehmen hat. Ob diese allgemeine Aufgabe des Angeklagten als Bürgermeister auch die Pflicht des Angeklagten umfaßte, für den Eingang der Steuern zu sorgen, wird das Landgericht unter Anführung der einschlägigen Bestimmungen des für Württemberg geltenden Gemeinde- und Steuerrechts nochmals zu prüfen haben. Nach den Feststellungen des Landgerichts muß angenommen werden, daß die Aufgaben, die mit der Festsetzung und der Erhebung der Gebäudeentschuldungssteuer verbunden waren, im allgemeinen von dem Verwaltungsaktuar besorgt wurden. Hatte aber der Angeklagte die Pflicht, die Vermögensinteressen der Gemeinde auch hinsichtlich des Steuereingangs wahrzunehmen, so durfte er sich nicht damit begnügen, den Verwaltungsaktuar schalten und walten zu lassen; er hatte in diesem Falle mindestens dann einzugreifen, wenn er wahrnahm, daß der Verwaltungsaktuar aus irgendeinem Grunde seine

Geschäfte nicht ordnungsgemäß erledigte. Er hatte deshalb von sich aus einzuschreiten, wenn er wahrnahm, daß dieser nur den ermäßigten Steuerbetrag einhob, obwohl die Voraussetzungen der Ermäßigung nicht oder nicht mehr vorlagen. Der Angeklagte hätte daher, nachdem sich seine Einkommensverhältnisse wesentlich gebessert hatten, zum mindesten den Verwaltungsaktuar veranlassen müssen, die Steuerermäßigung nicht ohne Antrag zu bewilligen. Da dieses Verfahren bei der gegebenen Sachlage notwendig zu der höheren Besteuerung des Angeklagten und damit zur Erhöhung der Einnahmen der Gemeinde geführt hätte, wäre die Unterlassung der Pflicht des Angeklagten für die Gemeinde auch von Vorteil gewesen. Daß die Verletzung der Pflicht, fremde Vermögensinteressen wahrzunehmen, auch in der mangelnden Beaufsichtigung einer anderen Person gefunden werden kann, ist in der Rechtsprechung des Reichsgerichts anerkannt; vgl. über alle hier einschlägigen Fragen RGSt. Bd. 76 S. 115, 116. Noch klarer läge eine Pflichtverletzung des Angeklagten, die das Vergehen der Untreue begründen könnte, zutage, wenn der Angeklagte die Steuergeschäfte selbst besorgt hätte.

Das Landgericht wird nach diesen Gesichtspunkten erneut zu prüfen haben, ob sich der Angeklagte der Untreue schuldig gemacht hat. Dabei wird es, wie bisher schon, besonderen Nachdruck auf die Innenseite des Tatbestandes zu legen und zu untersuchen haben, ob sich der Angeklagte seiner Pflicht, für das Aufkommen der Steuern zu sorgen oder doch den Verwaltungsaktuar zu beaufsichtigen, bewußt gewesen ist, und ob er trotzdem die ordnungsmäßige Festsetzung seiner Steuer nicht veranlaßt hat.

b) Was den Abgeltungsbetrag anlangt, so kann ein Vergehen der vollendeten Untreue schon aus Rechtsgründen nicht in Frage kommen. Nach den Ausführungen oben unter II b) am Ende fließen die Abgeltungsbeträge ausschließlich dem Reiche zu. Ihr Eingang oder Ausfall konnte daher das Gemeindevermögen nicht berühren. Insoweit hatte der Angeklagte deshalb auch keine Vermögensinteressen der Gemeinde wahrzunehmen. Ob der Angeklagte insoweit, als er in seiner Eigenschaft als Bürgermeister bei der Festsetzung der Abgeltungsbeträge mitzuwirken hatte (§ 5 Abs. 2 der VO vom 31. Juli 1942), Vermögensinteressen des Reiches wahrzunehmen hatte, kann dahingestellt bleiben. Denn soweit seine Absicht auf die Schädigung des Vermögens des Reiches gerichtet gewesen sein sollte, ist es zur Verwirklichung seiner Absicht nicht gekommen. Seine Tat wäre in diesem Falle auf der Stufe des Versuchs stehengeblieben, es sei denn, daß eine Vermögens*gefährdung* in einem solchen Ausmaße eingetreten wäre, daß sie einer Vermögens*beschädigung* gleichgeachtet werden müßte. Der Versuch der Untreue ist nicht strafbar, was das Landgericht richtig angenommen hat.

62. § 5 der VO vom 12.3.1940.

Zur Verleitung zur Dienstflucht aus dem Reichsarbeitsdienst. Der Begriff des Verleitens deckt sich im wesentlichen mit dem der Anstiftung nach dem § 48 StGB, der des Erleichterns mit dem der Beihilfe nach dem § 49 StGB. Die beiden Tatbestände sind im § 5 Abs. 2 der VO vom 12. März 1940 zu selbständigen Straftatbeständen erhoben worden.

I. Strafsenat. Urt. v. 12. Januar 1945 (1 D 379/1944).

I. Landgericht Amberg.

In der Strafsache gegen den Diplomkaufmann E. L. aus Cham, zur Zeit im Landgerichtsgefängnis Amberg in Untersuchungshaft, wegen Verleitung zur Dienstflucht aus dem Reichsarbeitsdienst, hat das Reichsgericht, 1. Strafsenat, in der Sitzung vom 12. Januar 1945, an der teilgenommen haben als Richter: der Senatspräsident Dr. Schultze und die Reichsgerichtsräte Dr. Hoffmann, Dr. Rittweger, als Beamter der Staatsanwaltschaft: bei der Verhandlung: der Reichsanwalt Richter, bei der Verkündung: der Reichsgerichtsrat Dr. Dörffler, auf die Revision des Angeklagten nach mündlicher Verhandlung für Recht erkannt:

Die Revision gegen das Urteil des Landgerichts in Amberg vom 19. Oktober 1944 wird verworfen. Dem Angeklagten werden die Kosten des Rechtsmittels auferlegt. – Von Rechts wegen

Gründe

1. Die gemäß dem § 337 StPO auf Verletzung des § 218 Abs. 1 StPO gestützte Verfahrensbeschwerde kann keinen Erfolg haben. Nach Maßgabe der Akten ist der Termin zur Hauptverhandlung vom 19. Oktober 1944 zunächst abgesetzt, dann aber vom Vorsitzer durch Verfügung vom 16. Oktober 1944 erneut festgesetzt worden. Dabei ist übersehen worden, den zunächst ordnungsgemäß abbestellten Verteidiger erneut zu laden. Ausweislich des Sitzungsprotokolls ist dem aus der Haft vorgeführten Angeklagten nach Aufruf der Sache bekannt gegeben worden, daß sein Verteidiger nicht erscheine, dem Angeklagten aber freistehe, ob er ohne Verteidiger verhandeln oder Aussetzung der Verhandlung beantragen wolle. Der Angeklagte hat darauf erklärt, mit Rücksicht auf seinen Gesundheitszustand verhandeln zu wollen.

Die Revision macht geltend, daß das Stattfinden der Verhandlung dem Verteidiger des Angeklagten am Morgen des Verhandlungstages vom Landgericht bekanntgegeben sei und daß der Verteidiger darauf fernmündlich dem Vorsitzer mitgeteilt habe, daß er nicht als Verteidiger auftreten könne, da er sich wegen der Kürze der Zeit nicht sachgemäß vorbereiten könne.

Den Verfahrensverstoß sieht die Revision darin, daß der Vorsitzer dem Angeklagten nicht mitgeteilt habe, daß das Nichterscheinen des Verteidigers auf das Unterlassen fristgemäßer Ladung zurückzuführen war. Die Revision behauptet, daß der Angeklagte bei Kenntnis des Sachverhalts Aussetzung beantragt haben würde. Er sei somit in seiner Verteidigung unzulässig beschränkt worden, da ihm vor allem nicht möglich gewesen sei, die in der Hand seines Verteidigers befindlichen Briefe der Belastungszeugin A. als Beweismittel in der Hauptverhandlung zu benutzen.

Der Vortrag der Revision ist unvollständig. Durch die dienstliche Äußerung des Vorsitzers vom 28. November 1944 steht fest, daß der Angeklagte vor der Erklärung seines Verzichts von Amts wegen ausreichend unterrichtet worden ist. Der Vorsitzer hat hiernach den Angeklagten vor dessen Erklärung darauf hingewiesen, daß der Verteidiger versehentlich nicht noch einmal geladen worden sei und daß der Verteidiger dem Vorsitzer fernmündlich mitgeteilt habe, er übernehme die heutige Verteidigung nicht, weil er nicht genügend vorbereitet sei. Der Angeklagte hat daraufhin ausdrücklich erklärt, daß er mit Rücksicht auf seinen Gesundheitszustand ohne Verteidiger verhandeln wolle.

Der Angeklagte hat somit in Kenntnis der Nichteinhaltung der Ladungsfrist gegenüber seinem Verteidiger auf die Aussetzung der Hauptverhandlung verzichtet und kann sich daher auf den Verstoß gegen § 218 Abs. 1 StPO nicht mehr berufen.

2. Auch die sachlich-rechtlichen Beanstandungen des angefochteten Urteils durch die Revision greifen nicht durch.

Die Sachdarstellung des Urteils ergibt im wesentlichen folgendes: Der verheiratete Angeklagte unterhielt mit der erheblich jüngeren I. A., seinem Dienstmädchen, ein Liebesverhältnis, das von April 1943 zu alsdann regelmäßig fortgesetztem Geschlechtsverkehr führte. Nachdem die A. im November 1943 zum Arbeitsdienst in das Lager Mitnitz eingezogen war, strebten sie und der Angeklagte nach dem Inhalt ihres Briefwechsels, in dem der Angeklagte dem Mädchen zudem fast in jedem Brief die Ehe versprach, auf irgendeine Art die Abkürzung des Arbeitsdienstverhältnisses zu erreichen. Da die A. sich angeblich schwanger fühlte und beide annahmen, daß sie im Falle einer Schwangerschaft aus dem Arbeitsdienst entlassen werde, kam es am 30. November 1943 in Coburg zu einer Untersuchung durch einen Facharzt, der eine Schwangerschaft zwar für wahrscheinlich hielt, eine bestimmte Feststellung aber noch nicht treffen konnte. Der Angeklagte hatte sich am 29. November im Lager fälschlich als Vormund der A. eingeführt und erschien dort wieder am 1. Dezember 1943. Die A. hatte inzwischen die Lagerführerin darüber aufgeklärt, daß der Angeklagte ihr „Freund" sei, daß sie sich heiraten wollten, daß sie weg wolle, um ihn nach seiner Scheidung heiraten zu können und daß sie unter keinen Umständen mehr im Arbeitsdienst bleibe. Der Angeklagte erwirkte am 1. Dezember dennoch für ein Zusammensein der A. mit ihm einen zweistündigen Urlaub vom Lager. Die A. ging im einfachen Kleid mit Schürze, ohne Handtasche und Barmittel mit dem Angeklagten zum Bahnhof und fuhr alsdann mit ihm und zwar in der Hauptsache auf seine Kosten in ihre Heimat Obervierau. Der Angeklagte sandte demnächst ein Telegramm an das Lager des Inhalts: „I. A. letztmals Mitnitz gesehen. Soeben Telegrammnachricht: I. schwer krank. Fahre nach Obervierau. Keine Einmischung." Am 13. Dezember 1943 wurde das Mädchen in den Arbeitsdienst zurückgeholt.

Im angefochtenen Urteil ist weiter ausgeführt, daß die A. heute noch vollständig unter dem Einfluß des Angeklagten stehe und ihm seelisch und geschlechtlich voll hörig sei. Sie habe ferner bei ihrer Vernehmung als Zeugin am 16. Februar 1944 angegeben, der Angeklagte habe sie am 1. Dezember 1943 überredet und veranlaßt, nicht mehr in den Reichsarbeitsdienst zurückzukehren, sondern mit ihm nach Hause zu fahren.

Abschließend heißt es im Urteil nach der Darlegung, daß die A. ihre Angaben vom 16. Februar 1944 in der Hauptverhandlung als unrichtig bezeichnet habe; bei dem im Urteil festgestellten Sachverhalt mußte sich dem Gericht die Überzeugung aufdrängen, daß die A. bei ihrer Vernehmung am 16. Februar 1944 die Wahrheit gesagt habe; es komme nicht allein darauf an, ob der Angeklagte das Mädchen ausdrücklich und wörtlich zur Flucht aufgefordert habe; die Art und Weise, wie er es vollständig an sich gefesselt, es fast willenlos gemacht habe, wie er immer um es gewesen, ihm auch weite Strecken nachgefahren sei, habe allein schon genügt, in dem Mädchen den Gedanken zu erwecken und zu festigen, sich bei gegebener Gelegenheit von dem Arbeitsdienst zu drücken, um mit dem Angeklagten zusammen sein zu können.

Die anschließende Schlußfeststellung geht dahin, der Angeklagte habe sohin eine weibliche Angehörige des Reichsarbeitsdienstes zur Dienstflucht verleitet, bzw. sie ihr erleichtert und sei daher gemäß dem § 5 der VO zum Schutze des Reichsarbeitsdienstes vom 12. März 1940 (RGBl. I., S. 485) zu bestrafen.

Als äußerer Tatbestand der Dienstflucht kommt hier Fernbleiben von der Dienststelle in Betracht, da die A. sich am 1. Dezember 1943 infolge des Urlaubs von der Dienststelle entfernt hatte, dann aber pflichtwidrig nicht zurückgekehrt ist. Der innere Tatbestand erfordert, daß die Täterin in der Absicht ferngeblieben ist, sich der Erfüllung der Arbeitsdienstpflicht dauernd zu entziehen. Diese Absicht hat das Landgericht ersichtlich daraus entnommen, daß die A. in ihrer Hörigkeit und in der Annahme, das Heiratsversprechen des Angeklagten sei ernst gemeint, ohne weiteres mit ihm in ihre Heimat fuhr, um ihm nunmehr wieder ganz anzugehören.

Verleiten zur Dienstflucht nach dem § 5 Abs. 2 der VO vom 12. März 1940 erfordert, daß der Täter vorsätzlich den anderen zur Dienstflucht bestimmt. Daß die dargetane Handlungsweise des Angeklagten diesen Tatbestand erfüllt, hat das Landgericht nach den Urteilsausführungen rechtlich bedenkenfrei aus der Aussage der A. vom 16. Februar 1944 in Zusammenhang vor allem mit dem im Urteil näher dargelegten Verhältnis der Hörigkeit der A. gegenüber dem Angeklagten entnommen. Die Ausführungen des Landgericht ergeben auch, daß die Einwirkung des Angeklagten auf die A. am 1. Dezember 1944 diese zu der Dienstflucht gebracht hat, mag sie auch schon vorher selbst mit einem solchen Gedanken gespielt haben. Zum Verleiten genügt es, wenn der Täter den noch schwankenden anderen durch seine Beeinflussung zu dem festen Entschluß zur Tat bringt.

Diesen Inhalt und Zusammenhang der Urteilsausführungen hat die Revision bei ihrer Rüge übersehen, wenn sie meint, das Landgericht habe das Verleiten allein daraus entnommen, daß die Hörigkeit der A. für diese der Beweggrund zur Dienstflucht gewesen sei. Die Annahme des Landgerichts, daß der Angeklagte die A. zur Dienstflucht verleitet habe, ist mithin rechtlich bedenkenfrei.

Da das Landgericht bei der Schlußfeststellung darauf hinweist, daß der Angeklagte die Dienstflucht der A. auch erleichtert habe, ist auch darauf noch einzugehen.

Erleichtern im Sinne des § 5 Abs. 2 der VO vom 12. März 1940 kann vor Beginn der Dienstflucht, z.B. durch Rat, wie auch während der ganzen Dauer des Fernseins von der Dienststelle begangen werden. Nach den Urteilsdarlegungen hat der Angeklagte durch sein früheres Verhalten in dem Mädchen den Gedanken erweckt, sich bei gegebener Gelegenheit aus dem Arbeitsdienst zu entfernen. Er hat ihr ferner die Durchführung der Flucht dadurch ermöglicht, daß er sie mit Geld unterstützte und sie begleitete. Daraus hat das Landgericht mit Recht gefolgert, daß die A. ohne den seelischen und den gegenständlichen Beistand des Angeklagten hinsichtlich der Dienstflucht nicht geflohen wäre, daß der Angeklagte somit durch seine Maßnahmen auch den Tatbestand des Erleichterns erfüllt habe.

Der Begriff des Verleitens deckt sich im wesentlichen mit dem der Anstiftung nach dem § 48 StGB, der des Erleichterns mit dem der Beihilfe nach dem § 49 StGB. Die beiden Tatbestände sind im § 5 Abs. 2 der VO vom 12. März 1940 zu selbständigen Straftatbeständen erhoben worden. Ähnliche Bestimmungen enthalten der § 141 StGB und auch der § 5 Abs. 1 Nr. 2 der KStVO vom 12. März 1940 der allerdings nur von Verbrechen der Verleitung zur Fahnenflucht spricht. Für diese Fälle ist angenommen worden, daß die vorsätzliche Verleitung und die vorsätzliche Erleichterung der Fahnenflucht zu selbständigen Straftaten erhoben worden sind, daß also in diesen Fällen Tatbestände, die an sich den §§ 48, 49 StGB entsprechen, als Sonderstraftaten gestaltet worden sind (RGSt. Bd. 5, S. 125 Bd. 76 S. 251, 252). Dieser Umstand scheidet dann auch neben der Sonderregelung die Anwendung der §§ 48, 49 StGB aus (RG in GA Bd. 56 S. 213).

Die Feststellung des Landgericht, der Angeklagte habe die A. „zur Dienstflucht verleitet bzw. sie ihr erleichtert", ist unklar. Diese Ausdrucksweise könnte

u. a. bedeuten, es läge Tatmehrheit oder natürliche Handlungseinheit vor. Da der Urteilssatz ergibt, daß das Landgericht den Angeklagten nur wegen *Verleitung* der A. zur Dienstflucht, also nur wegen *einer* Tat verurteilt hat, so bedarf es – auch unter Berücksichtigung des § 358 Abs. 2 StPO – keines Eingehens auf die weitere Frage, ob für die als selbständige Straftaten gestalteten Taten auch schlechthin der Grundsatz gilt, daß beim Zusammentreffen mehrerer Teilnahmeformen zu derselben Tat die geringere Teilnahmeform hinter der bedeutenderen zurücktritt, oder ob hier der § 73 StGB anzuwenden gewesen wäre, da zwischen dem Verleiten und Erleichtern hier natürliche Handlungseinheit gegeben sei, oder ob bei der besonderen Gestaltung Tatmehrheit gegeben sein könnte.

Es würde keinen Rechtsfehler bedeuten, wenn das Landgericht, das den Angeklagten wegen Verleitens zur Dienstflucht verurteilt hat, den Umstand, daß der Angeklagte sich auch der Erleichterung der Dienstflucht der A. schuldig gemacht hat, bei der Strafzumessung berücksichtigt haben sollte.

Auch im übrigen weist die angegriffene Entscheidung keinen durchgreifenden Rechtsfehler auf.

---

63. 1. Zur Annahme eines Fortsetzungszusammenhangs (hier von gewerbsmäßiger Hehlerei) ist nicht erforderlich, daß der Täter die gesamten Einzelheiten der Tat von vornherein vorausgesehen hat.

2. § 20 a StGB, § 1 ÄnderungsVO vom 4. 9. 1941 (RGBl. I 1941, S. 549). Zum „Schutz der Volksgemeinschaft“ und zum „Bedürfnis nach gerechter Sühne“.

II. Strafsenat. Urt. v. 18. Januar 1945 (2 C 238/1944).

I. Sondergericht Berlin.

In der Strafsache a) gegen den Kellner L. C. französischen Staatsangehörigen,

b) den Mechaniker J. N., staatenlos,

– beide in dieser Sache im Zuchthaus Brandenburg-Görden in Strafhaft –, wegen Kriegswirtschaftsverbrechens u. a. hat das Reichsgericht, 2. Strafsenat, in der Hauptverhandlung vom 18. Januar 1945, an der teilgenommen haben als Richter: der Senatspräsident Müller (Vorsitzender) und die Reichsgerichtsräte Dr. Schwarz und Stumpf, als Beamter der Staatsanwaltschaft: der Reichsanwalt Dr. Nagel, auf die Nichtigkeitsbeschwerde des Oberreichsanwalts gegen das rechtskräftige Urteil des Sondergerichts VI in Berlin vom 16. August 1944 für Recht erkannt:

Das angefochtene Urteil wird nebst den tatsächlichen Feststellungen aufgehoben und die Sache zu neuer Verhandlung und Entscheidung an die Vorinstanz zurückverwiesen.

Die Angeklagten bleiben weiterhin in Strafhaft. – Von Rechts wegen

Gründe

Das angefochtene Urteil hat verurteilt:

a) C. wegen fortgesetzten Kriegswirtschaftsverbrechens in Tateinheit mit Verstoß gegen die Preisvorschriften, teilweise auch mit gewerbsmäßiger Hehlerei zu fünf Jahren Zuchthaus und 3.000 RM Geldstrafe, hilfsweise zu weiteren drei Monaten Zuchthaus,

b) N. wegen Kriegswirtschaftsverbrechens in zwei Fällen in Tateinheit mit Verstoß gegen die Preisvorschriften und mit Hehlerei zu drei Jahren Zuchthaus und 1.200 RM Geldstrafe, hilfsweise weiteren 40 Tagen Zuchthaus.

Hiergegen richtet sich die Nichtigkeitsbeschwerde des Oberreichsanwalts. Nach ihr ist das Urteil wegen Fehler bei der Anwendung des Rechts und wegen erheblicher Bedenken gegen den Strafausspruch ungerecht.

Das Rechtsmittel muß Erfolg haben.

Die Annahme einer fortgesetzten Handlung unterliegt allerdings, wie der Senat im Gegensatz zum Beschwerdeführer annimmt, nach Lage des Falles keinen rechtlichen Bedenken. Wie das Sondergericht feststellt (UA S. 8), hat der Angeklagte C. in gewissenloser Weise Schleichhandel mit verknappten Gütern getrieben, um unter Ausnutzung der gegebenen Zeitverhältnisse auf Kosten deutscher Volksgenossen große Gewinne einzuheimsen und sich zu bereichern. Er bot den Dieben die günstige Gelegenheit eines schnellen und gewinnbringenden Absatzes ihrer Beute und damit stets einen neuen Anreiz zur Fortsetzung ihres verbrecherischen Unwesens. Nach UA S. 3 hat sich der Angeklagte N. wegen des Verkaufs des Diebesgutes gerade an C. gewandt, weil er aus Lokalbesuchen im Restaurant, in dem C. als Kellner tätig war, wußte, daß er Zigaretten „unter der Hand" verkaufte; desgleichen als wilder Händler auch andere Ware (UA S. 7). Auch die Lokalinhaberin, Frau B., hat von dem hehlerischen Treiben des Angeklagten gewußt und es ihm ausdrücklich untersagt (UA S. 7). Trotzdem hat der Angeklagte C. (UA S. 5 unten) binnen kurzer Zeitspanne von allen möglichen Personen, darunter vom jugendlichen P. N. und vor allem von sogenannten Unbekannten, die anonym im Lokal an ihn herangetreten sind, bedenkenlos aufgekauft und dafür sehr hohe Preise gezahlt hat. Das ist, so sagt das Sondergericht, die Art bedenkenloser Schieber und Hehler, denen es gleich ist, woher die Ware stammt, und denen es nur darauf ankommt, möglichst viel verknappte Ware aufzukaufen, um damit im Schleichhandel gewinnbringende Geschäfte zu machen.

Diese Feststellungen tragen aber die Annahme einer fortgesetzten Handlung. Nach ihnen hat bei dem Angeklagten nicht bloß eine allgemeine, unbestimmte Bereitschaft vorgelegen, Hehlereihandlungen zu begehen, wenn und soweit sich dazu eine Gelegenheit bieten würde. Vielmehr hat er seine Stellung als Kellner im B.'schen Lokal sozusagen zum Nebenberuf als Hehler planmäßig dazu ausgenutzt, von den dort verkehrenden Verbrechern ganz bestimmte Gegenstände, nämlich durch Bezugsbeschränkung verknappte Ware (UA S. 5) in möglichst großem Umfange durch bestimmte Mittel, nämlich durch Zahlung übertrieben hoher Preise an sich zu bringen; und zwar zu einem ganz bestimmten Zweck, nämlich, um sie zu Schieberpreisen, also mit möglichst hohem Gewinn, wieder abzusetzen. Die einzelnen Gelegenheiten zur Hehlerei kannte der Angeklagte natürlich nicht von vornherein. Doch ist auch für den Einzelvorsatz nicht erforderlich, wie der 4. Strafsenat in RGSt. Bd. 77 S. 26 oben zutreffend ausführt, daß der Täter die gesamten Einzelheiten der Tat von vornherein vorausgesehen hat. Der frühere 2. Senat hat schon in seinem Urteil vom 16. September 1943 (abgedruckt RGSt. Bd. 77 S. 191) für den ähnlich liegenden Fall des ständigen Austauschs von Mangelware seitens einer Händlerin mit ihren Kunden ausgesprochen, daß in solchem Tun eine fortgesetzte Handlung vorliegen könne. In derselben Weise hat aber auch der Angeklagte eine illegale Abnahme- und Bezugsstelle für seine Kunden eingerichtet. Auch in 2 D 70/44 vom 8. Juni 1944 (abgedruckt in DR 1944 S. 905 [11]) ist die Möglichkeit des Fortsetzungszusammenhangs zwischen dem Ankauf und dem Weiterverkauf zu unzulässigen Preisen anerkannt.

Zuzugeben ist dem Beschwerdeführer, daß die Rechtsprechung des Reichsgerichts über die fortgesetzte Handlung nicht einheitlich gewesen ist und oft schärfere Anforderungen an ihre Bejahung gestellt hat. Dies geschah aber hauptsächlich, um die nach dem früheren Recht aus der Bejahung drohenden beiden Gefahren zu vermeiden; einmal die früher angenommene Unmöglichkeit, auch den Täter einer fortgesetzten Handlung als gefährlichen Gewohnheitsverbrecher anzusehen (RGSt. Bd. 68 S. 298). Hiervon ist aber das Reichsgericht seit der Entscheidung in RGSt. Bd. 77 S. 24 unter Billigung aller Senate abgewichen. Ferner scheute man früher die Gefahren der Rechtskraft, die sich aus der Aburteilung einer fortgesetzten Handlung ergeben konnten. Es sei auf RGSt. Bd. *72* S. 212, Bd. *66* S. 50 verwiesen. Aber auch diese Gefahr ist durch § 359 Abs. 1 Nr. 2 n. F. StPO, VO vom 29. Mai 1943 RGBl. I S. 342 im wesentlichen beseitigt, da er eine Wiederaufnahme des Verfahrens zuläßt, falls auf Grund neuer Tatsachen oder Beweismittel die Verurteilung eines Freigesprochenen oder eine wesentlich strengere Ahndung der Tat zu erwarten und (Abs. 2 a. a. O) die neue Verfolgung zum Schutze des Volkes notwendig ist. Ein Vergleich mit § 8 der Vierten Verordnung zur Vereinfachung der Strafrechtspflege vom 13. Dezember 1944 (RGBl. I S. 339), nach dem von der Verfolgung von Straftaten abgesehen werden kann, wenn „die Verfolgung zum Schutze des Volkes nicht erforderlich" ist, ergibt, daß die Wiederaufnahme auf Grund der neuen Vorschrift nicht nur ausnahmsweise, sondern stets dort möglich ist, wo sie von gewichtigen Interessen der Strafrechtspflege gefordert wird.

Soweit in der Entscheidung des 2. Senats Bd. 72 S. 285 ein von obigen Ausführungen abweichender Standpunkt eingenommen ist, wird daran nicht mehr festgehalten.

Nimmt man danach mit dem angefochtenen Urteil beim Angeklagten C. in den ersten beiden Teilakten eine fortgesetzte gewerbsmäßige Hehlerei an (UA S. 8), so war es übrigens rechtsirrig, in den beiden anderen Fällen eine solche nur deshalb zu verneinen (UA S. 8), weil hier eine strafbare Vortat nicht habe festgestellt werden können, obwohl der Angeklagte bei seinen Ankäufen sich von einem einheitlichen Vorsatz habe leiten lassen; er habe damit rechnen müssen, und habe mindestens in den beiden ersten Fällen mit einer strafbaren Herkunft aus Diebstählen gerechnet. Hier übersieht der Instanzrichter, daß schon bei bloßer irriger Annahme einer strafbaren Vortat (für diese Annahme sprechen auch die Urteilsausführungen S. 5, 6) ein Versuch der (gewerbsmäßigen) Hehlerei vorliegen würde, RGSt. Bd. 64 S. 130. Alsdann läge aber eine einzige vollendete fortgesetzte gewerbsmäßige Hehlerei vor.

Trotz Annahme einer fortgesetzten Handlung hätte das Sondergericht die Prüfung nicht unterlassen dürfen, ob der Angeklagte (auch bei etwaiger Verneinung einer Tat nach § 4 VolksschädlVO, hierüber vgl. unten) auch als gefährlicher Gewohnheitsverbrecher im Sinne des § 20 a Abs. 2 StGB anzusehen ist. Die äußeren Voraussetzungen (4 Einzelakte einer fortgesetzten Handlung, RGSt. Bd. 77 S. 24) liegen vor. Auch nach der inneren Tatseite bieten schon die jetzigen Feststellungen des Urteils Anhaltspunkte. Daß der Angeklagte aus einer Sucht gehandelt hat (nämlich Gewinnsucht), ist im Urteil mehrfach ausgesprochen (UA S. 5 „bedenkenloser Schieber und Hehler, dem es nur auf gewinnbringende Geschäfte angekommen sei“; S. 7 „übler Schleichhändler“ – „aus reiner Gewinnsucht Schiebergeschäfte“).

Bei Bejahung der Voraussetzungen des § 20 a Abs. 2 StGB ist weiter zu prüfen, ob auf den Angeklagten die Voraussetzungen des § 1 ÄnderungsG vom 4. September 1941 zutreffen; sei es aus dem Gesichtspunkt der Sühne oder des Schutzes der Volksgenossen oder aus beiden Gesichtspunkten (vgl. RGSt. Bd. 77 S. 27). Hierfür kann es von Bedeutung sein, daß der Angeklagte sich nicht gescheut hat, sich selbst mit 14- und 17jährigen Dieben einzulassen (UA S. 4). Er hat den Dieben günstige Absatzgelegenheit und damit stets neuen Anreiz zur Fortsetzung ihrer Verbrechen geboten (UA S. 8). Er gefährdete als wilder Händler die Bedarfsdeckung der Bevölkerung und störte die ordnungsmäßige Verteilung für die Bevölkerung (UA S. 7). So heimste er auf Kosten deutscher Volksgenossen große Gewinne ein (UA S. 8). Dies tat er, obwohl er als Ausländer in Deutschland Gastfreundschaft genoß und Arbeit und Brot gefunden hatte; sein monatlicher Verdienst als Kellner betrug 500 RM (UA S. 2). Diese letzteren Gesichtspunkte legen die Frage nahe, ob gegen den Angeklagten nicht schon aus Gründen einer Art Notwehr die schwerste Strafe des § 1 a. a. O. geboten ist. In dieser Hinsicht kann auch von Bedeutung sein, ob eine scharfe Sühne der Tat des Angeklagten auf andere verbrecherische Ausländer in Deutschland die erforderliche abschreckende Wirkung ausüben würden.

Endlich ist noch die Prüfung nachzuholen, ob der Angeklagte nicht seine Tat unter Ausnutzung der durch den Kriegszustand verursachten außergewöhnlichen Verhältnisse begangen hat. Es handelt sich in allen 4 Fällen um große Mengen von bezugsbeschränkten Waren (Tabak, 100 m Herrenstoff, drei Damenkleider, 40 bis 50 m seidenen Damenkleiderstoff). Sie hat der Angeklagte als „wilder Händler" in seinem Lokal an die dortigen Kunden umgesetzt. Solche Bezugsbeschränkungen und der durch sie gesteigerte Bedarf an solchen Waren kommen im Frieden nicht vor. Die Geneigtheit der Verbraucher zur Abnahme von Waren auch dunkler Herkunft, und zwar zu Überpreisen, ist dadurch erhöht, so daß die Begünstigung der Tat durch die außergewöhnlichen Kriegsverhältnisse naheliegt; vgl. auch die Entscheidung RG DR 1944 S. 445 [17]. Bejaht das Sondergericht die Volksschädlingstat, so wird mangels ganz besonderer Gegengründe die schwerste Strafe schon aus diesem Grunde dann unabwendbar, falls der Angeklagte zugleich als gefährlicher Gewohnheitsverbrecher anzusehen ist.

Bemerkt wird, daß auch bei einem Ausländer die Aberkennung der Rechte aus §§ 32 ff. StGB in Betracht zu ziehen ist.

Auch beim Angeklagten N. wird nachzuprüfen sein, weshalb nicht auch bei ihm gewerbsmäßige Hehlerei anzunehmen ist. Ohne Rechtsirrtum ist UA S. 6 unten davon ausgegangen, daß er auf Grund eines selbständigen Vorsatzes seine beiden Taten begangen hat. Dann rechtfertigt sich auch die Zugrundelegung von zwei selbständigen Handlungen. Sie genügen nicht, um § 20 a Abs. 2 StGB zu bejahen. Doch ist auch beim Angeklagten N. an Hand der obigen Darlegungen zu prüfen, ob auf ihn ebenfalls § 4 VolksschädlVO zutrifft.

---

64. § 10 Abs. 1 OpiumG; § 73 StGB.

Entwenden von Opiaten ist kein „Erwerben" i. S. des § 10 Abs. 1 Nr. 1 OpiumG. Der Dieb kann aber den Tatbestand dieser Strafandrohung durch die unbefugte „Änderung des Verwahrungsortes" erfüllen. Tateinheit zwischen § 242 StGB und § 10 Abs. 1 Nr. 1 OpiumG ist möglich (RGSt Bd. 68 S. 284).

II. Strafsenat. Urt. v. 18. Januar 1945 (2 D 304/1944).

I. Landgericht Berlin.

In der Strafsache gegen den Drogisten W. S. in Berlin NW, geb. 1900, z. Zt. im Gefängnis Lehrter-Straße 3 in Berlin SW 40 in Haft, wegen Verbrechens gegen die VolksschädlingsVO hat das Reichsgericht, 2. Strafsenat, nach mündlicher Verhandlung in der Sitzung vom 4. Januar 1945, an der teilgenommen haben als Richter: der Senatspräsident Müller und die Reichsgerichtsräte Stumpf und Dr. Francke, als Beamter der Staatsanwaltschaft: der Reichsanwalt Dr. Nagel, in derselben Besetzung in der Sitzung vom 18. Januar 1945 auf die Revision des Angeklagten für Recht erkannt:

Die Revision gegen das Urteil des Landgerichts Berlin vom 18. September 1944 wird verworfen. Die Kosten des Rechtsmittels werden dem Beschwerdeführer auferlegt. – Von Rechts wegen

Gründe

Der Beschwerdeführer hat nach den Feststellungen des Urteils aus den Beständen der bombengeschädigten Elefantenapotheke in Berlin, die behelfsmäßig anderweit untergebracht waren, Gegenstände im Werte von etwa 800 RM, darunter ein Standglas mit 8 g Morphium, verschiedene Ampullen mit Dolantin, Pantopon und Spasmalgin sowie Pervitin- und Spasmalgintabletten, ferner ein Mikroskop entwendet. Die genannten Heilmittel sind Stoffe oder Zubereitungen i. S. des § 1 des Opiumgesetzes. Das Landgericht hat den Beschwerdeführer als Volksschädling wegen Diebstahls in Tateinheit mit Vergehen gegen § 10 OpiumG zu einer Zuchthausstrafe von zwei Jahren verurteilt und ihm die Ehrenrechte eines Deutschen auf drei Jahre aberkannt.

Die Revision rügt Verletzung des Verfahrensrechts. Was zur Begründung ausgeführt ist, erschöpft sich aber in Angriffen auf die Beweiswürdigung und die tatsächlichen Feststellungen des Landgerichts. Damit kann der Beschwerdeführer im Revisionsverfahren nicht gehört werden (§§ 261, 337 StPO). Der eigenhändige Schriftsatz des Angeklagten vom 4. November 1944 muß nach dem § 345 Abs. 2 StPO unberücksichtigt bleiben. Dazu sei aber bemerkt, daß auch die darin enthaltenen Verfahrensrügen keinen Erfolg gehabt hätten.

Die sachlichrechtliche Nachprüfung des Urteils hat keine Bedenken gegen seinen Bestand ergeben. Der Tatbestand des Diebstahls ist auch hinsichtlich der Heilmittel und des Mikroskops ausreichend dargelegt. Die Annahme der tateinheitlichen Verletzung des § 10 Abs. 1 Nr. 1 OpiumG ist im Ergebnis ebenfalls nicht zu beanstanden. Allerdings konnte nicht unbefugter „Erwerb" der unter § 1 OpiumG fallenden Heilmittel angenommen werden, weil das Gesetz damit nur den rechtsgeschäftlichen Erwerb im Auge hat. § 10 Abs. 1 Nr. 1 des Gesetzes droht aber auch dem dieselbe Strafe an, der die opiumhaltigen Heilmittel von dem Aufbewahrungsorte entfernt, der in der Genehmigung des Erwerbes nach dem § 3 des Gesetzes für sie bestimmt worden ist. Dagegen verstößt auch der Dieb, der Opiate aus dem ordnungsmäßigen Verwahrungsort entwendet und mit sich in seine Wohnung nimmt. Mit diesem Willen hat der Beschwerdeführer die Heilmittel an sich genommen, wie die Feststellungen des Urteils in ihrem Zusammenhalt ergeben. Die früher bestrittene Frage, in welchem Verhältnis der Verstoß gegen § 10 OpiumG zum Tatbestand eines allgemeinen Strafgesetzes steht, das durch denselben Sachverhalt erfüllt ist, ist in RGSt. Bd. 68 S. 284 dahin entschieden worden, daß tateinheitliches Zusammentreffen möglich ist. Der Senat trägt keine Bedenken dieser Auffassung zu folgen.

Das Landgericht hat auch mit ausreichender Begründung den Tatbestand des § 4 VO gegen Volksschädlinge bejaht. Daß der Beschwerdeführer auch nach seiner Wesensart ein Volksschädling ist, hat das Landgericht sowohl aus der „besonderen Verwerflichkeit der Handlungsweise" als aus der Würdigung seiner Persönlichkeit entnommen. Zu dem § 4 VolksschädlVO stehen die erörterten beiden Grundtaten im Verhältnis der Gesetzeseinheit (RGSt. Bd. 74 S. 377).

Nach allem konnte das Rechtsmittel keinen Erfolg haben.

---

65. §§ 8, 9, 129 I b ö. StG.

Der vom Täter erfolglos unternommene Versuch, einen anderen zu bestimmen, mit ihm (dem Täter) Unzucht wider die Natur zu treiben, ist als Versuch des Verbrechens der Unzucht wider die Natur nach §§ 8, 129 I b ö. StG zu beurteilen. Daneben ist dem Täter die versuchte Verleitung nach § 9 ö. StG nicht zuzurechnen.

IV. Strafsenat. Urt. v. 19. Januar 1945 (4 D 306/1944).

I. Landgericht Wien.

In der Strafsache gegen F. Z., geboren am 22. September 1892 in H., Kreis Zwettl, Niederdonau, verheiratet, wegen der Verbrechen der Schändung nach § 128 ö. StG und der Unzucht wider die Natur nach § 129 I b ö. StG und wegen der Übertretung gegen die öffentliche Sittlichkeit nach § 516 ö. StG hat das Reichsgericht, 4. Strafsenat, in der Sitzung vom 19. Januar 1945, an der teilgenommen haben als Richter: die Reichsgerichtsräte Dr. Iber (Vorsitzender) und Dr. Zeidler sowie der Kammergerichtsrat Denzler, als Beamter der Staatsanwaltschaft: der Reichsgerichtsrat Grahn, auf die Nichtigkeitsbeschwerde des Angeklagten nach mündlicher Verhandlung für Recht erkannt:

Das Urteil des Landgerichts Wien vom 13. Oktober 1944 wird, soweit es dem Angeklagten F. Z. verurteilt hat, samt den ihm insoweit zugrunde liegenden Feststellungen aufgehoben.

Die Sache wird im Umfange der Aufhebung zu neuer Verhandlung und Entscheidung an das Erstgericht zurückverwiesen. – Von Rechts wegen

Gründe

Der Angeklagte hat nach den Feststellungen des Urteils folgende strafbare Handlungen begangen:

1. Er hat im Jahre 1933/1934 mit J. Sch. und B. M., und zwar mit jedem der beiden wiederholt, ferner im Herbst 1938 mit dem am 17. Mai 1924 geborenen (damals also wenig über 14 Jahre alten) W. R. wechselseitige Onanie betrieben;

2. er hat weiter im Jahre 1939 den W. R. wiederholt erfolglos zu verleiten gesucht, mit ihm wechselseitige Onanie zu treiben;

3. schließlich hat er auf offener Straße im Jahre 1937 den damals noch nicht 14 Jahre alten W. R., im August 1943 den 7 Jahre alten F. T. und den 10 Jahre alten H. T. veranlaßt, sein (des Angeklagten) entblößtes Glied zu betrachten. Nach der ersichtlichen Annahme des Landgerichts handelte er dabei zur Befriedigung seiner Lüste.

Das Landgericht hat in den zu 1) bezeichneten Handlungen das Verbrechen der Unzucht wider die Natur nach § 129 I b ö. StG in den zu 2) bezeichneten Handlungen das Verbrechen der versuchten Verleitung zur Unzucht wider die Natur nach §§ 9, 129 I b ö. StG,

in den zu 3) bezeichneten Handlungen das Verbrechen der Schändung nach § 128 ö. StG in Tateinheit mit der Übertretung gegen die öffentliche Sittlichkeit nach § 516 ö. StG verwirklicht gefunden, hat ausgesprochen, daß der Angeklagte die *Verbrechen* als gefährlicher Gewohnheitsverbrecher im Sinne des § 20 a Abs. 2 RStGB ostm. F. begangen hat, und über ihn 5 Jahre Zuchthaus verhängt.

Die Nichtigkeitsbeschwerde des Angeklagten wendet sich unter Anrufung des Nichtigkeitsgrundes des § 281 Nr. 5 ö. StPO dagegen, daß das Urteil das Merkmal der Gefährlichkeit im Sinne des § 20 a RStGB (ostm. F.); RGBl. I 1941, 549) für gegeben erachtet hat. Sie wirft dem Urteil vor, daß es bei diesem Ausspruch wichtige Verfahrensergebnisse nicht beachtet habe.

Die Beschwerde hat Erfolg.

Ein Gewohnheitsverbrecher ist gefährlich, wenn *im Zeitpunkt des Urteils* eine *bestimmte* Wahrscheinlichkeit dafür besteht, daß er in Fortwirkung seines verbrecherischen Hanges Straftaten auch in Zukunft begehen und dadurch den Rechtsfrieden erheblich stören wird. Die bloße Möglichkeit des späteren Rückfalls reicht für die Feststellung der Gefährlichkeit nicht aus. Das Gericht muß vielmehr die Überzeugung gewinnen, es sei nach Lage der gesamten Verhältnisse wahrscheinlich, daß der Täter sich künftig neuerlich verbrecherisch betätigen wird. Diese Wahrscheinlichkeit ist gegeben, wenn die Möglichkeit, daß der Täter wieder rückfällig wird, größer erscheint als die Möglichkeit, daß er sich von Straftaten künftig fernhält.

Das Urteil führt zur Begründung seiner Annahme, es sei die Gefährlichkeit gegeben, aus: Die Fortsetzung der Straftaten durch Jahre hindurch und die besonders gefährlichen Verbrechensmittel gegenüber den Kindern (seine unzüchtigen Reden) beweisen, daß der Angeklagte auch eine Gefahr für die Jugend ist; diese Gefahr mache die Begehung neuer Delikte, die eine erhebliche Störung eines Rechtsgutes, nämlich der sittlichen Unversehrtheit der Jugend, besorgen lassen, wahrscheinlich.

Nach diesen Ausführungen ist es zweifelhaft, ob das Erstgericht den Begriff der Gefährlichkeit richtig erkannt hat. Es ist nicht klar, ob das Erstgericht die Gefährlichkeit darum angenommen hat, weil die Straftaten des Angeklagten die sittliche Unversehrtheit der Jugend gefährdet, oder darum, weil es die künftige Begehung erheblicher Straftaten für wahrscheinlich gehalten hat.

Wäre das Gericht von der letzteren richtigen Auffassung ausgegangen, und hätte es demgemäß feststellen wollen, daß die künftige Begehung erheblicher Straftaten wahrscheinlich sei, so wäre diese Feststellung mit Begründungsmängeln behaftet.

Die Feststellung ist zunächst offenbar unzureichend begründet. Die Worte „diese Gefahr (für die Jugend) läßt die Begehung neuer Delikte wahrscheinlich erscheinen" sind jedenfalls nicht geeignet, den Ausspruch zu begründen. Da das Wesen der Gefährlichkeit eben darin besteht, daß der künftige Rückfall wahrscheinlich ist, kann die angeführte Redewendung bestenfalls als eine Begriffsbestimmung der Gefährlichkeit angesehen werden. Sie sagt aber nichts darüber, aus welchen Umständen das Gericht auf die Wahrscheinlichkeit der künftigen Begehung von Straftaten geschlossen hat.

Sie berücksichtigt auch nicht Ergebnisse des Beweisverfahrens, die für diese Frage bedeutsam sein können.

Der Gerichtsarzt hat es in seinem Gutachten als möglich hingestellt, daß bei dem Angeklagten ein stärker abwegiger Trieb *nicht* vorhanden ist und daß jedenfalls der heterosexuelle Trieb des Angeklagten *kein* auffällig schwacher ist (S. 114 d. A.). Der Sachverständige hat ferner in seinem Ergänzungsgutachten ausgeführt: „Wenn ich berücksichtige, daß der Angeklagte ein scheuer und furchtsamer Mensch ist und daß das Strafverfahren auf ihn einen mächtigen Eindruck gemacht hat, so muß ich sagen, daß jene Momente, welche dafür sprechen, daß er sich künftighin zurückhält, überwiegen gegenüber jenen Momenten, die es als möglich erscheinen lassen, daß er wieder rückfällig wird." Wenn diese Ausführungen in dem Sinne zu verstehen sind, daß nach der Verfassung, in der sich der Angeklagte im Zeitpunkt der Hauptverhandlung, also noch vor Verbüßung der Strafe befand, die künftige Begehung von Straftaten nicht wahrscheinlich sei, daß also der Angeklagte, sofort in Freiheit gesetzt, wahrscheinlicherweise nicht rückfällig würde, dann müßte das Gericht, wenn es sich der Ansicht des Sachverständigen anschließen würde, zur Ablehnung der Gefährlichkeit gelangen. Wäre freilich erst von einer Verbüßung der Strafe eine solche Läuterung des Angeklagten zu erwarten, im Zeitpunkt des Urteils also die Wahrscheinlichkeit der künftigen Begehung von Straftaten gegeben, dann wäre die Gefährlichkeit zu bejahen. Denn maßgebend für die Frage der Gefährlichkeit sind die Verhältnisse, wie sie im Zeitpunkt des Urteils gegeben sind.

Das Urteil hat die angeführten Stellen des Sachverständigengutachtens zum Teil nicht erörtert und nicht dargetan, wie es darüber bei seinem Ausspruch über die Gefährlichkeit hinweggekommen ist. Es ist nicht ausgeschlossen, daß das Gericht, wenn es sich mit diesem Teile des Sachverständigengutachtens näher befaßt hätte, die Wahrscheinlichkeit künftigen Rückfalls verneint hätte. Der Umstand, daß der Angeklagte mit einem Hang zu gleichgeschlechtlicher Betätigung behaftet ist, würde es an sich nicht ausschließen, daß der Angeklagte künftighin die Betätigung dieses Triebes unterläßt. Denn es besteht die Möglichkeit, daß sittliche oder rechtliche Vorstellungen, Furcht vor Strafe oder ähnliche Erwägungen den Täter davon abhalten, künftig dem ihm innewohnenden Trieb nachzugeben (Reichsgerichtsurteile vom 16. Juni 1944 5 D 70/44, vom 21. Juli 1944 5 D 120/44).

Für die Frage, ob derartige Erwägungen das künftige Verhalten des Angeklagten bestimmen können, konnte es bedeutsam sein, daß, wie nach dem Sachverständigengutachten anzunehmen ist, der abwegige Trieb kein stärkerer ist, daß zwischen den einzelnen Verfehlungen zum Teil größere Zeitabstände liegen, daß der Täter noch nicht bestraft ist, daß er nach dem Sachverständigengutachten nicht den Eindruck eines moralisch stumpfen Menschen erweckt, sich als Soldat im ersten Weltkrieg bewährt hat und seinen Dienstposten als Straßenwärter in zufriedenstellender Weise ausfüllt (Beilage 2 zu Ozahl 83), daß ihn seine derzeitige Situation nicht nur wegen der zu befürchtenden Strafe, sondern auch wegen der Sorge um die Kinder bedrückt (S. 112 d. A.). Es weisen also weder gemeinschaftswidrige Einstellungen noch die Wirkungslosigkeit vorangegangener Strafverbüßungen in die Richtung einer besonderen Hartnäckigkeit und Stärke des verbrecherischen Willens. Bei Würdigung der hervorgehobenen Umstände wäre das Gericht möglicherweise zu dem Schlusse gelangt, es sei bei Berücksichtigung des starken Eindrucks, den das Gerichtsverfahren auf den Angeklagten machte, die Wahrscheinlichkeit nicht dargetan, daß der Angeklagte künftig in Fortwirkung seines verbrecherischen Hanges erneut Verbrechen begehen wird.

Da sich das Urteil mit den angeführten Umständen nicht auseinandergesetzt hat, ist es mit Unvollständigkeit im Sinne des § 201 Nr. 5 ö. StPO behaftet. Dies macht seine Aufhebung und die Wiederholung des Verfahrens durch das Erstgericht notwendig.

Im erneuten Verfahren wird folgendes zu beachten sein:

1. Das Gericht hat zutreffend darin, daß der Angeklagte die noch nicht 14 Jahre alten Knaben dazu veranlaßt hat, sein entblößtes Glied zu betrachten,

einen geschlechtlichen Mißbrauch im Sinne des § 128 ö.StG gefunden (RGSt. Bd. 76 S. 344 und Bd. 76 S. 379). Bemerkt sei noch, daß der Angeklagte, wenn man der Aussage des Zeugen R. (S. 189 d. A.) folgt, in den Jahren 1937 und 1938 mit dem damals noch unmündigen R. noch weitere Unzuchtshandlungen getrieben hat; dieser Zeuge hat nämlich auch angegeben, der Angeklagte habe wiederholt versucht, ihm (R.) über der Hose nach dem Geschlechtsteil zu fassen, und ihn (R.) wiederholt aufgefordert, an seinem (des Angeklagten) Geschlechtsteil zu spielen. Das angefochtene Urteil hat über diese weiteren vom Zeugen R. behaupteten Unzuchtshandlungen keine Feststellungen getroffen.

2. Der von dem Angeklagten im Jahre 1939 zu wiederholten Malen unternommene Versuch, den R. zum Unzuchtsverkehr zu bestimmen, ist nicht, wie das im angefochtenen Urteil geschieht, als versuchte Verleitung nach §§ 9, 129 I b ö. StG, sondern als Versuch nach §§ 8, 129 I b ö. StG zu beurteilen.

Für die Annahme strafbaren Versuchs ist erforderlich, daß der Täter mit dem auf den strafgesetzwidrigen Erfolg gerichteten Vorsatz Handlungen (im weiteren Sinn) begeht, in denen der verbrecherische Vorsatz mit hinreichender Deutlichkeit Ausdruck findet. Derartige Handlungen sind als zur wirklichen Ausübung führende Handlungen im Sinne des § 8 ö. StG anzusehen (RGSt. Bd. 76 S. 374, 377, 378).

Die von dem Angeklagten bei wiederholten Anlässen an R. gerichtete Aufforderung, mit ihm wechselseitige Onanie zu treiben, läßt die Absicht des Angeklagten deutlich erkennen, selbst das Verbrechen der Unzucht wider die Natur zu begehen, ist somit eine zur wirklichen Ausübung des Verbrechens nach § 129 I b ö. StG führende Handlung. Die Vollbringung des Verbrechens ist nur wegen der Ablehnung R., also wegen Dazwischenkunft eines fremden Hindernisses, unterblieben. Es sind somit alle Merkmale des strafbaren Versuchs nach § 8 ö. StG gegeben.

Allerdings würde die an R. erfolglos gerichtete Aufforderung zum Unzuchtverkehr auch die Merkmale der versuchten Verleitung nach § 9 ö. StG an sich tragen. Dem Angeklagten ist aber gleichwohl neben dem Versuch nach § 8 ö. StG nicht auch noch die versuchte Verleitung nach § 9 ö.StG zuzurechnen. Der § 9 ö. StG ist im Verhältnis zum § 8 ö. StG eine subsidiäre Bestimmung; enthält dieselbe Handlung sowohl die Merkmale des Versuches als auch der versuchten Verleitung, so hat § 8 ö. StG den Vorrang (SSt XVII/194, Reichsgerichtsurteil vom 7. Februar 1941 6 D 22/41).

3. Das Landgericht hat alle von dem Angeklagten begangenen Verbrechen, also auch die vor dem 1. September 1939 verübten Unzuchtstaten, der Bestimmung des § 29 a RStGB (ostm. F.) unterstellt. Zutreffend hat das Erstgericht ausgesprochen, daß § 29 a RStGB (ostm. F.) für Taten gilt, die vor dem Inkrafttreten des Änderungsgesetzes vom 4. September 1941 begangen sind, hat aber möglicherweise nicht beachtet, daß § 6 der Verordnung zur Durch-

führung des Änderungsgesetzes vom 24. September 1941 (RGBl. I S. 581) die Rückeinwirkung des Gesetzes hinsichtlich der vor dem 1. September 1939 begangenen Straftaten einschränkt. Jedenfalls hat das Gericht die durch die Bestimmung des § 6 VO vom 24. September 1941 (RGBl. I S. 581) gebotene Erörterung der Frage unterlassen, ob rückwirkende Anwendung des § 20 a RStGB (ostm. F.) auf die vor dem 1. September 1939 begangenen Taten am Platze ist. Im erneuten Verfahren wird dies nachzuholen sein.

4. Die Nichtigkeitsbeschwerde macht auch geltend, daß die in den Jahren 1933/1934 und 1937 verübten Straftaten verjährt seien.

Geht man von den Feststellungen des Urteils über den Zeitpunkt, in dem die einzelnen Straftaten begangen wurden, aus, so ergibt sich, daß die Verbrechen nach § 128 und § 129 I b ö. StG, die der Angeklagte nach Annahme des Urteils als gefährlicher Gewohnheitsverbrecher begangen hat, nicht verjährt sind. Sie wären es auch dann nicht, wenn die Beurteilung nach § 20 a RStGB (ostm. F.) wegfiele. Auch Rückfallsverjährung im Sinne des § 20 a Abs. 3 RStGB (ostm. F.) ist bei keinem der verübten Verbrechen eingetreten. Zwischen den einzelnen Verbrechen liegen stets weniger als 5 Jahre. Das ist die für die Verbrechen nach § 128 und § 129 I b ö. StG gemäß § 228 b ö. StG geltende Verjährungsfrist und zugleich die Rückfallsverjährungsfrist des § 20 a Abs. 3 RStGB (ostm. F.). Soweit die Taten nach § 20 a RStGB (ostm. F.) zu beurteilen sind, kommt eine Verjährungsfrist von 10 Jahren in Betracht. § 228 b ö. StG sieht allerdings diese Verjährungsfrist nur für Verbrechen vor, die mit einem Strafsatz von 10 bis 20 Jahren schweren Kerkers bedroht sind, und enthält entsprechend dem Strafenaufbau des ehemals österreichischen Rechts keine ausdrückliche Vorschrift, welche Verjährungszeit bei Verbrechen zu gelten hat, die, wie im vorliegenden Fall, mit Zuchthaus von 1 Jahr bis zu 15 Jahren bedroht sind. Es ist aber klar, daß in solchen Fällen nicht die fünfjährige Verjährungsfrist gelten kann, die § 228 b ö. StG für Verbrechen bestimmt, die mit einem Strafsatz von höchstens 10 Jahren bedroht sind, sondern die zehnjährige Verjährungsfrist, die nach dem Sinne des Gesetzes immer dann Platz zu greifen hat, wenn der angedrohte Strafsatz eine Bestrafung im Ausmaß über 10 Jahre ermöglicht. Übrigens kommt diese Frage hier im Hinblick auf die nach § 20 a Abs. 3 RStGB (ostm. F.) wahrzunehmende fünfjährige Rückfallsverjährungsfrist untergeordnete Bedeutung zu.

Die Wichtigkeit, die dem Zeitpunkte der Begehung für die Verjährungsfrage zukommt, läßt eine besondere Genauigkeit in diesem Punkte, vor allem hinsichtlich der schon weiter zurückliegenden, mit M. und Sch. begangenen Unzuchtstaten, geboten erscheinen.

Nach den vom Gerichte festgestellten Zeitpunkten der einzelnen Straftaten läßt sich aber jedenfalls sagen, daß bei der derzeitigen Aktenlage die im Jahre 1937 in Tateinheit mit dem an R. verübten Verbrechen nach § 128 ö. StG begangene Übertretung nach § 516 ö. StG, die dem § 20 a RStGB (ostm. F.) nicht unterstellt wurde, als verjährt anzusehen ist.

Nach § 532 ö. StG in der Fassung der 2. AnpassungsVO vom 23. Oktober 1943 (RGBl. I S. 577) beträgt bei der Übertretung nach § 516 ö. StG die Verjährungsfrist 3 Jahre. Zufolge Art. 3 Nr. 5 dieser AnpassungsVO ist die neue Fassung des § 532 ö.StG auch auf die vorliegende, vor dem Inkrafttreten der 2. AnpassungsVO begangenen Übertretung nach § 516 ö. StG anzuwenden. Denn eine rechtskräftige Beendigung eines wegen dieser Übertretung geführten Strafverfahrens durch Freispruch hat nicht stattgefunden. Auch wenn im Zeitpunkte des Inkrafttretens der 2. Anpassungsverordnung die Strafbarkeit bei Zugrundelegung der kurzen Verjährungsfrist des § 532 ö. StG (a. F.) bereits erloschen gewesen wäre, dann hätte eben die ausdrückliche Bestimmung des Art. 3 Nr. 5 der 2. Anpassungsverordnung diese sachenrechtliche Wirkung der Verjährung behoben.

Der Umstand, daß die Übertretung nach § 516 ö. StG eintätig mit dem nicht verjährten Verbrechen nach § 128 ö. StG zusammentrifft, bewirkt keine Verlängerung der für die Übertretung geltenden Verjährungsfrist. Denn eintätig zusammentreffende Straftaten sind in bezug auf die Verjährung als selbständige Straftaten zu behandeln (ÖR 471, SSt I/6, Reichsgerichtsurteil vom 9. Juni 1944 5 D 37/44). Nun wurde allerdings der Lauf der Verjährungsfrist, der mit der Begehung der Straftaten im Jahre 1937 begonnen hat, zunächst durch die Begehung weiterer Straftaten in den Jahren 1938 und 1939 unterbrochen, noch bevor die zur Verjährung bestimmte Zeit abgelaufen war. Mit der Begehung der Straftaten im Jahre 1939 hat aber sogleich eine neue Verjährungsfrist zu laufen begonnen, die verstrichen war, als der Angeklagte im August 1943 die darauffolgende Verfehlung an den beiden T. beging. Durch die Begehung der letzten Straftat konnte die durch Verjährung bereits erloschene Strafbarkeit nicht wieder aufleben.

---

66. Zur Einheitsstrafe nach § 14 RJGG in Abgrenzung zur Einheitsstrafe nach § 265 ö. StPO.

V. Strafsenat. Urt. v. 19. Januar 1945 (5 D 105/1944).

I. Landgericht Wien.

In der Strafsache gegen M. S., geb. am 21.3.1927 in Wien wegen Verbrechens der Verleumdung nach §§ 209, 219 ö. StG hat das Reichsgericht, 4. Strafsenat, in der Sitzung vom 19. Januar 1945, an der teilgenommen haben als Richter die Reichsgerichtsräte Dr. Kees (Vorsitzender), Dr. Zeidler sowie der Kammergerichtsrat Denzler, als Beamter der Staatsanwaltschaft der Reichsgerichtsrat Grahn, auf die Nichtigkeitsbeschwerde der Staatsanwaltschaft nach mündlicher Verhandlung für Recht erkannt:

Das Urteil des LG Wien vom 26. April 1944 wird im Strafausspruch samt den diesem Ausspruch zugrunde liegenden Feststellungen aufgehoben.

Die Sache wird im Umfang der Aufhebung zu neuer Verhandlung und Entscheidung an das Erstgericht zurückverwiesen. – Von Rechts wegen

Gründe

Der am 21. März 1927 geborene Angeklagte wurde mit Urteil des LG Wien vom 23. März 1943 (86 E Vr 123/24) wegen Verbrechens der Unzucht wider die Natur nach § 129 I b ö. StG, begangen im Jahre 1942 mit einem unbekannten Mann, zu 3 Monaten Gefängnis verurteilt. Er hat diese Strafe mit 6. Juni 1943 vollständig verbüßt.

Mit dem angefochtenen Urteil des LG Wien vom 26. April 1944 (86 Vr 884/43) wurde der Angeklagte des Verbrechens der Verleumdung nach § 209 ö. StG, begangen dadurch, daß er den F. E. *im Januar 1943* bei der Polizei wegen des angedichteten Verbrechens der Unzucht wider die Natur angab, schuldig erkannt und unter Bedachtnahme auf das Urteil vom 23. März 1943 zu einer Zusatzstrafe von einem Monat Jugendgefängnis verurteilt.

Das Herabgehen unter das im § 5 Abs. 1 RJGG bestimmte Mindestmaß der Jugendgefängnisstrafe hat das Gericht mit dem Hinweis darauf begründet, daß die nunmehr abgeurteilte Tat vor Fällung des Urteils vom 23. März 1943 begangen worden und daher die Bestimmung des § 265 ö. StPO, die eine Straffestsetzung unter dem gesetzlichen Mindestmaß ermögliche, anzuwenden sei.

Die Anwendung des § 265 ö. StPO war, wie die von der StA gegen das Urteil erhobene Nichtigkeitsbeschwerde mit Recht geltend macht, rechtsirrig.

§ 14 RJGG führt für den gesamten Bereich des Jugendstrafrechts das System der *Einheitsstrafe* ein. Nach diesem System werden die mehreren Straftaten, deren sich der Täter schuldig gemacht hat, für die Strafbemessung und die Auswahl und Bemessung von Maßnahmen als eine Einheit betrachtet. Die Festsetzung von Einzelstrafen und deren Zusammenfassung zu einer Gesamtstrafe unterbleibt. Damit ist für den gesamten Bereich des Jugendstrafrechts das nach dem Reichsstrafgesetzbuch (§§ 74 ff.) geltende System der Gesamtstrafe verlassen worden, nachdem dieses System bereits vordem anläßlich der Einführung des Jugendarrests (vgl. §§ 6, 7 der VO zur Durchführung der VO zur Ergänzung des Jugendstrafrechts vom 28. November 1940 RGBl. I S. 1541) und der unbestimmten Verurteilung (vgl. §§ 1, 2 der VO zur Durchführung der VO über die unbestimmte Verurteilung Jugendlicher vom 6. Januar 1942 RGBl. I S. 18) gewisse Durchbrechungen erfahren hatte.

Ein Vergleich des Wortlauts des § 14 Abs. 1 RJGG mit dem Wortlaut der §§ 34, 35, 267 ö. StG zeigt, daß das vom Reichsjugendgerichtsgesetz aufgestellte

System der Einheitsstrafe sich nicht vollständig mit dem System der Einheitsstrafe deckt, wie es im ehemals österreichischen Strafrecht verankert ist. Der Gedanke des Täterstrafrechts kommt nämlich in den Bestimmungen des österreichischen Strafrechts nicht mit derselben Deutlichkeit zum Ausdruck wie im Reichsjugendgerichtsgesetz.

§ 14 Abs. 1 RJGG trifft eine Regelung jener Fälle, in denen die mehreren Straftaten Gegenstand desselben Urteils sind. § 14 Abs. 2 RJGG sichert die Anwendung des im § 14 Abs. 1 RJGG aufgestellten Grundsatzes der Einheitsstrafe für den Fall, daß mehrere Verurteilungen desselben Täters in verschiedenen Strafverfahren aufeinanderfolgen. Diese Bestimmung ordnet an, daß das Gericht, dem die Entscheidung in dem späteren Strafverfahren zukommt, grundsätzlich unter Einbeziehung des früheren Urteils, nur auf *eine* Strafe oder Maßnahme zu erkennen hat, aber nur unter der Voraussetzung, daß die in einem früheren Urteil rechtskräftig erkannte Strafe oder Maßregel noch nicht vollständig verbüßt, ausgeführt oder sonst wie erledigt ist.

Dieselbe Voraussetzung muß erfüllt sein, wenn im Anwendungsbereiche des Reichsstrafgesetzbuchs bei mehreren aufeinanderfolgenden Verurteilungen desselben Täters eine Gesamtstrafe gebildet werden soll (§ 79 RStGB). Trotz der Übereinstimmung in diesem Punkte stellt die Bestimmung des Reichsjugendgerichtsgesetzes eine vollständig neue, von den allgemeinen Grundsätzen des Reichsstrafgesetzbuchs losgelöste Regelung jener Fälle dar, in denen mehrere Verurteilungen desselben Täters in verschiedenen Strafverfahren aufeinanderfolgen. Zunächst setzt abweichend von § 79 RStGB die Bildung der Einheitsstrafe unter Einbeziehung des früheren Urteils nach § 14 Abs. 2 RJGG nicht voraus, daß die neu abzuurteilende Tat schon vor der früheren Verurteilung begangen war (vgl. Richtlinien zu § 14 RJGG). Während ferner der Richter im Falle des § 79 RStGB die Strafe oder Strafen für die Taten festsetzt, über die er neu zu urteilen hat, und dann diese Strafen mit der im früheren Urteil ausgeworfenen Strafe zu einer Gesamtstrafe zusammenfaßt, hat er im Falle des § 14 Abs. 2 RJGG die neu abzuurteilenden Taten und die Straftaten des früheren Urteils ohne Rücksicht auf Strafen und Maßnahmen, die das frühere Urteil festgesetzt hat, einheitlich zu ahnden.

Das österreichische Strafrecht behandelt den Fall, daß mehrere Verurteilungen desselben Täters in verschiedenen Strafverfahren aufeinanderfolgen, im § 265 ö. StPO. Auch gegenüber dieser Gesetzesbestimmung stellt § 14 Abs. 2 RJGG eine vollständig neue Regelung der Frage dar. § 265 ö. StPO fordert die dem § 14 Abs. 2 RJGG fremde Voraussetzung, daß die neu abgeurteilte Tat vor Fällung des früheren Urteils begangen war. § 265 ö. StPO macht ferner keinen Unterschied, ob die früher verhängte Strafe verbüßt ist oder nicht. Endlich wird nach § 265 ö. StPO anders als nach § 14 Abs. 2 RJGG in dem späteren Urteil nicht eine Einheitsstrafe für die neu abzuurteilenden

Taten und die Taten des früheren Urteils festgesetzt; es bleibt vielmehr die im früheren Urteil verhängte Strafe unberührt und wird nur bei Bemessung der Strafe für die neu hervorgekommene Tat auf die durch das frühere Erkenntnis zuerkannte Strafe angemessene Rücksicht genommen. Die in dem späteren Urteil ausgesprochene Strafe ist eine *Zusatzstrafe*, aber keine Einheitsstrafe.

Das Reichsjugendgerichtsgesetz enthält keine *ausdrückliche* Vorschrift für den Fall, daß *nach* vollständiger Verbüßung, Ausführung oder Erledigung einer Strafe oder sonstigen Maßnahme eine Verurteilung wegen einer Straftat erfolgt, die vor der früheren Verurteilung begangen wurde. Es geht aber nicht an, darum die im allgemeinen Strafrecht etwa bestehenden Bestimmungen für solche Fälle ergänzend heranzuziehen.

Das Reichsstrafgesetzbuch enthält überhaupt keine Bestimmung, nach der in solchen Fällen bei Bildung der Strafe in dem späteren Urteil die früher erkannte Strafe berücksichtigt werden könnte.

§ 265 ö. StPO würde allerdings in solchen Fällen eine Berücksichtigung der früher verhängten Strafe bei der Strafenbildung im neuen Urteil ermöglichen, weil § 265 ö. StPO keinen Unterschied macht, ob die früher verhängte Strafe verbüßt ist oder nicht.

Wollte man im Geltungsgebiet des ehemals österreichischen Strafrechts den § 265 ö. StPO in den gedachten Fällen anwenden, so würde sich auf dem vom Reichsjugendgesetz behandelten Gebiete der Strafenbildung eine Ungleichheit des Rechts in den beiden Rechtsgebieten des Großdeutschen Reichs ergeben, die dem Bestreben des Gesetzgebers zuwiderliefe, im Bereiche der Jugendstrafrechtspflege eine möglichst weitgehende Rechtseinheit herzustellen (vgl. Übersicht und Eingangsworte der JugendstrafrechtsVO, die die Vereinheitlichung des Jugendstrafrechts ausdrücklich als Ziel des Reichsjugendgerichtsgesetzes betonen).

Es ist darum davon auszugehen, daß der Gesetzgeber im Reichsjugendgerichtsgesetz die Frage der Strafenbildung losgelöst von den Grundsätzen des Reichsstrafgesetzbuchs und des ehemals österreichischen Rechts erschöpfend regeln wollte. Dadurch, daß § 14 Abs. 2 RJGG für Fälle aufeinanderfolgender Verurteilungen die Bildung einer Einheitsstrafe unter Einbeziehung des früheren Urteils an die Voraussetzung geknüpft hat, daß die vom früheren Urteil festgesetzte Strafe oder Maßnahme noch nicht vollständig verbüßt, ausgeführt oder sonst wie erledigt ist, hingegen den bei aufeinanderfolgenden Verurteilungen auch häufig vorkommenden Fall, daß Strafe und Maßnahme des früheren Urteils vollständig erledigt sind, gar nicht erwähnt, hat der Gesetzgeber deutlich zum Ausdruck gebracht, daß in den letztbezeichneten Fällen eine Berücksichtigung des früheren Urteils bei der Strafenbildung im späteren Urteil auch dann nicht Platz greifen soll, wenn die später abzuurteilenden Taten vor dem früheren Urteil begangen waren.

Die Anwendung des § 265 ö. StPO würde in das System der vom Reichsjugendgerichtsgesetz grundsätzlich geforderten Einheitsstrafe nicht passen. Denn sie könnte nur zur Verhängung einer Zusatzstrafe führen, die etwas anderes ist als die Einheitsstrafe, die mit der vom Jugendstrafrecht erstrebten Einheitlichkeit des Erziehungsprozesses im Zusammenhang steht. Die Erzielung dieser Einheitlichkeit kann nach der Anschauung des Gesetzgebers dann noch in Frage kommen, wenn im Zeitpunkt der Fällung des neuen Urteils die im früheren Urteil ausgesprochene Strafe und Maßnahme noch nicht völlig erledigt sind. Anderenfalls soll die Festsetzung der Folgen der Tat in dem späteren Urteil nach jenen Grundsätzen geschehen, die gelten, wenn eine andere Verurteilung nicht vorausgegangen ist.

Für die Anwendung des § 265 ö. StPO ist daher im Jugendstrafrecht kein Raum (vgl. RGSt. Bd. 76 S. 259).

Dies hindert natürlich nicht, daß sowohl im Geltungsgebiet des Reichsstrafgesetzbuchs als im Geltungsgebiet des österreichischen Rechts das Gericht, das das spätere Urteil fällt, bei Bestimmung des Strafmaßes innerhalb des gesetzlichen Strafrahmens Erwägungen darüber anstellt und berücksichtigt, welches Strafmaß in dem früheren Urteil bestimmt worden wäre, wenn dieses mit sämtlichen damals bereits begangenen Taten befaßt gewesen wäre.

Da das Gericht infolge rechtsirriger Anwendung des § 265 ö. StPO zur Verhängung einer hinter dem gesetzlichen Mindestmaß des § 5 Abs. 1 RJGG zurückbleibenden Jugendgefängnisstrafe gelangt ist, hat es die Grenzen des gesetzlichen Strafsatzes überschritten.

Der mit Nichtigkeit nach § 281 Ziff. 11 ö. StPO behaftete Strafausspruch muß darum aufgehoben werden. Dem Erstgerichte wird die neuerliche Festsetzung der Folgen der Straftat aufgetragen.

Im erneuten Verfahren wird die Jugendkammer folgendes zu beachten haben:

Im Hinblick auf die Zugehörigkeit des Angeklagten zum RAD wird auf die Bestimmungen des § 80 RJGG Bedacht zu nehmen sein.

Es wird ferner zu prüfen sein, ob die im § 4 Abs. 2 RJGG für die Verhängung von Jugendgefängnis geforderten Voraussetzungen gegeben sind. Es genügt dafür nicht, daß die Schuld des Täters groß ist; auch nicht, daß schädliche Neigungen des Jugendlichen in der Tat hervorgetreten sind. Hinzukommen muß, daß das Bedürfnis der Volksgemeinschaft nach Schutz und Sühne wegen der Größe der Schuld oder wegen der schädlichen Neigungen eine Strafe fordert (vgl. RGUrteil vom 21. Juli 1944 5 D 116/44).

67. § 174 Nr. 1 StGB (Fassung von 1943).
Anvertrautsein zur Betreuung liegt bei einem 14 1/2 Jahre alten Mädchen vor, das während der Tagesstunden als Hausgehilfin im Haus des Täters aufgenommen wird.

II. Strafsenat. Urt. v. 25. Januar 1945 (2 D 303/1944).

I. Landgericht Potsdam.

In der Strafsache gegen den Obermonteur H. L. aus Brandenburg a. H., wegen Sittlichkeitsverbrechens hat das Reichsgericht, 2. Strafsenat, in der Sitzung vom 25. Januar 1945, an der teilgenommen haben als Richter: der Senatspräsident Müller und die Reichsgerichtsräte Dr. Schäfer und Dr. Francke, als Beamter der Staatsanwaltschaft: der Reichsanwalt Dr. Nagel, auf die Revision des Angeklagten nach mündlicher Verhandlung für Recht erkannt:

Die Revision gegen das Urteil des Landgerichts in Potsdam vom 15. November 1944 wird verworfen. Dem Angeklagten werden die Kosten des Rechtsmittels auferlegt. – Von Rechts wegen

Gründe

Der Angeklagte lernte im Jahre 1941 die volksdeutsche Familie W. kennen, die aus Warschau zurückgeführt und in Brandenburg a. H. untergebracht worden war. Zu der Familie gehörte auch die am 2. November 1928 geborene Tochter Martha. Das Mädchen war schwer augenleidend, was auf Unterernährung beruhte. Der Angeklagte bemühte sich um sie, indem er ihr Nahrungszuschüsse gab, sie vorübergehend in seiner Wohnung schlafen ließ, als die Familie einmal umziehen mußte, und sie zum Augenarzt begleitete. Am 15. Juni 1943 nahm er die Martha W. als Hausgehilfin in seinen Haushalt auf. Dort hielt sie sich tagsüber auf, während sie bei ihrer Mutter nächtigte. Der Angeklagte hat sie bewogen, ihn wiederholt an ihrem Geschlechtsteil lecken zu lassen, und sie veranlaßt, dasselbe bei ihm zu tun. Auch hat er etwa 20mal den Beischlaf mit ihr ausgeübt. Alle Unsittlichkeiten haben sich nach Vollendung ihres 14ten Lebensjahre ereignet.

Das Landgericht hat angenommen, daß das Mädchen dem Angeklagten zur Betreuung anvertraut war, und hat ihn wegen fortgesetzten Verbrechens nach § 174 Z. 1 StGB a. F. verurteilt, wobei es sämtliche Unzuchtshandlungen in die fortgesetzte Handlung einbezogen hat.

Die Rüge der Verletzung von Verfahrensvorschriften ist nicht ausgeführt und daher unbeachtlich (§ 344 Abs. 2 Satz 2 StPO).

Über die Tatzeit enthält das Urteil einen unlöslichen Widerspruch. Nach UA. S. 2 Abs. 3 hat der Angeklagte die Martha W. vor der Zeit, als sie als Hausgehilfin zu ihm kam – also vor dem 15. Juni 1943 –, geküßt und sich in der Folgezeit – also am 15. Juni 1943 oder später – durch das Belecken und den Beischlaf an ihr vergangen. Da das Küssen ersichtlich vom Landgericht nicht als eine unzüchtige Handlung angesehen wird, so lägen danach keine Teilhandlungen vor dem 15. Juni 1943. Dagegen wird UA. S. 2 Abs. 5 gesagt, daß das Belecken vor, die Beiwohnungen nach dem 15. Juni 1943 erfolgt seien.

Geht man von der erstgenannten Feststellung aus, so ist die Kennzeichnung der Tat als eines fortgesetzten Verbrechens nach § 174 Ziff. 1 StGB in der Fassung der am 15. Juni 1943 in Kraft getretenen Verordnung vom 29. Mai 1943 (StrafrechtsanglVO RGBl. I S. 339) zutreffend. Allerdings kann, wie der Revision zuzugeben ist, der Umstand allein, daß ein Mann Sorge für einen Minderjährigen zeigt und ihm hilft, nicht bewirken, daß eines der durch § 174 Ziff. 1 StGB n. F. geschützten Abhängigkeitsverhältnisse entsteht. Mag man das Verhalten des Mannes als eine „Betreuung" des Minderjährigen bezeichnen, so fehlt es doch an dem Tatbestandsmerkmal, daß der Minderjährige ihm anvertraut ist. Ein Anvertrautsein zur Betreuung ergibt sich aber ohne weiteres daraus, daß der Angeklagte ein Mädchen von 14 1/2 Jahren, das wegen seines jugendlichen Alters und seiner Entfernung aus dem Elternhause während der Tagesstunden noch der Stütze und Leitung in seiner Lebensführung bedurfte, als Hausgehilfin in sein Haus aufgenommen hatte (RGUrt. vom 4. Februar 1944 1 D 405/43 = DR 1944 S. 529). Der Umstand, daß das Mädchen nachts im Elternhause weilte, ändert daran nichts. Denn es können auch mehrere Personen nebeneinander mit der Betreuung eines Minderjährigen betraut sein. Unerheblich ist es endlich, ob die Mutter des Mädchens ihr Erziehungsrecht auf den Angeklagten übertragen hat oder nicht, weil sich unabhängig von einer solchen Übertragung die Betreuungspflicht nach gesundem Volksempfinden unmittelbar aus der Sachlage ergibt.

Falls die unzüchtigen Handlungen zum Teil in der Zeit vor dem 15. Juni 1943 vorgenommen sind, so fallen sie insoweit entgegen der UA. S. 2 Zeile 1–4 v.u. geäußerten Ansicht nicht schon deswegen unter § 174 Ziff. 1 StGB n.F., weil sie auf demselben Vorsatz beruhten wie die späteren Teilhandlungen. In den Fortsetzungszusammenhang können vielmehr solche Teilhandlungen nicht einbezogen werden, die nach dem zur Zeit ihrer Vornahme geltenden Rechte überhaupt nicht oder doch nicht nach einer der jetzigen Strafnorm entsprechenden Bestimmung strafbar waren (RGSt. Bd. 62 S. 1, 3). Daß diese unzüchtigen Handlungen unter § 174 Abs. 1 Satz 1 StGB a. F. fielen, weil der Angeklagte als Lehrer oder Erzieher des Mädchens anzusehen sei, läßt sich nach den Feststellungen des angefochtenen Urteils nicht sagen. Dieses läßt ausdrücklich dahingestellt, ob ein Fall der Erziehung vorliege, und wenn es sagt, das Mädchen habe noch eine Unterrichtung in Haushaltsdingen nötig gehabt, so ist doch annehmbar höchstens die Ehefrau des Angeklagten, nicht er selbst, insoweit Lehrer gewesen (RGUrt. vom 12. August 1941 1 D 268/41 = DR 1941 S. 2289). In den unsittlichen Berührungen lag aber eine Beleidigung des Mädchens durch den

Angeklagten, mochte es damit einverstanden sein oder nicht. Denn wie in der Entscheidung RGSt. Bd. 75 S. 179 ausgeführt ist, liegt bei noch nicht 15 Jahre alten Mädchen, die sich unzüchtige Handlungen gefallen lassen, in aller Regel kein beachtlicher Verzicht auf die Geschlechtsehre vor, auch dann nicht, wenn sie bescholten sind. Umstände, die hier eine andere Beurteilung als angebracht erscheinen ließen, sind nicht ersichtlich. Wenn im allgemeinen auch ein Sittlichkeitsverbrechen die darin liegende Beleidigung aufzehrt, so liegt doch ein Fall des einheitlichen Zusammentreffens von Sittlichkeitsverbrechen und Beleidigung nach § 73 StGB dann vor, wenn die unter die beiden Straftaten fallenden Teilhandlungen sich nicht vollständig decken (RGSt. Bd. 46 S. 301, Bd. 68 S. 20, 25, 26). Liegen also Teilhandlungen vor dem 15. Juni 1943, so stellt sich die Tat des Angeklagten als ein fortgesetztes Verbrechen gegen § 174 Ziff. 1 StGB n. F. in Tateinheit mit fortgesetztem Vergehen gegen § 185 StGB vor. Strafantrag wegen Beleidigung ist rechtzeitig gestellt worden (Bl. 8 der Akten).

Einer Entscheidung, ob der eine oder der andere Fall vorliegt, bedarf es nicht. Durch die Verurteilung nur wegen Sittlichkeitsverbrechens ist der Angeklagte nicht benachteiligt, aber auch nicht in einer Weise begünstigt, daß die Gerechtigkeit eine Änderung des Schuldspruchs erheischte. Auch auf das Strafmaß hat es ersichtlich keinen Einfluß, ob der eine oder der andere Fall angenommen wird.

Demnach ist die Revision zu verwerfen.

---

68. § 1 Abs. 2 des Heilpraktikergesetzes vom 17. 2. 1939. Zum Verstoß gegen § 1 Abs. 2 des Heilpraktikergesetzes.

II. Strafsenat. Urt. v. 25. Januar 1945 (2 D 308/1944).

I. Landgericht Neuruppin.

In der Strafsache gegen den Masseur und Orthopäden F. A. in Bad W., wegen Verstoßes gegen das Heilpraktikergesetz hat das Reichsgericht, 2. Strafsenat, in der Sitzung vom 25. Januar 1945, an der teilgenommen haben als Richter: der Senatspräsident Müller (Vorsitzer), sowie die Reichsgerichtsräte Dr. Schwarz und Rietzsch, als Beamter der Staatsanwaltschaft: der Reichsanwalt Dr. Nagel, auf die Revision des Angeklagten nach mündlicher Verhandlung für Recht erkannt:

Die Revision des Angeklagten gegen das Urteil des Landgerichts Neuruppin vom 6. November 1944 wird auf Kosten des Angeklagten verworfen. – Von Rechts wegen

Gründe

Nach § 1 Abs. 2 des Heilpraktikergesetzes vom 17. Februar 1939 (RGBl. I S. 251) ist Ausübung der Heilkunde im Sinne dieses Gesetzes, derentwegen der Angeklagte verurteilt worden ist, jede berufs- oder gewerbsmäßig vorgenommene Tätigkeit zur Feststellung, Heilung oder Linderung von Krankheiten, Leiden oder Körperschäden bei Menschen. Nach der Feststellung des angefochtenen Urteils hat der Angeklagte aber solche Tätigkeiten vorgenommen und sich nicht auf die bloße Ausübung der Massage ohne Heilanzeige beschränkt. Denn im Falle K. hat er die Augen der Patientin mit einem Glas und deren Ohren mit einem Apparat untersucht, auf Grund dieser Untersuchungen festgestellt, sie leide an Blutkreislaufstörungen und verordnet, die Zeugin müsse massiert und bestrahlt werden.

Der Zeugin F. hat der Angeklagte erklärt, ihre Drüsen arbeiteten nicht; sie müsse am ganzen Körper massiert werden. Endlich hat er der Zeugin Sch. bei der dritten Massage erklärt, er müsse in ihrem Geschlechtsteil nach der Lymphdrüse suchen, hat dann in die Scheide gefaßt und daraufhin hin- und hergerieben, um die Zeugin geschlechtlich zu reizen. Danach hat der Angeklagte auch hier mindestens so getan, als ob jenes Suchen und das Reizen der Scheide für die Heilung der Krankheit erforderlich sei. Auch das fällt unter das Verbot des genannten Gesetzes. Auch hier hat er nicht eine bloße Masseurtätigkeit ausgeübt. Danach ist die Verurteilung des Angeklagten aus § 1 a. a. O. zu Recht erfolgt. Auch die Annahme einer fortgesetzten Handlung ist nach Lage des Falles unbedenklich, vgl. RGSt. Bd. 73 S. 18. Im Falle Sch. hat der Angeklagte auch eine Behandlung von Leiden der Geschlechtsorgane angenommen (Verstoß gegen § 7 Abs. 1, 2 des Gesetzes zur Bekämpfung von Geschlechtskrankheiten vom 18. Februar 1927 RGBl. I S. 61).

Die Angriffe gegen die Verhängung des Berufsverbots gegen den Angeklagten sind offensichtlich unbegründet. Sie erscheint ebenso wie die erkannte Gefängnisstrafe von 6 Monaten angemessen. Deshalb hat der Senat die Revision des Angeklagten verworfen, obwohl das Landgericht nicht nur bezüglich des § 7 a. a. O., sondern auch wahrscheinlich in folgender Hinsicht zugunsten des Angeklagten geirrt hat. Das Massieren des Geschlechtsteils der Zeugin Sch. legte die Annahme auch einer (§ 73 StGB) vom Angeklagten begangenen Körperverletzung der Zeugin nahe, vgl. § 223 StGB und RGSt. Bd. 74 S. 92. Eines Strafantrags bedurfte es in diesem Falle nicht, da die öffentliche Klage wegen desselben Vorgangs erhoben ist (§ 232 StGB), wenn auch aus einem anderen rechtlichen Gesichtspunkt, vgl. RGSt. Bd. 75 S. 342. Aus den oben angegebenen Gründen erforderte es das Gerechtigkeitsgefühl nicht (vgl. § 358 Abs. 2 StPO), das Urteil aufzuheben und die Sache zu erweiterten Schuldfeststellung an die Vorinstanz zurückzuverweisen.

69. §§ 185, 186, 223 b StGB, § 153 Abs. 3 StPO.
1. Zum „Quälen" und „rohen Mißhandeln" i. S. des § 223 b StGB.

2. Tateinheit zwischen den §§ 185 und 186 StGB ist nicht immer rechtlich ausgeschlossen.

3. Die Zahlung von Bußen muß bei Bemessung der Strafe angemessen Ausdruck finden.

4. Wenn das Gericht dem Angeklagten in Aussicht stellt, das Verfahren einzustellen, sofern er eine Buße an die NSV zahlt, dann aber trotz Zahlung der Buße nicht einstellt, sondern das Verfahren fortsetzt, so muß die Zahlung bei Bemessung der Strafe angemessen berücksichtigt werden.

II. Strafsenat. Urt. v. 1. Februar 1945 (2 D 274/1944).

I. Landgericht Danzig.

In der Strafsache gegen die kaufmännische Angestellte Frau M.-L. S. aus Zoppot, zur Zeit in der Strafanstalt in Danzig, wegen Kindesmißhandlung u. a. hat das Reichsgericht, 2. Strafsenat, in der Sitzung vom 1. Februar 1945, an der teilgenommen haben als Richter: der Senatspräsident Müller und die Reichsgerichtsräte Dr. Schäfer und Rietzsch, als Beamter der Staatsanwaltschaft: der Reichsanwalt Dr. Barnickel, auf die Revision der Angeklagten nach mündlicher Verhandlung für Recht erkannt:

Das Urteil des Landgerichts in Danzig vom 4. September 1944 wird insoweit, als die Angeklagte wegen Kindesmißhandlung und wegen Beleidigung der Frau B. verurteilt ist, im Strafausspruch nebst den diesem zugrunde liegenden Feststellungen, ferner im Ausspruch über die Gesamtstrafe aufgehoben. In diesem Umfang wird die Sache zu neuer Straffestsetzung an die Vorinstanz zurückverwiesen.

Im übrigen wird die Revision auf Kosten der Angeklagten verworfen mit der Maßgabe, daß die der beleidigten H. P. zugesprochene Bekanntmachungsbefugnis sich nur auf die wegen der Beleidigung gegen sie erkannte Strafe bezieht. – Von Rechts wegen

Gründe

Die Angeklagte hat aus ihrer ersten Ehe mit dem inzwischen verstorbenen G. Sch. einen am 13. November 1935 geborenen Sohn Peter. Infolge Eingehung einer zweiten, inzwischen wieder geschiedenen Ehe hat sie die elterliche Gewalt über das Kind verloren, das einen Vormund erhielt. Das Kind blieb aber bei der Angeklagten, bis ihr durch Beschluß des Amtsgerichts in Zoppot als Vormundschaftsgerichts vom 25. Januar 1944 das Recht der Sorge für die Person entzogen wurde und der Vormund es darauf in einer Jugendheimstätte unterbrachte. In der Zeit von Ende 1940 oder Anfang 1941 bis zur Unterbringung des Knaben hat die Angeklagte ihn wiederholt hart geschlagen, so daß er am ganzen Körper blaue und rote Flecken hatte. Sie benutzte dazu Gegenstände, die ihr gerade zur Hand waren, einen Schuh, einen Fahnenstock, Kleiderbügel und Kochtöpfe. Einmal gab sie dem Knaben einen Fußtritt, daß er von der Küche ins Nebenzimmer flog, ein anderes Mal eine derartige Ohrfeige, daß er lang hinfiel. Nach den Züchtigungen zwang die Angeklagte den Knaben, sich in gerader Haltung, die Hände an der Hosennaht, vor sie hinzustellen, und schlug ihn, wenn er trotzdem weiterweinte. Einige Züchtigungen geschahen ohne Anlaß, andere erfolgten deshalb, weil der Junge ungezogen gewesen war.

Wegen dieser Vorfälle war Anklage wegen Vergehens gegen § 223 b StGB erhoben worden. In der Hauptverhandlung vom 2. Juni 1944 hat die Angeklagte nach dem Vortrag des Staatsanwalts erklärt, sie sei bereit, ihre Schuld zu sühnen, und verpflichtete sich deshalb, bis zum 1. März 1945 an die NSV eine Buße von 500 RM in monatlichen Raten von 50 RM zu zahlen, ferner mit ihrem Kinde P. bis zum 1. Januar 1945 nicht ohne Genehmigung des Vormundes oder Vormundschaftsgerichtes in Verbindung zu treten. Nachdem der Staatsanwalt sich damit einverstanden erklärt hatte, daß das Verfahren nach Zahlung der Buße auf Grund des § 153 Abs. 3 StPO eingestellt werde, hat das Gericht den Beschluß verkündet: „Die Sache wird bis zum 1. April 1945 vertagt. Sofern die Angeklagte bis dahin die Buße bezahlt hat, soll das Verfahren auf Grund des § 153 Abs. 3 StPO eingestellt werden." Die Angeklagte hat die 500 RM schon am 7. Juni 1944 durch die Post an die NSV eingesandt, hat ihren Sohn aber auch schon am 18. Juni eigenmächtig wieder aufgesucht. Darauf ist das Strafverfahren weiterbetrieben worden.

Mit diesem Strafverfahren ist dann ein solches wegen mehrerer mit der Kindesmißhandlung in Zusammenhang stehender Beleidigungen verbunden worden. Die Angeklagte hat die Zeugin Frau B. einige Tage vor dem Termin vom 2. Juni 1944 einmal eine Denunziantin, ein anderes Mal ein unverschämtes Frauenzimmer genannt und nach dem Termin sie bei einem Zusammentreffen auf der Straße wiederum als Denunziantin bezeichnet. Der Zeugin H. P. hat sie nach dem 2. Juni 1944 auf der Straße zugerufen: „Wie war es mit dem Meineid?" Endlich hat sie einige Zeit nach dem genannten Termin zu dem Zeugen G. gesagt: „Ihr habt alle einen Meineid geleistet." Mit dem Worte „Ihr" waren der Zeuge G. und seine ebenfalls als Zeugin vernommene Ehefrau gemeint.

Die Angeklagte ist wegen Vergehens gegen § 223 b StGB und wegen Beleidigung nach § 185 StGB in drei Fällen verurteilt worden.

Soweit die Revision gegen die Beweiswürdigung des Vorderrichters oder gegen sein Ermessen bei der Festsetzung der Strafe ankämpft, können die Ausführungen in dieser Instanz nicht berücksichtigt werden (§ 337 Abs. 1 StPO).

Übrigens ist die Meinung der Revision, daß die Angeklagte wegen jeder Beleidigung in eine Gefängnisstrafe von drei Monaten genommen sei, unrichtig.

I. Verfahrensrügen.

1. Der Verteidiger führt aus, es sei unzulässig gewesen, das Verfahren weiter zu betreiben, nachdem die Angeklagte auf Grund des Beschlusses vom 2. Juni 1944 500 RM Buße gezahlt habe. Es kann aber unerörtert bleiben, unter welchen Umständen ein Beschluß aus § 153 Abs. 3 StPO ein erneutes Betreiben der Sache hindert. Denn die Rüge ist schon deshalb unbegründet, weil ein solcher Beschluß vorliegendenfalls gar nicht ergangen, sondern nur für den Fall der Erfüllung einer Auflage in Aussicht gestellt war. Inwiefern sich die Zahlung der Buße in anderer Beziehung auswirkt, wird noch zu erörtern sein.

2. Das Landgericht hat die Tatsache, daß einige Zeugen, die das Kind gesehen haben, keine Flecken an seinem Körper bemerkt haben, damit erklärt, daß solche bei einem Kinde schnell zu verschwinden pflegten. Dagegen meint die Revision, das entspräche nicht einer allgemeinen Erfahrung. Wenn in diesem Vorbringen die Rüge einer Verletzung der Aufklärungspflicht liegen soll, insofern als das Landgericht ohne Zuziehung eines Sachverständigen eine Feststellung getroffen habe, zu der ihm nach der Lebenserfahrung die nötige Sachkunde fehle (RGSt. Bd. 61 S. 273), so würde diese Rüge schon daran scheitern, daß nach der Sitzungsniederschrift in der Hauptverhandlung zwei Ärzte als Sachverständige vernommen worden sind, auf deren Angaben die Überzeugung des Gerichtes beruhen kann.

II. Sachlichrechtliche Nachprüfung.

1. Der Schuldspruch.

a) Die Kindesmißhandlung.

Die Züchtigungen des Knaben sind zum Teil in Ausübung des elterlichen Züchtigungsrechts erfolgt. Eine Überschreitung dieses Rechtes stellt noch nicht ohne weiteres eine „rohe Mißhandlung“ im Sinne des § 223 b StGB dar. Nach der Rechtsprechung (RGUrteile vom 23. Mai 1938 5 D 271/38 = JW 1938 S. 1879[8] und vom 29. August 1939 4 D 698/39 = DR 1940 S. 26[6]) gehört dazu vielmehr die Zufügung erheblicher Schmerzen und Leiden aus gefühlloser Gesinnung. Über dies letztgenannte Merkmal spricht sich das angefochtene Urteil nicht ausdrücklich aus. Der Urteilszusammenhang ergibt aber als vom Landgericht gewollte Feststellung, daß die Angeklagte bei ihren Handlungen das Gefühl für das Leiden des Kindes, das sich bei einem verständigen und menschlichen fühlenden Volksgenossen von selbst eingestellt haben würde, verloren hatte. Das genügt zur Begründung der gefühllosen Gesinnung.

Unter „Quälen“ im Sinne des § 223 b StGB wird die Verursachung länger fortdauernder oder sich wiederholender erheblicher Schmerzen verstanden.

Wenn das Landgericht darin, daß die Angeklagte den Knaben zwang, nach den Mißhandlungen stillzustehen und das Weinen zu unterdrücken, und ihn schlug, wenn er trotzdem weiterweinte, ein Quälen erblickt, so kann das rechtlich nicht beanstandet werden.

Das Landgericht hat eine einzige Handlung, offenbar eine fortgesetzte Handlung, angenommen, ohne dies zu begründen. Aus der gesamten Sachlage ergibt es sich nicht ohne weiteres als selbstverständlich, daß die Angeklagte aus einem einheitlichen Vorsatz gehandelt hat. Sie leidet an einer Krankheit, die heftige Erregungszustände und Wutanfälle zur Folge haben kann. Es ist daher wohl möglich, daß sie die einzelnen Mißhandlungen bereut und sich entschlossen hat, in Zukunft derartiges zu unterlassen, dann aber bei einem neuen Anlaß wieder mit neuem Vorsatz in den alten Fehler zurückgefallen ist. Durch die Beurteilung ihrer Handlungsweise als einer fortgesetzten Handlung ist ihr aber kein Nachteil entstanden, während andererseits die Gerechtigkeit insoweit auch keine Änderung des Schuldspruchs zu ihren Ungunsten erfordert. Es kann daher bei der Annahme einer fortgesetzten Handlung verbleiben.

b) Die Beleidigungen.

Zu den Ausführungen des angefochtenen Urteiles, ob ein Vergehen gegen § 185 oder gegen § 186 StGB vorliegt, sei bemerkt: Die Beleidigungen der Frau B. und der H. P. fallen schon deswegen unter § 185 StGB, weil die Äußerungen nur gegenüber dem Beleidigten gefallen sind, während die üble Nachrede nach § 186 StGB begrifflich eine Äußerung gegenüber einer dritten Person voraussetzt. Die Äußerung gegenüber dem Ehemann G. griff gleichzeitig die Ehre des Angeredeten und die der abwesenden Ehefrau an. Die Äußerung, daß jemand einen Meineid geleistet habe, enthält offenbar eine Tatsachenbehauptung, nicht nur ein Werturteil. Es liegt daher in ihr im Fall G. ein Vergehen gegen beide Bestimmungen in Tateinheit. Darüber, daß Tateinheit zwischen den §§ 185 und 186 StGB nicht immer rechtlich ausgeschlossen ist, vgl. RGUrt. 1 D 487/33 vom 27. März 1934 in JW 1934 S. 1418 Nr. 10. In der Urteilsformel hat der Irrtum des Landgerichts keinen Ausdruck gefunden. Es genügt, ihn in den Gründen richtigzustellen.

Bei der Frau B. handelt es sich um wenigstens zwei zeitlich klar getrennte Vorfälle. Das Landgericht nimmt, wenn es auch ausdrücklich nichts darüber sagt, ersichtlich an, daß alle auf demselben Vorsatz beruhen. Daher ist Fortsetzungszusammenhang rechtlich gegeben.

2. Der Strafausspruch.

a) Die Kindesmißhandlung.

Die Angeklagte hat aus Anlaß der Strafverfolgung wegen der Kindesmißhandlung infolge einer Maßnahme des Gerichtes eine Buße von 500 RM an die NSV bezahlt. Es würde mit der Gerechtigkeit unvereinbar sein und der Würde des Staates widersprechen, wenn eine Buße, die ein Angeklagter auf amtliche Anregung auf sich genommen hat, um so ein Strafverfahren zu vermeiden, unberücksichtigt bliebe, trotzdem das Strafverfahren doch stattgefunden hat. Dabei ist es gleichgültig, ob die Durchführung des Verfahrens von der Angeklagten durch die Nichteinhaltung einer zweiten Auflage verschuldet worden ist. Das Landgericht hat sich in den Strafzumessungsgründen mit der Frage nicht beschäftigt, woraus nur geschlossen werden kann, daß es sich bei der Festsetzung der Strafe um die gezahlte Buße nicht gekümmert hat. Daher kann der Strafausspruch bezüglich der Kindesmißhandlung nicht aufrechterhalten werden. Eine Zurückzahlung der Buße anzuordnen, ist für das Gericht nicht angängig, weil die Bezahlung nicht an die Reichskasse erfolgt ist. Es wird in der neuen Verhandlung aufzuklären sein, ob eine Rückzahlung gesichert ist. Sollte das nicht der Fall sein, so muß die Zahlung bei Bemessung der Strafe angemessenen Ausdruck finden.

b) Die Beleidigungen.

Nach den Urteilsgründen ist wegen der Beleidigung der Frau B. auf eine Gefängnisstrafe von zwei Wochen erkannt worden (UA. S. 9), nach der Urteilsformel (vgl. die Fassung der Bekanntmachung) dagegen auf eine solche von einem Monat. Der Widerspruch läßt sich von hier aus nicht beheben. Demnach war die Aufhebung des Strafausspruchs auch insoweit geboten.

Nach dem Wortlaut der Urteilsformel hat es den Anschein, als ob der Frau B. auch die Befugnis zugesprochen sei, die Verurteilung wegen Beleidigung der H. P. zu veröffentlichen, und umgekehrt, obwohl die Beleidigungen der beiden Personen verschiedene, trennbare Taten sind. Die Veröffentlichungsbefugnis ist aber dem Beleidigten, sofern das ausführbar ist, nur insoweit zu erteilen, als er selbst beleidigt worden ist, so daß nur der Beleidigte darüber entscheidet, ob eine Bekanntmachung der Bestrafung des Angeklagten wegen der gegen ihn ausgesprochenen Beleidigung erfolgen soll oder nicht. Bezüglich der Frau B. ist der Ausspruch über die Bekanntmachungsbefugnis mit dem Strafausspruch aufgehoben. Bezüglich der H. P. kann die Klarstellung von hier aus erfolgen.

Die Aufhebung der zwei Einzelstrafen hat die Aufhebung des Ausspruchs über die Gesamtstrafe zur notwendigen Folge.

Demnach sind der Strafausspruch in den Fällen der Kindesmißhandlung und der Beleidigung der Frau B. sowie der Ausspruch über die Gesamtstrafe aufzuheben, während im übrigen die Revision zu verwerfen ist, im Falle der Beleidigung der H. P. mit der Maßgabe zu der Bekanntmachungsbefugnis.

70. § 1 VolksschädlVO.
Zum Begriff des „Plünderns“ im Sinne der Volksschädlingsverordnung. Maßgeblich im Sinne des § 1 Volksschädlingsverordnung ist nicht, daß die Aneignungsabsicht, sondern daß die Wegnahme im freigemachten Gebiete oder in freiwillig geräumten Gebäuden oder Räumen erfolgt; die Aneignung kann der Wegnahme an einem anderen Orte nachfolgen.

I. Strafsenat. Beschl. (Nichtigkeitsbeschwerde) v. 2. Februar 1945 (1 C 286/1944).

I. Sondergericht Düsseldorf.

In der Strafsache gegen den Musiker H. D. aus Düsseldorf, z. Zt. in Strafhaft, wegen Plünderns, hat das Reichsgericht, 1. Strafsenat, in der Sitzung vom 2. Februar 1945, an der teilgenommen haben als Richter: der Senatspräsident Dr. Schultze und die Reichsgerichtsräte Dr. Ziegler und Dr. Rohde, als Beamter der Staatsanwaltschaft: der Reichsgerichtsrat Dr. Dörffler, auf die Nichtigkeitsbeschwerde des Oberreichsanwalts nach mündlicher Verhandlung für Recht erkannt:

I. Das Urteil des Sondergerichts in Düsseldorf vom 21. September 1944 wird nebst den ihm zugrunde liegenden Feststellungen aufgehoben; die Sache wird zur neuen Verhandlung und Entscheidung an die Vorinstanz zurückverwiesen.

II. Die Fortdauer der Strafhaft wird angeordnet. – Von Rechts wegen

Gründe

Nach dem Urteilssatz hat „der Angeklagte, als er nach einem Terrorangriff von seiner Wirtin in die Wohnung geschickt wurde, um zurückgebliebene Schmuckstücke abzuholen, diese Schmuckstücke an sich genommen, behalten und ihre Wegnahme verheimlicht“. Das Sondergericht hat den Angeklagten deshalb als Volksschädling wegen Unterschlagung zu einer Zuchthausstrafe von vier Jahren verurteilt und ihm die Ehrenrechte auf die Dauer von vier Jahren aberkannt. Der Oberreichsanwalt hat gegen dieses Urteil die Nichtigkeitsbeschwerde erhoben, weil das Sondergericht den Angeklagten nicht wegen Plünderns im Sinne des § 1 VolksschädlVO verurteilt hat. Die Nichtigkeitsbeschwerde ist begründet.

Nach den Feststellungen des Urteils nahm der Angeklagte das Kästchen mit den Schmucksachen an sich; unten befragten die Frauen L. und J. den Angeklagten, ob er etwas gefunden habe, was dieser verneinte.

Unter diesen Umständen ist sicher, daß der Angeklagte nicht mit Wissen und Willen der Eigentümerinnen den Besitz oder Gewahrsam erlangt haben kann, denn sie wollten das Schmuckkästchen offensichtlich nicht aus ihrem

Herrschaftsbereich entschwinden lassen. Die Wegnahme, d.h. der Bruch fremden Gewahrsams wurde demnach von dem Angeklagten noch innerhalb des Hauses Helmholtzstr. 29 unmittelbar nach dem Terrorangriff vorgenommen. In den Gründen unterstellt das Sondergericht die Möglichkeit, daß der Angeklagte bei der Wegnahme noch nicht die Absicht hatte, sich das Kästchen anzueignen, und nimmt deshalb bei der rechtlichen Würdigung ein Verbrechen nach § 4 VolksschädlVO in Verbindung mit dem Tatbestand der Unterschlagung an. Zu welchem Zeitpunkt der Angeklagte den Entschluß faßte, stellt das Sondergericht nicht fest. Das ist für den Tatbestand des Plünderns i.S. des § 1 VolksschädlVO auch unerheblich. Maßgeblich im Sinne dieser Bestimmung ist nicht, daß die Aneignungsabsicht, sondern daß die Wegnahme im freigemachten Gebiete oder in freiwillig geräumten Gebäuden oder Räumen erfolgt; die Aneignung kann der Wegnahme an einem anderen Orte nachfolgen. Diesen Anforderungen des Gesetzes entspricht hier die Sachlage.

Das Sondergericht hat das Tatbestandsmerkmal des Plünderns verneint, weil das Haus von den Bewohnern nicht völlig verlassen war, sondern die Bewohner dort blieben und die Wohnung weiter benutzten. Das kann nicht das Entscheidende sein. Nach dem Gedanken, der dem § 1 VSchVO zugrunde liegt, soll die Schutzlosigkeit, der das Eigentum im freigemachten Gebiet oder in freiwillig geräumten Gebäuden oder Räumen ausgesetzt ist, durch die Härte der für seine Wegnahme angedrohten Strafe ausgeglichen werden. Die Bestimmung ist zunächst für die zu Beginn des Krieges im Westen geräumten Gebiete geschaffen, und dementsprechend ist ihr Wortlaut gefaßt worden. Die Bestimmung muß jetzt ihrem Sinne entsprechend den Verhältnissen nach Fliegerangriffen angepaßt und angewandt werden. Wesentlich ist ihr, daß sich der Täter an fremdem Eigentum vergreift, das infolge eines Fliegerangriffs schutzlos geworden ist. Nach dem vom Sondergericht festgestellten Sachverhalt war diese Voraussetzung hier gegeben. Danach war nach einem schweren Terrorangriff auf Düsseldorf in der Helmholtzstraße eine Bombe oder eine Luftmine niedergegangen, durch die das Haus Helmholtzstraße 29 in Mitleidenschaft gezogen wurde. Auf der ersten „Etage", die von den Frauen L. und J. bewohnt wurde, und wo das Schmuckkästchen aufbewahrt war, waren teilweise die Wände und eine Decke eingestürzt; die oberen Stockwerke hatten noch stärkere Beschädigungen erlitten, auch waren dort Brände entstanden. Den Frauen war gesagt worden, sie sollten vorerst nicht nach oben gehen. Sie konnten sich also ihres Eigentums im ersten Stockwerk nicht annehmen; insbesondere war das Schmuckkästchen infolge des Fliegerangriffs schutzlos dem Zugriff eines Fremden offen, sofern er nur Gelegenheit hatte, in das obere Stockwerk zu gelangen. Die Sachlage war also nicht anders, wie sie bei den Aufräumungsarbeiten nach Fliegerangriffen zu sein pflegt. Die Entwendung von Eigentum bei solchen Aufräumungsarbeiten ist von der Rechtsprechung stets als ein Plündern angesehen worden; vgl. RGUrt. vom 25. Juli 1944 2 C 79/44, 2 StS 26/44, abgedruckt im DR 1944, S. 904 Nr. 8.

Der Senat könnte von hier aus die Schuld des Angeklagten auf Grund des § 1 VolksschädlVO feststellen, wenn nicht das Urteil des Sondergerichts Zweifel nach der Richtung offen ließe, ob der Angeklagte bei der Tat im vollen Umfang zurechnungsfähig im Sinne des § 51 StGB gewesen ist. Nach den Feststellungen des Urteils war der Angeklagte von jeher kränklich; hierdurch habe sich bei ihm eine erhebliche Charakter- und Willensschwäche ausgebildet. Das Sondergericht hat diese Feststellung keiner Prüfung im Rahmen des § 51 StGB unterzogen; es wird den ganzen Sachverhalt auf Grund der neuen Hauptverhandlung nochmals zu untersuchen haben.

---

71. § 267 StGB n. F.

Nach der Neufassung des § 267 StGB genügt zur Vollendung schon das Herstellen oder das Gebrauchmachen der Urkunde. Wenn beide Tatbestände erfüllt sind, ist jedesmal dasselbe Rechtsgut verletzt. Bei einem einheitlichen Vorsatz liegt nur eine einzige fortgesetzte Handlung vor.

II. Strafsenat. Urt. v. 8. Februar 1945 (2 D 14/1945).

I. Landgericht Berlin.

In der Strafsache gegen den Assessor J. K., geb. 1910 in Braunschweig, wohnhaft in Berlin-Siemensstadt, wegen Urkundenfälschung und Vergehens gegen die VerbrauchsregelungsstrafVO hat das Reichsgericht, 2. Strafsenat, in der Sitzung vom 8. Februar 1945, an der teilgenommen haben als Richter: der Senatspräsident Müller als Vorsitzer sowie die Reichsgerichtsräte Dr. Schwarz und Stumpf, als Beamter der Staatsanwaltschaft: der Reichsanwalt Dr. Nagel, auf die Revision des Angeklagten nach mündlicher Verhandlung für Recht erkannt:

Das Urteil des Landgerichts Berlin vom 16. November 1944 wird dahin berichtigt, daß der Angeklagte der fortgesetzten Urkundenfälschung in Tateinheit mit versuchtem Vergehen gegen § 2 der VRStVO in einem schweren Falle schuldig ist.

Im Strafausspruch, insoweit mit seinen tatsächlichen Feststellungen, wird das Urteil aufgehoben und in diesem Umfange die Sache an die Vorinstanz zurückverwiesen. – Von Rechts wegen

Gründe

Nach den Feststellungen des Landgerichts hat der Angeklagte am 3. Oktober 1944 einen Kriegsurlaubsschein mit falschem Inhalt und falschen Unterschriften versehen, um ihn bei einer Kartenstelle zum unbefugten Bezug von Lebensmittelkarten zu verwenden.

Am 7. Oktober 1944 hat er diesen Plan dann ausgeführt, indem er die unechte Urkunde auf einer Kartenstelle vorlegte, um die Marken zu bekommen. Doch wurde die Fälschung alsbald entdeckt, so daß der Angeklagte die erstrebten Marken nicht bekam.

Das Landgericht nimmt an, der Angeklagte habe hiernach zur Täuschung im Rechtsverkehr eine unechte Urkunde hergestellt und versucht, durch unrichtige Angaben eine Bezugsberechtigung zu erschleichen. Er müsse daher nach § 267 StGB und § 2 Abs. 1 Ziffer 2, Abs. 3 und 4 der VRStVO, §§ 43, 74 StGB bestraft werden. Ein schwerer Fall liege vor, da der Angeklagte beim Versuch des Erschleichens eine gefälschte Urkunde benutzt habe.

Das Landgericht hat zwei strafbare Handlungen angenommen, jede mit 6 Monaten Gefängnis geahndet und (§ 74 StGB) auf eine Gesamtstrafe von 9 Monaten Gefängnis erkannt.

Die Annahme von Tatmehrheit ist aus Rechtsirrtum erfolgt. Nach § 267 a. F. war die Urkundenfälschung ein sog. zweiaktiges Delikt, zu dessen Vollendung das fälschliche Herstellen und das Gebrauchmachen erforderlich war. Nach der Neufassung des § 267 genügt zur Vollendung aber schon das Herstellen *oder* das Gebrauchmachen. Der Angeklagte hat beide Tatbestandsmerkmale erfüllt. Jedesmal hat er damit dasselbe Rechtsgut, nämlich (RGSt. Bd. 76 S. 234) die Sicherheit und Zuverlässigkeit des Rechtsverkehrs verletzt. Durch die Verletzung dieses selben Rechtsgutes hat er auf Grund eines einheitlichen Vorsatzes den Tatbestand desselben Strafgesetzes erfüllt, nämlich des § 267 StGB. Dann liegt aber nur eine einzige fortgesetzte Handlung vor, RGSt. Bd. 51 S. 308; eine entsprechende Entscheidung ist schon in RGSt Bd. 12 S. 183 für den § 123 StGB (widerrechtliches Eindringen und unbefugtes Verweilen) getroffen. Der zweite Teil der Handlung des Angeklagten (das Gebrauchmachen) und damit die ganze einheitliche Handlung steht aber mit dem Vergehen gegen die VRStVO in untrennbarem Zusammenhang (§ 73 StGB); daher ist die Aussetzung von zwei Einzelstrafen und deren Zusammenziehung zu einer Gesamtstrafe nach § 74 StGB zu Unrecht erfolgt; der Strafausspruch war daher aufzuheben.

Im übrigen ist die Revision des Angeklagten offensichtlich unbegründet.

---

72. § 1 Abs. 1 Nr. 3, § 2 Abs. 1 Nr. 1 und Abs. 4 VerbrauchsregelungsstrafVO, §§ 246, 266 StGB, § 4 VolksschädlingsVO.

Derjenige, der bei einer Gemeinschaftsverpflegung die Verteilung der Lebensmittel und Speisen vorzunehmen hat, ist „Treuhänder“ der

ihm anvertrauten Gebrauchsgüter im Sinne des Vorspruchs zur Verbrauchsregelungsstrafverordnung. Ihm obliegt eine besonders große Verantwortlichkeit gegen die Teilnehmer der Gemeinschaft. Die Aufgabe des Treuhänders ist es aber nicht, jedem Beteiligten das gleiche, sondern das Seine zu geben.

II. Strafsenat. Urt. v. 1. März 1945 (2 D 298/1945).

I. Landgericht Liegnitz.

In der Strafsache gegen
1. die Diakonissenschwester K.H., zuletzt in Jauer,
2. die Diakonissenschwester G. L., zuletzt in Jauer,
3. die Geschäftsinhaberin E.H., zuletzt in Striegau, wegen Volksschädlingsverbrechens u. a. hat das Reichsgericht, 2. Strafsenat, in der Sitzung vom 1. März 1945, an der teilgenommen haben als Richter: der Senatspräsident Müller und die Reichsgerichtsräte Dr. Schwarz und Dr. Schäfer, als Beamter der Staatsanwaltschaft: der Reichsanwalt Dr. Nagel, auf die Revision der Staatsanwaltschaft nach mündlicher Verhandlung für Recht erkannt:

Die Revision gegen das Urteil des Landgerichts in Liegnitz vom 28. Oktober 1944 wird verworfen, die Kosten des Rechtsmittels verbleiben der Reichskasse. – Von Rechts wegen

Gründe

Die Angeklagte L. war als leitende und die Angeklagte K. H. vorwiegend als Operationsschwester im Kreiskrankenhaus in J. tätig; die Angeklagte E. H., eine Schwester der K. H., betrieb ein Seifengeschäft. Sie erhielt von Anfang 1943 an von den beiden anderen Angeklagten Lebensmittel geschenkt. Im August 1944 wurden bei ihr die UA. S. 3 aufgeführten Lebensmittel vorgefunden und beschlagnahmt. Die Anklage nimmt an, K. H. und die L. hätten als Volksschädlinge die der E. H. gegebenen Lebensmittel aus Beständen des Kreiskrankenhauses veruntreut und unterschlagen und E. H. habe als Volksschädling die erhaltenen Lebensmittel gewohnheitsmäßig gehehlt, auch hätten alle drei Angeklagte zugleich der Verbrauchsregelungsstrafverordnung zuwidergehandelt (Verbrechen nach § 4 Volksschädlingsverordnung, §§ 246, 266, 259, 260 StGB, § 1 Abs. 1 Nr. 3, § 2 Abs. 1 Nr. 1 und Abs. 4 Verbrauchsregelungsstrafverordung).

Das Landgericht hat die Angeklagten freigesprochen. Es nimmt an, E. H. habe den weitaus größten Teil der bei ihr beschlagnahmten Lebensmittel aus eigenen Zuteilungen erspart oder auf nicht strafbare Weise von anderen Personen als den Mitangeklagten erlangt (UA S. 5, 6). Der von diesen stammende Rest rühre teilweise aus deren Sonderzuteilungen sowie aus Geschenken her, die sie von Patienten erhalten hätten – insoweit hätten beide, ohne sich strafbar zu machen, darüber verfügen können – (UA. S. 3 unten, 4 Mitte, 5 oben), im übrigen habe es damit folgende Bewandtnis: Die Angeklagte L. habe der K. H. etwa alle vier Wochen zu deren Wochenendurlaub die Urlaubsverpflegung zum Teil in Gestalt von fertiggemachten Schnitten sowie der Fleischration für den Sonntag mitgegeben (UA. S. 2 unten), dazu „zusätzlich" – gemeint als restlicher Teil der zuständigen Verpflegung (UA. S. 4 unten, S. 5 Abs. 2) – aus Krankenhausbeständen die UA. S. 5 aufgezählten, „auf die Länge der Zeit berechnet, nur sehr wenigen" Lebensmittel. Daß die L. so der K.H. mehr mitgegeben hätte, als diese im Krankenhaus selbst hätte verzehren dürfen, habe nicht festgestellt werden können (UA. S. 7).

Das Landgericht meint, der L. als leitender Schwester sei eine gewisse Verfügungsbefugnis über die Lebensmittel des Krankenhauses zuzuerkennen. Diese zeige sich in der Selbständigkeit, die üblicherweise Schwestern in solcher Stellung hinsichtlich ihrer Wirtschaftsführung eingeräumt werde. So sei auch der L. das Recht zuzubilligen, selbständig über Wirtschaftsvorräte des Krankenhauses und seiner Belegschaft zu verfügen und sie so zu verteilen wie es einer Hausfrau gegenüber der Familie zustehe. Gewisse Mehrzuteilungen an die K. H. seien also gerechtfertigt, weil diese nicht alle ihr zustehenden Arten von Lebensmitteln bei ihren Wochenendfahrten von der Köchin mitbekommen habe und weil sie auch lungengefährdet und besonders stark mit Arbeit belastet gewesen sei. Die Grenzen seien naturgemäß flüssig; daß sie überschritten worden seien, habe nicht festgestellt werden können (UA. S. 6 unten, 7).

Die Revision kann keinen Erfolg haben.

Soweit sich die Revision auf tatsächlichem Gebiete bewegt und die Beweiswürdigung des Landgericht angreift, kann sie nicht gehört werden; das Revisionsgericht ist an die tatsächlichen Feststellungen des Landgerichts gebunden (§§ 261, 337 StPO). Das Urteil enthält auch keine Widersprüche in seinen Feststellungen, insbesondere spricht es zweifelsfrei aus, daß alle bei der Angeklagten E. H. vorgefundenen, den Beständen des Krankenhauses entstammenden Lebensmittel aus der der Angeklagten K. H. mitgegebenen Reiseverpflegung herrührten (UA. S. 5), während es von den Lebensmitteln, die die Angeklagte L. der E. H. gegeben hat, heißt (UA. S. 4), sie stammten aus Zuwendungen von Patienten an die Angeklagte L. oder aus ihrer Weihnachts-Sonderzuteilung. Im übrigen ist, im wesentlichen in Übereinstimmung mit der Rechtsauffassung des Landgerichts, folgendes zu sagen:

Allerdings ist den Ausführungen des Oberreichsanwalts zuzustimmen, daß demjenigen, der bei einer Gemeinschaftsverpflegung die Verteilung der Lebensmittel und Speisen vorzunehmen hat, „Treuhänder" der ihm anvertrauten Gebrauchsgüter im Sinne des Vorspruchs zur Verbrauchsregelungsstrafverordnung ist, eine besonders große Verantwortlichkeit gegen die Teilnehmer der Gemeinschaft obliegt. Die Aufgabe des Treuhänders ist aber nicht, jedem

Beteiligten das gleiche, sondern das Seine zu geben. Er darf und soll sich bei der Verteilung vor allem nach dem Nahrungsbedürfnis des einzelnen, das von der Schwere seiner Arbeit und seiner körperlichen Veranlagung abhängt, und nach seinem Gesundheitszustand richten. Wenn ein Genosse infolge einer Reise nicht an der gemeinsamen Mahlzeit teilnimmt und seine Verpflegung mitnehmen soll, so braucht und darf der Treuhänder ihm nicht mechanisch einen entsprechenden Anteil an Rohstoffen der ausgefallenen Mahlzeiten mitgeben, sondern er kann und soll an deren Stelle solche Lebensmittel setzen, die sich zum Mitnehmen besser eignen. Diese Befugnisse und Pflichten des Treuhänders ergeben sich schon aus dem Wesen der Gemeinschaft, im Kriege außerdem aus dem Zweck der Zwangsbewirtschaftung. Ihre Begrenzung findet die Befugnis durch den Rahmen der Billigkeit, Gerechtigkeit und Zweckmäßigkeit. Nach den Feststellungen des angefochtenen Urteils hat die Angeklagte L. aber diese Grenzen eingehalten; zum mindesten ist ihr das Gegenteil nicht nachzuweisen. Sie hat berücksichtigt, daß die Angeklagte K. H. besonders stark mit Arbeit belastet und lungengefährdet war, also in besonders hohem Maße einer guten Nahrung bedurfte. Ferner hat sie bei der Zuteilung der Reiseverpflegung darauf Bedacht genommen, daß gewisse Lebensmittel, die K. H. bei Teilnahme an den gemeinsamen Mahlzeiten erhalten hätte, ausfielen, wie Kartoffeln, Gemüse, Obst, Milch, und hat ihr, wie das Landgericht ersichtlich annimmt, als Ersatz nur so viel mitgegeben als sie hätte verzehren dürfen, wenn die versäumten Mahlzeiten aus diesen Lebensmitteln hergestellt worden wären. Wenn daher die mitgegebene Zuckermenge erheblich größer war, als die Menge, die bei einer Verpflegung auf Grund von Lebensmittelmarken für die Reisetage angefallen wäre, so wird dadurch die Überschreitung der Befugnisse eines Treuhänders nicht bewiesen. Außerdem ist es verfehlt, einen Vergleich der mitgegebenen Menge mit der Markenverpflegung zu ziehen. Es könnte nur ein solcher mit der im Krankenhaus tatsächlich verfügbaren Menge Zucker in Frage kommen. Danach steht schon der äußere Tatbestand einer strafbaren Handlung nicht fest. Dafür, daß etwa die Angeklagten geglaubt hätten, die Angeklagte L. sei zur Abgabe der Lebensmittel nicht berechtigt gewesen, fehlt es nach dem Urteil an jedem Anhalt. Es kommt also auch kein strafbarer Versuch einer Straftat in Betracht.

Das Rechtsmittel ist daher zu verwerfen.

Der Oberreichsanwalt hat die Aufhebung des Urteils beantragt.

---

73. §§ 263, 43 StGB.

Hält ein Weinhändler verkehrsunfähigen Wein (§ 13 Abs. 2 WeinG) oder Wein unter einer irreführenden Bezeichnung (§ 5 Abs. 1 WeinG)

oder unter falscher geographischer Bezeichnung (§ 6 WeinG) auf Lager, so begeht er nicht schon allein hierdurch einen Betrugsversuch gegenüber Kaufliebhabern.

§ 5 Abs. 1, § 13 Abs. 2 WeinG.

Vorrätighalten von Wein zum Verkaufe (§ 5 Abs. 1 WeinG) ist weder im Sinne dieser Vorschrift noch des § 13 Abs. 2 WeinG ein „In-den-Verkehr-bringen".

III. Strafsenat. Urt. v. 8. März 1945 (3 D 365/1944).

I. Landgericht Koblenz.

In der Strafsache gegen den Winzer K. K. d. J. aus K. bisher bei der Wehrmacht, zur Zeit in Koblenz in Untersuchungshaft wegen Betruges u. a. hat das Reichsgericht, 3. Strafsenat, in der Sitzung vom 8. März 1945, an der teilgenommen haben als Richter: der Reichsgerichtsrat Dr. Hartung als Vorsitzender, der Reichsgerichtsrat Paul und der Senatspräsident beim Oberlandesgericht Denzler, als Beamter der Staatsanwaltschaft: der Reichsanwalt Dr. Kirchner, auf die Revision des Angeklagten nach mündlicher Verhandlung für Recht erkannt:

Das Urteil des Landgerichts in Koblenz vom 20. Mai 1944 wird

1. im Schuldspruch dahin ergänzt und neu gefaßt, daß der Angeklagte wegen eines fortgesetzten Betruges wegen Herstellung von Haustrunk aus flüssiger Hefe (Vergehen gegen den § 26 Abs. 1 Nr. 1 in Verbindung mit dem § 11 Abs. 2 und dem § 4 WeinG), wegen fortgesetzter unrichtiger Buchführung (Vergehen gegen den § 26 Abs. 1 Nr. 4 in Verbindung mit dem § 19 WeinG) und wegen unterlassener und ordnungswidriger Buchführung (Vergehen gegen den § 27 Nr. 1 in Verbindung mit dem § 19 WeinG) verurteilt ist;

2. im Strafausspruch dahin ergänzt und geändert, daß der Angeklagte für wehrunwürdig erklärt wird und die Einziehung der Fuder Nr. 15 und 25 der Urteilsformel (Faß Ketter und Faß Müllers) wegfällt.

Mit diesen Maßgaben wird die Revision gegen das vorbezeichnete Urteil verworfen.

Die Kosten des Rechtsmittels werden dem Beschwerdeführer auferlegt. – Von Rechts wegen

Gründe

Die Revision hat nicht den erstrebten Erfolg.

I. Die Verfahrensbeschwerden greifen nicht durch.

1. Die Begründung einer Revisionsrüge darf nicht durch die Bezugnahme auf den Inhalt eines anderen Schriftstücks, sei es auch nur teilweise, ersetzt werden. Soweit im Widerspruche damit der Verteidiger auf die frühere Revisionsbegründungsschrift verweist, ist mithin sein Vorbringen unbeachtlich.

2. Die Akten des Hauptzollamtes in Trier heranzuziehen, haben weder der

Angeklagte noch der Verteidiger in der Hauptverhandlung vor dem Landgericht beantragt. Daß das Landgericht diese Maßnahme zur Erforschung des Sachverhaltes von Amts wegen hätte treffen müssen, ist nicht ersichtlich, folgt insbesondere nicht aus dem Umstande, daß der Verteidiger, wie die Revision behauptet, dem Landgericht eine Abschrift dieser Akten überreicht hat.

3. Zu II 2 der Revisionsbegründungsschrift. Den in der Hauptverhandlung am 24. April 1944 gestellten Beweisantrag hat das Landgericht allerdings nicht abschließend bescheiden. Der Verteidiger hat ihn aber in dem schriftlichen Antrage vom 17. Mai 1944 nicht wiederholt oder in Bezug genommen, obwohl nach der dienstlichen Äußerung des Strafkammervorsitzenden diese Schrift dazu bestimmt war, abschließend alle Beweisanträge aufzunehmen, über die der Verteidiger noch eine gerichtliche Entscheidung herbeizuführen wünschte. Damit ist der jetzt in Rede stehende Beweisantrag gegenstandslos geworden. Übrigens war die unter Beweis gestellte Tatsache für die Entscheidung bedeutungslos, da nach der Feststellung des Landgerichtes der Wein im Fasse Nr. 6 bereits zur Zeit der ersten Probeentnahme, also in einem Zeitpunkt überzuckert gewesen ist, in dem das polizeiliche Siegel noch nicht angelegt war (UA. S. 23).

4. Die Beweisanträge vom 17. Mai 1944 zu I, II und VII hat das Landgericht als „nicht zur Erforschung der Wahrheit erforderlich" abgelehnt. Wie die Gründe des angefochtenen Urteils ergeben, hat sich das Landgericht dabei auf den § 24 VereinfVO vom 1. September 1939 (RGBl. I S. 1658) gestützt. Darin tritt kein Rechtsirrtum zutage.

a. *Wie viele* Fuder Tresterwein der Angeklagte jährlich hergestellt habe, hat der Verteidiger weder im Antrage vom 17. Mai 1944 noch in den Schriftsätzen vom 22. Dezember 1942 und 22. März 1944 unter Beweis gestellt; dort ist nicht die Stückzahl 35, die die Revision anführt, genannt und auch keineswegs behauptet, außer den im Schriftsatz vom 22. März 1944 bezeichneten 26 Fudern sei kein Tresterwein hergestellt worden. Das Landgericht ist auf Grund der Beweise, die es erhoben hat, zu einer bestimmten Überzeugung über die Vorgänge bei der Kelterung und über die Menge des Tresterweines gelangt, den der Angeklagte mit Hilfe seines Kelterverfahrens erzielen konnte. Bei dieser Sachlage war das Landgericht nicht rechtlich gehindert, von der Vernehmung weiterer Zeugen über „den Keltervorgang" abzusehen. Dabei hat es ersichtlich nicht verkannt, daß der Angeklagte ein viermaliges Abpressen der Trester nur für solche Fälle hat einräumen wollen, in denen nach seiner Behauptung noch nicht genug Arbeitertrunkwein für den eigenen Bedarf und zur Erfüllung seiner Lieferungspflicht erzielt war. Die Einlassung des Angeklagten, er habe seinen Traubenlieferern Trester oder Tresterbrühe in einem solchen Maße geliefert, daß er nicht in der Lage gewesen sei, Tresterbrühe – außer zur Herstellung von Arbeitertrunkwein in dem benötigten Umfange – *zum Verschneiden* zu verwenden, hält das Landgericht ersichtlich für widerlegt. Seine Ablehnung, weitere

Zeugen, die zudem selbst nicht Traubenlieferer, sondern Arbeiter des Angeklagten waren, zu diesem Punkte zu vernehmen, ist deshalb durch den § 24 VereinfVO vom 1. September 1939 gedeckt. Die Behauptung der Revision, die Strafkammer habe sich bei dieser Ablehnung rechtsirrig von dem Gesichtspunkt leiten lassen, die Zeugen seien unerreichbar, findet in den Gründen des angefochtenen Urteils keine Stütze. Die beiläufige Bemerkung des Landgerichts, die in Betracht kommenden Zeugen seien infolge ihrer Einberufung zur Wehrmacht in absehbarer Zeit nicht zu erreichen (UA. S. 61), hat nur die Bedeutung einer Schilderung. Lediglich als solche, nicht als Begründung der Ablehnung ist im Zusammenhange damit auch die Bemerkung des Landgerichts aufzufassen, die Arbeiter seien „jetzt gegen Ende der Hauptverhandlung" zu diesem Punkt benannt worden; es braucht deshalb nicht weiter auf die Angriffe eingegangen zu werden, die die Revision insoweit erhebt.

b. Daß der Angeklagte die 1940er Weine überzuckert habe, sieht das Landgericht auf Grund von Sachverständigengutachten in Verbindung mit der eidlichen Aussage des Zeugen Lenard als bewiesen an. Diese Aussage zu verwerten, war dem Landgericht verfahrensrechtlich nicht verwehrt; ohne Belang hierfür ist der Umstand, daß der Angeklagte der Vernehmung als Zeugen durch einen ersuchten Richter nicht beigewohnt hat (vgl. den § 224 Abs. 1 Satz 1 Halbs. 2 StPO). Inwiefern sich der Zeuge Lenard bei seiner Aussage „geirrt" habe und ihm deshalb bei einer nochmaligen Vernehmung Vorbehalte zu machen gewesen seien, legt die Revision übrigens nicht dar.

5. Den Beweisantrag vom 17. Mai 1944 zu VIII hat das Landgericht ebenfalls „als nicht zur Erforschung der Wahrheit erforderlich" abgelehnt. Dieser Wortlaut könnte darauf hindeuten, daß sich auch diese Entscheidung auf den § 24 a. a. O. stützte. Doch ergeben die Gründe des angefochtenen Urteils (UA. S. 65/66, daß in Wirklichkeit das Landgericht die unter Beweis gestellte Tatsache als sachlich *unerheblich* angesehen und nur zusätzlich ausgesprochen hat, sie sei in gewissem Umfang auch schon widerlegt. Diese Auffassung läßt keinen Rechtsirrtum erkennen.

6. Den Antrag vom 17. Mai 1944 unter III, IV und V hat das Landgericht mit der Begründung abgelehnt, die unter Beweis gestellten Behauptungen würden für die Entscheidung als wahr unterstellt. Diese Zusage hat das Landgericht gehalten.

a. Die Feststellung des Landgerichtes, der Angeklagte habe selbst oft Moste und Tresterweine von Kröv nach Trarbach gefahren, steht nicht mit der als wahr unterstellten Behauptung zu III im Widerspruch; die Behauptung der Revision, die Zeugen seien dafür benannt worden, daß ausschließlich sie selbst das Abfahren besorgt hätten, wird weder durch den Wortlaut, noch durch den Sinn des Beweisantrages zu III gestützt. Im übrigen hat die Strafkammer keine Feststellungen getroffen, die mit den als wahr unterstellten Behauptungen zu III und IV unvereinbar wären, wie die Revision meint. Das gilt insbesondere von der Darlegung, der Angeklagte habe im Herbst 1939 so große Mengen Tresterwein herstellen können, daß er einen Teil hiervon noch im Herbst 1940 zur Verfügung gehabt habe. Denn unter Beweis gestellt war nicht, daß im Jahre 1939 nur 22 Fuder Tresterwein hergestellt worden seien, sondern daß im *Jahresdurchschnitt* nicht mehr als 22 Fuder Tresterwein in Trarbach *eingelagert* worden seien.

b. Aus dem als wahr unterstellten Verluste des Kellerbuchs B des Großhandelsbetriebs für die Jahre 1935 bis 1940 hat die Strafkammer zutreffend die Folgerung gezogen, daß der Angeklagte nicht wegen unterlassener Führung des Buches bestraft werden könne. Die Anstände, die das Landgericht bezüglich der Führung des Kellerbuches A des Winzerbetriebes erhoben hat, werden nicht durch die Wahrunterstellung berührt. Dasselbe gilt von der Beanstandung des Kellerbuches *A*, das der Angeklagte für den Großhandelsbetrieb seit dem 1. Januar 1941 (anstatt eines Kellerbuches *B*) eingerichtet hatte.

7. Den Beweisantrag vom 17. Mai 1944 zu VI hat das Landgericht mit der Begründung abgelehnt, die angegebenen Beweismittel seien „ungeeignet". Das ist ausweislich UA. S. 75 im Sinne von „völlig ungeeignet" zu verstehen. Damit hat das Landgericht nicht etwa die persönliche Zuverlässigkeit der benannten Zeugen verneinen wollen, was verfahrensrechtlich zu beanstanden wäre, sondern zum Ausdruck gebracht, es sei mit Rücksicht auf die sonstigen Ergebnisse der Beweisaufnahme ausgeschlossen („unmöglich"), auf Grund weiterer Beweisaufnahme zu der vom Angeklagten erstrebten Feststellung zu gelangen. Die abschließende Bemerkung (UA. S. 76 Abs. 1 a.E.), diese Beweiserhebung sei hiernach zur Erforschung der Wahrheit nicht erforderlich, läßt erkennen, daß das Landgericht in Wirklichkeit auch hier den § 24 VereinfVO vom 1. September 1939 angewandt hat. Das ist nach der besonderen Sachlage nicht zu mißbilligen.

8. In den verstehend unter 3 bis 7 bezeichneten Punkten tritt auch kein Verstoß des Landgerichtes gegen die Aufklärungspflicht zutage. Das gilt auch gegenüber der Behauptung des Beschwerdeführers, im Jahre 1940 sei seinen eigenen Kelterungen kein Wasser zugesetzt worden. Das Gegenteil dieser Behauptung hat das Landgericht verfahrensrechtlich einwandfrei festgestellt.

9. Der Einziehung der unter Nr. 7 bis 13 des Urteilssatzes bezeichneten Flaschenweine steht nicht, wie die Revision meint, die Rechtskraft des früheren Urteils entgegen, soweit es den Angeklagten freigesprochen hat. Denn diese Freisprechung hat nicht die Verstöße gegen das Weingesetz umfaßt, die nach der Annahme des Landgerichtes dem Angeklagten bei diesen Weinen zur Last fallen. Insoweit hatte infolge der Zurückverweisung der Sache das Landgericht den Sachverhalt neu zu prüfen und auch die Frage der Einziehung neu zu entscheiden.

II. Zur Sachrüge. A. Der Schuldspruch.

1. Wie das Landgericht feststellt, hat der Angeklagte bei der Kelterung immer, auch im Jahre 1940, nach dem ersten Abpressen der Trauben auf die gekrümelten Trester heißes Wasser gießen und die Tresterbrühe zu dem Moste schütten lassen, dadurch sind zu jedem Fuder mindestens 30 l Wasser gekommen. Darin liegt nach der zutreffenden Auffassung des Landgerichtes ein (vorsätzlicher) Verstoß gegen den § 4 WeinG, der den so behandelten Wein i. S. des § 13 Abs. 2 WeinG verkehrsunfähig gemacht hat. Was die Revision hiergegen vorbringt, schlägt nicht durch. Wenn der § 3 Abs. 1 WeinG unter bestimmten Voraussetzungen zuläßt, dem Weine Zucker, auch in reinem Wasser gelöst, in bestimmtem Umfange zuzusetzen, so bringt er damit unzweideutig zum Ausdruck, daß Wasser bei der Behandlung des Weines *nur in Verbindung mit Zucker*, nicht getrennt von ihm, verwandt werden darf (vgl. RGSt. Bd. 50 S. 208, 209/210). Eine Erlaubnis, Wasser und Zucker getrennt zuzusetzen, würde unlauteren Machenschaften Tür und Tor öffnen. Im übrigen ergeben die Feststellungen des Landgerichtes, daß der Angeklagte das Wasser zum Strecken, nicht aber im Zusammenhang mit einer Verbesserung des Weines i. S. des § 3 hat zusetzen lassen.

2. Ohne Erfolg bleibt auch der Revisionsangriff, das Landgericht habe auf das Fuder Nr. 52 (Nr. 27 des Urteilssatzes) mit Unrecht den § 5 Abs. 1 WeinG angewandt. Dieses Fuder ist nach der Feststellung des angefochtenen Urteils seiner Bezeichnung zuwider kein 1921er Jahrgang; außerdem erklärt die Strafkammer das Erzeugnis für „verdorben und ganz geringwertig". Wenn ihm mit der Bezeichnung „verdorben" die Eignung abgesprochen wäre, noch irgendwie als Getränk von Menschen genossen werden zu können, würde es allerdings nicht als Wein i. S. des § 1 WeinG anzusehen sein und deshalb auch nicht der Bezeichnungsvorschrift im § 5 Abs. 1 WeinG unterliegen. Das trifft hier aber nicht zu. Die Kennzeichnung des Erzeugnisses als „ganz geringwertig" ergibt vielmehr, daß der Grad der Verdorbenheit nach der Auffassung des Tatrichters nicht so erheblich ist, daß die Genießbarkeit des Erzeugnisses überhaupt zu verneinen wäre. Ob das Landgericht den Wein zutreffend auf Grund des § 4 Nr. 2 LMG als verdorben beanstandet hat, braucht nicht weiter geprüft zu werden.

Das Fuder ist in der Dreigiebelhauskellerei in Traben-Trarbach beschlagnahmt worden; dort hat es der Angeklagte – der Geschäftsführer der GmbH – „auf seinem Verkaufslager gehalten". Diese Feststellung rechtfertigt den Schluß, den ersichtlich das Landgericht dahin zieht, der Angeklagte habe den Wein (unter irreführender Bezeichnung) i. S. des § 5 Abs. 1 WeinG zum Verkaufe vorrätig gehalten. Soweit sich die Revision demgegenüber auf die eigene Einlassung des Angeklagten beruft, die das Landgericht als widerlegt behandelt, legt sie unzulässig ihrem Angriff einen anderen als den festgestellten Sachverhalt zugrunde; der bezeichnete Schluß der Strafkammer ist auch nicht etwa mit der

Kennzeichnung des Weines als eines „verdorbenen, ganz geringwertigen“ Erzeugnisses unvereinbar.

3. Nicht gerechtfertigt ist dagegen die Annahme des Landgerichts, der Angeklagte habe sich hinsichtlich der Fuder Ketter und Müller eines fahrlässigen Vergehens gegen den § 26 Abs. 3, Abs. 1 Nr. 1 i. V. mit dem § 13 Abs. 2 WeinG schuldig gemacht. Rechtlich einwandfrei legt das Landgericht zwar dar, der Angeklagte habe die Beschaffenheit der beiden Weine erkennen können und müssen. Es mangelt aber am äußeren Tatbestande des bezeichneten Vergehens. Der § 13 Abs. 2 WeinG verbietet, Erzeugnisse, die u. a. den Vorschriften der §§ 3 und 4 WeinG zuwider hergestellt oder behandelt worden sind, „in den Verkehr zu bringen“. Die Auffassung des Landgerichtes, die Bestimmung greife auch dann Platz, wenn gesetzwidrig hergestellte Weine „erst in den Verkehr gebracht werden sollen“, tritt in dieser Allgemeinheit nicht zu. Wird verkehrsunfähiger Wein nicht in den Verkehr gebracht, so ist der Wille, ihn in den Verkehr zu bringen, strafrechtlich nur unter der Voraussetzung beachtlich, daß er in Handlungen zum Ausdruck kommt, die einen Anfang der Ausführung des Inverkehrbringens enthalte. In einem solchen Falle liegt ein Versuch des Vergehens gegen den § 13 Abs. 2 WeinG vor; er ist im § 26 Abs. 2 WeinG mit Strafe bedroht. Zum Versuche gehört begrifflich Vorsatz; in Fällen, in denen – wie hier dem Angeklagten – nur Fahrlässigkeit zur Last liegt, ist mithin der § 26 Abs. 2 WeinG nicht anwendbar. Ihn hat auch das Landgericht nicht anwenden wollen. Wie seine weitere Ausführungen ergeben, geht es vielmehr davon aus, das Merkmal des Inverkehrbringens sei schon dann erfüllt, wenn der Wein „zum Verkauf auf Lager gehalten“ wird (UA. S. 36, 44). Dem ist nicht zu folgen. „Inverkehrbringen“ bedeutet im § 13 Abs. 2 WeinG – wie überhaupt in der Lebensmittelgesetzgebung (vgl. den § 3 Nr. 1 b und 2 b LMG; RGSt. Bd. 62 S. 369, 389) – jedes Eröffnen der Möglichkeit, daß ein anderer die tatsächliche Verfügung über den Gegenstand erlange und ihn nach eigener Entschließung verwende. Das trifft nicht in dem hier gegebenen Falle zu, daß ein Wein in der Kellerei „zum Verkauf auf Lager gehalten“ wird. Darin liegt nicht mehr als ein Vorrätighalten zum Verkauf i. S. des § 5 Abs. 1 WeinG (und des § 3 Nr. 1 b, 2 b LMG). Der Wortlaut des § 5 Abs. 1 WeinG („anbieten, zum Verkaufe vorrätig halten, feilhalten, verkaufen oder sonst in den Verkehr bringen“) rechtfertigt nicht den Schluß, der Gesetzgeber rechne unter das Inverkehrbringen – über dessen vorstehend mitgeteilte Begriffsbestimmung hinausgehend – auch das Vorrätighalten zum Verkauf und dieser erweiterte Sinn sei auch der Auslegung des § 13 Abs. 2 WeinG zugrunde zu legen. In bezug auf die Fuder Ketter und Müllers ist mithin dem Angeklagten kein strafbares Verhalten nachgewiesen.

Der Rechtsfehler ist nicht in den Schuldspruch übergegangen; dieser braucht insoweit nicht geändert zu werden. Die Freisprechung „im übrigen“, auf die das Landgericht erkannt hat, deckt auch die beiden Fälle vermeintlichen Inverkehrbringens.

4. Im übrigen ist das angefochtene Urteil, soweit es Verfehlungen gegen das Weingesetz für gegeben erachtet, nur in den nachfolgend erörterten Punkten zu beanstanden, die die Buchführungspflicht angehen.

a. Als fortgesetztes vorsätzliches Vergehen gegen den § 26 Abs. 1 Nr. 4 WeinG rechnet das Landgericht (UA. S. 86 Abs. 2) dem Angeklagten an, er habe falsche Eintragungen im Kröver Kellerbuche *B*, im Trarbacher Kellerbuch *A* und im Trarbacher Zuckerbuche G gemacht sowie unterlassen, die Herkunft der Traubenbezüge im Kröver Kellerbuche *B* einzutragen.

aa. Soweit hierbei vom Kröver Kellerbuche *B* die Rede ist, handelt es sich nach den Ausführungen UA. S. 79 unten, 80 Abs. 1 in Wirklichkeit um das für den *Winzerbetrieb* in Kröv zu führende Kellerbuch *A*. Auch an einer anderen Stelle (UA. S. 83 Abs. 1) wird dieses Buch im Widerspruch mit den vorerwähnten Ausführungen als Kellerbuch *B* bezeichnet. Auf das Ergebnis hat diese Unstimmigkeit nicht gewirkt.

bb. Sachlich nicht gerechtfertigt ist die Anwendung des § 26 Abs. 1 Nr. 4 WeinG auf die unrichtigen Eintragungen im Trarbacher Kellerbuch *A*. Ein solches Buch war dort nicht, wie das zum Tatbestande der bezeichneten Vorschrift gehört, nach dem § 19 WeinG zu führen, sondern ein Kellerbuch *B*. Der Rechtsirrtum ist nicht in den Schuldspruch übergegangen; er hat auch nicht das Strafmaß beeinflußt. Es bedarf deshalb keiner weiteren Prüfung durch den Tatrichter, ob der § 26 Abs. 1 Nr. 4 etwa entsprechend (§ 2 StGB) anzuwenden wäre.

b. Nach UA. S. 86 Abs. 2 hat das Landgericht den Angeklagten auch eines fortgesetzten vorsätzlichen Vergehens gegen den § 27 Nr. 1 WeinG schuldig sprechen wollen, weil er die Eintragungen im Kröver Kellerbuche „B“ (gemeint A) nicht mit Tinte bewirkt und verschiedene andere Bücher pflichtwidrig nicht geführt hat. Insoweit ist die Schuld des Angeklagten ausreichend nachgewiesen. Verurteilt hat ihn das Landgericht nur wegen (eines) „fortgesetzten Vergehens gegen den § 19 WeinG“. Daß es die beiden fortgesetzten Vergehen gegen die Buchführungspflicht gleichwohl nicht zu *einem* einheitlichen fortgesetzten Vergehen hat zusammenfassen wollen, ergeben seine Gründe (UA. S. 93, 94) und der Umstand, daß es in Übereinstimmung mit ihnen wegen der Verstöße auf *zwei* Geldstrafen erkannt hat. Der Schuldspruch bedarf mithin entsprechender Ergänzung. Sie kann das Revisionsgericht vornehmen.

5. Die Annahme des Landgerichtes, das Vergehen gegen den § 26 Abs. 1 Nr. 1 i.V. mit dem § 11 Abs. 2 und dem § 4 WeinG (Herstellung von Haustrunk aus Hefe) sei eine selbständige strafbare Handlung, beruht auf tatrichterlicher Würdigung und ist nicht mit Rechtsgründen zu beanstanden. Daß dieser Hefe-

wein zum Verschnitt bestimmt gewesen wäre, stellt das angefochtene Urteil (vgl. dazu UA. S. 27, 57) nicht fest.

6. Soweit das Landgericht den Angeklagten des *vollendeten* Betruges schuldig findet, ist sein Spruch im Ergebnis nicht zu beanstanden. Es handelt sich hierbei um Folgendes.

a. Der Angeklagte hat die Firma Kupferberg & Co. statt der vertragsmäßig zu liefernden Mittelmoselweine andere, geringerwertige Weine oder mit billigerem Nahe- oder Obermoselwein verschnittene Mittelmoselweine geliefert und dafür die höheren Vertragspreise berechnet (UA. S. 77–79). Diese Feststellung trägt die Anwendung des § 263 StGB. Darüber, daß sich der Angeklagte für befugt gehalten habe, im Rahmen des § 7 WeinG den Wein zu verschneiden, wie die Revision vorträgt, ergibt das angefochtene Urteil nichts; die Bemerkung des Landgerichtes, der Angeklagte sei „skrupellos und unanständig" vorgegangen, um nur zu Wein zu kommen und Geld zu verdienen (UA. S. 78), drückt aber ersichtlich die tatrichterliche Überzeugung aus, der Angeklagte habe vorsätzlich gehandelt und sei sich der Rechtswidrigkeit seines Tuns bewußt gewesen.

b. Ferner spricht das Landgericht aus, der Angeklagte habe „überstreckte, überzuckerte, mit Tresterwein verschnittene und künstlich süß gehaltene Weine in den Verkehr gebracht" (UA. S. 88). Dabei hat das Landgericht in erster Reihe die nach UA. S. 18, 19, 52, 53, 76 mit Tresterwein verfälschten, zum Teil auch überzuckerten erheblichen Weinmengen im Auge, die der Angeklagte in den Jahren 1935 bis einschließlich 1940 an die Firma Kupferberg & Co., seine Hauptabnehmerin, geliefert hat. Überzuckerte Weine hat der Angeklagte nach UA. S. 31, 89 aber auch anderen – im einzelnen nicht festgestellten – Abnehmern käuflich geliefert. Die Überzeugung, der Angeklagte habe seine Abnehmer auch mit „überstreckten" Weinen bedient, stützt das Landgericht ersichtlich auf die Feststellung, daß der Angeklagte seinen eigenen Kelterungen stets Wasser zugesetzt hat (UA. S. 24). In allen diesen Fällen haben die Abnehmer verkehrsunfähigen Wein von dem Angeklagten erhalten. Darin liegt Betrug, wie das Landgericht mit Recht ausführt. Daß der Angeklagte Abnehmer auch mit Wein *beliefert* habe, der *künstlich süß gehalten* worden war, ergeben die Gründe des angefochtenen Urteils dagegen nicht; diese Ungenauigkeit ist aber für die Gesamtbeurteilung offensichtlich bedeutungslos.

Den Schuldspruch wegen Betruges stützt das Landgericht ferner auf die Erwägung, der Angeklagte habe Weine „unter irreführenden und falschen geographischen Bezeichnungen" in den Verkehr gebracht (UA. S. 88). Damit nimmt es erstens die Feststellung in Bezug, daß der Angeklagte eine Anzahl von Weinen unbekannter Herkunft unter verschiedenen Lagebezeichnungen, mehrere davon auch als verschiedene Jahrgänge und zu verschiedenen Preisen „verkauft", d. h. käuflich geliefert hat (UA. S. 14, 15, 33, 34). Dabei geht das

Landgericht ersichtlich davon aus, daß die Bezieher einen Wein *unbekannter* Herkunft, wenn der Angeklagte ihnen nicht eine bestimmte Herkunft zum Teil auch einen bestimmten Jahrgang, vorgespiegelt hätte, entweder überhaupt nicht oder doch nur zu einem niedrigeren Preis als dem gekauft hätten, den sie angelegt haben. Damit ist der Eintritt eines Vermögensschadens der Bezieher nach der Sachlage ausreichend dargetan. Als Verkäufe unter einer irreführenden Bezeichnung sieht das Landgericht nach UA. S. 88, 89 ferner solche Fälle an, in denen der Angeklagte Weine als „Naturweine", „Spätlese" oder „Auslese" verkauft hat, obwohl sie gezuckert waren (UA. S. 12, 31). In diesen Fällen geht das Landgericht stillschweigend von der Erwägung aus, daß Wein einer bestimmten Lage und eines bestimmten Jahrganges dann, wenn er einer der angegebenen Bezeichnungen entspricht, höher im Preise steht, als wenn er „verbessert" ist. Einzelheiten über solche Verkäufe teilt der Tatrichter zwar nicht mit; nach dem Zusammenhange der Urteilsgründe nimmt er aber an, daß der Angeklagte für die „verbesserten" Weine die höheren Preise naturreiner Erzeugnisse verlangt und erhalten hat. Das reicht zum Nachweise des Vermögensschadens der Abnehmer aus.

7. Als *Betrugsversuch* würdigt das Landgericht das Verhalten des Angeklagten, soweit er verkehrsunfähigen Wein oder Wein unter falscher geographischer Bezeichnung oder unter irreführender Bezeichnung zwar nicht verkauft und geliefert, aber zum Verkauf auf Lager gehalten hat (UA. S. 88/89, 92). Insoweit habe er „den Weinbeziehern bei einem zukünftigen Verkaufe vorzutäuschen beabsichtigt, es handle sich um gesetzmäßig hergestellte oder um solche Weine, die den Bezeichnungen entsprächen, unter denen sie verkauft werden sollten". Mit dieser Erwägung ist die Annahme von Betrugsversuch nicht zu begründen. Sie genügt nicht den Anforderungen, die an das Merkmal „Anfang der Ausführung" (§ 43 StGB) zu stellen sind (vgl. hierzu RGSt. Bd. 77 S. 162, 164). Das Rechtsgut, das der § 263 StGB schützt, ist das fremde Vermögen. Das Vermögen von Kaufliebhabern von Wein wird nicht schon dadurch unmittelbar gefährdet, daß der Weinhändler verkehrsunfähigen Wein oder Wein unter irreführenden Bezeichnungen auf Lager hält. Von einer solchen Gefährdung kann keine Rede sein, solange der Händler keine Tätigkeit entfaltet, die auf den Abschluß eines *bestimmten* Lieferungsvertrages hinwirken soll. Das Vorrätighalten zum Verkaufe bereitet eine solche Tätigkeit nur vor.

Auch dieser Rechtsfehler hat nicht den Schuldspruch beeinflußt, da das Landgericht zutreffend den Angeklagten lediglich wegen (fortgesetzten) vollendeten Betruges verurteilt hat. Soweit in der Formel das angefochtene Urteil die Tat auch als ein „Inverkehrbringen*wollen*" und „Verkaufen*wollen*" bezeichnet ist, läßt sich hiergegen unter dem Gesichtspunkt des § 5 und des § 6 WeinG nichts einwenden.

B. Der Strafausspruch.

1. Die Verurteilung wegen Betrugs in einem besonders schweren Fall ist nicht rechtlich zu beanstanden.

2. Der vorstehend unter II A 7 bezeichnete Rechtsfehler nötigt ebensowenig wie der unter II A 4 a, bb behandelte Rechtsirrtum dazu, das angefochtene Urteil im Strafausspruche teilweise aufzuheben. Das insoweit für diesen ausschlaggebende Gewicht liegt nach dem Zusammenhange des angefochtenen Urteils auf dem jahrelang fortgesetzten *vollendeten* Betruge. Das Vorrätighalten zum Verkaufe, das der Tatrichter irrig als Betrugsversuch ansieht, konnte aber unter dem Gesichtspunkte des § 5 und des § 6 WeinG bei der Strafbemessung berücksichtigt werden, wennschon gemäß dem § 31 WeinG diese Tatbestände in dem Betrugstatbestand aufgehen.

3. In welchem Umfange der Tatrichter die Untersuchungshaft anrechnet, steht in seinem pflichtmäßigen Ermessen. Dieses ist nur daraufhin zu prüfen, ob es von Rechtsirrtum beeinflußt ist. Im gegebenen Fall ist das nicht schon deshalb zu bejahen, weil das Landgericht in dem früheren Urteile die Untersuchungshaft voll angerechnet hat.

4. Nur in zwei Punkten ist der Strafausspruch zu bemängeln.

a. Das Landgericht hat übersehen, daß gemäß dem § 31 Nr. 1 MStGB gegen einen Soldaten neben Zuchthaus auf Verlust der Wehrwürdigkeit zu erkennen ist (vgl. RGSt. Bd. 76 S. 352). Diesen Ausspruch kann das Revisionsgericht nachholen.

b. Das Landgericht hat auch das Faß Ketter und das Faß Müllers eingezogen; es stützt diesen Ausspruch auf den § 28 Abs. 1 Satz 2 WeinG, im Falle Müllers auch auf den Abs. 3 a. a. O. (UA. S. 36, 44). Die an erster Stelle bezeichnete Vorschrift versagt, da nach dem unter II A 3 Gesagten dem Angeklagten keine strafbare Handlung in bezug auf diese Fuder nachgewiesen ist (vgl. RGUrt. vom 21. August 1941 3 D 51/41 – HRR 1941 Nr. 991). Nach den Feststellungen des angefochtenen Urteils wäre in Anwendung des § 28 Abs. 3 WeinG allerdings die Einziehung im selbständigen Einziehungsverfahren zulässig. Um ein solches handelt es sich im gegebenen Falle aber nicht; es wäre auch nicht statthaft, von dem Strafverfahren gegen den Angeklagten zum selbständigen Einziehungsverfahren überzugehen (vgl. RG a. a. O.). Zu diesem hätte auch die Eigentümerin des Weines, die Dreigiebelhauskellerei Kilian Klein jr. GmbH Traben-Trarbach a. d. Mosel (UA. S. 7, 14, 15) als Einziehungsbeteiligte zugezogen werden müssen. Die bezeichnete Einziehung ist deshalb zu beseitigen.

III. Mit den hiernach gebotenen Maßnahmen ist die Revision zu verwerfen.

74. Nachtrag. §§ 171, 174 Abs. 1 d, 460 öStG
1. Zum Begriff des Einsteigens beim Diebstahl.
2. Der Strafgefangene, der beim Entweichen die Anstaltswäsche und Anstaltskleidung mitnimmt, begeht Diebstahl an diesen Sachen.

IV. Strafsenat. Urteil vom 17. Oktober 1944 (4 C 388/1944)

Der Angeklagte verbüßte eine Gefängnisstrafe. Er wurde zu Außenarbeiten in einem Ziegelwerk in R. verwendet. Von dort flüchtete er. Dabei nahm er die Anstaltswäsche, die er am Leibe trug, mit. Die Anstaltskleider dagegen legte er ab und ließ sie an der Arbeitsstelle in einem Ziegelschuppen zurück. Die zur Flucht notwendige Kleidung verschaffte er sich dadurch, daß er dem Platzmeister Z des Ziegelwerks einen blauen Arbeitsanzug und eine Wollweste stahl. Die Kleidungsstücke lagen in einem Raum, der zur Wohnung des Platzmeisters gehört, auf einem Tisch in der Nähe des offenen Fensters. Der Angeklagte setzte sich nach den Feststellungen des Urteils auf das Fensterbrett und langte die Kleidungsstücke vom Tisch, auf dem sie lagen, heraus, ohne den Raum zu betreten. Der Arbeitsanzug und die Wollweste sind zusammen rund 15 RM wert.

Das Sondergericht (SG) verurteilte den Angeklagten wegen Übertretung des Diebstahls nach dem § 560 öStG zum Schaden des Platzmeisters Z, sprach ihn frei von der Anklage wegen des Diebstahls von Anstaltskleidern und Anstaltswäsche zum Nachteil der Haftanstalt.

I. Das SG hat den Diebstahl zum Schaden des Platzmeisters Z. als eine Übertretung nach dem § 460 öStG beurteilt. Das Urteil führt aus: Der Angeklagte habe ein Sperrverhältnis oder sonst ein beträchtliches Hindernis bei der Ausführung des Diebstahls nicht überwunden. Er sei nur auf das zu ebener Erde gelegene offene Fenster gestiegen und habe von dort nach den Sachen gelangt. Das stelle keine Überwindung eines beträchtlichen, die Sachen gegen Wegnahme sichernden Hindernisses dar. Da der Angeklagte den Raum, in dem sich die Sachen befanden, nicht betreten, vielmehr die Kleider vom Fenster aus herausgenommen habe, sei er auch nicht eingestiegen. Die Tatbestandsmerkmale eines Verbrechens des Diebstahls nach dem § 174 I d ÖstG seien daher nicht erfüllt.

Dem SG muß zugegeben werden, daß von der Überwindung eines beträchtlichen, die Sache gegen Wegnahme sichernden Hindernisses nicht gesprochen werden kann. Dagegen erfordert der Begriff des Einsteigens nicht notwendig das Betreten des fremden Raumes. Auch der Diebstahl, der vom Täter von außen her dadurch verübt wird, daß dieser mit einem Teil des Körpers in den Raum eindringt, geschieht durch Einsteigen. Auch hierbei dringt der Täter durch eine zwar bereits vorhandene, aber dafür nicht bestimmte Öffnung nicht ohne jede Anstrengung in den Raum ein. Im gegebenen Falle mußte sich der Angeklagte auf das Fensterbrett setzen und mußte von dort aus nach den Sachen langen, sich also mit dem Körper in den Raum beugen und den Arm nach den Gegenständen ausstrecken. Die Tatbestandsmerkmale des Einsteigens i.S. des § 174 I d öStG liegen somit vor.

II. Rechtsirrig ist auch die Annahme des SG, daß die Mitnahme der Anstaltswäsche auf der Flucht aus der Haftanstalt nicht als Diebstahl angesehen werden könne.

Die Leitung der Haftanstalt übergibt den Gefangenen die Anstaltskleider und die Anstaltswäsche nur zur Benutzung in der Haftanstalt und bei Außenarbeiten. Sie gibt die Verfügungsgewalt über die Kleider und die Wäsche nicht auf und bleibt im rechtlichen Besitz der Kleider und der Wäsche. Eine Änderung dieses Rechtszustandes trat erst ein, als der Angeklagte mit der Anstaltswäsche entfloh. Erst dadurch entging der Anstaltsleitung die Verfügungsgewalt. Die Wäsche wurde jetzt aus ihrem Besitz entzogen.

Der Angeklagte hat die Wäsche auch „um seines Vorteils willen" mitgenommen. Gewiß sind diese Worte des Gesetzes so zu verstehen, daß mit dem Vorsatz eine gewinnsüchtige Absicht verbunden sein müsse, was sich aus dem Zusammenhalt des § 171 öStG mit dem § 306, letzter Satz öStG ergibt. Das bedeutet jedoch nicht, daß es sich für den Täter um einen Vorteil an seinem Vermögen in dem Sinne handeln müsse, daß sich das Vermögen des Täters vermehrt haben müsse. § 171 öStG unterscheidet nicht zwischen einem Vorteil, der das Vermögen vermehrt, und anderen Vorteilen. Der Vorteil lag in der Herrschaftsanmaßung über die fremde Wäsche. Da ein Entweichen ohne Wäsche undenkbar war, ersparte er sich durch das Entlaufen mit der Anstaltswäsche das Anschaffen anderer Wäsche. Er hatte somit durch seine Tat einen in Geld abschätzbaren Vorteil und handelte bei ihrer Verübung in gewinnsüchtiger Absicht.

Daß dem Angeklagten die Flucht nur dadurch möglich war, daß er die Anstaltswäsche mitnahm, ist nicht entscheidend. Ebenso ist es rechtlich unerheblich, daß er seine eigene Wäsche in der Haftanstalt zurückgelassen hat. Denn es ist gleichgültig, zu welchem Zwecke die Wäsche entwendet wurde. Auch wird ein Diebstahl dadurch nicht straflos, daß der Täter bei dem Bestohlenen Werte zurückläßt, aus denen der Schaden ersetzt werden kann (in diesem Sinne auch die Entscheidungen des früh. Obersten Gerichtshofes in Wien v. 24. Nov. 1894, Z 11425, Slg. Nr. 1834, und v. 27. Jan. 1932, 5 Os 63/32. Vgl. auch die Entsch. Slg. 665 u. 892).

Der Angeklagte hat demnach die Mitnahme der Anstaltswäsche, deren Wert die StK noch festzustellen haben wird, als Diebstahl zu verantworten.

Anders verhält es sich mit den Anstaltskleidern, die er nicht auf der Flucht mitgenommen, sondern die er an der Arbeitsstätte zurückgelassen hat. Der Vorsatz war hier nicht auf die Mitnahme der Kleider gerichtet. Auch wurden diese nicht aus dem Besitz der Anstaltsleitung entzogen. Sie standen ihr auf dem Arbeitsplatz zur weiteren Verfügung. (DR 1945, S. 51–52)

Sachliches Inhaltsverzeichnis

Gesetzesverzeichnis

1. Reichsrecht

Strafgesetzbuch

Hinweise zur Edition der Quellen

Sämtliche Entscheidungen werden nach den Urteilsabschriften in der Sammlung sämtlicher Erkenntnisse des Reichsgerichts in Strafsachen (Bibliothek des Bundesgerichtshofs in Karlsruhe) oder nach den Beständen des Bundesarchivs Berlin (R 3002) wiedergegeben.

In der Zeitschrift „Deutsches Recht" 1944 und 1945 (bis S. 96) sind die unter folgenden Nummern abgedruckten Urteile und Beschlüsse wiedergegeben (meist unvollständig oder nur im Leitsatz):
1, 2, 3, 4, 6, 8, 9, 14, 15, 16, 18, 19, 20, 21, 22, 23, 25, 28, 30, 33, 34, 35, 37, 39, 42, 43, 44, 50, 53, 57, 74.

Danksagung

Für die Manuskriptbetreuung danke ich Frau Inge Baumann, Frau Melanie Bork und Herrn Lubosch Bublak, für das Korrekturlesen Herrn Rechtsanwalt Dr. Holger Ruff.

FSC
www.fsc.org
MIX
Papier | Fördert gute Waldnutzung
FSC® C083411

Kolibri 360 GmbH
Ferdinand-Jühlke-Straße 7
99095 Erfurt, Deutschland
produktsicherheit@kolibri360.de